学术话语体系建设的理与路

一项分科的研究

沈壮海 等◎著

人民出版社

目　录

序　言

近年来，学术话语体系的建设越来越受到关注。在哲学社会科学工作座谈会上，习近平总书记将话语体系与学科体系、学术体系建设的统筹推进明确概括为加快构建中国特色哲学社会科学的重要任务；在全国高校思想政治工作会议上，习近平总书记再次强调了创新学术话语体系的问题。学术话语体系是学术研究活动所形成的重要成果，是学术研究质量、风格、实力的具体体现；这种成果产生形成之后，也便深深渗入学术活动之中，影响着学术领域的再生产，成为知识与价值传播传递中的重要内容，在更广的范围影响着社会主体即人的塑造。建设文化强国，以及为国育才造士，不能不关注学术话语体系的建设。

学术话语体系建设意义之重，体现在诸多层面。一则，学术话语的发展革新是学术发展进步的重要标志。诚如恩格斯所言："一门科学提出的每一种新见解都包含这门科学的术语的革命。"[①] 文化领域中赋古语以新意，踏着时代发展的鼓点提出新的概念范畴，也都标志着文化向前的步伐。一则，学术话语是国家文化软实力的重要资源。文化软实力非金钱所可购进，而须靠文化的魅力赢得。承载着思想、价值、理念，具有自己风格神韵和穿透力的学术话语是赢得软实力的重要依凭。正因如此，"软实力"概念的提出者约瑟夫·奈才有信息时代"话语成为软实力的货币"之言。一则，学术话语塑造着学人的思维方式，影响着人们的文化新观察和新建设。之所以我们

① 《马克思恩格斯文集》第5卷，人民出版社2009年版，第32页。

应当加快构建具有中国特色的学术话语体系，重要原因之一也正在于中国人思考中国问题、分析世界大势的世界观和方法论不能简单被他者塑造而失却自己的主体性，不能陷入“跟着说”的迷局而失却了表达自我、提出新见的意识和能力。一则，学术话语还关系到文化的理解、文明的互鉴。我们对一种文化体系能不能准确、深入地理解，要害在于我们能不能准确理解这个文化体系里核心的概念范畴。不论就我们理解别人而言、还是就别人理解我们来看，学术话语都是一把离不开的钥匙。一则，学术话语也与文化安全紧紧地联系在一起。有俄罗斯学者曾叹：“（西方的）操纵家们炮制了洪涛巨流般的、含义令人捉摸不定的谬误理念和模棱两可的语词”“委婉动听而又新颖别致的名词术语”“并把它们向公众倾泻”；“在俄国，大众意识中已被灌输进去一连串的幽灵语言，要将这套东西逐出我们的家园谈何容易”。话语的背后是思想，是“道”，是价值观念，天然地与文化安全联系胶着一体。就此而言，学术话语体系建设既是对外文化传播之需，也深含对内推动文化创新、维护文化安全之义。

学术话语体系建设的目标是要在认识世界、探索真理、服务发展的进程中，形成具有我们自己主体性、原创性的概念、范畴、原理，为解答中国问题构建管用的理论，为人类文明的百花园奉献中国学术当有的鲜亮色彩。学术话语体系建设绝非是要关起门来自我欣赏“家乡话”，而是要在充分吸收外域文明优长的基础上，形成有自己特色与见解且又能具有广泛吸引力、影响力的“中国声音”“中国见解”。

建设这样的学术话语体系，需要“统观内外”。把我们的学术话语体系建设好，提升对外讲好中国故事的能力，让世界听得清楚中国的声音，是话语体系建设所指向的一个方面，但非全部。当代中国的学术，既要勇于、善于面对世界，讲给世界听；也要勇于、善于讲给国人听；既要让世界听得清晰，也要让国人听得透彻。让世界听清晰中国的声音，可以为中国的发展赢得更多的尊重、理解和友善；让国人听得清楚中国学术的声音，可以为中华民族整体文化素质的提升、为我们的发展积蓄和注入理论的、文化的、精神的能量。学术话语体系建设之“融通中外”，要义当在于此。

建设这样的学术话语体系，需要“活用传统”。中国优秀传统文化中富有当代中国文化建设应当开掘、采借、继承的资源，这些资源也是当下的学术话语体系建设所当尊重与关注的对象。在现时的学术研究中，不少人习惯于、满足于甚或热衷于向西探索、追溯学术概念范畴、命题、观点之源，去“寻找”“发现”值得进一步展开去“叙说”、去“印证”的论题和问题。其实，将自己的思想传统、本土的学术资源闲置“界外”，既乏学术自信，也无以厚植自己的学术根底。对一切问题、论题、命题都非要找个“中学之源”固不可取，但只在“西学”中探其源流显然也非治学正途。学术话语体系建设应以开放的胸襟面对一切优秀学术资源，同时注重开掘本土资源，活用传统、用活传统。

建设这样的学术话语体系，需要通贯“言与道”。话语是“言”，但并非所有的话语都能赢得听众、传之久远、形成话语权。有生命力的“话语”、能够形成话语权的“话语”，背后一定有“道”，有深厚的思想，有深刻的识见。学术话语体系与话语权之困，折射的是思想之困。因而，在建设学术话语体系的过程中，既要关注如何言说的问题，更要关注言说什么的问题，把“道”的纵深探索、思想内涵的充实提升与“道”和思想理论的精美传神表达结合起来。换言之，学术话语体系建设，绝非“造词运动”，其所要求的，是高质量的、创新的、久久为功的学术研究。

建设这样的学术话语体系，需要“让话语植根当下，讲时代新话”。让学术话语有根，可从不同角度理解。“用活传统”是要深植文化之根；赢得大众，为海内外学界及社会公众广泛使用、乐于接受和“接着讲”，是要有受众之根，在大众化过程中彰显、激活生命力。让学术话语有根还有一重要理解角度，即要让我们的学术话语扎根在时代的土壤中、讲时代的新话、绽放时代的芳香。这就需要我们勇于面对新的时代、新的实践、新的问题，在综合利用各种思想文化资源的基础上，提出并深研新的、有生命力的概念、范畴、原理。学术研究和学术话语体系的建设中，不能“药方只贩洋人丹”，也不能“药方只贩古时丹”，而是要勇于用实践的炉火，炼出时代新丹。

建设这样的学术话语体系，需要我们从不同的具体学科切入，扎实系统地做出自觉的学术努力。我们不能在关于哲学社会科学学术话语体系的研究热潮中，满足于去构建“关于话语体系建设”的学问，偏误于游离具体的学术体系、学科体系或者说游离于具体的学问而去构建一般的“话语体系之学”，而是要在对哲学社会科学学术话语体系的基本原则与努力方向形成明晰认识的同时，进入到具体学科和学术体系的内部，梳理盘点、检思展望，激起构建具有自己主体性、原创性和影响力的学术话语体系的真自觉，拿出各自的真行动。在哲学社会科学工作座谈会上，习近平总书记特别指出：哲学社会科学学术话语体系建设，“这项工作要从学科建设做起，每个学科都要构建成体系的学科理论和概念”。

摆在读者面前的这部著作，便是我们来自十数个学科的学者基于各自学科领域而对学术话语体系建设思考、碰撞的阶段性所得，是教育部哲学社会科学重大委托项目《中国特色哲学社会科学话语体系与国家文化软实力建设》（项目批准号：16JZDW017）的研究成果。这项工作，起步于2016年，在近两年的时间里，我们多次围绕学术话语体系建设这个新时代中国学术的大话题举办学术研讨、跨学科对话，对哲学、美学、文学、语言学、中国史、世界史、艺术学、经济学、法学、政治学、公共管理、社会学、教育学等相关学科话语体系的源头、流变、现状、问题、趋向等进行梳理、分析、交流、争辩。我们想通过这种方式，对习近平总书记提出的“每个学科都要构建成体系的学科理论和概念”作出尝试性的具体工作，探索中国特色哲学社会科学话语体系建设的学科细化路径，也为哲学社会科学学术话语体系的综合创新积累一些分学科纵深探索的有益成果。

在这部著作中，我们在中国特色哲学社会科学建设、国家文化软实力提升的视野下，从具体的学科出发，紧紧结合不同学科的实际和特点，对富有中国自己主体性、原创性和影响力的学术话语体系构建问题，进行了比较深入系统的探索。研究中所坚持的中国特色哲学社会科学建设、国家文化软实力提升的视野，提醒我们的研究要努力站在相应的高点，不囿于一隅、障于一木，而是努力将本论题的展开放在更为开阔的境遇中审视、考量。研究之所以又要具体到不同的学科之中，为的是不落入空泛平议话语体系构建之流弊，使得本论题的探索在具体中更趋扎实和深入。在这种开阔眼界与聚焦视点的结合中，本书各章作者基于各自学科特性、治学之长，各富特色地展现了对于学术话语体系构建的思考和见解。其中，有从整体上提出本学科学术话语体系构建基本原则与关键路径者，有在本学科学术史的系统梳理中勾勒前贤与时人为着构建我们自己学术话语体系的艰辛探寻之路以为今鉴者，有从本领域重要学术话语形成及其得失的反思与评判中引发新见者，有基于新近学科研究成果质性和量化的分析细描学术话语体系创新的当下实况与问题者。各章虽视角有别、文笔有异，然均聚焦于中国特色哲学社会科学话语体系构建这一中心论题，讲求持之有据，努力阐发一己新见。

需要特别说明的是，中国特色哲学社会科学话语体系的构建，是一个宏大的时代性课题，需要几代学者的不懈努力。本书的著者，是一批年轻学者，虽然均有志于学，但无论就学术功力还是就学术阅历而言，都还远远不足。在对书中所涉相关问题的分析与阐发中，还存在许多稚嫩的地方，有赖方家提点、教正。我们之所以凝聚在一起，斗胆置喙于学术话语体系构建如此宏大的论题，是想为这一课题的探索提供一种年轻学者的视角、注入年轻学者的勇气和推动。我们将围绕这一课题，续以更多的努力。

在课题研究和本书撰著过程中，陶军同志以高度的责任心承担了大量组织、协调与沟通、审校工作，并深度参与了课题的多次学术研讨，为课题研究的顺利开展、著作的顺利出版作出了重要贡献。肖波、樊雪峥同志对全书文字及注释、文献等进行了认真核对。人民出版社诸领导的支持、指导，责任编辑刘伟同志的热情鼓励和精心编辑加工，使得这本著作得以如期摆在同行和读者们的面前。在课题研究和著作撰写过程中，我们也认真研读、参考了诸多时贤的宏论。在此，我们致以深深的谢意！

沈壮海

2018年8月20日

第一章

哲学话语体系建设：范式更新与逻辑重构

吴昕炜

中国哲学话语体系有着深厚的历史背景和文化底蕴。它发端于雅思贝尔斯所说的轴心时期，经历了三个大的历史发展阶段，通过马克思主义哲学中国化的历史运动而最终定型。中国哲学话语体系不是一个孤立封闭的体系，而是世界马克思主义哲学发展的重要组成部分。探讨当代中国哲学话语体系的建设问题不能离开这一背景，而要采取世界视野，把中国哲学话语体系放到21世纪马克思主义哲学发展进程中进行理论思考。构建当代中国哲学话语体系，最为紧要和迫切的问题是更新哲学范式，重构哲学逻辑，在充分吸收中国传统哲学和西方哲学精华的基础上，不断推进马克思主义哲学中国化，发展21世纪中国的马克思主义哲学。具体而言，应拓展研究范式，加强历史反思，深化人物研究，直面现实问题，促进方法创新。

改革开放以来，中国特色社会主义的伟大实践取得了令人欣喜的辉煌成绩。与此同时，随着实践的深入发展，中国特色社会主义进入新时代，一些新的亟待解决的问题也逐渐出现在我们面前。其中，最为突出的问题就是如何在把握中国实践的新时代脉搏基础上，建立面向中国实践和中国问题的哲学话语体系。正如马克思所说："任何真正的哲学都是自己时代精神的精华……哲学不仅从内部即就其内容来说，而且从外部即就其表现来说，都要和自己时代的现实世界接触并相互作用。”[①] 中国哲学要成为真正的哲学，中国哲学话语体系要真正成为时代精神的精华，就必须直面中国现实，站稳中国立场，聚焦中国道路，解决中国问题，发出中国声音。“中国人思考中国问题、分析世界大势的世界观和方法论不能简单被他者塑造而失却自己的主体性，不能陷入‘跟着说’的迷局而失却了表达自我、提出新见的意识和能力。”[②] 这是时代的召唤，也是历史的要求。在当代中国，哲学话语体系有着深厚的历史背景和文化底蕴。建设哲学话语体系不仅是对现有哲学内容的更好总结和表述，而且更为重要和迫切的是更新哲学范式，重构哲学逻辑，在充分吸收中国传统哲学和西方哲学精华的基础上，不断推进马克思主义哲学中国化，发展21世纪中国的马克思主义哲学。

一、哲学话语体系建设的时代之维

历史地看，中国哲学有着独特的话语体系。在雅思贝尔斯所说的轴心时期，中国就已经诞生了以孔子和老子为代表的伟大哲人，出现了儒家、道家、法家、墨家、名家、阴阳家等一大批哲学派别，产生了《道德经》《论语》《孟子》《庄子》《韩非子》等一大批哲学巨著。这些伟大哲学家、哲学派别和哲学巨著开创了中国哲学的传统，奠定了中国哲学话语体系的基础。如果我们从大的历史阶段进行划分，中国哲学话语体系的形成可归纳为三大阶段。第一阶段是从先秦到鸦片战争时期。这一时期是中国哲学话语体系在几乎没有受到外来哲学影响的基础上独立发展的阶段。从先秦的百家争鸣到汉代“罢黜百家，独尊儒术”，中国哲学的儒家传统逐渐成为占统治地位的主流哲学话语。与儒家传统相伴随，道家传统也逐渐成为中国哲学话语体系的重要补充。以儒家哲学为主干，以儒家哲学与道家哲学的相互补充为基础，中国传统哲学历经2000年绵延不绝的发展，形成了极具代表性的东方哲学话语体系。这一话语体系在相当长的历史时期内呈现稳固前进的态势，对周边国家具有很强的辐射力，促成了东南亚儒学话语圈的形成，并且

① 《马克思恩格斯全集》第1卷，人民出版社1960年版，第121页。

② 沈壮海：《学术话语体系建设的理与路》，《光明日报》2017年1月6日。

通过丝绸之路和茶马古道将中国思想远播欧洲，引导了世界哲学发展的风潮。第二阶段是鸦片战争到中华人民共和国成立。这一阶段是中国哲学话语体系的曲折发展时期。鸦片战争迫使中国打开了闭关锁国的大门，不仅给中国带来了屈辱和苦难，同时也带来了西方的科学和哲学。鸦片战争带来的东西方思想文化的交流碰撞，促使当时先进的中国人向西方学习，思考中国之所以遭受列强侵略的深层原因。中国知识分子在反思和检讨中选择了接受西方的思想和文化体系，这其中就包括接受哲学思想和哲学话语体系。在这个过程中，中国传统哲学话语体系不断式微：经史子集的学术分类黯然退场，儒家哲学和道家哲学饱受冲击，传统哲学话语权丧失殆尽。传统哲学话语体系遭受的挫折从另一方面预示着新体系的再造与重生。这个新体系创造的契机就是新文化运动以来马克思主义哲学的引进和传播。经过中国马克思主义者在理论和实践中的不懈努力，马克思主义哲学成功地与中国传统哲学实现了深度融合，并且开启了马克思主义哲学中国化的历史进程。第三个阶段是从中华人民共和国成立至今的中国哲学话语体系重建期。这一时期的总特点在于马克思主义哲学成为统摄中国哲学的主流。马克思主义哲学在充分吸收中国传统哲学、苏联马克思主义哲学和西方马克思主义哲学的基础上，生成了现代中国哲学的话语体系。众所周知，马克思是马克思主义哲学的创始人和奠基人。但是，马克思主义哲学并不是一成不变的教条，它必然要随着时代的变化和实践的发展而发展，马克思的合作者和后继者的成果也是马克思主义哲学。不断发展的马克思主义哲学是不同时代、不同民族的马克思主义者共同创造的精神财富。中国的马克思主义哲学绝不是马克思主义哲学一般原理的简单移植，更不是苏联教科书的简单照抄，而是中国的马克思主义者把马克思主义哲学的根本原理与中国的特殊实际结合起来，独立探索创造出来的哲学。这种哲学同时也是中国传统哲学在现代的发展，也就是现代的中国哲学。①

经过三个阶段的发展，中国哲学话语体系不仅打下了坚实的现实和实践基础，同时还吸收了丰富的国内和国外理论资源。这些理论资源通过马克思

---

① 关于马克思主义哲学中国化的详细论述，可参阅陶德麟、何萍主编：《马克思主义哲学中国化的理论与历史研究》，北京师范大学出版社 2011 年版。

主义哲学中国化的历史运动，成了当代中国哲学的有机组成部分，构成了中国哲学话语体系的重要内容。

从国内视角来看，中国哲学话语体系实现了马克思主义哲学和中国哲学的有机结合。早在1938年10月党的六届六中全会上所作的《论新阶段》的政治报告中，毛泽东就对马克思主义哲学和中国哲学的关系有过经典的说明："今天的中国是历史的中国的一个发展：我们是马克思主义的历史主义者，我们不应当割断历史。从孔夫子到孙中山，我们应当给以总结，承继这一份珍贵的遗产。这对于指导当前的伟大的运动，是有重要的帮助的。"① 在这里，毛泽东明确提出了要把马克思主义与中国哲学传统和思想结合起来作为马克思主义哲学中国化的一项重要内容。事实上，毛泽东哲学思想和邓小平哲学思想就是这一结合的典范。毛泽东和邓小平在马克思主义哲学中国化的过程中，根据中国革命和建设实践的需要，在马克思主义哲学的指导下对中国传统文化特别是中国哲学传统进行了广泛深入的研究，并将其中的思想精华批判性地吸收到马克思主义哲学思想体系之中，因此他们的哲学思想中随处可以看到中国传统文化和哲学的影响。正是中国传统文化和哲学传统赋予了毛泽东哲学思想和邓小平哲学思想鲜明的中国特性。② 不仅是中国传统哲学，马克思主义哲学也成功地和中国现代哲学实现了结合，李维武曾把中国哲学的传统作了古代传统与现代传统的区分，指出，马克思主义哲学与中国哲学传统的结合，包括两方面的内容：一方面是马克思主义哲学与中国哲学古代传统建立联系；另一方面则是马克思主义哲学参与构建中国哲学现代传统。③ 马克思主义哲学能进入到中国哲学传统中去，成为现代中国哲学，正是这两个方面共同作用的结果。

从国外视角来看，中国哲学话语体系实现了对苏俄马克思主义哲学资源和西方马克思主义哲学资源的整合。这体现为马克思主义哲学中国化较好地处理了两对关系：一是中国马克思主义哲学与马克思主义哲学教科书体系的关系；二是中国马克思主义哲学与西方马克思主义哲学的关系。

---

① 《毛泽东选集》第二卷，人民出版社1991年版，第534页。

② 张新：《马克思主义哲学中国化及其与中国传统哲学的关系》，《思想理论教育导刊》2001年第2期。

③ 李维武：《马克思主义哲学中国化与中国哲学的两种传统》，《江汉论坛》2008年第11期。

就第一对关系而言，中国哲学话语体系超越了马克思主义哲学教科书体系。马克思主义哲学教科书体系是20世纪20—30年代苏俄马克思主义哲学家的理论创造。以20世纪80年代为界，在此之前，中国马克思主义哲学家们受到这一体系的强烈影响，而在此之后，则展开了对这一体系的反思。从学习和接受的角度这一方面来看，学术界提出了一个问题：中国马克思主义究竟从马克思主义哲学教科书体系中学到了什么？对此，何萍指出，马克思主义哲学教科书体系给中国带来的是方法而不是结论。中国的马克思主义哲学家们并不是简单地接受这个体系，而是以此为方法，联系中国的现代化问题，展开了中国马克思主义哲学的创造。这一点在中国马克思主义哲学的本体论、历史观和政治哲学之中都有体现。所以，我们不能把中国马克思主义哲学等同于马克思主义哲学的教科书体系，更不能把中国的马克思主义哲学与苏俄的马克思主义哲学混为一谈，而应该把马克思主义哲学在中国的传播与再创造区别开来。[①] 从开展反思的这一方面来看，中国马克思主义哲学研究中的创新意识的确产生于对传统马克思主义哲学教科书体系的反思。这种反思使研究者认识到，以往通行的传统马克思主义哲学教科书体系存在严重问题，必须对马克思主义哲学中的各种问题进行新的探索。一些论者据此认为马克思主义哲学教科书体系一无是处，并热衷于对教科书的批判。汪信砚将这种现象称为“教科书批判情结”，指出，哲学教科书批判情结的态度是非历史的，它不仅给我国马克思主义哲学教学带来了一些坏的影响，而且不利于我国马克思主义哲学的创新。[②] 实际上，中国学术界评价苏联哲学教科书体系，大体上还是坚持了历史主义的态度，既认识到它的历史局限性，也承认它在马克思主义哲学发展史上特别是在马克思主义哲学中国化进程中发挥的积极作用。在新的历史时期，中国马克思主义者在超越苏联哲学教科书体系，建立中国特色的马克思主义哲学解释体系方面，也进行了相关理论探索，例如，袁贵仁、杨耕和吴向东从马克思主义哲学教科书的历史流变研究入手，考察了苏联、南斯拉夫和民主德国、中国的不同时期具有代表性的马克思主义哲学教科书，提出了马克思主义哲学中国化必须构建有时代精神、

① 何萍：《新世纪马克思主义哲学中国化研究的两个基本问题》，《江苏社会科学》2011年第5期。

② 汪信砚：《当前我国马克思主义哲学研究的三个误区》，《哲学研究》2005年第4期。

中国元素和民族形式的中国马克思主义哲学教学体系的思想。[①]

就第二对关系而言，中国哲学话语体系通过马克思主义哲学中国化吸收了西方马克思主义哲学的有益思想资源。与对待马克思主义哲学教科书体系的态度相对应，中国马克思主义哲学对待西方马克思主义哲学的态度也经历了一个变化的过程。在20世纪80年代之前，中国马克思主义哲学排斥西方马克思主义哲学，将西方马克思主义哲学视为马克思主义哲学的异端，在20世纪80年代之后，随着中国由计划经济转向市场经济，社会结构、生产结构及人们的生活方式发生了巨大变化，与之相应地，为了解决这一变化所带来的文化和意识形态批判问题，中国马克思主义哲学转而更多地接受西方马克思主义哲学，从西方马克思主义哲学中吸取丰富的构建民主政治和文化意识形态批判的思想资源。不仅是卢卡奇、葛兰西和柯尔施的思想受到中国学术界重视，分析的马克思主义哲学、生态学马克思主义哲学以及后马克思主义哲学家们也都相继进入了中国学术界的研究视野。随着马克思主义哲学资源的更新，学术界开始提出要结合西方马克思主义哲学推进马克思主义中国化研究。例如，李佃来认为，这方面的视角应该更开阔一些，可以通过对比分析西方马克思主义与中国马克思主义两种马克思主义传统产生的历史和文化背景以及理论形态的异质性，探索马克思主义中国化理论生成的独特性；可以分析西方马克思主义与中国马克思主义未来研究的共同问题域与不同关注点；可以用西方马克思主义思想特别是其合理因素来审视马克思主义中国化；可以从西方马克思主义中提取可以嫁接到马克思主义中国化中的问题式，以此拓展马克思主义中国化的研究域。[②] 在具体问题的研究方面，学术界也有相关思考。例如，王晓升结合意识形态问题，提出了强化马克思主义在社会主义意识形态中主导地位的四个策略：在意识形态建设中，我们不仅要关注意识形态领域中的思想斗争，而且要致力于把意识形态转换为物质生产方式和人们的生活方式；不仅要同虚假意识进行坚决斗争，而且要努力使意识形态成为“理性话语”；不仅要注重意识形态的阶级性，而且要吸纳不同社会思潮的积极因素；不仅要重视国家意识形态的建设，而且要使国家

① 参见袁贵仁等主编：《马克思主义哲学教学体系：历史与现状》，北京师范大学出版社2011年版。

② 李佃来：《结合西方马克思主义推进马克思主义中国化研究》，《光明日报》2007年5月22日。

意识形态成为大众意识形态。[①]

在中国哲学话语体系建设过程中，马克思主义哲学中国化的目标就是用马克思主义哲学引领中国走出传统，走进现代化，走向世界。为了实现这一目标，学术界突破了单纯的就事论事的思维框架，自觉地将这一论题提升到当代中国哲学建设的层面加以探讨。这一工作的亮点大致体现在以下三个方面。

第一是重新思考马克思主义哲学与中国哲学的关系。改革开放以来，马克思主义哲学中国化研究中一个突出的问题就是往往局限于马克思主义哲学史的视域内，只考察中国马克思主义哲学自身的发展及其内容，最多涉及马克思主义哲学与20世纪中国其他哲学思潮之间的论争，而很少关注马克思主义哲学与20世纪中国思想界的多方面联系，很少探讨马克思主义哲学与中国其他哲学思潮之间的互动、交流与融合，很少把马克思主义哲学中国化作为20世纪中国哲学发展史的一个重要方面来研究。这种狭窄的研究视域带来的一个后果就是人为地在中国哲学和马克思主义哲学之间，以至于西方哲学之间树立起一道屏障，阻碍了人们对中国马克思主义哲学历史和理论的深入研究。近年来，学术界对这一局限进行了反思，提出了对马克思主义哲学与中国哲学之间关系的新见解。例如，李维武认为，马克思主义哲学在过去一个世纪里经过中国化的历程，已经融入了中国思想界，已经成了中国哲学的一个有机组成部分。[②] 李景源也认为，马克思主义哲学中国化与中国传统哲学近代演进表现为同一个过程，在这个过程中，由金岳霖的《论道》、冯友兰的《新理学》等发展出的“思想改造论思潮”对马克思主义哲学的中国化起到了一定程度的影响。中国化的马克思主义哲学与中国近现代哲学是相比较而存在、相斗争而发展的。[③] 上述把中国马克思主义哲学与中国哲学联系起来看的观点已经逐渐为学术界所普遍接受。

第二是凸显马克思主义经典著作编译和研究工作对马克思主义哲学中国

① 王晓升：《强化马克思主义在社会主义意识形态中主导地位的几个策略问题》，《毛泽东邓小平理论研究》2008年第6期。

② 李维武：《从20世纪中国哲学的视域看马克思主义哲学中国化》，《学术月刊》2003年第11期。

③ 李景源主编：《21世纪的马克思主义哲学创新：马克思主义哲学中国化与中国化马克思主义哲学》，江苏人民出版社2011年版。

化的意义。马克思主义经典著作的编译是马克思主义哲学中国化过程中的一项基础性工作。在我国学术界，大多数学者是通过阅读已经译为中文的外文文献来把握马克思主义哲学理论的。因此，准确可靠的翻译文本就是马克思主义哲学中国化的前提。以往，学术界对经典著作的翻译工作并不十分清楚，对其在马克思主义哲学中国化过程中的意义也没有深刻的认识。2011年，中央编译局召开资深翻译家表彰大会，通过媒体的宣传报道，一辈子只聚精会神埋头干一件事的一群人——马克思主义经典著作编译群体终于从幕后走到前台。[①] 现在，学术界已经了解：他们的工作使中国马克思主义经典著作编译事业取得了举世瞩目的成就，先后翻译出版了《马克思恩格斯全集》中文第一版50卷；《列宁全集》中文第一版39卷、《列宁全集》中文第二版60卷；《斯大林全集》13卷；《马列主义文库》中文版21种；《马克思恩格斯文集》10卷、《列宁专题文集》5卷；《马克思恩格斯选集》第一、二版各4卷；《列宁选集》第一、二、三版各4卷，等等。中国已经成为世界上翻译出版马克思主义经典著作最多、最全的国家。全面、系统、完整、可靠的马克思主义经典著作编译作品为马克思主义哲学中国化提供了坚实的文本依托，为马克思主义哲学的理论创新提供了源源不断的思想资源、理论基础、源头活水。马克思主义经典著作编译工作对马克思主义哲学中国化的重大意义，在于能够有效防止那种对马克思主义的教条主义或实用主义的态度，真正把马克思主义的真理同中国的具体实践有机地结合起来，解决中国实际问题。这具体表现为三点：一是保证理论立场的坚定和理论基础的牢固，二是推动理论研究不断走向深入和全面，三是有助于理论传播和宣传教育的广泛深入。在马克思主义哲学经典著作的出版方面，《马克思恩格斯文集》10卷本和《列宁专题文集》5卷本的出版受到学术界的特别关注。顾海良指出，《马克思恩格斯文集》10卷本的出版，既是党中央实施马克思主义理论研究和建设工程的重要成果，也是自20世纪90年代《马克思恩格斯选集》中文第二版出版以来，我国学术界对马克思恩格斯著作研究的标志性成果，必将对马克思主义中国化的新历程产生重大影响。他认为，正是在

---

① 薄洁萍：《一群人、一辈子、一件事——记奋战在马克思主义中国化第一线的中共中央编译局优秀翻译家群体》，《光明日报》2011年6月26日。

对马克思主义经典著作的重新研究中，我们对六个方面的结合有了新的体会和新的进展：一是马克思主义基本原理与时代变化、经济社会关系发展之间的关系；二是马克思主义基本原理的普遍适用性与国别特色性之间的关系；三是关于资本主义发展的阶段性变化与历史性趋势之间的关系；四是关于资本主义社会基本原理中社会制度的特殊规定与社会化大生产一般规定之间的关系；五是马克思主义对未来社会的科学预测与社会主义现实发展之间的关系；六是马克思主义的根本方法与具体方法之间的关系。[①]

第三是重视专业哲学家对马克思主义哲学中国化的贡献。这里的专业哲学家包括三种类别：一是以李达、艾思奇为代表的专业马克思主义哲学家，二是以张岱年、冯契等为代表的当代哲学家，三是以黄枬森、陈先达、陶德麟等为代表的活跃在中国大学校园的马克思主义哲学家。

研究以李达、艾思奇为代表的专业马克思主义哲学家，从某种意义上说，是对以往中国马克思主义哲学发展史上缺失环节的一种弥补。20 世纪 90 年代以前，中国马克思主义哲学发展史实际上被归结为党的领袖人物的思想史，而专业马克思主义哲学家的思想没有得到应有的重视，也没有被纳入到马克思主义哲学中国化研究的核心范围之中。应该说，这种局面的形成是有其历史原因的。从马克思主义哲学的创立来看，马克思、恩格斯，还有包括恩格斯指导建立的第二国际的马克思主义理论家同时都是无产阶级革命和工人运动的领袖。19 世纪的马克思主义哲学正是通过这些无产阶级和工人运动领袖们的理论和实践活动而获得广泛传播。在这种历史条件下，以领袖思想来叙述马克思主义哲学史是合理的，但是，进入 20 世纪以后，随着马克思主义哲学的世界传播和社会主义革命在苏联、中国的相继成功，情况就发生了变化：专业马克思主义哲学家出现了，马克思主义哲学的理论发展不再仅仅是无产阶级革命领袖的事业，而同时成为信仰马克思主义的知识分子的事业。马克思主义哲学正是在无产阶级革命领袖和专业马克思主义哲学家的推动下，获得了发展的不竭动力。因此，我们如果不对这些专业马克思主义哲学家的思想成就进行研究，就无法对马克思主义哲学中国化有一个清

① 顾海良：《马克思恩格斯经典著作与马克思主义中国化的新进程》，《理论视野》2011 年第 6 期。

晰全面的了解。[①] 基于这一认识，学术界开始对这些哲学家的思想加以关注。例如，在李达哲学思想研究方面，汪信砚主持完成了国家社科基金重大项目“李达全集整理与研究”，并于 2017 年 1 月在人民出版社出版了共 20 卷 900 多万字的《李达全集》。李达作为中国共产党的主要创始人和早期领导人之一，不仅是我国杰出的马克思主义理论家、哲学家和教育家，更是马克思主义中国化、时代化、大众化的重要代表人物之一。2016 年 5 月 17 日，习近平总书记在哲学社会科学工作座谈会上，称赞李达等一大批名家大师为我国当代哲学社会科学发展进行了开拓性努力。“筚路蓝缕，以启山林”，正是马克思主义在中国早期传播的真实写照。李达不畏艰辛、勤勉精进，毕生都在从事马克思主义理论的学习、研究、著述、教育和宣传，追求真理，在马克思主义理论探索和传播方面取得了开创性的辉煌成就。在艾思奇哲学思想研究方面，王伟光总结了艾思奇对马克思主义哲学中国化的贡献：一是毕生献身马克思主义中国化事业，提出了马克思主义哲学“中国化”的概念；二是开马克思主义哲学中国化通俗读物先河，倾其心血从事马克思主义哲学中国化普及工作；三是主编马克思主义哲学中国化教科书，积极探索中国化的马克思主义哲学表述体系；四是端正对待马克思主义哲学中国化的学风，以科学的精神创新发展中国化的马克思主义哲学。[②]

研究以张岱年、冯契等为代表的当代哲学家，还有以黄枬森、陈先达、陶德麟等为代表的中国大学校园的马克思主义哲学家，主要是为构建当代中国马克思主义哲学提供经验和借鉴。关注张岱年的理论探索，主要是因为这一探索奠定了马克思主义中国化的经典范式——“延安经验”的理论基础，这对中国当代意识形态建设具有重要启示。同时，只有从张岱年提出建立的“中国文化的新统”出发，马克思主义哲学才能在中国获得民族文化身份认同。关于冯契与马克思主义哲学中国化的研究，新世纪之初即有学者提出要关注冯契对重构马克思主义哲学体系的探索，近期，这一学术倾向已逐渐开

① 关于中国专业马克思主义哲学家的详细研究，可参见陶德麟、何萍主编：《马克思主义哲学中国化的理论与历史研究》，北京师范大学出版社 2011 年版。

② 王伟光：《艾思奇对马克思主义哲学中国化的突出贡献》，《哲学研究》2008 年第 7 期。

始成为学术界一种普遍性的理论自觉。[①] 关于黄枬森、陈先达、陶德麟等马克思主义哲学家的研究是从这三位马克思主义哲学家高龄华诞的文化庆典而引出的。2010年，学术界在回顾“十一五”以来马克思主义哲学研究的成就与问题并展望“十二五”哲学学科发展规划的同时，迎来了黄枬森先生九十华诞和陈先达先生、陶德麟先生八十华诞的文化庆典。[②] 北京大学、中国人民大学和武汉大学分别举办了学术研讨会，学者们不仅回忆了三位著名马克思主义哲学家学术生活细节，而且高度评价了他们的学术成就，形成了研究和构建当代中国马克思主义哲学的重要文本。这些文本对于今后研究马克思主义哲学中国化的历程，推动马克思主义哲学中国化、时代化、大众化都具有重要的意义和价值。学术界对三位先生学术思想的研究也从另一个侧面证明，马克思主义哲学中国化作为一种理论，不是某种过时的哲学，也不是毛泽东的个人哲学，而是属于中国马克思主义者群体的哲学，是中国几代马克思主义者共同创造的思想财富。在这些创造者中，从大学校园中发展起来的马克思主义哲学家已经形成了自己独特的风格和传统，成为推动改革开放以及马克思主义哲学中国化的中坚。中国哲学话语体系就是在这样广大的群体中创造出来的。

中国哲学话语体系的发展历程和马克思主义哲学中国化研究的上述状况表明，当代中国马克思主义哲学已经成为中国哲学话语体系建设的中坚。当代中国哲学话语体系的建设应以马克思主义哲学中国化为基础，拓展中国马克思主义哲学的研究视域、更新中国马克思主义哲学的研究范式、提升中国马克思主义哲学的创新能力。这也正是马克思主义哲学中国化研究的历史使命。当前，推动马克思主义哲学中国化研究还有更多的工作要去做。一方面，要从理论上关注中国哲学话语体系的一般性，采取世界视野，把中国马克思主义哲学放到世界马克思主义哲学发展的洪流中，研究21世纪马克思主义哲学的构建；另一方面，要从实践上关注中国哲学话语体系的特殊性，采取中国视野，研究马克思主义哲学中国化的范式更新。

---

① 关于冯契与马克思主义哲学中国化的研究，可参见何萍、李维武：《马克思主义中国化探论》，人民出版社2002年版；王向清：《冯契与马克思主义哲学中国化》，湘潭大学出版社2008年版。

② 郝立新、臧峰宇：《马克思主义哲学的中国风格——2010年三位马克思主义哲学家高龄华诞纪念话语》，《高校理论战线》2011年第4期。

二、哲学话语体系建设的理论之思

中国哲学话语体系不是一个孤立封闭的体系，而是世界马克思主义哲学发展的重要组成部分。因此，探讨中国哲学话语体系的建设就不能离开这一背景，而要采取世界视野，把中国哲学话语体系放到21世纪马克思主义哲学发展中进行理论思考。讨论21世纪马克思主义哲学的发展，可以采取文化哲学的视角，围绕以下三个问题展开阐述：首先，如何看待“21世纪马克思主义哲学”这一断代哲学概念？这涉及为21世纪马克思主义哲学进行定位的问题，需要我们找到21世纪马克思主义哲学和此前马克思主义哲学之间的联系和区别，明确21世纪马克思主义哲学的总观念，赋予21世纪马克思主义哲学一个清晰的界定；其次，研究21世纪马克思主义哲学的发展为什么要采取文化哲学的视角？这需要在历史和现实的激荡交织中阐明文化哲学与21世纪马克思主义哲学之间的关系；再次，21世纪马克思主义哲学发展究竟如何？这需要在总结和反思20世纪马克思主义哲学发展经验的同时，提出创新马克思主义哲学的若干可能性。

21世纪马克思主义哲学是新历史时期的马克思主义哲学，是马克思主义哲学发展的新阶段。作为一个断代哲学概念，21世纪马克思主义哲学毫无疑问地表达了它与20世纪马克思主义哲学在时间上的延续性，将会是对20世纪马克思主义哲学的进一步拓展和推进。然而，当我们讨论21世纪马克思主义哲学发展的时候，一方面，我们要关注它们之间的联系，另一方面，还需要从它们之间的断裂点上思考两者的差异，也就是说要从肯定和否定的两个方面研究和推动21世纪马克思主义哲学的发展。这里所说的肯定和否定的两个方面，分别代表了断代哲学研究的两种路向，前者是用时间概念来叙述，后者是用哲学概念来表达。[①] 这两种路向都是开展断代哲学研究的重要方法。以20世纪马克思主义哲学研究为例，我国学术界采取的就是

---

① 何萍教授在解析“20世纪马克思主义哲学”概念时，提出了断代哲学研究的两个相互反对的方向：时间概念叙述和哲学概念表达，认为研究20世纪马克思主义哲学时，应采取后一方向，即，把“20世纪马克思主义哲学”当作一个哲学概念来表达。参见何萍：《20世纪马克思主义哲学：东方与西方》，人民出版社2012年版，第2页。

这两种路向：一是以时间概念来叙述，从不同的时代背景出发，研究它与19世纪马克思主义哲学之间不同的理论内容，认为20世纪马克思主义哲学对19世纪马克思主义哲学的发展，主要体现为研究内容的差异。自由资本主义的时代背景决定了19世纪马克思主义哲学关注资本主义发展规律，强调生产力对生产关系的决定作用，探讨科学社会主义的理论；垄断资本主义的时代背景决定了20世纪马克思主义哲学关注科学社会主义的现实运动和上层建筑的能动性问题。二是用哲学概念来表达，将哲学总观念的区别视为20世纪马克思主义哲学和19世纪马克思主义哲学的根本区别，认为这一区别体现了20世纪马克思主义哲学的新发展。19世纪马克思主义哲学是以马克思主义哲学中的某个领域来定义马克思主义哲学，而20世纪马克思主义哲学则是将马克思主义定义为哲学，以哲学的总观念来定义马克思主义哲学。由上述两种路向出发，我们可以从内容和形式两方面对21世纪马克思主义哲学发展加以分析。

从内容上看，21世纪马克思主义哲学与20世纪马克思主义哲学之间应具有发展的连续性。现阶段的马克思主义哲学研究表明，21世纪马克思主义哲学将延续20世纪马克思主义哲学对垄断资本主义、科学社会主义运动和上层建筑能动性等问题的关注。以科学社会主义运动为例，随着全球化与民族文化之间的关系日趋复杂，马克思主义哲学更加注重把社会主义运动与民族运动结合起来，从而更新了社会主义理论与运动的内容，使民族运动成为对抗资本主义的鲜明旗帜。由此，社会主义理论由单纯探讨从资本主义向共产主义的历时性运动，转为综合探究帝国主义文化与民族文化之间的共时性关系，极大地扩展了研究对象的范围。民族文化也正是在这种对象转换中为马克思主义哲学研究确立起一种新的理论视野。由于有了这一视野，20世纪马克思主义哲学为21世纪马克思主义哲学的发展搭建了更为广阔的空间。例如，马克思主义哲学对女性问题的思考，从仅仅关注女性与男性在法律上的平等，延伸到关注不同种族和不同职业女性的平等；马克思主义哲学对生态问题的思考，从抽象地谈论人与自然的关系，延伸到结合具体的民族、国家、政治和地理环境探讨生态正义与全球生态平衡。

从形式上看，21世纪马克思主义哲学与20世纪马克思主义哲学之间应具有总观念上的差别。这里所说的总观念上的差别，就是形式上的差别，也是21世纪马克思主义哲学真正区别于此前马克思主义哲学的标志。今天，我们还处于21世纪的头十几年，21世纪马克思主义哲学的总观念虽然没有明显显现，但是我们应当积极面对新时代的新问题，自觉构建属于21世纪的新的马克思主义哲学总观念。构建这种总观念，可以从20世纪马克思主义哲学的形成过程中找到依据和经验。20世纪马克思主义哲学对19世纪马克思主义哲学总观念的变革，源于19世纪下半叶马克思主义哲学所遭遇的危机。当时的第二国际马克思主义者把马克思主义学说定义为科学社会主义，把马克思主义哲学理解为历史唯物主义，重视历史方法研究，忽视历史理论研究，使得马克思主义学说被排斥在哲学之外，丧失了自己的形上根基。正如柯尔施所描述的那样，当时的情况是："资产阶级的哲学教授们一再互相担保，马克思主义没有任何它自己的哲学内容，并认为他们说的是很重要的不利于马克思主义的东西。正统的马克思主义者们也一再互相担保，他们的马克思主义从其本性上来讲与哲学没有任何关系，并认为他们说的是很重要的有利于马克思主义的东西。"① 面对这种情况，20世纪马克思主义者明确提出了变革马克思主义哲学观念的任务，把马克思主义定义为哲学，重建马克思主义哲学的本体论，赋予其现代哲学意义，使其摆脱了危机，建立起新的马克思主义哲学的总观念。哲学总观念的变革促进了马克思主义哲学在20世纪取得空前的成就，展现出独特的风貌，充分彰显了马克思主义哲学的时代意义和理论价值。21世纪马克思主义哲学的发展再也不会遭遇像19世纪马克思主义哲学经历的那种危机了，但是同样面临着众多不可回避的挑战和问题。它们等待着马克思主义者采用新方法和新思路去构建属于21世纪马克思主义哲学的总观念，从而推动马克思主义哲学在新的历史阶段焕发出新的生机与活力，确保马克思主义哲学沿着正确的轨道高速发展，继续成为引领思想风潮的理论坐标。

对21世纪马克思主义哲学进行界定之后，还需要解决选择何种方法和视角来讨论21世纪马克思主义哲学发展的问题。解决这个问题，应从马克思主义哲学史出发，采用文化哲学的方法和视角开展研究，自觉建立具有特殊性和民族化的历史理论观。选择文化哲学的方法和视角不是主观臆想出来

① ［德］柯尔施：《马克思主义和哲学》，王南湜、荣新海译，重庆出版社1989年版，第4页。

的，而是哲学史，特别是20世纪马克思主义哲学发展史给我们带来的必然历史启示。恩格斯曾经说过："我们根本没有想到要怀疑或轻视'历史的启示'：历史就是我们的一切，我们比其他任何一个先前的哲学学派，甚至比黑格尔，都更重视历史。"[①] 在讨论21世纪马克思主义哲学的时候，我们有必要遵从历史的启示，回到20世纪马克思主义哲学的历史语境中去获得对发展新时代马克思主义哲学具有至关重要意义的宝贵思想财富。

文化哲学是20世纪马克思主义哲学为我们提供的研究21世纪马克思主义哲学的有效方法和视角。从19世纪末起，马克思主义哲学开始由西欧向世界各国传播。在这一过程中，马克思主义哲学内部经历了诸多理论论争，例如，列宁与罗莎·卢森堡关于资本积累和民族自治的论争，葛兰西、卢卡奇和柯尔施等西方马克思主义者与斯大林等苏联马克思主义者关于东西方无产阶级革命的性质和策略问题的论争等等。[②] 在这些论争中，东西方各国马克思主义哲学共同发展，逐渐形成了20世纪马克思主义哲学的整体。这个整体呈现出的特点就是"一源多流"。[③] 从列宁、布哈林和第二国际马克思主义者，到西方马克思主义者、苏联马克思主义者和中国马克思主义者，再到法兰克福学派、存在主义的马克思主义者、女性主义的马克思主义者和生态学的马克思主义者等等，这些哲学家和思想派别不断地阐发马克思和恩格斯所创立的哲学理论，持续地更新马克思主义的哲学传统，在历史的舞台上共同演奏出20世纪马克思主义哲学的华彩乐章。这场激动人心的合奏中，马克思主义文化哲学的作用特别值得我们铭记。正是由于有了文化哲学的方法和视角，东西方马克思主义者在进行理论创造和传统更新的时候，将理论与实践相统一的原则确立了起来，并以此原则作为评判理论是否正确的标准。在这个标准的主导下，西方马克思主义者虽然对苏联马克思主义哲学持批判态度，但是他们的批判并不是全盘否定苏联马克思主义哲学，而只是批判那种把苏联马克思主义哲学普遍化的观点。以毛泽东为代表的中国马克思主义者在对待苏联马克思主义哲学时，也采取了相似的态度，即，不否定苏联马克思主义哲学的正确性，而是反对将苏联马克思主义的理论和经验教条

① 《马克思恩格斯全集》第3卷，人民出版社2002年版，第520页。

② 何萍：《20世纪马克思主义哲学：东方与西方》，人民出版社2012年版，第7页。

③ 梁树发：《历史经验与21世纪马克思主义展望》，《理论视野》2016年第5期。

化，主张要结合中国的实际情况发展马克思主义，不能对苏联马克思主义照单全收。这样一来，马克思主义哲学就在东西方各国的努力下实现了民族化。马克思主义哲学普遍性观念由此被特殊性和民族化观念所代替，马克思主义文化哲学的传统也由此确立下来。

有了文化哲学的方法和视角，21 世纪马克思主义哲学的发展趋势也就逐渐呈现在我们眼前。我们大致可以从推动东西方马克思主义哲学的交流对话以及创造 21 世纪中国马克思主义哲学这两个方面对此加以分析。

第一，推动东西方马克思主义哲学的交流和对话，是 21 世纪马克思主义哲学发展的重要途径。20 世纪马克思主义形成的过程中，我们已经看到了东西方马克思主义者围绕世界历史发展、民族文化发展、社会主义运动和民族自治等问题不断地发生激烈论争。这些论争从根本上看，是由东西方马克思主义者观察世界的不同视野引起的。西方马克思主义者生活在发达的资本主义国家，是以西方资本主义国家的问题视野来看东方马克思主义，希望用已经取得革命成功的东方马克思主义来解决自己的问题，所以常常对东方马克思主义抱有理想性的理解，而缺乏现实性的理解。东方马克思主义者虽然已经取得无产阶级政治革命的胜利，但是还有异常艰巨的无产阶级经济革命和文化革命在等待着他们。面对革命中改造资本主义和改造封建主义的双重重任，东方马克思主义者为了加速推进社会主义经济和文化建设，采用了在资本主义社会行之有效的社会发展方式，形成了对社会主义的现实性理解。正是由于东西方马克思主义者身处不同社会，对社会主义和民族文化发展的理解不同，才有了两者之间关于世界历史发展、社会主义运动和民族自治等问题的争论。今天，东方社会的经济政治已经取得了长足的进步，民族文化运动也得到进一步增强。这样的历史条件为东西方马克思主义者的对话、交流和相互理解创造了良好的基础。21 世纪马克思主义哲学的发展应当以此为出发点，以对话和交流达到相互理解和共同进步。

对身处东方的马克思主义者而言，推动东西方马克思主义哲学交流和对话的工作应该更主动一些。我们可以通过采取设置共同议题、组织联合攻关等方式方法来进一步引导对话和交流，达到推动马克思主义哲学发展的目标。实际上，随着综合国力的提高和马克思主义哲学研究的进步，中国马克思主义者已经开始了这方面的探索。武汉大学西方马克思主义哲学研究所就在推动东西方马克思主义哲学交流和对话方面进行了成功尝试。自2000年以来，该所在所长何萍教授的带领下，一方面组团赴美国、欧洲进行学术访问，另一方面积极组织国际学术讨论，邀请西方马克思主义学者来中国实地考察中国经验。2012年起，该所启动国际联合攻关项目，每年进行一次国际学术合作，已经围绕列宁哲学、批判理论和罗莎·卢森堡思想等主题举办了多场国际学术会议和暑期研讨班，出版了相关学术论文集，在国际学术界产生了良好的影响。目前，该所在主持国家社科基金重大招标项目“罗莎·卢森堡著作的整理、翻译与研究”的基础上，启动了国际合作攻关计划，力争尽快完成《罗莎·卢森堡全集》中文版的出版和研究工作。2016年，该所组织研究团队出访波兰，探寻波兰社会主义及其犹太背景。通过参加“当代欧洲的哲学资源——资本主义：帝国主义的新浪潮”国际学术研讨会以及实地访问交流，波兰马克思主义者对中国马克思主义哲学的进展有了深入了解，中国马克思主义学者对波兰乃至世界社会主义运动有了新的认识。在波兰访问期间，中国学者详细考察了波兰社会主义史上具有重要意义而不被东方马克思主义者熟知的重要事件：罗莎·卢森堡的波兰背景以及波兰犹太人被屠杀和反抗的历史。这些事件使中国学者深切感受到世界社会主义运动的复杂性，认识到世界社会主义运动不仅仅只有阶级斗争，还掺杂了民族、信仰甚至宗教的斗争。[①] 在取得这样认识的基础上再来探讨世界社会主义运动时，东方马克思主义者会有一种不一样的视角，会把它视为一种复杂的文化现象来进行文化分析，从而达到东西方马克思主义哲学的相互理解和交融。

第二，创造21世纪中国马克思主义哲学，是引领21世纪马克思主义哲学发展的旗帜。人类历史进入21世纪，中国经济发展增速明显，综合国力显著提高。中国特色社会主义无论在理论水平还是实践水平上都成了21世纪科学社会主义和马克思主义发展的标杆。相应地，中国马克思主义哲学也应成为引领21世纪马克思主义哲学发展的旗帜。为了实现这一目标，中国马克思主义者需要从两方面加以自觉：一是自觉加强理论建设。中国马克思主义者应该有足够的理论自信去主动设置话题，用自己的话语表达自己的哲

① 何萍：《波兰社会主义与其犹太背景》，《理论视野》2016年第12期。

学，构建基于当代中国发展现实逻辑的研究范式、概念体系和理论体系。二是自觉面对现实问题。中国道路和中国经验需要中国马克思主义者进行深入总结，全球化和现代化思潮对中国主流意识形态提出的挑战需要中国马克思主义者拿出应对方案，这一切都有赖于中国学者以中国现实问题为出发点，作出理论和实践的回应，从而为马克思主义哲学的传统转化更新贡献力量。

三、哲学话语体系建设的实践之路

当代中国哲学话语体系建设需要理论之思，但更为现实的还是实现哲学研究范式的更新。这是话语体系建设的实践之路，也是马克思主义哲学中国化范式发展的必然要求。从对近年马克思主义哲学中国化研究范式发展趋势的分析中，我们可以把这条实践之路总结为五个方面。

第一，重视文本解读。重视文本解读，实现从教科书范式到文本学研究范式的转变，是马克思主义哲学中国化研究范式发展中的一个重要突破。长期以来，教科书一直是马克思主义哲学中国化思想在场的主要方式。然而，这种方式在创新马克思主义哲学过程中存在诸多矛盾，例如教科书阐释的原理性与历史性矛盾、相对与绝对的矛盾、个体理解和普遍认同的矛盾等。教科书的体系哲学特性直接导致思想僵化，而要突破这一教条，就必须从历史和马克思文本的原初语境中重新解读马克思主义哲学的发生、发展及变化，重新思考思想的出场过程，恢复马克思摒弃一切在场形而上学的本性。正是基于这一认识，学界加强了对马克思主义哲学经典文本的解读，形成了文本学研究的全新范式。文本学研究范式的形成，不仅推进了马克思主义哲学史研究，同时也促进了中国马克思主义学者与当代西方马克思主义展开对话，从而实现了马克思主义理论的创新。

文本学研究范式着力于文本的深度解读，注重发掘经典文本对于马克思主义哲学中国化的启示。例如，2017 年是毛泽东《实践论》和《矛盾论》发表 80 周年。学界重新考察了《实践论》和《矛盾论》对马克思主义哲学中国化的启示，认为，毛泽东的《实践论》和《矛盾论》是马克思主义哲学与中国革命实践、中国传统哲学优秀成果三者相结合的产物，丰富和发展了马克思主义认识论和辩证法。这两部著作是马克思主义哲学中国化的典范，为进一步推进马克思主义哲学中国化提供了有益的启示。除已有文本获得阐发外，近年来新发现的文本也引发了学界的关注。例如，李达著《毛泽东对马克思主义认识论的发展》铅印本重获发现，这不仅对于李达文献是一个重要的补充，而且对于推进李达研究和马克思主义哲学中国化研究都有着积极的意义。这个铅印本是李达继《〈实践论〉解说》《〈矛盾论〉解说》之后，在1960年2月所撰写刊行的又一部阐释毛泽东认识论思想的著作。如果说前两部著作都是对毛泽东认识论著作所做的文本解读，那么这本铅印稿则是对毛泽东认识论思想所做的系统阐发。但由于这本铅印稿不是正式出版物，印数有限，传布不广，在经历“文化大革命”之后已经很难找到，因此一直未能进入李达研究和马克思主义哲学中国化研究视域。李维武在自己的藏书中找出了这本李达著作，并进行了初步的研究。他认为，这本书对于马克思主义哲学中国化的重要性在于：一、凸显了认识论在毛泽东思想中的重要地位，强调了学习毛泽东思想的关键在于学习毛泽东认识论思想；二、通过对毛泽东认识论思想的阐发，强调了马克思主义认识论首先是反映论，只有从反映论入手才能正确地把握和运用马克思主义认识论；三、通过对毛泽东认识论思想的阐释，强调了马克思主义认识论是与辩证法相结合的，而这种结合的实质就在于从矛盾入手来认识和把握客观世界。四、通过对毛泽东认识论思想的阐释，强调了毛泽东把认识论转化为工作方法的意义；五、针对当时理论界正在探讨的主观能动性与客观规律性的关系问题，予以了高度重视和明确回答。①

第二，反思历史进程。自20世纪90年代起，马克思主义哲学中国化研究就逐渐成了中国马克思主义哲学研究的重要领域。经过20多年的发展，在总结马克思主义哲学中国化研究所取得的丰硕成果的同时，我们有必要进一步反思马克思主义哲学中国化历史进程。

首先是对马克思主义哲学中国化本质的反思。通常，我们对马克思主义哲学中国化含义的理解是使马克思主义哲学的基本原理适合于中国的具体实际，这已经成为我们理解马克思主义哲学的基本印象。然而，这种理解也只

① 李维武：《新发现的李达著作〈毛泽东对马克思主义认识论的发展〉》，《武汉大学学报（人文科学版）》2013年第3期。

是阐释了马克思主义哲学中国化的途径，即要实现马克思主义哲学的中国化，就必须将马克思主义哲学的基本原理与中国革命和建设的具体实践相结合，至于马克思主义哲学中国化的本质含义依然未得到清晰的解读。解决这一问题由此成了反思马克思主义哲学中国化的首要任务。

其次是对马克思主义哲学中国化基本问题的反思。马克思主义哲学中国化自身的合法性及其展开与实现问题是我们推动马克思主义哲学中国化，用马克思主义哲学中国化的研究范式进行中国马克思主义哲学研究的重要前提性问题。在这些基本问题中，马克思主义哲学中国化何以可能决定着马克思主义哲学中国化命题是否成立；马克思主义哲学中国化如何实现则决定着在马克思主义哲学中国化的过程中，它的基本精神是否会流失，是否会教条化、简单化和庸俗化。这些基本问题所涉及的诸多领域都需要更加深入的探讨，例如，从基本问题这一角度清理马克思主义哲学中国化与马克思主义中国化的关系。自毛泽东在党的六届六中全会上明确提出马克思主义中国化这一命题以来，很少有论者讨论“马克思主义中国化的基本问题是什么”这样的问题，而 20 世纪 90 年代，马克思主义哲学中国化提出后不久，在很短的时间内就有许多论者开始提出并讨论这个问题。造成这一差异的原因除了两个命题提出的时代条件、反映的内容和追求的目标不一样外，还有态度和研究思路方面的区别。态度的差异是指我们在提出马克思主义中国化时所抱的主要是一种实践的态度，要解决一些当下最要紧的问题；而我们提出马克思主义哲学中国化时更多采取的是一种理论的态度，目标是要创立新的理论。思路差异是指我们在推进马克思主义中国化的过程中，主要采取的是把抽象的理论具体化，用马克思主义理论来提升和改造中国的社会实践，并用中国的社会实践充实、丰富和发展马克思主义。这种具体化和相互作用是不会将我们引入到对基本问题的思考中去的，而在推进马克思主义哲学中国化的过程中，我们虽然也要把理论具体化，但更多的是在马克思主义哲学的指导下对以往的实践活动进行概括和总结，是要从实践的具体上升到理论的具体，是要用马克思主义的哲学来对整个中国的历史文化进行深刻总结和反思，这就需要提出并深入思考基本问题。

再次是对马克思主义哲学中国化研究中提出的新课题进行反思。随着理论与实践的不断发展，马克思主义哲学中国化研究出现了许多新课题，新中国马克思主义哲学史就是其中最为突出的一个。新中国马克思主义哲学史进入马克思主义哲学中国化的研究范式，意味着我们对于这一断代中国马克思主义哲学史的研究不能再运用马克思主义哲学史的研究范式，而必须转换为马克思主义哲学中国化的研究范式。研究范式的转换必然带来新材料的发现、研究视角的更新和新的研究领域的开辟。这一系列的新研究无疑会打开我们的思维空间，使我们对中国社会主义时期马克思主义哲学的发展，对中国当下的实践和未来发展有一个更为清晰的认识。在新的研究范式中开展新中国马克思主义哲学史的研究，首先要面对的问题是何谓新中国马克思主义哲学研究的新范式，这个新的范式是怎么提出来的，它的内容和结构是怎样的？等等。何萍在解答这些问题中，论证了把马克思主义哲学中国化作为新中国马克思主义哲学史研究范式的意义和必要性，并在中国社会主义的实践、中国政治思想变革和中国马克思主义哲学学术结构变化的三维空间中阐发了马克思主义哲学中国化研究范式的内容和形式，揭示了新中国马克思主义哲学的结构和发展的内在机制，从而为重新书写新中国马克思主义哲学史提供了可靠的历史根据。她认为，研究 1949 年以来的中国马克思主义哲学史至少有两方面的重要意义①：一是能使我们把握社会主义国家马克思主义哲学发展的特殊规律，而不至于随意地、碎片化地套用西方马克思主义哲学的成果；二是能使我们结合中国的历史和现实，深入地研究中国马克思主义哲学的特点和内在机制，思考中国马克思主义哲学的现状和未来发展。

第三，深化人物研究。开展马克思主义哲学中国化研究，马克思主义哲学中国化过程中具有代表意义的人物需要进一步加强考察，例如陈独秀、瞿秋白、张申府和张岱年等，要将上述人物置于具体的历史环境并着力揭示其思想的当代意义。

近年来，在陈独秀、瞿秋白研究中，学界采取了一些新的研究角度。一是从科玄论战看陈独秀、瞿秋白的理论贡献。20 世纪 20 年代的科玄论战是在近代中国面对民族生死存亡的背景下，先进的知识分子为寻找救国良方而展开的理论论争。当时，西方各种哲学思潮陆续传入中国，各派思潮的拥护

① 何萍：《如何书写 1949 年以来的中国马克思主义哲学史》，《武汉大学学报（人文科学版）》2013 年第 3 期。

者联系中国的现实问题争鸣不已。在科学派和玄学派之间展开的论战就是当时的思想大笔战。这两个派别实质上所奉行的分别是来自西方的实证主义和唯意志论。论战后期，陈独秀和瞿秋白也参与其中。他们体现了中国马克思主义者理论传播的担当意识。在张申府、张岱年研究中，学界着力挖掘其思想对于新时期推进马克思主义哲学中国化的重要意义。首先是肯定了张申府作为独树一帜的学者，为马克思主义在中国的早期传播及其中国化做出的独特贡献。抗战时期，面对亡国灭种的民族危机，张申府发起并参与了新启蒙运动，提出了“科学中国化”问题，促进了“中国化”思潮的产生和深入。当毛泽东发出了“马克思主义中国化”的号召后，张申府迅速作出积极响应，对中国化问题进行广泛论证与宣扬，并且，从哲学的高度提出和阐发中国哲学、西方哲学、马克思主义哲学“三流合一”、文化辩证综合思想，为马克思主义哲学的中国化开辟了新道路。其次是凸显了张岱年的人生哲学在马克思主义哲学中国化过程中的地位。人生哲学既是中国传统哲学的核心，也是马克思主义哲学中国化的重要内容。张岱年从 20 世纪 20 年代末开始在马克思主义综合创新文化观的指导下融会中国哲学、西方哲学、马克思主义哲学的人生哲学资源，创立了系统化的中国化马克思主义人生哲学体系，为中国传统人生哲学的现代转化和马克思主义哲学的中国化探索了一条新路，为中国社会的现代转型和持续稳定发展提供了一种精神信念的支撑。

第四，直面现实问题。马克思主义哲学中国化不仅是一个理论问题，同时也是一个生动的实践问题。马克思主义哲学中国化研究范式一方面要在理论维度进行探索，另一方面也应从实践维度加强考察，在对马克思主义哲学中国化范式进行明确定位的基础上，就现实和实践提出的问题进行深入思考和明确回应。改革开放以来，在马克思主义研究中，人们提出了各种关于马克思主义研究的理论范式。在这其中，马克思主义哲学中国化范式可以视为一个根本的理论范式。这一范式，在具体的研究过程中有多种表现，人们提出的多种范式，大多可以看作是它的不同侧面，它们与马克思主义哲学中国化的根本范式可以并行不悖。因此，从理论上定位马克思主义哲学中国化范式，对促进马克思主义中国化的理论与实践的发展大有裨益。

首先是结合马克思主义哲学中国化实践中产生的问题开展理论研究。近年来，马克思主义哲学中国化的实践提出了新的问题，其中有三个问题是关涉马克思主义哲学中国化的方向和方法的原则性问题：一是中国马克思主义哲学的普遍性问题；二是中国马克思主义哲学大众化的问题；三是中国专业马克思主义哲学家对马克思主义哲学中国化的贡献问题。在这些问题中，居于核心地位的前提性问题是中国马克思主义哲学的理论普遍性问题，而这一问题恰恰又长期被人们忽视。由于忽视了这个问题，马克思主义哲学中国化的研究始终停留经验的层面上，一部马克思主义哲学中国化的历史被描述为马克思主义哲学在中国的传播和运用史。这种经验性的研究方式不仅阻碍了马克思主义哲学中国化的理论研究，而且也影响到中国马克思主义哲学的理论创新和发展，使中国马克思主义哲学理论的创造落后于中国改革开放的实践。为了解决中国马克思主义哲学发展的问题，我们应对中国马克思主义哲学的理论普遍性问题进行深入的理论研究。不仅要从理论上阐发中国马克思主义哲学的双重普遍性，澄清对中国马克思主义哲学的理论普遍性的各种误读，而且要辨析“马克思主义中国化”概念，改变对马克思主义哲学中国化的经验性解读。

其次是回答马克思主义哲学中国化如何实现的问题。如何实现马克思主义中国化的问题并不是一个纯粹的理论研究问题，而是一个现实的、生动的实践问题。它既需要理论维度的探索，也需要从实践维度加以研究。以往，人们对实践中的马克思主义哲学如何有效传播、运用、创新等关注的相对较少，也缺乏这方面深入的发掘和总结。这种状况导致马克思主义哲学中国化问题的研究和推进难以有效开展。针对这一问题，我们要从实践维度进行重新思考。马克思主义哲学在中国丰富的社会实践中得到广泛的运用、全面的传播和不断的创新，既是马克思主义哲学中国化的初衷和落脚点，也是检验马克思主义哲学是否实现了中国化的重要标准。要实现马克思主义哲学中国化，必须坚持运用马克思主义哲学的基本原理来指导中国实践，以马克思主义哲学的基本立场、观点和方法来分析中国的具体实际，从中国革命、建设和改革实践的经验和教训中总结、概括新的理论认识，以马克思主义哲学为指导推动中国现代化的发展，并用发展着的社会实践丰富马克思主义。

第五，探索具体方法。更新马克思主义哲学中国化研究范式，还需要对具体方法进行探索，涉及综合运用多种方法、不同范式之间的比较等问题。其中包括综合运用多种方法处理中国传统文化和马克思主义文化的关系；在总结经验教训的基础上进行不同范式的比较研究。

综上所述，中国哲学话语体系的构建有赖于马克思主义哲学中国化研究的范式更新，有赖于中国马克思主义哲学的逻辑重构。中国哲学话语体系不仅属于中国，也是21世纪马克思主义哲学的一个重要组成部分。我们建设中国哲学话语体系，一方面是解决中国的问题，另一方面也是为推动人类文明的发展提供中国智慧和中国方案。

第 二 章

构建中国特色美学话语体系

刘 春 阳

从美学学科传播到中国并在中国本土生根发展的这一百多年来，实际上试图完成的是由“美学在中国”到“中国的美学”的话语转换过程。在构建中国特色美学话语体系的过程中，王国维和宗白华做出了重大贡献。王国维试图运用西方的现代观念和眼光来重新思考中国传统的美学思想资源，并进行一种现代性的转换；宗白华通过对中西方的宇宙观、空间意识的差异以及由此而来的对空间与自然的态度差异的比较，见出了中国人独特的艺术创造精神和审美风尚的哲学根据，并通过重新解释“意境”等范畴，自觉地构建“中国的美学”。20世纪下半叶以降，王国维和宗白华所提出的美学问题、开辟出来的研究路径被忽略了，中国美学的研究存在着学科定位不清、失去自己研究的立足点等问题，亟待建立具有中国特色的美学话语体系。在构建中国特色美学话语体系的过程中，需要确立自己基本的范畴体系、构建自己的命题学说、形成自己的研究方法、找准自己的立足点，以及中西方美学的互鉴互证。

习近平总书记在哲学社会科学工作座谈会上指出，发挥我国哲学社会科学作用，“要注意加强话语体系建设。在解读中国实践、构建中国理论上，我们应该最有发言权，但实际上我国哲学社会科学在国际上的声音还比较小，还处于有理说不出、说了传不开的境地。要善于提炼标识性概念，打造易于为国际社会所理解和接受的新概念、新范畴、新表述，引导国际学术界展开研究和讨论。这项工作要从学科建设做起，每个学科都要构建成体系的学科理论和概念。”[①] 习近平的这一论断对于美学学科的建设来说也具有适用性，因为中国传统文化中，虽有丰富的美学思想，但并无“美学”这一概念，更遑论学科形态的美学。

“美学”一词是经由日文翻译而来的，其在中国的流行是甲午以后至20世纪初年之事，作为学科性的美学，美学在中国的发展也不过百余年的历史。[②] 既然是舶来品，它就有一个适应新环境、与本土文化相融合并最终完成“本土化”的过程，这也就是“美学在中国”（Aesthetics in China）与“中国的美学”（Chinese Aesthetics）的区分。[③] 百余年来，中国的美学研究从概念范畴体系到研究方法，很大程度上都是在借鉴模仿西方美学，这就造成了中国美学在国际学术界话语权不强的局面。要增强中国美学学科在国际上的话语权，必须深入思考具有中国特色的美学话语体系建设。

一、“美学在中国”与“中国的美学”

由“美学在中国”到“中国的美学”的转变，虽然迄今已历时百年，但是我们至今仍然不能底气十足地说，真正的“中国的美学”在当前的中国美学研究中已经确定了下来。要充分说明这一问题，有必要粗略地回溯一下这段历史。一种被普遍接受的观点认为：以王国维为起点，奏响了“美学在中国”的号角。[④] 王国维在1904年至1907年间写下了《叔本华之哲学

① 习近平：《在哲学社会科学工作座谈会上的讲话》，《人民日报》2016年5月19日。

② 有关“美学”这一概念在中国的流行及传入，可参见黄兴涛：《“美学”一词及西方美学在中国的最早传播》，《文史知识》2000年第1期。

③ “美学在中国”与“中国的美学”的区别，可参见高建平先生于2004年在《国际美学年鉴》上所发表的论文，具体文本信息为：Jianping Gao，“Chinese Aesthetics in the Context of Globalization”，*International Yearbook of Aesthetics*：*Aesthetics and/as Globalization*，volume.8（2004），pp.59-75。

④ 持该观点的学者以聂振斌为代表，他在《中国近代美学思想史》中认为，不仅仅是“美学”的概念，“美育”“审美”等也都是王国维第一次引进的，所以，他对王国维的总体评价是：“王国维的美学思想是中国美学理论从自发状态走向自觉的标志，从此中国人开始自觉地建设美学学科的独立体系。”而这一点很能代表当前学术界对于王国维的看法。具体可参见聂振斌：《中国近代美学思想史》，中国社会科学出版社1991年版，第55—56页。

及教育学说》《〈红楼梦〉评论》《古雅之在美学上的位置》等文章。这些文章一方面系统介绍了康德、叔本华的美学思想，对西方美学的传入及普及做出了巨大的贡献；另一方面，王国维又有意识地把这些美学观念应用到对中国古典文学作品的评论之中，试图以西方的美学观念、方法来解释中国古典的美学思想资源。

在积极推进“美学在中国”的过程中，蔡元培又是一个举足轻重的人物。蔡元培不仅译介了《哲学要领》一书（该书从学理上介绍了“美学”的词源及其原初意义），而且还在1916年发表了《康德美学述》一文，是对康德美学的专门研究。在1917年发表的《美学的进化》中，蔡元培第一次向中国学术界系统介绍了西方美学的历史，展示了西方美学史的大致轮廓，也充分评述了当时西方美学界、特别是德国美学的理论现状。不仅如此，蔡元培还积极主动地到德国学习和考察美学、美育的建设，以期通过借鉴西方成熟的美学学科教育来建立中国的美学学科，可以说，正是通过蔡元培的努力，中国美学学科才得以建立，而蓝本正是西方美学。

当然，在引进美学、促成“美学在中国”逐渐兴盛的过程中，很多学者付出了努力，比如，来华传教士花之安（Ernst Faber）等人，就已经比较有意识地为中国学术界介绍美学思想；早于王国维的中国人颜永京，在19世纪80年代，就曾对西方美学思想作过颇有特色的、值得美学史研究界关注的译介；[①] 徐大纯的《述美学》（1915年）、萧公弼的《美学·概论》（1917年）等都对于学科形态的美学在中国的建立具有重要意义。[②]

如果说以王国维、蔡元培为代表的学者所做的工作是将一种“异质”的思想介绍到中国，从而使中国文化的概念中多了一个“美学”的话，那么，真正将这种“异质”思想进行转化，从而发生本土化的过程，是从20世纪20年代开始的。从1923年起，以吕澂、陈望道、范寿康等学者为代

① 囿于行文思路，对花之安、颜永京等学者在实现“美学在中国”的过程中所做的努力，不再一一介绍，相关研究可参见黄兴涛：《“美学”一词及西方美学在中国的最早传播》，《文史知识》2000年第1期。

② 有关徐大纯、萧公弼的学术贡献，可参见刘悦笛：《美学的传入与本土创建的历史》，《文艺研究》2006年第2期。

表，分别出版了《美学概论》等著作，[①] 试图创建真正意义上的“中国美学”。在这些学者的视野中，美学不仅仅是有关“丹青”的学说，而是哲学认识论中的一个组成部分，并且他们将西方美学中的“移情说”及“审美无利害”理论、“审美态度”理论，与中国古典哲学中“生”的范畴联系起来，认为审美就是一种无利害的静观、与人的生命状态息息相关。[②]

总之，从 19 世纪末到 20 世纪 30 年代，中国学术界对美学的研究经历了两个阶段：其一是比较系统地介绍西方美学的思想资源，其二则是有意识地批判、吸收西方美学（特别是生命哲学、进化论等学派[③]）的思想资源，并在一定程度上把它们作为出发点或者方法论，来解释、重构中国传统的美学思想，以期完成中国美学由传统向现代的理论转换，也就是美学研究由“美学在中国”到“中国的美学”的转换过程。尽管这种转换不是特别彻底，但是，“中国的美学”已经出场，并引发了此后美学研究的热潮。

二、“中国的美学”的两种典型形态

在构建“中国的美学”的过程中，王国维、蔡元培等人以及此后的朱光潜、宗白华等人都做出了非常大的贡献，在他们那里，代表西方美学核心概念的“美”“审美”等概念并未占据中心范畴，研究方法也与西方美学有较大的差异，其目的就在于要找到真正属于中国人的审美特性和美感形态，由此构建中国人自己的美学理论体系、话语体系。其中，王国维、宗白华所

---

① 吕澂分别于 1923 年和 1931 年出版了《美学概论》与《美学浅说》两部著作，前者可以说是中国本土上最早的一部“美学原理”。1927 年，陈望道和范寿康分别出版了以《美学概论》命名的著作，提出了他们的基本美学架构。

② 有关吕澂、陈望道、范寿康对于构建“中国美学”体系的尝试，可参见刘悦笛：《美学的传入与本土创建的历史》，《文艺研究》2006 年第 2 期。在刘悦笛看来，这三位学者所构建起的美学原理体系，可以被视为美学“在中国”的学科创建的最终完成，并且标志着“中国的”美学原理开始出场，从美学“在中国”到“中国的”美学的转换得以初步实现。

③ 之所以如此，也是与当时的时代背景相关，因为经由“五四”反传统思潮的影响，当时的学者们认为，中国的传统思想资源不能适应时代的发展，而“生命哲学”“进化论”等强调积极向上的人生态度，强调“自然选择”和“优胜劣汰”，并把竞争作为生命的发生和发展动力。所以，学者们试图通过对这些西方思想的引进，来重建中国人的价值观和信仰体系，最终完成对社会、政治问题的解决，这显然是一种“借思想文化以解决问题”的路径，美学的研究也正是这种时代背景的反映。

构建的“中国的美学”是较为典型的理论形态，应予以简要加以阐述。

（一）王国维建立“中国的美学”的尝试

事实上，从王国维对中国古典美学思想资源的解释中，我们已经可以看到他试图用“古雅”“境界”等概念来尝试建立“中国的美学”，从而区别于西方以“美”“模仿”“表现”等观念为核心的美学系统。比如，在《古雅之在美学上之位置》一文中，王国维对“古雅”做出了界定，他说：“……除吾人之感情外，凡属于美之对象者，皆形式而非材质也。而一切形式之美，又不可无他形式以表之，惟经过此第二之形式，斯美者愈增其美，而吾人之所谓古雅，即此种第二之形式。即形式之无优美与宏壮之属性者，亦因此第二形式故，而得一种独立之价值，故古雅者，可谓之形式之美之形式之美也。”[①] 这里所谓“古雅”，乃是“形式之美之形式之美”，也就是“第二形式”。对于这种“第二形式”，王国维认为，它只能存在于艺术之中，而不能存在于自然之中，[②] 所以他用具体的艺术作品予以解释，以绘画、雕刻为例，“绘画中之布置，属于第一形式，而使笔使墨，则属于第二形式。……凡吾人所加于雕刻书画之品评，曰神，曰韵，曰气，曰味，皆就第二形式言之者多。”[③] 文学作品中亦是如此，“西汉之匡、刘，东京之崔、蔡，其文之优雅宏壮，远在贾、马、班、张之下，而吾人之嗜之也，亦无逊于彼者，以雅故也。南丰之文，不必工于苏、王，姜夔之词，且远逊于欧、秦，而后人亦嗜之者，以雅故也。”[④] 由是观之，此“第二形式”是与画品中的神、韵、气、味相类似的一种品质，不单单是艺术的形式之美，亦且具有内容方面的要素。不仅如此，王国维还将“古雅”与西方美学中的“优美”“崇高”（王氏称之为“宏壮”）加以对比，在他看来，“古雅”同样具有“优美”“宏壮”这些范畴中的质素，并且独立于二者而存在，所以他说：“古雅之原质，为优美及宏壮中之不可缺之原质，且得离优美宏壮而有

① 王国维：《静庵文集》，辽宁教育出版社 1997 年版，第 163 页。
② 王国维：《静庵文集》，辽宁教育出版社 1997 年版，第 163 页。
③ 王国维：《静庵文集》，辽宁教育出版社 1997 年版，第 164 页。
④ 王国维：《静庵文集》，辽宁教育出版社 1997 年版，第 164 页。

独立之价值，则故一不可诬之事实也。”[①] 就“古雅”与“优美”“宏壮”对欣赏者所造成的审美感受而言，它们也是有区别的：“优美之形式使人心和平，古雅之形式使人心休息，故亦可谓之低度之优美。宏壮之形式，常以不可抵抗之优势，唤起人钦仰之情；古雅之形式，则以不习于世俗之耳目故，而唤起一种之惊讶。惊讶者，钦仰之情之初步，故虽谓古雅为低度之宏壮，亦无不可也。故古雅之位置，可谓在优美与宏壮之间，而兼有此二者之性质也。”[②]

显然，王国维把“古雅”作为一个与“优美”“宏壮”等西方美学范畴对举的审美范畴来看待的，它具有与这些西方审美范畴既相似又有区别的一系列特征。虽然在某种程度上说，该范畴在王国维的思想系统中仍不可避免地带有康德“形式主义”美学的痕迹，但它毕竟是王国维从中国人对于诗、书、画等艺术形式的审美创造及独特的审美体悟出发从而加以提炼形成的。正如有学者所评述的，“古雅”这一范畴“显然不能够描述西方人的艺术和审美经验，但是对于中国人的艺术和审美体验来说，这是一个非常重要而又准确的描述和概括，是一个地道的中国美学范畴。”[③]

如果说王国维所提出的“古雅”概念仍没有摆脱以康德为代表的西方美学思想资源和观念体系的掣肘的话，那么他所提出的“境界”概念则是在建立“中国的”美学的过程中迈出的更大一步，因为它实现了从中国传统的古典诗话到现代中国美学体系的重大转折。在《人间词话》中，他以大气磅礴的语言宣称严羽、王士祯等人的理论并没有抓住中国美学的核心，只有他自己所提出的“境界”理论才达到了“探本”的高度。他说：“严沧浪《诗话》谓‘盛唐诸公，唯在兴趣，羚羊挂角，无迹可求。故其妙处透彻玲珑，不可凑拍。如空中之音、相中之色、水中之影、镜中之象，言有尽而意无穷。’余谓北宋以前之词，亦复如是。然沧浪所谓‘兴趣’，阮亭所谓‘神韵’，犹不过道其面目，不若鄙人粘出‘境界’二字为探其本也。”[④] 为什么在王国维看来，沧浪、阮亭的“兴趣”“神韵”只不过是“道其面

① 王国维：《静庵文集》，辽宁教育出版社 1997 年版，第 164 页。
② 王国维：《静庵文集》，辽宁教育出版社 1997 年版，第 166 页。
③ 章启群：《百年中国美学史略》，北京大学出版社 2005 年版，第 38 页。
④ 王国维：《王国维文学论著三种》，商务印书馆 2001 年版，第 32 页。

目”，而他的“境界”才是“探其本”呢？我认为叶嘉莹先生的解释最能道出其中的奥妙，在她看来，“境界”与“兴趣”“神韵”存在着相似之处，因为“境界”也同样重视“心”“物”相感后所引起的感受作用，但因为他们所标举的语词不同，所以其喻指之义界也就有差异。具体说来，“沧浪之所谓‘兴趣’，似偏重在感受作用本身之感发的活动；阮亭之所谓‘神韵’，似偏重在由感兴所引起的言外之情趣；至于静安之所谓‘境界’，则似偏重在所引发之感受在作品中具体之呈现。沧浪与阮亭所见者较为空灵，静安先生所见者较为质实。”[①] 所谓“质实”则是因为沧浪和阮亭所标举的，只不过是对于感发作用的模糊朦胧的体会，也只能用玄妙的禅家之妙悟以及幽渺恍惚的意象为喻，而境界是指诗人之感受在作品中的具体呈现，自然就同时包括了作者感物之心的资质以及作品完成后表达的效果，因此读者也就更容易把握其所指。[②] 从叶先生的分析中，我们可以看到王国维的“境界说”对于传统古典诗话、词话中核心概念的继承和超越。当然，对“境界”的重新阐发并不能证明王国维已经建立了现代形态的“中国的美学”，但是通过他的解释，至少能证明王国维在尝试用新的观念和视野来解释中国传统的诗学，从而为构建现代形态的“中国的美学”做出了学术上的积累和准备。叶嘉莹先生也清楚地看到了站在中西学术交叉口上的王国维对构建“中国的美学”所做的努力，她如是评价道：“静安先生之境界说的出现，则当是自晚清之世，西学渐入之后，对于中国传统所重视的这一诗歌中之感发作用的又一种新的体认。故其所标举之‘境界’一词，虽然仍沿用佛家之语，然而其立论，却已经改变了禅宗妙悟之玄虚的喻说，而对于诗歌中由‘心’与‘物’经感受作用所体现的意境及其表现之效果，都有了更为切实深入的体认，且能用‘主观’、‘客观’、‘有我’、‘无我’及‘理想’、‘写实’等西方之理论概念做为析说之凭借，这自然是中国诗论的又一次重要的演进。”[③]

尽管王国维并未形成有关“中国的美学”的体系性理论，他的“古雅”“境界”等概念也仍然是传统思想里的术语，有“旧瓶装新酒”之嫌，但是

---

① 叶嘉莹：《迦陵文集二 · 王国维及其文学批评》，河北教育出版社 2000 年版，第 296 页。

② 叶嘉莹：《迦陵文集二 · 王国维及其文学批评》，河北教育出版社 2000 年版，第 296—298 页。

③ 叶嘉莹：《迦陵文集二 · 王国维及其文学批评》，河北教育出版社 2000 年版，第 300 页。

通过对这些概念、范畴的内涵的分析，王国维试图运用现代观念和眼光来重新思考中国传统的美学思想资源，并进行一种现代性转换的努力是显而易见的。

（二）宗白华对于“中国的美学”的独特理解

在王国维之后，一大批学者投身到美学的研究中，蔡元培、朱光潜、宗白华、邓以蛰等对于中国美学的发展贡献良多，而其中尤以宗白华有关“中国的美学”的思考更具典范性。

1949 年以后，宗白华通过其开设的课程，形成了有关中国美学研究的好几篇文章，[①] 在这些文章中，宗先生提出了研究中国的美学的独特的路径，他认为中国的美学研究，“一方面要开发中国美学的特质，另一方面也要同西方美学思想进行比较研究，发现它们之间的联系和区别。”[②] 也就是要求美学研究者能够“从比较中见出中国美学的特点”。[③] 事实上，比较的方式也是宗白华自己一以贯之的美学研究方法，在《中国艺术意境之诞生》《中国诗画中所表现的空间意识》《中国艺术表现里的虚和实》《论中西画法的渊源与基础》《中西画法所表现的空间意识》等文章中，宗白华通过对中西方时空意识、宇宙观念的比较，重新发现了中国人独特的艺术趣味和审美风尚，从而成就了“中国的美学”研究的典范。

宗先生通过中西的比较，他首先发现的是中西方人的宇宙观以及时空意识的差别。在他看来，“中国人最根本的宇宙观是《易经》上所说的‘一阴一阳之谓道’。”[④] 随之而来的中国人的空间意识则是《易经》上所说的“无往不复，天地际也。”[⑤] 而西方人由于发明了几何学和科学，所以“他们的宇宙观是一方面把握自然现实，他方面重视宇宙形象里的数理和谐性”[⑥]。其空间意识则是“站在固定的地点，由固定角度透视深空，他的视线失落

① 如《中国美学史中重要问题的初步探索》《中国美学史专题研究》《关于美学研究的几点意见》《漫谈中国美学史研究》等，这些文章主要收录于《宗白华全集》第三卷，安徽教育出版社 1994 年版。

② 《宗白华全集》第三卷，安徽教育出版社 1994 年版，第 617 页。

③ 《宗白华全集》第三卷，安徽教育出版社 1994 年版，第 592 页。

④ 宗白华：《中国诗画中所表现的空间意识》，见《美学散步》，上海人民出版社 1981 年版，第 98 页。

⑤ 宗白华：《中国诗画中所表现的空间意识》，见《美学散步》，上海人民出版社 1981 年版，第 110 页。

⑥ 宗白华：《中西画法所表现的空间意识》，见《美学散步》，上海人民出版社 1981 年版，第 141 页。

于无穷，驰于无极。”[①] 中西方宇宙观和时空意识的不同所造成的对于自然的态度也不相同。西洋人“对这无穷空间的态度是追寻的、控制的、冒险的、探索的。……结果是彷徨不安，欲海难填”。而中国人则是“如古诗所说的‘高山仰止，景行行止，虽不能至，心向往之’。……我们向往无穷的心，须能有所安顿，归返自我，成一回旋的节奏。”[②] 由于中西方的宇宙观、空间意识以及由此而来的对空间、自然的态度的不同，也就导致了中西方艺术的差异。以绘画为例，“中国画的透视法是提神太虚，从世外鸟瞰的立场观照全整的律动的大自然，他的空间立场是在时间中徘徊移动，游目周览，集数层与多方的视点谱成一幅超象灵虚的诗情画境。”[③] 而西洋画由于以希腊雕刻和建筑为渊源与基础，所以其画的“景物与空间是画家立在地上平视的对象，由一固定的主观立场所看见的客观境界，貌似客观实颇主观。”[④] 从这种对比中，就见出了中国人独特的艺术创造精神和审美风尚，所以宗先生接着说：“中国画的作者因远超画境，俯瞰自然，在画境里不易寻得作家的立场，一片荒凉，似是无人立足的境界（一幅夕阳油画则须寻找得作家自己的立脚观点以鉴赏之）。然而中国作家的人格个性反因此完全融化潜隐在全画的意境里。”[⑤] 而这种“意境”，正是根源于中国人独特的宇宙观和时空意识。

宗先生认为，由这种哲学观念出发，中国人成就了独特的艺术世界和审美的世界。他说：“艺术家以心灵映射万象，代山川而立言，他所表现的是主观的生命情趣与客观的自然景象交融互渗，成就一个鸢飞鱼跃，活泼玲珑，渊然而深的灵境；这灵境就是构成艺术之所以成为艺术的‘意境’。”[⑥] 这种“意境”，是“情和景交融互渗，因而发掘出最深的情，一层比一层更深的情，同时也透入了最深的景，一层比一层更晶莹的景；景中全是情，情具象而为景，因而涌现了一个独特的宇宙，崭新的意象，为人类增加了丰富

① 宗白华：《中国诗画中所表现的空间意识》，见《美学散步》，上海人民出版社 1981 年版，第 112 页。
② 宗白华：《中国诗画中所表现的空间意识》，见《美学散步》，上海人民出版社 1981 年版，第 112 页。
③ 宗白华：《论中西画法的渊源与基础》，见《美学散步》，上海人民出版社 1981 年版，第 133 页。
④ 宗白华：《论中西画法的渊源与基础》，见《美学散步》，上海人民出版社 1981 年版，第 133 页。
⑤ 宗白华：《论中西画法的渊源与基础》，见《美学散步》，上海人民出版社 1981 年版，第 134 页。
⑥ 宗白华：《中国艺术意境的诞生》，见《美学散步》，上海人民出版社 1981 年版，第 70 页。

的想象，替世界开辟了新境。”[①] 同时，“意境”也是中国人哲学观念的表达，是对“道”的体验，因此，宗先生总结说：“中国人对‘道’的体验，是‘于空寂处见流行，于流行处见空寂’，唯道集虚，体用不二，这构成中国人的生命情调和艺术意境的实相。”[②] 宗先生的这些表述正是中西方美学最根本的差异之处，同时也是“中国的美学”得以成立的最后根据，宗先生在其研究中也充分看到了这一点，所以他指出：“俯仰往还，远近取与，是中国哲人的观照法，也是诗人的观照法。而这观照法表现在我们的诗中画中，构成我们诗画中空间意识的特质。”[③]

从以上对宗先生有关中国美学研究的简要梳理中，我们可以看到宗先生对于中国美学研究的独到阐发，这一方面归功于他对于中西方哲学、艺术思想的精深把握，同时也是与他独特的研究方法紧密相联系在一起的，而后者，尤其应该引起我们的重视。

三、构建中国美学话语体系的必要性

王国维的美学和宗白华的美学分别从两个角度代表了20世纪中国美学研究的方向：在很大程度上，王国维是用西方美学的观念、范畴来重新解释中国传统的美学资源；而宗白华则是在中西文化的比较中，寻找中国美学最根本的立脚点。尽管具体的研究路径有所不同，但目标都是在同一个方向上，即，改变“美学在中国”的状况，自觉地构建“中国的美学”。不仅如此，两位学者总的研究方法也具有相似性：一方面，在他们的研究中，总可以见到以“他者”面目出现的西方思想资源；而另一方面可以清楚地看到他们的旨归，即希冀从中国人具体的审美与艺术经验出发，走内在体悟的道路，从而显示出中国美学的独特性。

但是，20世纪下半叶以来，王国维和宗白华等人所开创的独特的研究路径和所提出的美学问题被忽略了，特别是随着全球化的不断深入，文化间

① 宗白华：《中国艺术意境的诞生》，见《美学散步》，上海人民出版社1981年版，第72页。

② 宗白华：《中国艺术意境的诞生》，见《美学散步》，上海人民出版社1981年版，第83页。

③ 宗白华：《中国诗画中所表现的空间意识》，见《美学散步》，上海人民出版社1981年版，第111页。

的接触、碰撞不断增多，中国美学的研究也出现了不少问题，主要表现在以下两个方面：

从一般的意义上来看，对美学本身的定位不是越来越清晰了，反而似乎处于更加不明朗的地位，以至于美学界曾一度出现了所谓“失语症”的尴尬状况。很多学者从各自的理论背景出发，要么认为美学是关于“本质论”领域的学问；[①] 要么认为美学是“认识论”领域的学问。[②] 事实上美学所讨论的既不应该是本体论问题，同样也不应该是认识论问题，而应该是这样的问题，即，对人类的审美经验及意义世界加以客观的描述，对审美对象的审美价值做出学术评判。诚如学者金雅所陈述的：“美学不是自然科学和工程科学，不应以追求统一的标准性为目标，审美本身就是人类情感多元、价值多样的诗化呈现。虽然美学也需要研究人类审美活动中的普遍性问题、得出关于人类审美现象的规律性结论，但它的问题和结论都不仅仅系于客观的一维，何为美、如何审美等都不是僵死划一的教条。美学既有方法论、技巧论等维度，也有情感论、价值论等维度，而且后者更富本质意义。回归美学以情感和价值等为中心的人文维度，是美学真正实现深度突破与自身价值的必由之路。”[③] 与上一个问题紧密相关的是，随着全球化的到来，中国学者正失去自己研究的立足点，其主要表现就在于，当中国古典的审美理论不能再有效解释当前中国人的审美经验的实际状况时，就转而对西方理论不加选择地接受，用西方的概念、范畴和方法来对中国审美活动中有关美、有关艺术的思想加以归纳、整理和综合，从而总结出一些美学的条条框框，如此等等。这样的研究方法视乎是在进行一种中西美学研究的对话，但事实上背离了中国审美经验的实际，也不能发掘出中国美学的独特魅力和美丽精神，逐渐丧失了民族美学的话语。当前美学发展的这种定位模糊、过度依赖西方研究范式及概念的状况，不仅使中国美学丧失了话语权，也大大偏离了人文学

---

① 20 世纪 50 年代美学大讨论乃至到七八十年代的美学研究，多集中于对“美是什么”的探讨是很能说明问题的。

② 比如，邱紫华就认为：“当代的科学的认识论已给人们提供了指引正确研究道路的和走出迷宫方法的阿利阿德尼线团，它将首先启示人们摆脱对‘美的本体’或‘美的本质’的研究，走向在实践论和认识阈限内研究关于‘美’的正确道路。”具体可参见邱紫华：《20 世纪中国美学研究的历史反思》，《文艺研究》1999 年第 6 期。

③ 金雅：《中国美学须构建自己的话语体系》，《人民日报》2016 年 1 月 18 日。

科多元化的要求。要进一步推进中国美学的研究，亟须构建自己的话语体系。

历史地看，即使是西方美学自身，也是经历了数次话语转换。自古希腊开始，西方美学就将美学的根本问题归结为“美的本质”以及与此相关的艺术与真理等问题，比如柏拉图强调“艺术与真理隔了三层”、亚里士多德认为“诗比历史更具有哲学意味”等等。因此，西方传统美学关注的重点主要在于人的心理能力所能够把握的美的判断等问题。即使到了近代学科性美学的建立，讨论的还是这一问题。因为鲍姆嘉通所建立的“美学”（Aesthetics），实际上讨论的是涉及感性和情感的人的心理能力的问题，因为该词直译就是“感性学”，是研究人的感觉能力的科学。康德、黑格尔等德国古典哲学家所讨论的趣味、天才、灵感、感性直觉以及无功利性等概念，其实质也是直承古希腊以来的传统，是将美学作为哲学的分支来看待的。然而，西方现代美学的构成力量和陈述逻辑与传统美学完全不同，有学者认为，这种不同之处可以从四个方面表现出来：“1. 传统美学话语遵循身体劳作与物之物性之间‘交互转让’的有机原则，现代美学和艺术话语则诞生于主体对世界进行肢解和符号编码的历史语境；2. 主体在现代美学话语构成中居主宰地位，并经历了由非理性主体霸道到被消解的转变；3. 现代美学和艺术话语也经历了‘语言学转向’，语言逐渐上升为美学和艺术的核心；4. 传统‘自然形式的合目的性’的‘美’已被现代主体的‘显现’所形成的崇高、丑和荒诞所取代。”[①] 西方美学话语自身的这种转化也带来了危机，美学话语本身不能对美的本质、艺术与真理的关系等命题进行有效解释，于是产生了“艺术的终结”等各种命题和理论。我们并未认真从总体性上反思西方美学的这种转化，以至于我们面对现实问题的时候，才发现亦步亦趋地跟在西方理论后面所导致的理论构建能力的不足。

因此，无论是从中国美学学科内部所出现的问题上看，还是从西方美学自身发展的逻辑轨迹上入手，我们都会发现中国美学和西方美学分属两个不同的文化系统，这两个系统之间当然有共同性，也有相通之处。但更重要的是，这两个文化系统各自都有其特殊性。中国美学有自己独特的范畴体系、

① 牛宏宝：《西方现代美学话语转换的四个方面》，《文史哲》2002 年第 1 期。

话语体系。虽然美学的学科概念起源于西方，但西方美学不能包括中国美学，不能将中国美学视为西方美学的一个分支、一种点缀。更不能将中国美学看作是西方美学某一个流派的例证或注释。应该尊重中国美学的独特性，对中国人的审美实践、审美经验用自己的话语体系进行独立系统的研究，要使我们的美学理论带上民族色彩。因此，中国美学要进一步发展，亟须构建自己的话语体系。

四、构建中国美学话语体系的路径

对于中国美学来说，只有构建起自己的话语体系，才能在世界美学之林拥有自己的一席之地，真正实现与西方美学平等对话。当然，构建中国美学话语体系的路径不是撇开中外美学界通用的话语体系另起炉灶，而是能在对美学基本问题的合理阐释中形成具有普遍适用性的理论话语。因此，中国特色美学话语体系的构建，不能关起门来自说自话，必须要在中西互证中化合创新，在弘扬传统中传承推进，并对近百年来美学发展的成就进行总结、反思，在直面中华民族的审美特点和当代中国人审美实践的基础上，破茧成蝶。

话语体系是思想理论体系和知识体系的外在表达形式，构建中国特色的美学话语体系，就是要确立中国美学的理论体系和知识体系，其具体表现则是在找准自己的立足点的基础上，确立基本的范畴体系、构建自己的命题学说、形成自己的研究方法等。

（一）构建中国特色美学话语体系要有自己的立足点

美学和一个民族的社会、心理、文化、传统有着十分密切的联系。一个民族的艺术追求和审美文化传统是一个国家、一个民族区别于其他国家和民族的独特标识。虽然从严格意义上说，中国古代并没有形成学科形态的美学理论，但中华文化自古就有尚美的传统，审美意识很早就出现了，而且几千年来绵延不断，并形成了迥异于其他文明的艺术追求和美学观念。因此，构建中国美学话语体系，不是平地起高楼，也不能是脱离中国语境、中国人的审美实践的闭门造车，必须要确立自己的研究立足点，即立足于民族文化和中华美学精神，这是我们从事美学话语体系创造的深厚基础。

中华民族有着悠久的文化传统，形成了富有特色的思想体系，体现了中国人几千年来积累的知识智慧和理性思辨，这是我们的独特优势，我们必须要坚守自己的文化传统。历史和现实都表明，一个抛弃了或者背叛了自己历史文化的民族，不仅不可能发展起来，而且很可能上演一场历史悲剧。[①] 在今天，我们进行文化理论、美学理论的创新创造，也必须要立足于中国文化传统，在对中华优秀传统文化进行深入挖掘和阐发的过程中，与时俱进、推陈出新，从而推动中华文明创造性转化、创新性发展，激活其生命力。事实上，早在“五四”时期，宗白华先生就对立足于中国文化来进行理论创造进行了阐发，他说：“我以为中国将来的文化绝不是把欧美文化搬来了就成功。中国旧文化中实有伟大优美的，万不可消灭……并且主张中国以后的文化发展，还是极力发挥中国民族文化的‘个性’，不专门模仿，模仿的东西是没有创造的结果的。”[②] “将来世界的新文化一定是融合两种文化的优点而加之以新创造的。这融合东西文化的事业以中国人最相宜，因为中国人汲取西方新文化以融合东方比欧洲人采撷东方旧文化以融合西方，较为容易。以中国文字语言艰难的缘故，中国人天资本极聪颖，中国学者心胸思想本极宏大。若再养成积极创造的精神，不流入消极悲观，一定有伟大的将来，于世界文化上一定有绝大的贡献。”[③] 宗白华先生充分看到了中国文化的独特性以及对于世界文化可能具有的独特性贡献。中国文化中包含着极为丰富的美学思想资源，蕴含着独特的思想品质和审美精神，这些资源和精神是对世界美学的贡献，这是我们构建中国特色美学话语体系的深层力量。

进一步来说，中华美学精神是民族文化的集中体现，是中华民族在审美感知、审美情感、审美趣味、审美价值、审美理想等方面所体现出的精神特质。其突出的表现就在于“讲求托物言志、寓理于情，讲求言简意赅、凝练节制，讲求形神兼备、意境深远，强调知、情、意、行相统一。”[④] “托物言志、寓理于情”是文艺创作的重要思路。讲的是在文艺创作中，无论是

① 习近平：《在哲学社会科学工作座谈会上的讲话》，《人民日报》2016 年 5 月 19 日。
② 《宗白华全集》第一卷，安徽教育出版社 1994 年版，第 321 页。
③ 《宗白华全集》第一卷，安徽教育出版社 1994 年版，第 102 页。
④ 习近平：《在文艺工作座谈会上的讲话》，《人民日报》2015 年 10 月 15 日。

直抒胸臆，还是通过象征手法来表达自己的心曲，都要遵循文艺创作的基本要求，以生动的形象来表达，并将所要表达之理寓于情感之中。“言简意赅、凝练节制”则是文艺各门类都遵守的美学标准，以少胜多、以少总多，是中国文艺中通行的美学观念，也成就了中华美学精神区别于西方的一种重要特质。比如，诗歌中讲求“不着一字，尽得风流”，绘画要能达到“咫尺应须论万里”的效果，音乐也强调“大乐必易，大礼必简”。“形神兼备、意境深远”是文艺作品的审美形态，形是外在的形象，神是内在的精神意蕴，二者兼备是文艺作品最好的存在形态。虽然 19 世纪末 20 世纪初西方美学的东渐，给中华美学带来了新的概念、新的研究方法以及思维方式，也推动了中国传统美学的思想革新，但中华美学精神并未因此而消散。王国维、蔡元培、朱光潜、宗白华等美学大师们清醒地认识到，不弘扬民族美学精神，将使中国美学无根可立，更遑论拥有自己的理论体系，因此在构建自己的美学理论时，这些美学家们都自觉地将中国传统美学的思想资源作为自己的立足点。

确立自己的立足点，还在于在构建中国美学理论体系时，要使整个理论框架及理论内核都要具有中国色彩，要凸显中国美学精神的独特之处，即突出心灵世界和精神价值，突出人生境界的提升。比如可以用柳宗元“美不自美，因人而彰”的命题来消解实体化、与人分离的“美”；用禅宗“心不自心，因色固有”的命题来消解实体化的“自我”；用王夫之的“现量”说来界定和分析“感兴”（体验）；用孔子以来的历代思想家的理论来阐释关于人生境界的论述，等等，这都是立足于中国文化、对中国传统美学精神继承和发展的体现。[①] 关于构建中国美学话语体系要有自己的立足点，著名美学家叶朗曾进行过阐发，他写道：“21 世纪中国的学术，应该充分体现中国精神、中国风格、中国神韵，总之要具有中国特点。我们应该从现在就开始重视这一点，对中国传统文化进行系统的整理、分析、总结，以迎接 21 世纪中国哲学和中国文化的大繁荣。”[②] “把美学建设成一门体现 21 世纪时代精神的真正国际性的学科，我们的立足点仍然是中国的文化和中国的美学。

① 参见叶朗：《更高的精神追求——中国文化与中国美学的传承》，中国文联出版社 2016 年版，第 68 页。

② 叶朗：《胸中之竹——走向现代之中国美学》，安徽教育出版社 1998 年版，第 353 页。

我们应该下大气力系统地研究、总结和发展中国传统美学，并且努力把它推向世界，使它和西方美学的优秀成果融合起来，实现新的理论创造。……我们不能抛弃我们自己的文化，不能藐视自己，不能脱离自己，不能把照搬照抄西方文化作为中国文化建设的目标。在学术、文化领域，特别在人文科学领域，中国学者必须有自己的立足点，这个立足点就是自己民族的文化。"[①]在这一意义上，整理和研究中国美学，对传统的美学概念、范畴进行梳理，做出新的符合时代精神的解释，是构建中国美学话语体系的当务之急。

中华民族的文化和中华美学精神，积淀着中华民族最深沉的精神追求，包含着中华民族最根本的精神基因，代表着中华民族独特的精神标识，是中华民族生生不息、发展壮大的精神滋养。我们所构建的美学话语体系，只有立足于中华民族的文化和审美实践，为自己民族及文化发声，为植根于中华文化并具有世界意义的美学理念发声，才能够引起世界的关注和倾听，也才能实现与其他民族美学的平等对话。

（二）构建中国特色美学话语体系要确立基本的范畴体系

学科范畴是一门学科建立其合法性的逻辑起点，要构建中国特色的话语体系，必须要追问这个话语体系的逻辑起点在哪里，是否有一以贯之的范畴体系。西方美学学科的奠基者们如鲍姆嘉通、康德、黑格尔等，他们既是美学家，同时也都是重要的哲学家，在构建其美学体系时，都是从美、感性等基本范畴出发，以区别于逻辑学和伦理学研究的真、善等范畴，从而确立该学科的独立性。然而，中国美学的传统一方面与中国哲学精神紧密相关，也与中国的艺术精神和文化精神水乳交融。这也就使得在构建中国美学话语体系时，如果仅仅是从"美""感性""审美无利害性"等概念出发，很难确立起符合中国文化传统以及中国人的审美实践的范畴体系。

20世纪初，王国维、朱光潜、宗白华等美学家已经看到了中西方美学在逻辑起点上的差异性，所以他们将中国传统美学中的"境界"和"意境"等概念拿出来作为构建中国美学的起点，但遗憾的是，他们所开掘出的方向并没有很好地被后来者所吸收、跟进，能够与西方美学对话的传统民族美学

① 叶朗：《美学原理》，北京大学出版社2009年版，第24—25页。

范畴没能得到进一步提炼、深化。要构建中国特色的美学话语体系，必须要结合当代中国语境和审美实践，从王国维、蔡元培、朱光潜、宗白华等中国美学开拓者那里“接着讲”，对中国传统美学的范畴体系进行创造性转化和创新性发展，提出具有融合古今中外的美学范畴，使其成为既具有民族特质又能够与西方美学平等对话的基本范畴，因而也能成为构建中国美学话语体系的重要范畴。

事实上，中国古典美学体系并不是以“美”“美感”等为中心范畴，而是以审美意象为中心的。对于这一点，叶朗先生曾指出：“在中国古典美学体系中，‘美’并不是中心范畴，也不是最高层次的范畴。‘美’这个范畴在中国古典美学中的地位远不如在西方美学中那样重要。如果仅仅抓住‘美’字来研究中国美学史，或者以‘美’这个范畴为中心来研究中国美学史，那么一部中国美学史将变得非常单调、贫乏，索然无味。”[①] 在他看来，中国美学的基本范畴是“道”“气”“象”“意”“味”“妙”“悟”等等一系列范畴，它们是在哲学、艺术，乃至于整个中国文化的交汇中展开的，与西方的美学范畴有较大差异。因此，我们在构建具有中国特色的美学话语体系的过程中，可以将“意象”作为中国传统美学的核心范畴，因为“意象”这一概念可以成为中国传统美学和西方现代美学的契合点，以“意象”作为美学研究的逻辑起点可以克服和摆脱中国当代美学研究中的片面化、机械化倾向，对于构建现代形态的中国美学话语体系非常必要。

之所以将“意象”提炼出来作为中国美学的基本范畴和逻辑起点，“是因为该范畴一方面否定了实体化的、外在于人的‘美’，另一方面又否定了非实体化的、纯粹主观的‘美’”。具体来说，我们在构建“意象”这一范畴的过程中，能够将柳宗元、王阳明、王夫之、叶燮和胡塞尔、海德格尔等中西哲学家的“审美—艺术”哲学思想综合起来进行运用，并借助于这些思想，可以深化和拓展传统中国美学关于“意象”的“情景交融”理论，而且能够明确将“真”“善”“美”等价值内涵以及审美的超越精神内置于“意象”的规定中，从而赋予“意象”以形而上的意蕴。从这种意义上来理解，“意象”至少具有四个层面的规定性：“第一，审美意象不是一种物理

① 叶朗：《中国美学史大纲》，上海人民出版社 1985 年版，第 3 页。

的实在，也不是一个抽象的理念世界，而是一个完整的、充满意蕴、充满情趣的感性世界，也就是中国美学所说的情景相融的世界；第二，审美意象不是一个既成的、实体化的存在（无论是外在于人的实体化的存在，还是纯粹主观的在‘心’中的实体化的存在），而是在审美活动的过程中生成的……审美意象只能存在于审美活动中；第三，意象世界显现一个真实的世界，即人与万物一体的生活世界，这就是王夫之说的‘如所存而显之’、‘显现真实’（显现存在的本来面貌）；第四，审美意象给人一种审美的愉悦，即王夫之所谓‘动人无际’，也就是我们平常说的使人产生美感（狭义的美感）。”①“意象”的这种规定性，不仅包含着“存在—本体论”的理论阐释，而且包含着“精神—价值论”的美学构建。

这种理论构建，也并不仅仅是为了理论体系完整性的需要，还在于现实的针对性，即针对中外美学研究领域的问题以及中国人的审美实践和欣赏旨趣。因为20世纪以来的审美文化领域出现了重大的变化，比如博物馆里展览的不再是油画或大理石雕塑，代之以小便器或成堆的砖块；音乐厅里的音乐演奏是音乐家在钢琴前静坐四分三十三秒，而没有按下一个琴键……这个时候，美学必须要解决两个基本问题：其一是艺术和非艺术的区分问题，或者说艺术的定义问题；其二是艺术的意义问题。然而，西方传统美学理论很难对这两个问题做出令人信服的解释。以“意象”为逻辑起点的美学话语体系能够有效回应这两个问题：根据“意象”理论，艺术活动是一个生成“意象”的过程，那些没有创造审美意象的活动，不能称之为艺术；与之相伴随的是，“意象”理论能够从形而上的层次上揭示艺术对于人生的根本性意义。

总之，构建以“意象”为逻辑起点的美学话语体系，既是从朱光潜、宗白华“接着讲”，也是对中国传统美学“意象”理论的开掘和深化，当然也包含着对西方美学的反思和扬弃，能够超越“以‘认识论’为代表的、实际上是‘西方学术范式中心论’的美学看法”，② 实现中国思想与西方思想的平等对话。

---

① 叶朗：《美学原理》，北京大学出版社2009年版，第59页。

② 张祥龙：《张祥龙教授给叶朗教授谈〈美学原理〉的一封信》，《北京大学学报（哲学社会科学版）》2010年第2期。

（三）构建中国美学话语体系要建立自己的命题学说

命题学说是一门学科得以建立的主要血脉，任何一种美学话语体系的构建，都是建立在自己独特的命题学说基础之上的。西方的美学主要围绕美的本质、审美经验、审美态度、审美距离、移情等命题展开，研究这些命题间的联系、区别及转化，并通过对其逻辑推演来构成其独特的话语体系。而中国美学构建的主要是艺术与美“在与自然宇宙、与人的生命生存的鲜活关系中应是什么、何以可能、如何实现的问题。”[①] 围绕这些问题，中国美学提出了尽善尽美、得意忘象、澄怀味象、气韵生动、比德、畅神等命题学说，这些命题学说并不仅仅是概念间的逻辑推演，而是与人生、人的安身立命密切相关，这跟西方美学命题学说的学理化、系统性、科学化的目标原则有着明显的差异。然而这些命题学说大都散见于诗文评、诗论画论以及小说评点中，王国维、宗白华等中国美学研究的开拓者们尝试用规范化的学术话语来整理中国传统美学资源，并取得了丰硕的成果，遗憾的是后来疏离了。

构建中国美学话语体系，所要做的工作中很重要的一环，就是要进一步将中国传统美学家们关于美、审美以及艺术经验的命题转换为当代学术的规范性话语。以“意象”作为建立中国美学话语体系的逻辑起点，可以在此基础上，将传统美学中的很多命题赋予新的意义。比如，中国美学传统中特别重视“文以载道”的观念，将艺术与道德联系起来，但是并没有系统地解释美与真、善关系。而在“意象”论的美学话语体系中，“真”不仅仅是逻辑的真，即主观与客观的相符合，“善”也不仅仅是某种功利的伦理实践活动，而是与人的人生境界密切相关。美学家叶朗先生曾对于审美实践活动中真善美的统一做出过说明，他说：“‘美’，是一个情景交融的意象世界，这个意象世界，照亮一个有意味、有情趣的生活世界（人生），这是存在的本来面貌，即中国人说的‘自然’。这是‘真’，但它不是逻辑的‘真’，而是存在的‘真’。……这是我们理解的‘美’与‘真’的统一。这个意象世界没有直接的功利的效用，所以它没有直接功利的‘善’。但是，在美感中，当意象世界照亮我们这个有情趣、有意味的人生（存在的本来面貌）

① 金雅：《中国美学须构建自己的话语体系》，《人民日报》2016年1月18日。

时，就会给予我们一种爱的体验，感恩的体验，它会激励我们去追求自身的高尚情操，激励我们去提升自身的人生境界。这是‘美’与‘善’的统一。当然这个‘善’不是狭隘的、直接功利的‘善’，而是在精神领域提升人的境界的‘善’。”[①] 显然，真善美的统一只能在审美活动中实现，审美活动较之于认识活动、伦理活动是更为本原性的活动，以“意象”论为逻辑起点的美学话语体系，在整个哲学大厦中是处于更基础的地位的。

在建立自己的命题学说时，还应该考虑到中国美学命题学说一贯的旨归，即中国美学强调审美与人生，与精神境界的提升和价值追求的密切联系，也就是说，中国美学具有鲜明的实践导向和人生取向。因此，构建命题学说不能离开审美活动的文化背景以及“人生境界”的提升这一理论诉求，要将美学引导人们去追求高尚的情操，去提升自身的人生境界作为最根本目的。美学的各个部分的理论研究，各种命题学说的构建，也都不能离开人生，不能离开人生的意义和价值。所构建美学命题本身，也是要引导人们去努力提升自己的人生境界，使自己具有一种“光风霁月”般的胸襟和气象，去追求一种更有意义，更有价值和更有情趣的人生。[②]

在对真善美的统一、审美与人生关系等美学命题做出新的阐释之外，还应该提炼出适合表达中国传统审美形态与风格的美学命题，比如某一个或几个能够充分体现儒家文化、道家文化以及禅宗文化内涵的命题。[③] 这样重新解释和构建起来的中国美学命题，既是对中国古典美学命题学说的深化和发展，也能够突出体现中国美学命题学说一贯的价值立场和取向，即面向现实人生、陶冶自身的情操、涵养自身的气度、追寻高远的人生境界。这样的美学命题学说显然与西方美学理论体系侧重纯粹学理构建的命题学说有着显著的差别，具有鲜明的民族特质。

---

① 叶朗：《美学原理》，北京大学出版社 2009 年版，第 81 页。

② 有关美学与人生的关联，可参见叶朗：《美学原理》，北京大学出版社 2009 年版，第 24 页。

③ 关于这一点，叶朗在构建其美学理论时有着较为深入的思考，他将“沉郁”“飘逸”“空灵”作为体现儒家、道家和禅宗文化内涵的命题来对待，在他看来，“沉郁”体现了以儒家文化为内涵、以杜甫为代表的审美意象的大风格，“飘逸”体现了以道家文化为内涵、以李白为代表的审美意象的大风格，“空灵”则体现了以禅宗文化为内涵、以王维为代表的审美意象的大风格。将沉郁、飘逸和空灵当作儒释道三家影响下所结晶成的中国审美意象群，较之于学术界常用“中和”“玄妙”“意境”等命题来说明中国传统美学形态与审美命题，更为合理，也更贴合中国美学的实际状况。具体可参见叶朗：《美学原理》，北京大学出版社 2009 年版，第 374 页。

（四）构建中国美学话语体系要形成自己的研究方法

从某种程度上看，有什么样的研究方法，就有什么样的科学研究。因为研究方法不仅直接影响理论表述的形态特征，也深刻影响一门学科的整体面貌。西方美学多采用逻辑的、思辨的研究方法，以追求客观、理性、普遍的结论为目标。而中国古典美学更多的是关注审美对象的具体特征，较少逻辑分析和论证，带有一定的模糊性和随意性，这在诗文评中表现得尤为明显，比如司空图《二十四诗品》之《典雅》的“落花无言，人淡如菊”，就很难达到普遍性的结论。20 世纪初，在西方学术研究方法的影响之下，中国的美学研究逐渐向西方美学的理论样态转化，朱光潜的《诗论》、王国维的《〈红楼梦〉评论》等，都是从研究方法、思维方式上向西方美学的概念化、理论化以及系统化思维方式转化的有益尝试，这种尝试对于中国传统美学的现代转化、中国美学确立其学科话语体系具有毋庸置疑的作用。然而，当西方当代美学的研究方法、看待问题的视角已经发生了变化，并呈现出与中国美学更多契合的时候，我们也必须要重新审视研究方法以及思维模式的问题。

要构建中国特色的美学话语体系，我们必须针对中国人审美实践的特殊性、中国美学思想的独特性，不能仅仅以西方美学的研究方法为纲，在研究方法上要有所突破，形成属于中国美学自身的研究方法。

首先，要把中国传统的哲学、美学、艺术贯通起来进行研究。[①] 这可以从三个层面来理解：第一个层面，要对中国传统哲学对美学和艺术的影响进行系统研究。这是因为中国美学话语生成与发展的历史、中国艺术实践的历史受到了中国传统哲学思想的影响，打上了哲学的烙印。中国哲学是一种富有诗意的哲学，中国哲学同中国美学有直接的关系，不研究中国哲学，中国美学和艺术中的许多问题就很难理解或理解不透彻，对中国哲学的研究可以开启其中潜在的美学和艺术思想，从而使中国美学和艺术获得更加丰富和深刻的内容。比如在老庄哲学、魏晋玄学及禅宗的影响之下，后世的美学家、

① 关于将中国传统哲学、美学和艺术贯通起来加以研究的方法论问题，可参见叶朗：《胸中之竹——走向现代之中国美学》，安徽教育出版社 1998 年版，第 251—252 页。

艺术家更加注重对“道”的追求，而不太重视所呈现的事物与真实事物之间的形似。更为根本的是，中国美学和艺术是被置于宇宙自然、人类社会以及精神世界的有机整体中加以表述和考察的，“神”“气”“象”等美学和艺术范畴也与哲学范畴息息相关。中国美学和艺术背后是中国哲学的宇宙观在做支撑。[①] 第二个层面，要对中国美学本身的概念、范畴、命题的系统进行深入的研究。中国美学中有很多独特的概念范畴，比如“道”“悟”“境”等，这些概念范畴最初都是哲学范畴。那么，这些哲学范畴到底如何产生的，它最早的含义是什么，如何从一个哲学概念变成了美学概念，中间的逻辑勾连是怎样的，这些都需要系统、认真的研究。第三个层面是要对中国的艺术进行深入研究，用中国的艺术来印证中国的哲学和美学精神。中国的艺术非常具有形而上意味，艺术家们一般不太重视对某一个具体对象的逼真刻画，他们所追求的是把握那个作为宇宙万物的本体和生命的“道”，为了把握“道”，就要突破有限的、具体的事物。所以，南朝的画论家谢赫就说：“若拘以物体，则未见精粹，若取之象外，方厌膏腴，可谓微妙也。”苏轼也在一首诗中说“论画以形似，见与儿童邻。赋诗必此诗，定非知诗人”。因此，对中国的艺术进行理论阐释，不仅能够印证中国哲学和美学精神，而且还会启发、触动我们在现代美学理论方面做出某些创新和突破。

其次，要突破主客二分的思维模式。学术界的主流观点认为，中国美学的一个重要特点，从思维模式上来讲就是“天人合一”，而不是主客二分。从西方美学两千多年的历史进程来看，其哲学基础主要是主客二分的认识论思维模式，20 世纪的现象学、存在主义等哲学流派认识到了这种思维模式的局限性，并对其展开了批判，这就使得美学领域有关美的本质的研究逐渐转变为审美活动的研究。但是 20 世纪中国的美学研究，基本上是在主客二分的认识论模式之下展开的。特别是 20 世纪五六十年代的美学大讨论，基本上影响了 20 世纪后半叶中国美学研究的走向。在这次美学讨论中，形成了以蔡仪、朱光潜、高尔泰以及李泽厚为代表的美学四大派。尽管四派理论

① 关于中国哲学传统与美学之间的关系，可参见朱志荣：《论中国美学话语体系的创新》，《探索与争鸣》2015 年第 12 期。

观点不同，但他们的讨论基本上都局限在一种主客二分的认识论思维方式和框架之中来讨论问题。“把美学问题纳入认识论的框框，用主客二分的思维模式来分析审美活动，同时把哲学领域的唯物论唯心论的斗争搬到美学领域，结果造成了理论上的混乱。”[①] 而这种主客二分的思维模式既没有反映西方美学从近代到现代发展的大趋势，同时也很大程度上脱离了中国传统美学的基本精神。构建中国特色美学话语体系，实现中国美学理论的重大突破，一个重要的研究方法就是要突破主客二元对立的认识论思维模式和框架，不能再用主客二分的思维模式来研究美学，因为审美的活动不是一种科学认识活动，它是一种体验，体验就是一种“天人合一”，“是与生命、与人生紧密相联的直接的经验，它是瞬间的直觉，在瞬间直觉中创造一个意象世界（一个充满意蕴的完整的感性世界），从而显现（照亮）一个本然的生活世界”[②]，这样的生活世界也是一个美的世界。

总之，构建中国特色美学话语体系，一方面需要将中国哲学、美学与艺术贯通起来加以研究，实现理论与实践的互相印证，另一方面还需要摆脱主客二分的思维模式，以“天人合一”的方式来研究美学。

（五）构建中国特色美学话语体系需要中西方美学的互鉴互证

文化创新创造的活力不仅来自文化主体内部的创新与创造，也需要与来自外部的文化、文明相互交流，封闭的文化体系不能与外界实现有效的信息沟通，必然缺乏创新创造的活力。因此，构建中国美学话语体系，还需要广泛吸收世界范围内特别是美学研究走在世界前列的西方美学的有益研究成果，实现中西方美学的互鉴互证。

在早期构建“中国的美学”的努力中，王国维、蔡元培、朱光潜、宗白华、陈望道等人就是充分吸收西方美学的研究成果，试图完成中国美学的创造性转化和创新性发展。尽管他们对于美学的理解以及构建中国美学的努力不尽相同，但共同之处都在于他们一方面从小就接受过中国传统的私塾教育和文化的熏陶，具有深厚的国学功底，对于中国人独特的审美意识、艺术

① 叶朗：《美学原理》，北京大学出版社 2009 年版，第 43 页。
② 叶朗：《美学原理》，北京大学出版社 2009 年版，第 98 页。

追求有着深切的理解和同情；另一方面又接受了国外系统的学术训练，对于西方文化以及西方美学的科学精神也有深入了解，并熟悉西方学术理论的规范及要求。因此，当他们由对西方文化的研究再回到中国传统时，能够跳出某一种学术范式的束缚，做到中西方美学的互鉴互证。以宗白华为例，他最重要的贡献虽然是对中国艺术意境论的阐发，但是他的学术生涯并不是由中国古典思想开始的，他最先接受的是西方现代文化的影响，尤以斯宾格勒和费舍尔的影响为著，他们“不仅帮助宗白华树立了从西方现代文化向中国古代文化‘反流’的文化观念，而且为他探讨和阐释中国古代艺术的美学精神和审美特征提供了重要启迪。”[①] 正是由于宗白华对西方思想的深切领悟，对西方精神特质的探究，当他再回返中国古典思想时，才能够独到、深刻地予以阐发。显然，20 世纪中国美学话语的开拓者和奠基者们所试图构建的现代中国美学，与传统中国美学的基本区别就在于中西美学融合。

从中西方美学的历史来看，学科性的美学尽管在 18 世纪就被鲍姆嘉通建立起来，并得到康德精细的论证，但直到 19 世纪才在西欧的一些大学里列入课程大纲，设立相应的教授席位，在现代学科分类中有了“美学”的位置。19 世纪末 20 世纪初，才开始有人撰写“美学史”，将美学学科回溯到希腊早期的哲学家如毕达哥拉斯，并整理出从柏拉图、亚里士多德，到普罗提诺、奥古斯丁、托马斯·阿奎那等人的线索，一直通向近现代。这种“美学史”就是我们今天通行的美学史，它们构成了西方美学的基本概念。其实，这是近现代欧洲人的构建，是欧洲人根据 18 世纪以来的美学学科而反向构建起来的。[②] 因此，这样一种构建本身就带来了问题，比如为什么西方美学史是从古希腊开始，而不是从两河流域开始书写，等。这种学科史的构建本身是现代性的产物，但也是西方现代学者的构建，不可避免地带来了单一的西方文化对非西方文化的压抑、排斥和消解。而且，20 世纪以来的艺术实践和美学思潮都表明，这种从古希腊到中世纪、文艺复兴，再到近现代乃至后现代的线性历史观，导致了西方艺术和美学的深刻危

① 肖鹰：《宗白华美学的“反流”之源》，《中国社会科学报》2012 年 2 月 1 日。

② 有关西方美学史的构建问题，可参见高建平：《从“东方美学”概念出发：当代中国美学的学科处境和任务》，《艺术百家》2015 年第 4 期。

机，使得西方美学内部纠缠着“艺术终结”“美学终结”等一系列“历史终结”的梦魇。[①] 因此，无论是反思美学学科史的构建，还是要摆脱“终结”的噩梦，必须要突破西方美学的线性进化思维，开放视野，并重新承认文化的多样性和多元性，巩固和提升非西方文化的价值。

而对于中国美学来说，中国传统思想中虽然没有学科性的美学，但有着几千年历史的美学思想，它在发展的过程中与西方走的是不同的道路，存在着巨大的差异，这种差异决定了他们各自不同的研究出发点、表述方式，以及相应的意义和价值。对于现代形态的中国特色美学话语体系建设，需要容纳多元的美学思想，不仅仅是中国本土的美学资源，也要有西方的美学思想，这是避免学术史构建单一性以及摆脱美学线性进化思路的要津，否则我们所构建的美学话语体系也难免存在着西方美学学科史构建中的局限和短板，叶朗先生在构建其现代美学体系时指出：“所谓现代形态的美学体系，一个最重要的标志，就是要体现 21 世纪的时代精神，这种时代精神就是文化的大综合。所谓文化的大综合，主要是两个方面，一个方面是东方文化和西方文化的大综合，一个方面是 19 世纪文化学术精神和 20 世纪文化学术精神的大综合。”[②] 在叶朗看来，构建现代形态的美学体系，不仅要融合古今，还要融合中西。在构建中国特色美学话语体系过程中，东方文化和西方文化中有很多可以相互融通的思想确实可以综合起来，相互印证，比如胡塞尔、海德格尔、萨特等现象学、存在主义哲学家有关“生活世界”的思想可以成为构建中国“意象”范畴体系的重要资源；立普斯、伽达默尔、马斯洛等有关“移情”“视域融合”“高峰体验”的思想能够成为沟通中国传统美学“美感”理论的通道；“阴柔之美”“阳刚之美”，乃至“飘逸”“沉郁”等作为文化大风格结晶的范畴可以与西方美学的“优美”“崇高”“悲剧”等放在同一个理论框架中，实现平等对话。

当然，我们强调广泛充分地吸收西方美学研究中的优秀成果，实现中国美学与西方美学的融合及互鉴互证，其目的不是为了用中国传统的思想去印证西方的理论，“不是去证明西方有的东西中国也有，或者按照西方

① 有关西方美学学科进展中出现的问题，可参见叶朗、肖鹰：《现代美学体系的构建和当代文化发展（下）》，《中国社会科学报》2009 年 12 月 29 日。

② 叶朗：《美学原理》，北京大学出版社 2009 年版，第 20 页。

的模式来整理中国美学，而是为了深化对中西方美学的理解，尤其是对中国自身的美学传统的理解。如果我们能够将中国传统美学中的一些思想放到与西方美学的对话之中，就会有助于深化和丰富中国传统美学，有助于中国传统美学的当代化和国际化，有助于激发中国传统美学的生命力。"① 因此，只有深入了解美学这一学科在西方得以建立起来的思想谱系以及它与中国思想之间的差异，从而在中国传统的学术（诸如诗话、词话及书画理论等）的基础上进行一种创造性的转换，而不仅仅是将西方的美学术语、范畴进行简单的置换，具有中国特色的美学话语体系也才能够真正建立起来。

综合来看，从美学学科传播到中国并在中国本土生根发展的这一百多年来，实际上试图完成的是由"美学在中国"到"中国的美学"的话语转换过程，当然，时至今日，中国美学的话语体系很难说已经完全建立起来。在这一过程中，王国维和宗白华做出了重大贡献：王国维试图运用西方的现代观念和眼光来重新思考中国传统的美学思想资源，并进行一种现代性的转换；宗白华则通过比较中西方宇宙观、空间意识的差异以及由此而来的对空间与自然的态度的差异，见出了中国人独特的艺术创造精神和审美风尚的哲学根据，并通过重新解释"意境"等范畴，自觉地构建"中国的美学"。20世纪下半叶以后，王国维和宗白华开辟出来的研究路径和所提出的美学问题被忽略了，中国美学的研究出了问题：首先对美学学科本身的定位很模糊，第二就是中国学者正失去自己研究的立足点，当中国古典的审美理论不能再有效解释当前中国人的审美经验的实际状况时，就转而对西方理论不加选择地接受，用西方的概念、范畴和方法来对中国审美活动中有关美、有关艺术的思想加以归纳、整理和综合，从而总结出一些美学的条条框框，这实际上背离了中国审美经验的实际，也不能有效建立中国美学的话语体系。面对中西方美学学科学术史构建中的问题，以及中国人自身的艺术实践、审美经验还不能有效运用自己的话语体系进行独立系统研究的实际情况，构建自己的话语体系既必要又急需。要构建中国特色的美学话语体系，需要从找准自己

① 彭锋：《中国学者应该有自己的立足点——叶朗教授的美学研究》，《北京大学学报（哲学社会科学版）》1996年第6期。

的立足点、确立自己的基本范畴体系、构建自己的命题学说、形成自己的研究方法以及强调中西方美学互鉴互证等几个方面入手，而这一切都不是一蹴而就的工程，需要积累一代或几代学者的共同努力。唯其如此，中国特色的美学话语体系才能够真正建立起来，也才能真正形成民族美学的自主性。

第　三　章

中国文学研究话语体系的反思与构建

肖　波

“文学”一词在中国古已有之，从《论语》以降，出现在诸多典籍之中，有着丰富的含义。但中国词语“文学”与西方词语“literature”等同、并作为现代大学的学科之一，经历了中西文化碰撞、融合、演进的复杂过程。以西方“literature”为语境的文学术语与文学学科，对近代以来的中国文学实践和理论产生了革命性的影响，特别是与中国历史剧烈的变革相呼应，从而在不同的历史时期形成不同的主导性话语体系。20世纪以来，文学革命、延安文艺座谈会、改革开放等几次重大历史事件重塑或主导了文学话语体系，启蒙话语、革命话语、西方话语与传统话语相互交织与斗争，既呈现阶段性的强势话语体系，又保持多线索发展的多元局面。到了20世纪末期，西方理论与术语成为时尚和主流，几乎完全占领中国文学研究的舞台，有学者敏锐地提出中国文学研究存在“失语症”，学界对此热议二十余年，对近百年中国文学研究进行系统总结与深刻反思，并由此提出21世纪中国文学研究的发展方向与目标，既体现了对中国文学研究话语体系缺失的警醒，又标志着知识界对构建中国文学研究话语体系的自觉意识。站在21世纪的宏阔舞台上，处于中华民族伟大复兴的历史进程之中，笔者建议从术语的溯源、传统的回望、世界的眼光、实践的根基四个层面，探讨构建中国特色文学研究话语体系的路径与方向。

中国文学研究的话语体系是一个比较大的命题，涉及的面比较广，内容非常丰富庞杂，要厘清其脉络与要点，提出话语体系构建的目标与路径，殊非易事。笔者拟择其要，不纠结于具体的文学研究细分领域、作家作品研究、文学观点、文学研究类别及流派等，而重点关注文学研究话语体系形成与发展演变的重要节点和关键问题，比如文学学科的由来及演变过程中的话语来源、影响文学研究话语体系的重大历史事件及其作用、近年来对文学研究话语体系的反思与论争等，在此基础上探讨当下构建中国文学研究话语体系的思路与方法。

一、文学学科的由来与中西文化的交融

在中国，“文学”一词古已有之，从《论语》以降，出现在诸多典籍之中，有着丰富的含义。但中国词语“文学”与西方词语“literature”等同、并作为现代大学的学科之一，经历了一个碰撞、融合、演进的复杂过程。

（一）“文学”的中国古典内涵

根据现存的文献，“文学”一词最早见于儒家经典《论语·先进》：“子曰：从我于陈蔡者，皆不及门也。德行：颜渊、闵子骞、冉伯牛、仲弓；言语：宰我、子贡；政事：冉有、季路；文学：子游、子夏。”在这里，“文学”为孔门四科之一，与“德行”“言语”“政事”并称，且排在最后。后世对“文学”的解读与注疏有很多种，其中比较有代表性的有两类观点。一是指对上古经典的熟知与传承，出于南朝梁皇侃《论语义疏》：“四科者，德行也，言语也，政事也，文学也……范宁曰：‘文学，谓善先王典文。’……侃案：文学，指博学古文。”[①] 范宁和皇侃对孔门四科之一的“文学”作了意义相近的解释，即指上古时期经典文献（古文、先王典文）的博通与擅长，大致相当于后世的“经学”与“儒学”。二是指“文章博学”，出于北宋邢昺《论证注疏》：“若文章博学，则有子游、子

① （魏）何晏集解、（梁）皇侃义疏：《论语集解义疏》卷六《论语·先进第十一》，文渊阁《四库全书》本。

夏二人也。”[①] 将“文学”拆为“文章”“博学”，大致相当于今天所说的文学作品与学术性著作。

除了《论语》把“文学”归为孔门四科之一以外，“文学”在中国古代还有几种含义和用法。

其一，指儒家学说。《韩非子·六反》：“学道立方，离法之民也，而世尊之曰文学之士。”《史记·李斯列传》：“臣请诸有文学《诗》《书》百家语者，蠲除去之。”韩非子和李斯都是法家代表人物，他们对儒家学说有不同的看法。韩非子把儒学（文学）列为六反之一，认为名不符实，奸诈虚伪而无益于国家；他还认为“儒以文乱法”（《韩非子·五蠹》），乃五大社会蛀虫之首。李斯建议焚书，包括儒家和诸子百家的书籍。

其二，指儒生，亦泛指有学问之人。“文学”一词有鲜明而浓厚的儒家印记，“儒士”常与之对应。南朝梁·刘勰《文心雕龙·时序》：“自献帝播迁，文学蓬转。”《明史·隐逸传序》：“明太祖兴礼儒士，聘文学，搜求岩穴。”

其三，指文才、才学。一个人才学出众，长于辞章修养，常被称为“好文学”“有文学”“文学过人”，这在史书中时常出现。《三国志·魏志·文帝丕传》：“初，帝好文学，以著述为务，自所勒成垂百篇。又使诸儒撰集经传，随类相从，凡千余篇，号曰《皇览》。”《北史·魏收传》：“收从叔季景有文学，历官著名，并在收前。”唐·元结《大唐中兴颂序》：“非老于文学，其谁宜为？”宋·王谠《唐语林·补遗三》：“德裕虽丞相子，文学过人。”元·武汉臣《玉壶春》楔子：“据此人文学，还在小官之上。”明·谢肇淛《五杂俎·事部四》：“姚岘有文学，而好滑稽，遇机即发。”

其四，指学校。东汉末年王粲《荆州文学记官志》载：“乃命五业从事宋衷所作文学，延朋徒焉，宣德音以赞之降嘉礼以劝之，五载之间，道化大行，耆德故老綦母闿等负书荷器，自远而至三百余人。”此处的文学即指荆州牧刘表所办的学校。又如成都的文翁石室，被称为“文学”。北魏·郦道元《水经注·江水一》：“南岸道东，有文学。始文翁为蜀守，立讲堂作石

① （魏）何晏集解、（唐）陆德明音义、（宋）邢昺疏：《论语注疏》卷十一《先进第十一》，文渊阁《四库全书》本。

室于南城……后夺州郡，学移夷星桥南岸道东。”公元前 141 年前后，蜀郡太守文翁创办了中国第一所地方官办学校——蜀郡郡学，后世称为“文翁石室”，两千多年来，此地一直作为学校而延续下来，如今是成都市石室中学。

其五，指官名。汉代于州郡及王国置文学，或称文学掾，或称文学史，为后世教官所由来。西汉时期，学校的负责人称为“文学”。魏晋以后有“文学从事”之名。唐代于州县置“博士”，德宗时改称“文学”，太子及诸王以下亦置“文学”。明清废。

其六，指人才或学术科目之一。汉武帝为选拔人才特设“贤良文学”科目，由各郡举荐人才上京考试，被举荐者便叫“贤良文学”。“贤良”是指品德端正、道德高尚的人；“文学”则指精通儒家经典的人。“文学却不是诗词歌赋，而是经典文献。武帝之后，则专指儒家经典。也就是说，饱读诗书是文学。”[①]《史记·孝武本纪》：“上征文学之士公孙弘等。”《汉书·公孙弘卜式儿宽传》：“元光元年……诏举贤良文学，上亲策之。”南朝宋东观设置四门学科，“文学”即其中之一。《宋书·隐逸传·雷次宗》：“时国子学未立，上留心蓺术，使丹阳尹何尚之立玄学，太子率更令何承天立史学，司徒参军谢元立文学，凡四学并建。”

总之，在中国经典语境中，“文学”源出孔门四科，多与儒家相关，或指儒士，或指儒学，或指独尊儒术之后的学校、学科，或者延伸为文才、才学。“文学”与现代意义上的文学艺术、学术有一定关联，但又不完全相同，相比之下，中国古代的“文学”指称范围更广，用例更为丰富，同时又比较抽象和宏观，并没有具体到诗歌、散文、小说、戏剧这样几种文体样式。

（二）文学与“literature”

近代以来，中国术语“文学”逐渐与西方术语“literature”相等同，这一过程经过了不断的磨合与演进。据美籍学者刘禾考证，文学与“literature”的等同过程可回溯到 17 世纪耶稣会的译法（艾儒略，1623）。

① 易中天：《汉武的帝国》，浙江文艺出版社 2016 年版，第 154 页。

这一复合词后来被19世纪的新传教士使用以翻译现代英文词“literature”，并经由日语 bungaku 的双程流传而播扬甚广。[①] 艾儒略（Giulio Aleni，1582—1649）是意大利传教士，在中国生活近40年，其所著《职方外纪》之卷二《欧逻巴总说》中首先提到“文学”：“欧逻巴诸国皆尚文学。国王广设学校，一国一郡有大学、中学，一邑一乡有小学。小学选学行之士为师，中学、大学又选学行最优之士为师，生徒多者至万人……此欧逻巴建学设官之大略也。”[②] 这是外国人用中文提到“文学”的最早一例，按其文意，“文学”当指学问或教育。这一含义在日本得到了普遍的认可与使用。[③] 关于“literature”一词与“文学”的对译过程，意大利当代汉学家弗雷德里戈·马西尼（Frederico Masini）进行了梳理与考证：

> 理雅各曾将“文学”翻译作“literary acquirements”。1623年，艾儒略以现代意义“literature”使用过此词，在他的一本书中，有这样一句话：“欧罗巴诸国尚文学。”1838年，裨治文也以“literature”之意使用过这个词。1844年，《海国图志》曾提到过马礼逊的这样一句话：“马礼逊自言只略识中国之字，若深识其文学即为甚远。”1866年，张德彝使用过“文章”这词，这似乎是指“literature”。在《LHCT：1857》上，发表过“希腊为西国文学之祖”的文章。此词见于1879年的王韬《扶桑游记》、1879年的黄遵宪《日本杂事诗》。1889年，傅云龙《游历日本》在介绍东京大学时，用过“文学”这个词。此词尚见于1894年的黄庆澄《东游日记》、1896年的梁启超《西学书目表》、1898年的康有为《日本明治变政考序》、1898年的严复《天演论》等。根据高明凯《现代汉语外来词研究》，它是一个来自日语的回归借词。王力《汉语史稿》和实藤惠秀（Saneto Kei shu）《中国人留学日本史》说，它是一个来自日语的原语借词，实藤惠秀说，在日本，“文学”是

---

① 刘禾：《跨语际实践：文学，民族文化与被译介的现代性（中国：1900—1937）》，宋伟杰等译，生活·读书·新知三联书店2014年版，第301—302页。

② ［意］艾儒略：《职方外纪》卷二，《天学初函》本，（台北）学生书局1978年版。

③ 聂长顺：《Education 汉译名厘定与中、西、日文化互动》，《中国地质大学学报（社会科学版）》2008年第4期。

"文章博学"的缩略词。由于19世纪此词已以"literature"之意来使用了，所以不应该把它看成日语借词；然而在19世纪末至20世纪初，日本对此词在汉语中的传播，肯定起过很大的作用。①

按照马西尼的考证，在19世纪中后期，西方传教士、较早开眼看世界的中国学者、日本学者都先后使用"文学"一词，与"literature"一词意义相近，而且较多地受到日本的影响。20世纪以来，在中国日渐普及和兴盛的"文学"概念，最初来源是日本学者对译英文"literature"并加以厘定的。鲁迅曾指出："用那么艰难的文字写出来的古语摘要，我们先前也叫'文'，现在新派一点的叫'文学'。这不是从'文学子游子夏'上割下来的，是从日本输入，他们的对于英文literature的译名。"② 而日本学者将Literature译作"文学"，可能是借鉴了罗存德《英华辞典》的翻译。证据之一：在日本学者津田仙（1837—1908）所编的《英华和译字典》（1879—1881）中，罗存德关于Literature的翻译被原封不动地加以照搬，而这一译例，为后来literature与"文学"的对译关系提供了基础。证据之二：《哲学字汇》的编者之一井上哲次郎（1855—1944），在明治16年（1883）曾出版过《订增英华字典》，虽然出版晚于《哲学字汇》，却可说明在《英华字典》传入日本后，该书已成为日本学者的必备参考书。③ 与此同时和稍后的日本诸多辞书，如《哲学字汇》（1881）、《和译英辞书》（1886）、《和译字汇》（1888）等，对literature词条的翻译和解释逐渐固定为"文学"。这一对译，也成为近代中国"文学"概念的来源。

近代用于指语言艺术的"文学"（literature）概念，首先是在西方生成、定型并得以广泛使用的。1840年以后，在中国士人和西方传教士绍介西方的文献中出现的"文学"用例，虽然已具有近代意味，但仍主要立足于古典义层面。直到19世纪70年代初，日本学者西周以中国古典词"文学"与literature对译，具有近代意义的"文学"术语才开始在汉语世界中出现。此

① ［意］马西尼：《十九世纪文献中的新词词表》，见马西尼：《现代汉语词汇的形成——十九世纪汉语外来词研究》附录2，黄河清译，汉语大词典出版社1997年版，第250页。

② 鲁迅：《门外文谈：不识字的作家》，见《且介亭杂文》，人民文学出版社1973年版，第76页。

③ 余来明：《"文学"译名的诞生》，《湖北大学学报（哲学社会科学版）》2009年第5期。

后，伴随辞典编纂、文学史著作编写以及近代日本大学“文学”学科体系的确立，“文学”新词的内涵逐渐定型并得到广泛传播。在此过程中，“文学”与 literature 之间确立对译关系，“文学”观念实现近代转换。[①] 近代“文学”概念自西方经日本传入中国，西方的内涵与中国的词汇相结合，本身就是中西文化交融的过程。以此为基础，“文学”在知识界和教育界成为通行术语，并形成了专门的“文学”学科。

（三）文学作为一门学科

“文学”这一现代学术概念的深化，并逐渐发展成为一门通行的学科，其内涵较之以往发生了比较大的变化，通过大量的文学实践和学术研究，形成了边界较为清晰的研究对象、名称相对稳定的细分科目和比较专业的话语体系。

在近代大学建立的过程中，分科教育成为主政者的共识，并作为各国通行的做法。欧美大学的学科体系于明治时期在日本付诸实践，明治政府先后发布了《大学规则》（1870）、《学制》（1872）、《教育令》（1879、1880）、《帝国大学令》（1886）、《师范学校令》（1886）等，文学成为与理学、工学、法学、医学并列的学科之一。[②] 这里的“文学”，是一个较大的范畴，大致相当于今天的学科门类。

近代中国向西方学习，最初重在自然科学，“师夷长技以制夷”，算学、化学、电学、光学、声学、天学、地学等“格致之学”备受瞩目。后来西式学堂兴起，“文学”作为一个学科被提出来。王韬把学校书院的学科设置分成两类，一是文学，二是艺学。“文学，即经、史、掌故、辞章之学也。经学俾知古圣绪言，先儒训诂，以立其基；史学俾明于百代存亡得失，以充其识；掌故则知古今之繁变，政事之纷更，制度之沿革；辞章以纪事华国而已。此四者，总不外科文也。”[③] 这里的文学相当于大文科，包括经、史、掌故、辞章四科，类似于今天的哲学、历史、管理、经济、文学等人文社会科学各门类，其中的辞章大致相当于今天的文学。而艺学相当于理工科，包

① 余来明：《“文学”译名的诞生》，《湖北大学学报（哲学社会科学版）》2009 年第 5 期。

② ［日］坂本太郎：《日本史概说》，汪向荣等译，商务印书馆 1992 年版，第 418、487、488 页。

③ 王韬：《变法自强中》，见《弢园文录外编》卷二，上海书店出版社 2002 年版，第 88 页。

括了舆图、格致、天算、律例四科。郑观应把人学的学科分为六科：文学、政事、言语、格致、艺学、杂学。其中前三科属于今天的文科，且名称均出自孔门四科；后三科属于今天的理工科。文学科列第一，“凡诗文、词赋、章奏、笺启之类皆属焉。”[①] 这就跟今天的文学学科非常相近了。

在近代大学设立的实践之中，亦体现了分科办学的思想，“文学”是其中重要的一科。以京师大学堂为例，张百熙主持制定的《钦定大学堂章程》（1902 年 8 月），把大学堂分为政治、文学、格致、农业、工艺、商务、医术等七科，其中位列第二的“文学科”包括七类：经学、史学、理学、诸子学、掌故学、词章学、外国语言文字学。[②] 稍后的《奏定学堂章程》（农历 1903 年 11 月 26 日，公历 1904 年 1 月 13 日），把大学堂分为经学、政法、文学、医学、格致、农学、工科、商科等八科，位列第三的“文学科”包括九门：中国史学门、万国史学门、中外地理门、中国文学门、英国文学门、法国文学门、俄国文学门、德国文学门、日本国文学门。[③] 在 20 世纪初的京师大学堂，“文学”是一个独立的学科门类，包括若干具体类别（或者叫门），大致相当于今天的人文学科，含中国文学、史学、哲学、地理、外国文学等。十余年后，民国建立，其教育部发布《大学规程》（1913 年 1 月 12 日），把大学分为文、理、法、商、医、农、工七科，文科位列第一，分为哲学、文学、历史学、地理学四门。其中文学一门分为八类：国文学、梵文学、英文学、法文学、德文学、俄文学、意大利文学、言语学。其课程设置以文学与语言为主体，如国文学类，共有 13 门课程：文学研究法，说文解字及音韵学，尔雅学，词章学，中国文学史，中国史，希腊罗马文学史，近世欧洲文学史，言语学概论，哲学概论，美学概论，论理学概论，世界史。[④] 此后次第建立的新式大学，大多设立了国文门。

20 世纪 20 年代起，国立或省立综合性大学大多设置了文学院，一般包括中国文学、外国文学、历史、哲学等系或专业。20 世纪 50 年代初，全国

① 郑观应：《盛世危言・考试下》，载夏东元编：《郑观应集》上册，上海人民出版社 1982 年版，第 299—300 页。

② 《钦定学堂章程・钦定大学堂章程》，湖北学务处 1902 年刊本。

③ 《奏定学堂章程・学务纲要》，湖北学务处 1903 年刊本。

④ 《教育杂志》第 5 卷第 1 号，1913 年 4 月。载璩鑫圭、唐良炎编：《中国近代教育史资料汇编・学制演变》，上海教育出版社 2007 年版，第 708—710 页。

院系调整，中文、历史、哲学、外语分别成系，一般不再设文学院；20 世纪 80 年代，部分综合性院校的中文系分出新闻系，20 世纪 90 年代，中文系纷纷改称文学院，外语系、新闻系也分别独立成院。如今，中国高校的文学院，大多对应中国语言文学专业。

从学位授予角度讲，文学是一个学科门类，包括中国语言文学、外国语言文学、新闻传播学等一级学科；中国语言文学一级学科之下，设有文艺学、语言学及应用语言学、汉语言文字学、文献学、中国古代文学、中国现当代文学、比较文学与世界文学、民间文学、少数民族语言文学、汉语国际教育等二级学科，部分高校还自设二级学科，如写作学、中国文学批评史、海外华语文学等。总体而言，中国语言文学可分两个部分，一是文学，二是语言。

中国文学的研究对象，亦难以严格界定，根据“literature”的内涵，主要包括诗歌、散文、戏剧、小说四大样式，而中国的诗歌又有诗、词、曲等诸多类型。梁启超评论清代文学时说：“其文学，以言夫诗，真可谓衰落已极……直到末叶，始有金和、黄遵宪、康有为，元气淋漓，卓然称大家。以言夫词，清代固有作者，驾元明而上，若纳兰性德……皆名其家，然词固所共指为小道也。以言夫曲……李渔、蒋士铨之流，浅薄寡味矣。以言夫小说，《红楼梦》只立千古，余皆无足齿数。”[①] 梁启超眼中的文学，包括诗、词、曲、小说等文学样式，几乎与“literature”相当了。王国维评论中国历代文学时说：“凡一代有一代之文学：楚之骚，汉之赋，六代之骈语，唐之诗，宋之词，元之曲，皆所谓一代之文学，而后世莫能继焉者也。”[②] 王国维从宏观视野看中国文学，发现每一代各有代表性文学样式，楚辞、汉赋、唐诗、宋词、元曲，这也是中国古代文学研究的主要对象。梁、王二位皆是学贯中西的大学者，其对中国文学的认知影响深远，后来的文学研究范围多从其说，又有所拓展。《现代汉语词典》将“文学”解释为：“以语言文字为工具形象化地反映客观现实的艺术，包括戏剧、诗歌、小说、散文等。”[③]

---

① 梁启超：《清代学术概论》，上海古籍出版社 1998 年版，第 101—102 页。

② 王国维：《宋元戏曲史·自序》，东方出版社 1996 年版，第 1 页。

③ 中国社会科学院语言研究所词典编辑室：《现代汉语词典》（修订本），商务印书馆 1996 年版，第 1319 页。

这是结合了中西方观念、以西方“literature”为基础的定义。

总体来说，近代以降中国知识分类体系中“文学”概念的变迁经历了三个阶段：西方近代意义的“文学”分科，较早出现在晚清开明士人对西方学术文化体系的介绍当中，黄遵宪、郑观应、康有为、宋恕、王韬等人均有相关论述。然而其时输入的西学以器物、技术及政制为主，“文学”并不受人重视；“文学”作为近代中国学术分科的一支，首先出现在京师大学堂。《奏定学堂章程》尽管将“经学”与“文学”并立，但其七科分学的理念，反映出“文学”作为独立分科已基本形成；民国成立以后，教育体系和学术体系发生重大变化，随着文学课程的设置、文学史教材的编写等，“文学”在近代学术体系中的独立地位最终得以确立。①

本文所讨论的“中国文学”，是中国语言文学一级学科的文学部分，主要包括文艺学、中国古代文学、中国现当代文学、比较文学与世界文学，兼及民间文学与少数民族文学。其范畴大致相当于中国大学设立之初的国文门、中国文学门。中国文学的研究对象，主要是诗歌、散文、小说、戏曲四大样式，以及相关的理论。

二、20 世纪历史进程与文学话语体系

以西方“literature”为语境的文学术语与文学学科，对近代以来的中国文学实践和理论产生了革命性的影响，特别是与中国历史剧烈的变革相呼应，从而在不同的历史时期形成不同的主导性话语体系。20 世纪以来，文学革命、延安文艺座谈会、改革开放等几次重大历史事件重塑或主导了文学话语体系，启蒙话语、革命话语、西方话语与传统话语相互交织与斗争，既呈现阶段性的强势话语体系，又保持多线索发展的多元局面。

（一）文学革命与启蒙话语

在明清尊崇儒学、延续科举的时代背景下，19 世纪的中国文学，盛行

---

① 余来明：《近代学术分科观念的变迁与“文学”学科的建立》，《湖北大学学报（哲学社会科学版）》2012 年第 4 期。

三大流派：一是桐城派，主要是散文创作，注重义理、考据和辞章；二是“文选”派，主要是骈文创作，讲究修辞和文采；三是仿江西诗派，模仿宋人，沉迷于古奥奇崛的诗词。进入20世纪，废除科举，推翻帝制，举办新式大学，西学日渐盛行，西方话语与中国传统话语的矛盾尖锐起来。从20世纪10年代中期起，知识界爆发了声势浩大的新文化运动，新学与旧学、西学与中学势不两立，形同水火，双方进行了殊死较量，被称为“文学革命”。

文学革命的主将，是接受了西方思想的知识分子，以胡适、陈独秀、鲁迅、钱玄同、李大钊等人为代表。他们举起“科学”与“民主”的旗帜，倡导以白话文替代文言文，以欧美新文化替代传统旧文化。文学革命的宗旨，胡适概括为十个字：“国语的文学，文学的国语。”他断言：“中国若想有活文学，必须用白话，必须用国语，必须做国语的文学。”[①] 做国语的文学，就要反对和破除传统的旧文学，摒弃以文言文为基础的贵族化、士大夫化的文学，提倡普通民众日常使用、喜闻乐见的白话文学。如何具体地进行文学革命？胡适提出了“八不主义”：“今日欲言文学革命，须从八事入手。八事者何？一曰，不用典。二曰，不用陈套语。三曰，不讲对仗。文当废骈，诗当废律。四曰，不避俗字俗语。不嫌以白话作诗词。五曰，须讲求文法之结构。此皆形式上之革命也。六曰，不作无病之呻吟。七曰，不摹仿古人，语言须有个我在。八曰，须言之有物。此皆精神上之革命也。”[②] 胡适的理论得到激进知识分子的热烈响应，陈独秀主编的《新青年》成为新思想与白话文创作推广的重要阵地；文学研究会、创造社、新月社、语丝社等文学社团纷纷成立，团结同道，创办文学刊物，以白话文创作新文学；胡适、鲁迅、钱玄同、刘师培等人与旧派学者如林纾、辜鸿铭、严复、章士钊等展开激烈而生动的论战；陈独秀、李大钊还致力于在传播来自苏维埃俄国的马克思主义和列宁主义新思想和经典著作；1920年，教育部要求小学生的国语课从当年秋季起用白话代替古文，并废除文言教科书，白话文被称为“国语”。文学革命的主将们身体力行，通过白话文创作、编辑白话文刊物、

① 胡适：《建设的文学革命论》，《胡适全集》第1卷，安徽教育出版社2003年版，第54页。

② 胡适：《寄陈独秀》，《胡适书信集》（上册），北京大学出版社1995年版，第84页。

与守旧派论战、掌握教材编纂与课堂教育的主导权等多种方式，推动西方文学观念占据主导地位，通过白话文体现的西方术语也占据了主导地位。

文学革命的结果，是革新派大获全胜，白话文迅速取代了文言文。“新文学运动在实践方面是成功的，其结果导致过时的文言文和旧的陈腐文学的迅速衰落。白话文开始广泛运用于写作和教学。随着书面语言和口语的逐渐合一，知识和教育变得更易普及了。除此而外，诗、散文、短篇故事、小说和戏剧等都开始了一个新的方向。文学批评和文学理论也有了较大的进步。文学因此而变得与生活和社会现实更为接近，同时也受到更广泛的欢迎。”[①]文学革命通常被视为“五四运动”的先声，并持续到“五四”之后。白话文战胜文言文，并借以迅速传播新思想，加速了 20 世纪早期中国的思想变革与历史革新。“五四文学革命所进行的反对文言、提倡白话、建立新诗、改革旧剧的运动，带来了文学语言形式的大革新、大解放。中国广大劳动人民长期以来同书面文学隔绝，固然有社会政治方面的根本原因，但同难读难懂的文言文长期在文学领域占据正宗地位也是有关系的。白话文的应用，促使文学在语言形式上与广大人民接近了一大步，大大拓宽了文学的群众基础。”[②] 白话文以压倒性态势取代文言文，为五四思想启蒙做了铺垫和准备。

如果说文学革命以民主和科学作为思想启蒙的旗帜，白话文则是启蒙的工具和载体。文学革命的成果之一，便是建立了以“启蒙话语”为突出特色的文学话语体系。从某种意义上说，新文化运动用西方文化冲击和解构了中国传统文化，用白话文战胜了文言文，用西方话语体系替代了中国古典话语体系。当然，同样是西方话语体系，还有来自欧美的话语体系和来自俄国的马克思列宁主义话语体系的分野。

在这一历史过程当中，受伤最深的是中国传统文化，以及在此基础上形成的传统话语体系。“新文化运动对中国古典文学的一味批判以及对西学的全盘肯定具有片面性。”“中国几千年来积累的真正国学从此逐渐走向低谷。抗日战争胜利以后，中华民国政府宣布取消国文，以语文取而代之，时至今

① ［美］周策纵：《五四运动：现代中国的思想革命》，周子平等译，江苏人民出版社 2005 年版，第 291 页。

② 严家炎主编：《二十世纪中国文学史・上册》，高等教育出版社 2010 年版，第 158 页。

日，真正了解中国古文的人已经不多。"① 当然，中国传统文学并未全部消失，仍然通过各种方式在一定范围内传承，并在后来的某个时段成为热点。"启蒙话语"也并未持续占据上风，真正在20世纪中国发挥主导作用的，是同样源自新文化运动但又经过别样创新的"革命话语"。

（二）红色中国与革命话语

新文化运动在引进欧美民主科学思想的同时，也带来了马克思主义思想。特别是陈独秀、李大钊等知识领袖，对马克思主义在中国的传播做出了开创性的贡献。经过五四运动，"启蒙话语"与"革命话语"合力战胜了"传统话语"后，二者又竞相发展。"三四十年代以后，真正对中国青年产生感召力的是马克思主义的革命思想。故其对五四运动的历史阐释也逐渐成为一套强势话语。"② "革命话语"发展成熟的标志，是毛泽东发表《在延安文艺座谈会上的讲话》。

1942年5月，中国共产党中央在延安召开文艺座谈会，毛泽东主持会议并发表讲话（即《在延安文艺座谈会上的讲话》），1943年10月19日在《解放日报》正式发表。延安文艺座谈会是延安整风运动的一个重要组成部分，其宗旨在于解决中国无产阶级文艺发展道路上遇到的理论和实践问题，诸如党的文艺工作和党的整个工作的关系问题、文艺为什么人的问题、普及与提高的问题、内容和形式的统一问题、歌颂和暴露的问题等。讲话对上述问题一一作了剖析，明确提出了文艺为工农兵服务的方针，强调文艺工作者必须到群众中去、到火热的斗争中去，熟悉工农兵，转变立足点，为革命事业做出积极贡献。《在延安文艺座谈会上的讲话》的发表，标志着新文学与工农兵群众相结合的文艺新时期的开始。许多作家在毛泽东文艺思想指引下，在塑造工农兵形象和反映伟大的革命斗争方面获得了新成就，在文学的民族化、群众化上取得了重大突破。

延安文艺座谈会确立的思想原则与行动纲领，对此后文学的创作、评论与研究产生了深远的影响。"如果说，西方现代性话语在中国'五四'理论

---

① 甫艳编：《中国文化知识读本：新文化运动》，吉林文史出版社2012年版，第115、134—135页。

② 欧阳哲生：《五四运动的历史诠释》，北京大学出版社2012年版，第271页。

旅行的结果，是使中国现代知识者构建一套旨在改造国民的灵魂，扫除封建积弊的启蒙主义西方话语系统，那么经过整风后的延安文人遵循着毛泽东指示，走一条与工农兵相结合的道路，承担着构建现代民族国家的本土话语体系。这是两个不同的话语体系。”[①] 延安文艺座谈会之后，解放区文学呈现了迥然不同的风貌，随着解放区的扩大和全国解放，《在延安文艺座谈会上的讲话》的影响更加广泛和深刻。在“讲话”精神的指导下，文学研究体现了构建话语体系的努力并取得一定的实效，“为工农兵服务”“马克思主义基本原理与中国实践相结合”成为其代表性特征。在 1949 年 7 月召开的中华全国第一次文代会上，周扬指出：“毛主席的《在延安文艺座谈会上的讲话》规定了新中国的文艺方向，解放区文艺工作者自觉地坚决地实践了这个方向，并以自己的全部经验证明了这个方向是完全正确，深信除此之外再没有第二个方向了，如果有，那就是错误的方向。”[②] 新中国成立后，文艺界经过了学习苏联的热潮和提倡“百花齐放、百家争鸣”的时期，同时一直体现和强化着毛泽东文艺思想的主导地位，“革命话语”是最通行的话语方式，并形成有理论指导、有创作支撑的话语体系。比如 50 年代出现的红色文学的繁荣景象，“革命现实主义”与“革命浪漫主义”成为文学话语的主流。

革命话语的极致是样板戏。“文化大革命”时期，“革命样板戏”是官方提倡最力、影响最大的文艺作品。[③] 在长达十年的时间，它们便是数量不多的公开文学作品中的“样板”，并在推行过程中形成了“三突出”“三结合”等一系列模式化的文学创作观念。这是“革命话语”的延伸和极端化体现。

“革命样板戏”是当时极左政治开创“无产阶级文艺新纪元”努力的集

① 黄科安：《延安文学研究——构建新的意识形态与话语体系》，文化艺术出版社 2009 年版，第 1 页。

② 周扬：《新的人民的文艺》，载《文学运动史料选》第 5 册，上海教育出版社 1979 年版，第 684 页。

③ “革命样板戏”的正式命名源自 1966 年 12 月 26 日《人民日报》一篇题为《贯彻毛主席文艺路线的光辉样板》的文章，它首次将京剧现代戏《沙家浜》《红灯记》《智取威虎山》《海港》《奇袭白虎团》和芭蕾舞剧《红色娘子军》《白毛女》及交响音乐《沙家浜》，并称为“江青同志”亲自培育的八个“革命现代样板作品”。之后，又出现了京剧《龙江颂》《红色娘子军》《平原作战》等第二批“样板戏”。到 1975“文化大革命”接近尾声时，“样板戏”的数目增加到 18 个，其中京剧 11 个。

中体现。[①]“革命样板戏”及其文艺理论既是“革命话语”的延伸，也是构建话语体系的一次极端实践。它以意识形态的强势力量推崇唯一的话语权威，以此排斥和压制所有其他话语形态，从而构建了一种相对封闭的、狭隘的、难以持续的话语体系。

（三）改革开放与多元话语

“文化大革命”结束后，国内进行了思想解放的大讨论，对新中国成立以来的路线方针政策进行了深刻反思和拨乱反正。1979 年 10 月 30 日，邓小平发表《在中国文学艺术工作者第四次代表大会上的祝词》，指出：“党对文艺工作的领导，不是发号施令，不是要求文学艺术从属于临时的、具体的、直接的政治任务，而是根据文学艺术的特征和发展规律，帮助文艺工作者获得条件来不断繁荣文学艺术事业，提高文学艺术水平，创作出无愧于我们伟大人民、伟大时代的优秀的文学艺术作品和表演艺术成果。”[②] 根据邓小平的意见，形成了新时期文艺工作的“二为”方针：文艺为人民服务，为社会主义服务。[③] 从而取代了“文艺为工农兵服务，为政治服务”的口号。邓小平还大力提倡“艺术民主”，继承、发展了“百花齐放、推陈出新、洋为中用、古为今用”的方针，“在艺术创作上提倡不同形式和风格的自由发展，在艺术理论上提倡不同观点和学派的自由讨论”。[④] 由真理讨论而带来的思想解放，使得新时期文学呈现繁荣发展的新局面。“邓小平的文艺思想是毛泽东文艺思想的新发展，由于邓小平文艺思想更具开放性、灵活性、务实性的特征，新时期文艺事业走出了历史的阴影，真正实现了‘百花齐放、百家争鸣’的一派繁荣。”[⑤] 在改革开放的语境下，“革命话语”不再是唯一的文学话语，甚至不再是官方极力提倡的话语。

改革开放带来了思想的解放和话语的多元，出现了多种新的文学思潮。主要表现在三个方面：一是对红色文学、革命文学的反思，二是对理想的探

① 陈思和：《中国当代文学史教程》（第二版），复旦大学出版社 2006 年版，第 167 页。

② 《邓小平文选》第二卷，人民出版社 1994 年版，第 213 页。

③ 社论：《文艺为人民服务，为社会主义服务》，《人民日报》1980 年 7 月 26 日。

④ 《邓小平文选》第二卷，人民出版社 1994 年版，第 210 页。

⑤ 黄曼君主编：《毛泽东文艺思想与中国文艺实践》，华中师范大学出版社 2002 年版，第 387 页。

寻与思想的再启蒙，三是对西方文学理论、方法、流派的学习与传播。

解放思想的讨论打破了知识界的诸多禁锢，随着中央对若干历史问题的再评价，一部分作家和学者对革命文学和红色文学进行了深刻的反思，并从观念和方法上突破了“革命话语”的边界。“伤痕文学”“反思文学”在这个时代应运而生，文学创作和研究的新话语、新思潮、新流派不断涌现。在“双百”“二为”方针的指引下，新时期文学出现了不同于“十七年”与“文化大革命”时期的繁荣景象。进入20世纪90年代，随着“双百”方针的贯彻，在倡导文艺为人民服务、为社会主义服务的同时，也出现了批判和质疑《在延安文艺座谈会上的讲话》，主张文艺远离政治，回归“人学”与“审美”的声音。[①] 文艺与政治的关系不再是文学必须面对的准则，文学回归艺术的呼声日渐高涨。

改革开放的进程点燃了知识界的激情，20世纪80年代的知识热与文学热催生了知识分子的理想主义情怀，“寻根文学”“都市文学”“改革文学”的热潮，体现了文学界对现实的关注、对理想的追寻、对传统的再认识。在这一过程中，“五四”被重新提起，其启蒙的一面受到更多关注，不过举起的不再是民主、科学这两面旗帜，而是人本主义、结构主义、存在主义、现象学、新哲学、科学哲学等一大批新概念新理论。

西方的文艺思潮、文学理论和学术研究方法如潮水一般涌入中国，为中国文学界所津津乐道。“从文艺思潮的形式来看，有现代主义、人本主义、后现代主义、英雄主义、审美主义、女性主义、历史虚无主义、消费主义与通俗主义等类型。此外，改革开放后，当代文艺思潮的各种活动均呈现出‘国际化’的特点，意识形态功能和特征替代了‘国家化’的功能和特征。”[②] 除了各种“主义”，受到中国学界欢迎和推崇的还有系统论、控制论、信息论等来自理工科的理论与方法。西方理论“你方唱罢我登场”，“各领风骚三两年”，在20世纪后期的中国轮番出现，热闹非凡，当然，并没有哪一种理论产生持久而深远的影响。

总而言之，改革开放以后，革命话语不像之前一统天下，而是受到质

① 刘忠：《〈在延安文艺座谈会上的讲话〉研究》，人民文学出版社2009年版，第170—171页。

② 夏丽君：《当代中国文艺思潮研究》，武汉大学出版社2014年版，第3页。

疑、反思和修订；启蒙话语再度重提，在思想解放的过程中呈现出理想主义色彩，与五四启蒙思想亦大不相同；西方话语爆发性传入，阶段性话语集中，但整体上处于不断更替的状态。一言以蔽之，权威话语不再一枝独秀，西方话语大量涌入，各种话语多元并存。

三、文学研究“失语”的反思与争论

当西方理论与术语成为时尚和主流，几乎完全占领中国文学研究的舞台时，学界对西方理论津津乐道，言必称西方，以致西方术语满天飞，中国话语无处寻。这一现象固然体现了中国文学研究“国际化”“世界眼光”的一面，同时也反映了中国传统话语缺位与失落的一面。文学研究看上去非常热闹繁荣，但大多是用西方的理论、西方的术语来解释中国的实践，或者用中国案例去印证西方理论，名实未必相符，不乏生搬硬套和故作高深。部分学者敏锐地提出中国文学研究“失语症”，这是文学研究领域最具代表性和学术锐度的命题之一，从20世纪90年代中期至今作为学界热门话题，持续二十余年。

（一）“失语症”的提出

“失语”本是一个医学术语，“指说话困难或不能说话。”[①] 这是对生理现象和常见病症的描述。“失语”一词被引入文学研究领域，可追溯到1990年《文学评论》上发表的《文学失语症》一文，[②] 随后，唐跃、谭学纯提出了不同意见，认为“文学尚未失语”[③]。不过，“失语症”在文学理论界引起广泛关注与持续论争，则主要源于曹顺庆关于中国文论“失语症”的系列文章。1995年，他提出中国文论“失语症”及“重建中国文论话语”这一话题。[④] 次年，他具体描述了“文论失语症”的“症状”：“我们没有一套

---

① 中国社会科学院语言研究所词典编辑室：《现代汉语词典》（修订本），商务印书馆1996年版，第1137页。

② 黄浩：《文学失语症——新小说“语言革命”批判》，《文学评论》1990年第2期。

③ 唐跃、谭学纯：《文学尚未失语——关于黄浩同志〈文学失语症〉一文的不同意见》，《文学评论》1991年第1期。

④ 曹顺庆：《21世纪中国文化发展战略与重建中国文论话语》，《东方丛刊》1995年第3辑。

自己的文论话语，一套自己特有的表达、沟通、解读的学术规则，我们一旦离开了西方文论话语，就几乎没有办法说话，活生生一个学术‘哑巴’。”他指出：失语症的本质，是文化病态，其表现有三，一是民族心态的失衡，二是对传统文论解读能力低下，三是文化价值判断的扭曲。失语症的病根，在于文化大破坏，在于对传统文化的彻底否定，在于与传统文化的巨大断裂，在于长期而持久的文化偏激心态和民族文化的虚无主义。而根治失语症的药方，在于接上传统文化的血脉，重建中国文论话语。[①] 在五四精神备受推崇、西方理论风光无限的年代，曹顺庆敢于直面西方话语支配下中国文学研究的困境，一针见血地指出中国文论的病症——“失语症”，其病原，恰是五四“打倒孔家店”而告别传统文化，导致西方文论（包括欧美文论和俄苏文论）牢牢控制了中国文坛。这一观点在当时的学术界是振聋发聩的异类声音。

随后，曹顺庆发表了一系列关于“失语症”的论文，将中国文论“失语”的研究不断推向更深更广的学术层级，特别是提出了“重建中国文论话语体系”的鲜明主张。为了在世界各民族文化大对话的21世纪摆脱代洋人立言的失语症状，曹顺庆提出“重建中国文论话语体系”，其内涵，“不是简单地回到新文化运动以前的传统话语体系中去，也不是在西方现有理论上作些中国特色化，搞类似于‘存在主义的马克思主义’、‘马克思主义精神分析学’，或‘无边现实主义’、‘新现实主义’那样的拼合或修补，而是要立足于中国人当代的现实生存样态，潜沉于中国五千年生生不息的文化内蕴，复兴中华民族精神，在坚实的民族文化地基上，吸纳古今中外人类文明的成果，融汇中西，自铸伟辞，从而建立起真正能够成为当代中国人生存状态和文学艺术现象的学术表达并能对其产生影响的、能有效运作的文学理论话语体系。”其途径和方法是：“首先进行传统话语的发掘整理，使中国传统话语的言说方式和文化精神得以彰明；然后使之在当代的对话运用中实现其现代化的转型，最后在广取博收中实现话语的重建。”[②] 重建中国文化话语体系的主张，放在世纪之交对20世纪中西文化大碰撞的反思与对21世纪

① 曹顺庆：《文论失语症与文化病态》，《文艺争鸣》1996年第2期。

② 曹顺庆、李思屈：《重建中国文论话语的基本路径及其方法》，《文艺研究》1996年第2期。

中国文化发展走向与目标的规划这一宏大历史背景之下，特别能够体现中国知识分子的使命感、危机感与济世情怀，也是知识界最早提出的建设中国话语体系的宣言。

为了更进一步地探讨如何重建中国文论话语体系，曹顺庆把这一宏大的问题分解成为四个子问题：一是对话语体系内涵的澄清："话语与非话语——重新构建还是依旧搬来?"；二是实际运作的思路："返回自己的家园"；三是从事运作时应具的理智："杂语共生的必然性与必要性"；四是运作时最需注意的关键："重建的重要步骤——运用"。[①] 自此，从"失语症"这一学术现象发展为在21世纪"重建中国文论话语体系"这一宏大学术使命，后者成为学界诸多同道关注和参与的一个重要课题。

接着，曹顺庆再往前一步，"从话语重建的思考引入对中国传统诗学作为一种异质性知识形态的讨论"，他又提出了一个新概念——"异质性"，指的是"中国传统诗学有不同于西方诗学的异质的知识谱系背景和质地、形态均不同的知识质态"，对于传统的诗学资源，"必须在保有其异质性的前提下进行利用，要防止在对异质性的研究中无意识地偷偷将异质性篡改为同质性。"具体做法主要有两个层面：一是"清理传统诗学知识谱系的基本构型"，二是"确认传统诗学的知识质态"。[②] 相对于"失语症"、"重建话语"的清晰有力，"异质性"是一个看上去更高深的词语，具有较强的理论思辨色彩，它们一起构成了曹氏"失语症"理论的三大支撑，或曰三个层次。这在世纪之交的文学研究领域，非常引人注目。

"失语症"的提出，在中国文学话语体系构建的过程中，是一个标志性事件。一方面，由此顺理成章地推出"重建话语"的主张，并细致辨析中国话语区别于西方话语的本质特征；另一方面，这一话题具有学科共性和历史反思视角，既激起本学科同行的重视和讨论，也启发相关学科的自省与论争，有力推动了多学科构建中国话语体系的思考和努力。

（二）争论与反思

在20世纪最后几年提出"失语症"，是对近百年中国文学研究系统回

① 曹顺庆、李思屈：《再论重建中国文论话语》，《文学评论》1997年第4期。

② 曹顺庆：《从"失语症""话语重建"到"异质性"》，《文艺研究》1999年第4期。

顾与总结后的反思，并由此提出 21 世纪中国文学研究的发展方向与目标，既体现了对中国文学研究话语体系缺失的警醒，又标志着知识界对构建中国文学研究话语体系的自觉意识。这样一种自觉意识不仅仅是曹顺庆一个人的思考，而是文学研究学术群体的共同趋向。“斯论一出，顿时激起轩然大波，学者们或支持或反对，或深入追思，或另辟思想阵地，成为世纪末文坛最抢眼的一道景观。”[①]“失语”一词是对当时学界话语现状略带夸张的概括，非常形象、直接、简洁地点出了中国文学研究的痛点，得到诸多学者的认可。在“失语”现象的认知及话语重建的必要性方面，学界基本形成共识。

关于对“失语”概念的理解和内涵的界定，由于这是一个借用医学的术语，并非文学研究的固有概念，所以学界有不同的认识和意见。比如，有的学者认为“失语”就是“失学”，就是“不学无术”：“我不知道国内有没有学者，出国讲学能用他国语言讲另一国家的文学，钱钟书先生一定是没有问题的，所以我说他决不会‘失语’。这么说来，所谓‘失语’就绝不是什么有没有自己的话语，用不用西方话语的问题，而是有没有学问，能不能提出新理论、产生新知识的问题。一言以蔽之，‘失语’就是‘失学’，失文学，失中国文学，失所有的文学。什么时候，真正的文学研究专家多了，举世钦佩的学者多了，中国学术界就不‘失语’了。”[②] 蒋寅先生把“失语”与学术功底、语言能力结合起来，认为问题的关键在于要有学贯中西、博古通今的大学者。这是对“失语”的另一种理解。又如，有学者提出，“失语”包含三层意思：一是与科技一体化阔步前行相对照，文论界的莫衷一是与各行其道，“形容同一指涉领域中语言共同体的瓦解局面”，或者说“是所谓的‘多元化’”；二指“一种理解与沟通上的隔膜感与转化中的无力”，旧有理论丧失活力，五花八门的异域新说蜂拥而入，肤浅的激动之后是深刻的眩惑与迷失；三指“失母语”，“五四”新文化运动使得中国的传统断裂与失落，从而丧失了中西对话上的平等地位。[③] 这一诊断把“失语”放在历史的轴线、平等的比较等时空坐标当中，使其内涵立体化了，有助于加深对这一概念的理解与把握。

---

① 程勇：《对九十年代古代文论研究反思的检视》，《江淮论坛》2011 年第 3 期。

② 蒋寅：《对“失语症”的一点反思》，《文学评论》2005 年第 2 期。

③ 陈洪、沈立岩：《也谈中国文论的“失语”与“话语重建”》，《文学评论》1997 年第 3 期。

进而，关于“失语”提出的背景与逻辑，也值得深究。有学者从“失语症”的理论来源与内在逻辑出发，质疑命题提出者的逻辑偏差与前后矛盾，其实质是“现代性与民族性的矛盾紧张”，“如何构建一个既是中国的又是现代的文论与文化形态，是苦恼了中国知识分子一个世纪之久的文化问题”。“我们切不可认为现代文论是西方的，所以这种再阐释或转换就一定是不可能的（比如徐复观、叶维廉、顾彬等西方学者，宗白华、童庆炳等中国学者的古代文论研究，就是用西方现代的文论阐释中国古代文论的成功例子）。”[①] 由于近现代以来中国学术深受西方影响，很多学者用西方的理论和西方的思维来反对西方，从而陷入了“以子之矛攻子之盾”的逻辑怪圈。有学者进一步将文论“失语症”与同期的新诗“西化”说作对比，认为这类“棒喝式”的学术命题，本质上是“对中国文化‘他者化’的忧患意识”，“是对中国现代文化和文学的合法性提出了质疑，同时，表露出一种对现代文化认同的深切焦虑。这种焦虑近代以来一再出现，它反映了中国社会文化现代化转型过程中无法回避的文化认同问题。”[②] 这从另一种学术视角来认识和剖析“失语症”，把这一术语的认识推向了更宏阔的学术背景和社会思潮之中。

关于如何应对“失语症”，学界较为认同“话语重建”这一提议。即要尝试建立一套体现中国特色、中国风格，契合中国实际的话语体系。“‘失语’危机所造成的当代文论主体生存焦虑，逻辑地使‘重建文论话语’成为医治中国文论‘失语证’以参与全球对话的良方。那么，重建中国文论话语的资源应来自哪里？如果从‘失语症’的诊断逻辑来推断，既然中国现当代文论话语主要源于西方，那么西方文论不再可能成为以‘反抗西方’为目的的话语重建任务的理论资源，这一资源必然是有别于西方的中国本土理论。因此，依照这一逻辑，重建中国文论话语的历史重任便很自然地被赋予中国古代文论。”[③] 话语重建这一话题，也与 20 世纪末“重写文学史”这

① 陶东风：《关于中国文论“失语”与“重建”问题的再思考》，《云南大学学报（社会科学版）》2004 年第 5 期。

② 周宪：《“合法化”论争与认同焦虑——以文论“失语症”和新诗“西化”说为个案》，《南京大学学报（哲学·人文科学·社会科学）》2006 年第 5 期。

③ 高文强：《失语·转换·正名——对古代文文化十年转换之路的回顾与追问》，《长江学术》2008 年第 2 期。

一思潮相呼应。1988 年，《上海文论》开设了“重写文学史”专栏，由陈思和、王晓明主持栏目，一共用了 9 期来讨论重写文学史的问题，由此引发了学界的广泛的讨论，纷纷聚焦“重写文学史”问题。[①] 学界不仅在理论上探讨“重写文学史”，还付诸实践，以新的视野、新的理念重新梳理中国文学的发展脉络，《二十世纪中国文学史》《中国文学思潮史》等文学史著作纷纷问世。这种思潮在学界蔓延，对“新的”“中国的”理论追求与实践探索成为热点话题，也凝聚了诸多共识。

基于充分的论争与辨析，在学术共识渐趋明朗的情况下，许多学者开始清理中国古代文论话语，进行古代文论的现代转换。只要坚持用中国的话语言说方式，立足于中国文论的异质性，用中国自己的传统话语和规则来重建中国文学理论，并活学活用各种理论资源，适当汲取东西方文论养分来浇灌自己的园地，就必定能去除遮蔽，逐步寻回中国文化之骨骼血脉，还原中国文论的澄明之境，培育出中国文论的参天大树。[②] 这样的认识越来越被更多学者接受，从而形成构建中国文学话语体系的学术思潮与自觉意识。

（三）构建话语体系的自觉意识

在文学研究领域，不少学者着力探讨如何构建话语体系，既有思路的构想，又有方法的探究，还有具体学科的实施方案。既有理论的思考，又有付诸实践的行动，学界对于构建中国文学话语体系，可以说是有比较明显的自觉意识。

对于“重建话语”的思路与方法，学者们提出了各种版本的方案，重点是处理中国传统、西方理论与当下实践的关系。其中代表性的主张主要有几类，一是“以传统为中心、以现代为标准”说，“对‘中国文论’的构建，目前依然处于尝试探索阶段，在可预见的思路中或许应该包括这样两个方面：一是以传统文论精神为核心，二是以现代文论形态为标准。以传统为核心与以现代为标准的并存在当前学术研究中具有一定的客观基础，而将两者融合则还需要有漫长的路要走。这应该是构建中国文论可选择的方向

① 陈思和：《关于编写中国二十世纪文学史的几个问题》，《天津社会科学》1996 年第 1 期。

② 何嵩昱：《去除遮蔽　走向澄明——由〈比较文学与文论话语〉谈及曹顺庆的学术进路》，《贵州师范大学学报》2013 年第 3 期。

之一。"[①] 这是一种基于对过往十余年研究与论争的梳理而提出预见和推测。

二是"中国文论中国化"说，"应该走中国文论中国化的道路，具体可以从如下三个方面展开：第一，中国文论的当下直接有效性；第二，西方文论中国化；第三，让中国文论在当代成为主流话语。"[②] 这是一种"三步走"的渐进发展构想。

三是"本土化与西方化结合"说，"中国文论话语之争聚焦于如何重建中国当代文论，衍生出本土化和西方化两种不同的入思方式，前者倡导中国文论民族特色之阐扬，主张藉古代文论的现代转换来重建中国文论话语；后者则主张通过学习和借鉴西方思想文化，以重建中国当代文论。前者钟情本土之玉，后者青睐他山之石。而要真正建立既具民族特色又能与异域文化对话的中国文论，则必须将上述两种思路结合起来，以实现中国古代文论的现代转换和西方文论的中国化。那么，如何实现中国古代文论的现代转换？需要在文化、文心、文体三个不同层面，认真清理古代文论的理论资源和话语传统，深入探求中国文论的言说方式和意义生成方式。如何实现西方文论的中国化？则需要在异质性、普适性和现代性的不同层面，精心辨析中西文论的内在差异，细致考量西方文论之中国化的可行性路径。中国文论话语重建是一项宏大的工程，其成败关键在于能否打磨出内蕴普适神韵而外显民族肌理的文论玉石。"[③] 这是一种集成的观点，既从理论上探讨多方面的结合，又从实践层面探讨具体的可行性路径。

四是"重新传统化"说，在防止狭隘的"文化政治化"、避免将"他者"（往往是指西方）"妖魔化"、警惕文化原教旨主义的基础上，旗帜鲜明地提出文化多元主义的理念，从而推进"重新传统化"。"文化的发展通常既不像某些人设想的那样'全盘西化'，也不会像另一些人主张的那样'全盘复古'，更有可能的状况是诸力量协商、妥协的'第三状态'。"[④] 这应该

① 高文强：《失语·转换·正名——对古代文文化十年转换之路的回顾与追问》，《长江学术》2008年第2期。

② 曹顺庆、邱明丰：《重建中国文论话语的三条路径》，《思想战线》2009年第6期。

③ 李建中、喻守国：《中国文论话语重建的可行性路径》，《文史哲》2010年第1期。

④ 周宪：《"合法化"论争与认同焦虑——以文论"失语症"和新诗"西化"说为个案》，《南京大学学报（哲学·人文科学·社会科学）》2006年第5期。

不是一种简单的折衷主义，而是在综合考虑多种可能、防止各种歧路的基础上，提出的可行又可靠的方案。

构建中国文学话语体系的讨论始于中国文论特别是中国古代文论领域，这一话题迅速引起不同专业学者的注意，并推及中国文学各二级学科和各专业领域。有学者从大“文”学角度探讨，提出具体的研究维度：“构建中国‘文’学及其理论的话语体系，就必须回归中国‘文’学本位以历史的视角，从中国‘文’学观念与文体生成发展、‘文’学创作限定时空、主体创作身份及其构成等历史维度去直面中国‘文’学。”① 有学者提出近代文学研究要努力构建自身的学术话语体系：“近代文学研究界应把推动研究、培养队伍、繁荣学术作为重要使命，准确认识近代文学学科的自身价值，建立学科自信；独立思考，构建自身的学术话语体系。”② 在中国现当代文学研究领域，学者们也在努力构建自己的话语体系，其中北京大学中文系的洪子诚教授在当代文学学科话语体系建设中取得的成就受到推崇：“洪子诚于上世纪末到本世纪初相继出版的3部环环相扣的学术专著——《1956：百花时代》《中国当代文学史》《问题与方法：中国当代文学史研究讲稿》为例，从中可以看出他在90年代以来业已成型并‘构建’起的当代文学学科话语体系——‘靠近历史’的研究态度、‘一体化’的文学观以及‘价值中立’的知识学立场。”③ 在比较文学与世界文学领域，亦有学者进行了深入思考：“中国比较文学学术话语的形成和发展旨在从根本上打破比较文学研究领域中固有的西方中心主义。其主要成就体现在一系列术语、概念、范畴的形成，在学科理论建立了一套相对完备的言说体系，有特定的研究方法和研究领域，使得中国比较文学成为世界比较文学研究第三阶段的代表。”④ 中国少数民族文学研究也有构建话语体系的思考：“努力建立具有中国特色的少数民族文学研究和理论话语体系。坚持中国多民族文学共同发展的历史观和

① 赵辉：《构建中国“文”学及其话语体系的必然途径》，《中南民族大学学报》2017年1月。

② 关爱和：《中国近代文学研究：建立学科自信和学术话语体系》，《汉语言文学研究》2015年第1期。

③ 王莹：《构建当代文学学科的话语体系——论洪子诚对当代文学史的研究及其超越之路》，《郑州大学学报（哲学社会科学版）》2005年第3期。

④ 杜明业：《论中国比较文学学术话语体系的构建》，《淮北师范大学学报（哲学社会科学版）》2014年第5期。

文学史观，充分尊重每一个民族的文学传统、文学形态、文学思想，将各民族文学研究还原到各个民族自在的话语系统之中。”① 总之，几乎中国文学研究的所有领域，都有学者关注话语体系的构建，他们或提出设想、思路与目标，或涉及具体的方法与路径，业已形成不少成果。

四、构建文学研究话语体系的探索

站在21世纪的宏阔舞台上，处于中华民族伟大复兴的历史进程之中，中国文学研究应该有怎样的面貌与特征？应该如何面向世界发出自己的声音？中国文学研究话语体系应该如何构建、从哪里入手？这是一个比较宏大且艰难的命题，却也是文学研究者难以回避的重要使命之一。

关于构建中国特色文学研究话语体系，诸多学者已经从不同角度进行了阐述、论争、梳理与展望，也众说纷纭、各有特色。笔者不揣浅陋，拟从术语的溯源、传统的回望、世界的眼光、实践的根基四个层面，探讨构建中国特色文学研究话语体系的路径与方向。

（一）术语的溯源

构建中国特色文学研究话语体系，须以学术术语为基础。术语是学术话语的基本构成单位，也是话语体系的基础单元。我们使用的学术语言，由一个个基本的术语组成，这些术语从哪里来？有什么样的内涵和外延、有什么样的渊源和意味？从语言学和词源学的角度对一个个的学术术语进行探究和剖析，可以知晓术语的源流与演变、所指与能指，进而洞悉其“中国特色”的成分与诠释“中国特色”的可能。

术语的辨析是一项基础性的工作，对话语体系构建来说也是至关重要的第一步。“如果说‘语言决定世界’在某种范围内可以成立，那么在此就可引申出这样一个重要判断：有什么样的话语，就有什么样的本体。对于中国学术来说，则是有什么样的中国话语，就会生产出什么样的中国学术，反过来说，也正是由于在20世纪中过多地借用了西方强势文化叙事，才使得当

① 郝欣、曾江：《打造少数民族文学理论话语体系》，《中国社会科学报》2014年3月19日。

代学术思想界出现了最严重的‘沉欲’与‘失语’。因而，如何在清理西方叙事的基础上重建中国学术的现代性话语，也就直接决定着我们是否可以有一种真正的当代中国人文学术。”[①] 我们可能并不清楚，哪些术语能够体现“中国特色”，哪些术语能够代表中国风格，如果在这种情况下来谈构建中国特色话语体系，是比较困难和懵懂的。

厘清具体术语的源流并不容易，我们对相当多的术语习以为常，却未必知道它的来源与出处，特别是不清楚它在中西文化碰撞交融过程中的成分与底色。美国哥伦比亚大学的华裔学者刘禾教授对现代汉语词汇的来源进行了详细的辨析，特别是源自西方文化的词汇，并将之辑成七个部分：源自早期传教士汉译文本的新词及其流传途径，现代汉语的中—日—欧借贷词，现代汉语的中—日借贷词，回归的书写形式借贷词：现代汉语中源自古汉语的日本“汉字”词语，源自现代日语的后缀前缀复合词采样，源自英语、法语、德语的汉语音译词，源自俄语的汉语音译词。[②] 从词汇的来源入手，找到现代汉语中上千个源自西方文化的例证，并溯清其传入中国并转化为汉语词汇的途径与方式，可以让我们更清晰地认识到现代学术术语的来龙去脉与文化因子。

由单个或零散的术语溯源向前推进一步，是辨析术语的聚集与分类，从而厘清当代学科的起源与流变。中国文学的学科概念是怎样形成的？与相关学科有什么样的关联与边界？不同学科的术语有什么特征、界限和相互间的关系？冯天瑜先生牵头开展了汉字术语生成演变的研究，一方面，通过对早期汉文西书、早期英汉词典、清末教科书、清末民初期刊、晚期汉文西书等文本的研究，梳理汉字术语生成与流播的载体及状貌；另一方面，在中—西—日时空坐标上展现哲学、论理学（即逻辑学）、伦理学、美学及审美学、文学、语言学、国际法、公法、私法、政治、经济、教育、心理学、报学与新闻学、采访及采访学、杂志、新闻自由、民俗及民俗学、算学与数学、化学及元素等学科术语的生成、演变、传播、确立的过程。进而发现，近代术语的生成、演变与中西日文化互动是一体多面、互为表里的历史过

① 刘士林：《中国话语与中国学术》，《河北学刊》2005 年第 1 期。

② 刘禾：《跨语际实践：文学，民族文化与被译介的现代性（中国：1900—1937）》，宋伟杰等译，生活·读书·新知三联书店 2014 年版，第 292—374 页。

程。在这一过程中，汉字文化彰显了生生不息的主体性和洋洋大观的开放性，中国文化的近代化乃是中西文化彼此涵化的过程，与异文化的沟通、互动是汉字文化的源头活水。[①] 近代以来中国学术术语受西方语言文化影响非常之深，文学学科也不例外，而且更深刻地体现了中西文化激烈碰撞、深度融合的过程与印记。

对术语的追溯，并不限于上述学者的尝试与努力，而是有更广阔的探索空间，比如分学科的术语体系溯源，中西术语的融合，术语的语义走向，文学术语与文学话语体系，适合中国特色文学话语体系的术语甄别，等等。如何将话语体系这一宏大叙事与术语追溯这一微观剖析有效地结合起来，既是学术难题，也是值得期待的方向之一。

（二）传统的回望

构建中国特色文学研究话语体系，需要汲取传统的养分。对话语体系探索的另一重视角，是反观自身，从中国古典传统中寻找和提炼术语，继承和创新学术思想与理论体系。既然当前的文学研究存在“失语”的现象，那么“话语重建”和“中国古代文论现代转换”论者都希望重新审视中国古代的文学研究话语，找到有益于当前文学研究的因素和精华。

但中国古代文化博大精深，文学典籍浩如烟海，在多得无法穷尽的文献中梳理源流、提炼精华，是一件非常困难甚至是几乎不可能做到的事情。比较切合实际的做法之一，是去粗取精，寻找提炼中国文化中最有代表性、最具特色、影响最深远、最能与世界对话的术语。比如，李建中教授近年致力于中国文化关键词研究，其主编的《中国文化：元典与要义》一书，分9个门类讲疏中华元典的30部伟大著作，解诠中国文化的100个关键词，在“伟大著作”与“关键词”的交汇融通处，阐释中国文化的起源、本原和美善之元，在标举中国文化词义根性和历史坐标的基础上揭示其现代价值。其9类100个关键词为：

① 冯天瑜等：《近代汉字术语的生成演变与中西日文化互动研究》，经济科学出版社2016年版，第1—2页。

文学：风、文、体、味、诗、章、雅、趣、比、兴，知音、神思、意境，兴观群怨、知人论世、温柔敦厚；

史学：王、道、德，中国、华夏、宗法、信史，百家争鸣；

经学：人、天、止、气、字、礼、易、象、数，五行、六书、名实、太极、阴阳，大一统，人文化成；

儒家：仁、心、乐、孝、和、命、性、诚、勇、理、情、智、善，中庸、忠恕、廉耻，内圣外王；

墨家：义、命，三表、节用、尚贤、兼爱、鬼神；

道家：玄、妙、返、美、真、游，有无、生死、自然、宇宙、虚静，得意忘言；

法家：公、术、权、私、法、势，刑罚，以法治国；

兵家：兵、阵、战、将，计谋、攻守、奇正；

佛家：空、悟、禅、乘、境，轮回、涅槃、般若，明心见性。[①]

这是一种有益的尝试。但要实现话语重建和古代文论的现代转换，还有很长的路要走。即便是萃取了古代文化的精华，也还要更多地关注如何在当下的语境中使用并形成体系，以实现润物无声的“古今对话”；而且对待传统要用辩证的思维，如何取舍也是难题，稍有不慎，容易滑入“民粹主义”等陷阱。

（三）世界的眼光

构建中国特色文学研究话语体系，需要具备世界的眼光。首先，无论是现代汉语的词汇，还是当前文学研究的术语，无论是我们学术研究的理论和方法，还是学术的框架与规范，都无法剥离西方的因素和影响，所以不可以绝对地“去西方化”。其次，当前文学研究的视野应该是全球化的，我们已经不可能退回到故步自封的时代，而是必须面对和适应全球化浪潮，以世界的眼光开展文学研究。

① 李建中：《中国文化的100个关键词——〈中国文化：元典与要义〉导论》，载李建中、高文强主编：《文化关键词研究》第二辑，武汉大学出版社2016年版，第27—39页。

西学观念和话语体系对我国文学研究的影响是全方位的，既有观念、方法上的影响，又有思维方式和价值倾向上的影响；既有概念、术语的影响，又有语法、句法形式和叙述逻辑上的影响，并且这些影响都不是单兵突进式的，而是你中有我、我中有你的综合性施加。比如，对西学某种研究方法的全盘接受，就必然会一并接受这一方法所传达的观念和思想，接受这一方法体现的思维方式和价值理念，接受这一方法涉及的概念术语和表述逻辑。因此，中国文学研究必须全面重建中国主体性，避免套用西方理论来剪裁中国人的审美，挣脱西学观念及其话语体系藩篱，使之真正成为“中国”的中国文学研究。明确了这样的方向之后，那么，我们该如何全面重建中国主体性，挣脱西学观念及其话语体系的藩篱呢？这里有三个关键词，即创新、融入、批判，似可作为解决上述问题的三个基本的维度。主体性最鲜明的表现就是创新，因此，全面重建主体性也须以创新为核心。中国文学研究需要结合中国文学传统、创作现状及发展趋向进行创新，特别是在文学观念和话语体系方面要勇于创新、善于创新。文艺理论与批评要敢于提出体现中国思维方式、传承中华美学精神、深入人民文学实践的新概念、新范畴、新方法、新理念、新表述，形成中国文学研究的创新话语体系。西学观念及其话语体系在这个中国 21 世纪的学术创新话语体系面前，必然相形见绌。①

今日之构建中国文学话语体系，不可能完全摒除西方的因素、西方文化的影响，而更需要在中西文化互动的过程中兼收并蓄、为我所用。应放眼世界，汲取先进的思想、理论、方法和术语，并与中国的传统相结合，以努力达到博古通今、学贯中西的境界。

（四）实践的根基

构建中国特色文学研究话语体系，需要扎根中国的实践。不论采用何种术语、何种话语体系，终究是服务于中国的文学实践和文学研究实际。如果与中国的实践脱节，与中国文学的发展战略与发展现状不相适应，再好的术语和理论体系，终究也会烟消云散。

当前存在着两个错误倾向：一个是唯洋是举，认为西方话语就是世界话

---

① 马建辉：《中国文学研究须挣脱西学话语体系藩篱》，《光明日报》2016 年 4 月 25 日。

语，我们只有尽快地学习，学会世界话语，才能避免失语，跟上时代；这种“学语”的结果导致理论上的“红舞鞋”现象，不停地跳下去，到死为止。另一个是回到古代，认为中国话语就是古代中国人的话语，是西方话语的引入使得中国话语矮小化、苍白化，使我们进而失语的，因此要清洗掉西方影响；这种理论上的故步自封使自己残废、畸形，导致理论上的“裹脚布”现象。世界话语不能直接引入而成为中国话语。文学研究要选择性地引人西方话语，选择的标准是当代中国的文学实践。实际上，并不存在一个统一的世界话语，也不存在一个单独的西方话语。各个国家、民族和文化，都有依托于自身语言的自己的文论话语，存在的只是不同话语间的对话。对话不是相同，相同就不需要对话，也不再是对话，而是自言自语了。不同国家、民族和文化间需要对话，就证明它们之间尽管不同，却可沟通。当然，中国话语也不是一种与世界绝缘的独特话语。不能为中国而中国，以它的中国性证明它的正确性。传统中国的东西，可能是好的，也可能是坏的。它的正确性应该建立在它对当代文学实践有效性的基础上，而不是它对民族主义话语的迎合上。中国文论话语的建设，要在当代实践的基础上，广泛吸收人类文明的一切优秀成果。这种建设工作，任重而道远，但千里之行，始于足下，我们要从现在做起。[①] 要之，以中国当代的实践为背景和依托，才是构建中国文学话语体系的底色与起点。基于中国实践的丰富样本与独特经验，形成中国文学研究的新术语、新理念、新思想，并与世界同行交流对话，在思想的碰撞与学术的切磋过程中，凝聚中国特色，构成有自己鲜明风格的话语体系。

术语的溯源，可以明辨学术话语的要素与来由；传统的回望，可以追寻中国文学的根基与本来；世界的眼光，可以丰富文学研究的视角与思想；实践的根基，可以明了中国文学的脉搏与特征。四者互补互济，可为构建中国特色文学研究话语体系探索现实的路径。

① 高建平：《从当下实践出发建立文学研究的中国话语》，《中国社会科学》2015 年第 4 期。

第 四 章

中国现代语言学话语体系的演进及反思

赫 琳

中国古代语言学完全基于汉语实际，为了“通经致用”等实用目的，形成了实践性很强的学术思想和方法体系，为今天中国特色语言学话语体系的构建留下了丰厚的历史资源，但理论提炼和体系构建薄弱。中国现代语言学话语体系是在中国古代语言学的基础上，借鉴西方语言学理论方法逐步建立和发展起来的。我国学者一方面立足于古代语言学传统，积极进行新的探索；另一方面借鉴西方语言学话语，努力进行中国化的尝试，经历了从模仿到创新、从传统到现代的转型。进入21世纪，中国语言学研究呈现多元化，在积极借鉴西方理论的同时，注重汉语实际，探索汉语特点，构建中国特色理论话语。不过从整体上看，理论创新和体系建构还比较薄弱，需要反思和继续探索。需要增强学术自信，脚踏实地创新发展。

中国古代语言学完全基于汉语实际，为了“通经致用”等实用目的，形成了实践性很强的学术思想和方法体系，以及特色话语，为今天中国特色语言学话语体系的构建留下了丰厚的历史资源，但理论提炼和体系构建薄弱；近代以来，西方语言学思想对我国语言学话语产生了强势影响，逐渐形成了以借鉴西方理论为主导的研究理念和范式；改革开放以后，语言学研究呈现多元化，在仍然积极借鉴西方理论的同时，更加注重汉语实际，着重探索汉语的特点，构建中国特色理论话语。当下，“中国话语”正在成为一个热门话题。然而什么是具有中国特色的语言学话语体系，仍然需要研究和思考。我们拟在梳理中国语言学现有话语体系基本状况的基础上，探讨中国特色语言学话语体系的构建问题。

一、历程回顾

中国现代语言学话语体系是在中国古代语言学的基础上，借鉴西方语言学的理论方法逐步建立和发展起来的，经历了从模仿到结合、从传统到现代的转型。进入21世纪，语言学从本体研究到应用研究都有新的推进，中国特色话语逐步彰显。

（一）现代转型之路

一般认为，《马氏文通》的问世，开启了中国现代语言学之路。《马氏文通》之后，中国的现代语言学体系经历了百年探索，实现了从模仿到结合、从传统到现代的转型。

1. 语法学：从模仿到结合

中国现代语法学起步阶段的语法研究，基本上是“模仿型话语”。1924年黎锦熙《新著国语文法》的出版，我国有了第一部具有完整体系的白话文语法著作。该书摒弃了“词本位”的语法体系，首创“句本位”的语法体系，给中国语法研究带来了新的气息。不过整体上套用国外语法学体系的痕迹仍然比较明显。20世纪三四十年代，我国语言学者们逐渐发现简单模仿西方语法体系存在很大问题。1936年王力发展的《中国文法学初探》，被视为反驳模仿、革新中国语法学的宣言，1938年陈望道等发起了中国文法革新大讨论，促进了对中国语言学发展的反思和新探索。王力提出“要从客观材料中概括出语言的结构规律，而不是从某些先验的语法规则中审查汉语”[①]，他指出了汉语的特点以及中国文法的研究方法，并借鉴叶斯柏森的理论提出了“三品说”，为建立汉语句法体系作出了巨大贡献。高名凯认为

① 王力：《王力文集》第12卷，山东教育出版社1990年版，第226页。

研究汉语语法应当以口语为出发点，提出了“范畴论”。50 年代，丁声树吸收结构主义理论编写而成的《现代汉语语法讲话》是一部全面描写汉语语法的专著。胡附、文炼《现代汉语语法探索》一方面不同意传统语法以意义为主要标准的研究方法；另一方面主张在传统语法的基础上，尽可能地吸收新的语法研究理论和方法。

1979 年，吕叔湘《汉语语法分析问题》以语法分析为纲，对语法体系问题做了一个重新审视。他认为传统的析句方法需要跟层次分析法结合起来，并揭示了汉语缺乏严格意义的形态变化的特点。[①] 朱德熙《现代汉语语法研究》《语法讲义》《语法答问》建立了一个比较适应汉语实际的语法体系。一个时期，结构主义话语成为中国语言学的强势话语。80 年代后，结构主义理论在中国的主导地位逐渐被淡化，传统语法、结构主义语法、转换生成语法三种原有的语法理论在中国并驾齐驱，其他学科的新的理论方法也被吸收进来。胡裕树《现代汉语》首次提出了从三个平面进行汉语语法研究的思想。朱德熙、吕叔湘、陆俭明、邢福义、马庆株、邵敬敏、袁毓林等学者，成功地运用了语义特征分析法解决汉语语法问题。而由于菲尔墨的格语法影响，格关系和配价研究也成为汉语语法研究的热点，代表学者有李临定、张国宪、周国光等。邢福义提出的“大三角”理论是这个时期的重要语法观的代表。同时变换分析法这种新的分析方法被大量运用，尤其是大量运用在歧义研究和句型研究等方面，代表学者有朱德熙、陆俭明、邢福义、李临定、范晓、龚千炎、傅雨贤、马庆株、邵敬敏等。[②] 认知语言学的引进也对汉语语法研究产生了重要影响，比如，石毓智《肯定和否定的对称和不对称》从“连续与离散”“定量与不定量”两个方面探索汉语语法研究的新途径，袁毓林《词类范畴的家族相似性》和张伯江《词类活用的功能解释》为用认知语言学的原则解决汉语词类划分问题找到了一条新的途径。[③]

2. 语音学：从传统到现代化和科学化

中国传统语言学中的音韵学，由于其深厚的历史积淀，加上自 20 世纪初开始，又积极借鉴吸收了西方语言学和其他学科的理论与方法，因而成功

---

① 龚千炎：《中国语法学史稿》，语文出版社 1987 年版，第 288—295 页。

② 参见盛林等：《二十世纪中国的语言学》，党建读物出版社 2005 年版，第 205—207 页。

③ 参见许嘉璐等主编：《中国语言学现状与展望》，外语教学与研究出版社 1996 年版，第 15 页。

实现了现代化转型，走上了科学发展之路；与此同时，现代汉语音系学也得以产生和发展。两者的互补，形成了中国语音学的体系特色和话语特色。1923 年，汪荣宝发表了著名的论文《歌戈鱼虞模古读考》，在材料上突破了汉字的束缚，在方法上摆脱了单纯的考证，为拟测古音音值开辟了新的大道，成为汉语现代音韵学诞生的重要标志。[①] 继瑞典学者高本汉利用比较语言学的方法拟测汉语中古音之后，赵元任、王力、罗常培、陆志韦、王静如、董同龢、周法高、李荣、李方桂等对中古音进一步进行了拟测，林语堂、李方桂、董同龢、陆志韦、严学宭等人对上古音进行了拟测，罗常培、赵荫棠、陆志韦、杨耐思等人对近代音进行了拟测，取得了丰硕的成果。

20 世纪现代汉语的语音描写，是从 20 年代初对“国音”的描写和语音学知识的介绍开始的。1922 年，赵元任发表《中国言语字调底实验法》，最早介绍了汉语声调的实验研究方法，是中国实验语音学的滥觞之作。1929 年，刘复在北京大学建立语音乐律实验室，创制了声调推断尺。1934 年，赵元任在中央研究院历史语言所建立了设备非常完备的实验语音室。王力利用浪纹计实验了广西博白的元音、辅音，再用浪纹计实验了声调，1931 年，完成论文《博白方音实验录》。[②] 五六十年代比较有代表的是罗常培、王均《普通语音学纲要》，该书将语音学的一般原理与中国语言实际紧密结合起来。

20 世纪 80 年代以后，普通话音位研究成为一个热点问题，吴宗济《什么叫“区别特征”》吸收美国的区别特征理论，列出了普通话元音和辅音的区别特征。从 80 年代中后期开始，国外关于音系学方面的理论越来越多地被介绍进来，中国学者也越来越多地将音系学理论与汉语实际结合起来，并对该理论进行补充和修正。例如，王理嘉《音系学基础》是我国第一本系统介绍和讨论音位分析理论的专著；王洪君《汉语非线性音系学》运用非线性音系学研究的理论和方法从新的角度对汉语进行了分析，取得了许多重要的发现。八九十年代语音学和自然科学有诸多结合，同时与语言学其他分支学科，如社会语言学、少数民族语言学和二语教学等也开始结合，取得了

① 参见杨剑桥：《汉语现代音韵学》，复旦大学出版社 2012 年版，第 5—6 页。

② 潘悟云、邵敬敏主编：《二十世纪中国社会科学：语言学卷》，上海人民出版社 2005 年版，第 132—134 页。

新的拓展。

3. 词汇学：从字的训诂到词汇研究

中国传统训诂学主要进行的是字的训诂，较少关注词汇的体系和语义系统。进入20世纪之后，随着训诂学的革新、语言学意识的增强和后来苏联语言学的影响，训诂学优秀传统和现代语言学思想相融汇，促成了中国现代词汇学的诞生与发展，也形成了中国词汇研究的鲜明特色。为满足社会贯通中、西学的要求，《中华大字典》《辞源》《辞海》收入大量的古汉语语词、新的名词术语，为汉语词汇的研究整理作出了重要贡献，此时编成的《国语辞典》已具有现代语言描写、规范词典的性质。[①] 20世纪50年代，我国词汇学受苏联语言学的影响比较大，张世禄《词汇讲话》、孙常叙《汉语词汇》和周祖谟《汉语词汇讲话》勾勒出了汉语词汇研究的大致轮廓，为后来的进一步研究奠定了基础，标志着汉语词汇学的建立。[②] 70年代中期以后，词汇学有了较大发展，出现了一批词汇学著作。例如，李行健、刘叔新《词语的知识和应用》、华中师院中文系《现代汉语词汇知识》等。其中尤其值得一提的是，武占坤、王勤《现代汉语词汇概要》在词汇体系问题上作了新的论证。葛本仪《汉语词汇研究》探讨了现代汉语词的确定，提出了新的分类。

4. 文字学：从《说文》学到古今兼治

从某种意义上来说，20世纪以前的中国文字学史就是说文学的历史，而20世纪的汉字研究也同样以《说文解字》研究为重心之一。[③] 在现代文字学研究领域，由于受到西方思想的影响，文字学在总体上已经体现出一种独立的面貌。1928年出版的陈鹤琴《语体文应用字汇》是最早的字频研究著作。在推动现代汉字的研究方面，周有光起到了重要作用。1980年，周有光在《现代汉字学发凡》一文中首先提出“现代汉字学”的名称，他把汉字学分为历史汉字学、现代汉字学、外族汉字学三个部分，并提出“现代汉字学研究现代汉字的特性和问题”。此后，现代汉字学开始成为一门独立的学科。随后出现了一系列通论著作，如高家莺等《现代汉字学》、苏培

① 符淮青编：《汉语词汇学史》，外语教学与研究出版社2012年版，第3页。
② 周荐、杨世铁：《汉语词汇研究百年史》，外语教学与研究出版社2006年版，第214页。
③ 盛林等：《二十世纪中国的语言学》，党建读物出版社2005年版，第298—301页。

成《现代汉字学纲要》和李禄兴《现代汉字学要略》等。此外，20 世纪的汉字学研究还在起源和形成、发展与演变、结构理论、字义理论、文献用字的字际关系、汉字与文化研究、汉字个体解释和字典编纂等方面有所突破，[①] 中国文学学古今兼治，各科并兴，形成了独树一帜、理论较为成熟的话语体系。

5. 修辞学：从“搭架子”到多样化

现代修辞学的发展、成熟过程，也就是修辞理论的建设过程。陈望道《修辞学发凡》率先建立了我国修辞学史上第一个比较科学的体系，是中国现代修辞学诞生的标志。张弓《中国修辞学》、王易《修辞学通诠》、陈介白《修辞学》、宋文翰《国语文修辞法》在理论上都颇有独到见解。20 世纪上半叶的修辞学基本上处于“搭架子”的初建阶段，各家的研究多集中于一些最基础的理论问题，主要包括什么是修辞学、修辞学的目的和任务、修辞现象的两大分野及其统一、修辞学的范围、语言规范等。同时，辞格研究也有一些重要成果，最早研究辞格的专著是唐钺《修辞格》，该书参考讷斯菲《高级英文作文学》把辞格分为 5 类 27 格。[②] 杨树达《中国修辞学》将修辞样式和阅读古书的条例结合起来，为我们提供了一部研究古汉语修辞的最重要的参考书。

50 年代，吕叔湘、朱德熙合著的《语法修辞讲话》风靡全国，影响很大。一批现代修辞学论著相继问世，如张志公《修辞概要》、杨树达《汉语文言修辞学》、张世禄《小学语法修辞》、周振甫《诗词例话》、张弓《现代汉语修辞学》、郑子瑜《中国修辞学的变迁》等。其中，张志公《修辞概要》的出版，标志着白话修辞学的创立。张弓《现代汉语修辞学》提出了“寻常词语艺术化”的独到见解，建立了别开生面的修辞学体系，[③] 是一部非常有影响的著作。20 世纪后 20 年的修辞学围绕修辞学的研究对象、范围和性质、语法修辞结合等问题展开了研究。这一时期，郑远汉《现代汉语修辞知识》建立了“语言三要素”修辞学体系；王希杰《汉语修辞学》分

① 这里我们沿用了潘悟云、邵敬敏先生的观点，参见潘悟云、邵敬敏主编：《二十世纪中国社会科学：语言学卷》，上海人民出版社 2005 年版，第 209—224 页。

② 何九盈：《中国现代语言学史》，广东教育出版社 1995 年版，第 560—572 页。

③ 参见黎运汉、盛永生主编：《汉语修辞学》，广东教育出版社 2006 年版，第 41—43 页。

三大块搭起了修辞学框架；冯广艺《变异修辞学》系统探讨了变异修辞学。

6. 方言学与少数民族语言学：调查、描写与比较

中国现代方言学的发展历史自1924年北京大学研究所设立方言调查会开始，随后的大半个世纪经历了方言调查、描写与比较的发展。在方言与少数民族语言研究方面，我国学者取得了丰硕的成果。自传统方言学的最后一位大师章炳麟撰写《新方言》后，我国的现代方言学于1923年开启。当年的《歌谣》周刊及其增刊发表了多篇与方言研究相关的文章，其中最重要的是沈兼士《今后研究方言之新趋势》和林语堂《研究方言应有的几个语言学观察点》；1924年北京大学方言调查会成立后，以其为中心的歌谣派学者试图指明汉语方言研究的新方向，例如刘复《四声实验录》。赵元任《北京、苏州、常州语助词的研究》是中国第一篇研究方言语法的论文，而他的《现代吴语的研究》一书是中国现代方言学史上第一部方言调查报告。1956年，教育部颁布了《关于汉语方言普查工作的指示》，各地纷纷成立了方言调查机构，开始进行大规模方言调查活动。五六十年代代表作有李永明《潮州方言》、王世华《扬州音系》等，同时也出现了一系列综合性研究著作，如袁家骅等编著的《汉语方言概要》等。改革开放后，李荣主编的《方言》杂志创刊，中国方言学会正式成立，方言研究迎来了飞跃期，代表人物有叶祥苓、李荣等；[①] 到20世纪末，各大方言相关专著基本齐备，其中比较有影响的有：钱乃荣《当代吴语的研究》、颜逸明《吴语概说》、陈章太、李如龙《闽语研究》等。[②]

中国少数民族语言现代语言学意义上的研究工作开始于20世纪二三十年代，它是在我国古代民族语文研究传统的基础上发展起来的，并且受到了美国描写语言学理论和汉语研究的影响。自那时起，逐步形成了我国少数民族语言研究的基本范式。赵元任、李方桂、罗常培、傅懋勣、闻宥以及以中国社会科学院少数民族研究所和中央民族大学等单位为代表的学者在少数民族语言调查、描写、识别、文字创制、重要问题研究等方面，都有重要成果推出。

---

① ［韩］李炳官等：《中国语言学史》，雷汉卿、胡翠月译，巴蜀书社2014年版，第594—599页。

② 潘悟云、邵敬敏主编：《二十世纪中国社会科学：语言学卷》，上海人民出版社2005年版，第162页。

7. 应用语言学：从语文运动到语言应用研究

我国应用语言学主要是在19世纪后期，伴随着现代语文运动而发展起来的。为了适应现代社会、现代生活、现代科学文化的需要，清末开始出现了白话文运动、汉语拼音运动和国语统一运动，为现代语言学的发展开辟了道路，对整个中国的社会发展和文化发展，都有着重要意义。[①] 20世纪80年代初，叶圣陶、王力、吕叔湘等老一辈语言学家都明确提出了应该重视语言的应用研究。1980年，吕叔湘在中国语言学会成立大会的讲话中，用了近1/4的篇幅，专门论述了应用语言学与纯粹科学、边缘科学与中心科学的关系，强调语言应用研究的重要性。[②] 改革开放后，我国的语言应用研究主要集中在语言美的研究、语文教学与教材、普通话推广研究、社会语言学研究、计算语言学研究等几个方面。

（二）新世纪的新推进

进入21世纪，我国的语言学者对国外各理论方法都有了更深入的认识和进一步的研究，并且更加注重与汉语实际的结合，注重开拓创新，提出了很多新的观点和特色术语。主要包括本体研究和应用研究两个方面。

语法研究由20世纪80年代结构主义一统天下逐渐发展为各家理论百花齐放。格语法与配价语法的代表人物有沈家煊、袁毓林、宋文辉、施春宏等。功能语法与认知语法学者对汉语的词类、语序等问题有了新的认识，代表人物有沈家煊、李宇明、崔希亮、张旺熹等。语言类型学者在方言研究、少数民族语言调查和语法化等方面有着显著的进步，代表人物有刘丹青、金立鑫、郭锐、陆丙甫等。生成语法学者引进乔姆斯基的原则参数和最简方案，以汉语为研究材料，试图解释人类语言的本质问题，代表人物有徐烈炯、何元建、徐杰、石定栩、潘海华等。语音研究方面借鉴了大量的国外理论和先进的技术手段。施向东《汉语和藏语同源体系的比较研究》、黄勇《汉语侗语关系词研究》、黄树先《汉缅语比较研究》、蓝庆元《壮汉同源词借词研究》等运用历史比较法追溯方言或亲属语言共同的原始形式。朱小

① 何九盈：《中国现代语言学史》，广东教育出版社1995年版，第13—14页。

② 冯志伟：《应用语言学综论》，广东教育出版社1999年版，第22页。

农、冯蒸、曾晓渝等把语言类型学和汉语音韵研究很好地结合起来。施向东、陈希等将实验语音学应用于传统的音韵学研究中。进入 21 世纪，我国实验语音研究达到全面兴盛时期，并广泛应用于其他应用领域。词汇学研究在 21 世纪得到极大的发展，尤其是词汇学理论与应用研究逐渐深入，出现了不少新的分支学科，如词义学、词彩学、词源学、计量词汇学、语料库词汇学、现代词汇学史等。这一阶段非常重要的有江蓝生提出的“类同引申说”、王宁构建的现代词源学术语系统等。当代文字学研究对象包括古文字和现代汉字。2000 年前后，繁简字问题曾引发诸多学者的探讨。苏培成指出，推行简化字不但没有妨碍传统文化的继承，相反为继承传统文化提供了新的契机；[①] 周有光认为简化的趋势不可逆转，并且古人早已用简化字来继承古代典籍了；[②] 李如龙提出由汉字保存的丰富典籍为古今南北的华人共用，有助于维护语言和民族文化的统一。[③] 修辞学在之前研究的基础上不断发展。修辞学观的多元化成为新世纪修辞学的特点，主要有以“三一语言学派”为代表的表达观，以宗廷虎、陈汝东为代表的表达—接受观，以张宗正、谭学纯为代表的广义修辞观等。[④] 汉语方言调查工作也出现了史无前例的蓬勃发展，汉语方言学已从以往的冷门发展为中国语言学中举足轻重的热门学科，名副其实的“显学”。[⑤] 2008 年国家语委启动了“中国语言资源有声数据库建设”，2015 年教育部和国家语委下发《关于启动中国语言资源保护工程的通知》，拉开了中国有史以来规模空前、也是世界规模最大的语言资源调查保护工程的帷幕。这项工程的实施，是在“语言资源观”指导下，对汉语方言和少数民族语言调查、研究、保护和利用工作的全面深化。这也彰显了中国在本领域的特色，已经引起国际关注和高度评价。

进入 21 世纪，应用语言学全面发展，不仅体现了中国应用语言学话语特色，而且在某些方面正在形成中国学派。

---

① 苏培成：《汉字繁简体的使用与传统文化的继承》，《群言》2006 年第 11 期。

② 周有光：《“汉字风波”一夕谈》，《同舟共进》2010 年第 7 期。

③ 李如龙：《汉字的发展脉络和现实走向》，《新疆师范大学学报（哲学社会科学版）》2015 年第 6 期。

④ 钟玖英：《新世纪的中国修辞学研究》，《语言与翻译（汉文版）》2015 年第 1 期。

⑤ 詹伯慧：《汉语方言学大词典与汉语方言学科建设》，《暨南学报（哲学社会科学版）》2015 年第 9 期。

在语言教育研究方面，中小学语文教育改革研究与实验不断推进；民族语和国家通用语的“双语教学”，无论是理论研究，还是教学实践，都取得了显著的成就；对外汉语教学/汉语国际教育，从新中国成立后正式起步，逐步实现了学科建构和开创性发展；外语教学在借鉴国外教学理论的同时，也在结合我国教学实际进行积极探索。

我国语言政策与规划研究基于我国语言生活实际，借鉴国外相关理论，在语言政策与规划的内涵、性质、任务、对象、内容等方面的研究，不断深化和拓展，特色鲜明，成就斐然。在书面语革新、国语运动、汉语拼音方案的研制与推行、汉字简化、语言文字规范化及普通话推广、术语标准化、民族语言保护与发展、盲人手语研制与规范等领域都有中国特色理论建树和成功应用。

随着“语言生活派”群体的逐渐形成，“语言生活”“语言资源”“语言能力”“语言和谐”等概念得到强化，语言应用研究的中国特色日渐彰显。李宇明将“语言生活派”的学术主张概括为：“就语言生活为语言生活而研究语言和语言生活。”他们的《语言与国家》（赵世举，2015）、《当代语言生活》（郭熙、朱德勇，2006）、《语言、民族与国家》（苏金智、夏中华，2013）以及《中国语言生活》电子刊等学术和普及读物，扩大了学科影响，锻造出一种接地气的学术品格。[①] 自 2006 年起陆续发布的《中国语言生活状况报告》（绿皮书）、《中国语言政策研究报告》（蓝皮书）、《中国语言文字事业发展报告》（白皮书）、《世界语言生活状况报告》（黄皮书）等，集中反映了“语言生活派”的研究成果。相关学者的研究视野开阔，不断出新，例如：李宇明对中国语言政策与规划、语言生活的全方位研究，陈章太对中国语言规划理论的建构，戴庆厦对少数民族语言生活的调研，陆俭明对语言教育、语言能力等的研究，周庆生对国外语言政策和民族语言政策的研究，郭熙对华语和语言生活的研究，文秋芳对外语教育和国家语言能力的研究，王建勤对国家安全语言战略的研究，赵世举对国家语言战略和语情的研究，苏新春对教材语言和台湾语言生活的研究，赵蓉晖对外语战略和国外语言生活的研究，徐大明对语言资源和城市语言生活的研究，曹志耘对

① 郭熙、祝晓红：《语言生活研究十年》，《语言战略研究》2016 年第 3 期。

语言保护的研究，屈哨兵对语言服务的研究，苏金智对语言生活的研究，郭龙生对中国语言规划的研究，张日培对中国语言政策的研究，张普、侯敏、杨尔弘、何婷婷等关于语言资源监测的研究，黄少安和张卫国关于语言经济学的研究等等，不胜枚举。这些大体代表了语言政策与规划、语言生活研究的中国特色，并且已经引起国际同行的关注，开始走向世界。

中文信息处理研究，近二十年发展迅速，成效显著。同时，我国蒙古语、藏语等民族语言信息处理研究也取得了很大的进展和突破。从我国中文信息处理技术在众多领域的成功应用和在国际某些领域竞赛中名列前茅的情况来看，中文信息处理研究的中国特色和优势正在形成。

二、特色话语的构建

一百年来，我国语言学者一方面立足于我国语言学传统，积极进行新的探索；一方面借鉴西方语言学理论，努力进行中国化的尝试，创造出具有中国特色的、符合汉语特点的语言学理论，为中国语言学话语体系的建设作出了卓越的贡献。

（一）语法体系

我国学者对语法体系的探索主要体现在语法本位、词类体系和语法理论等几个核心问题上。

1. 语法本位

1924 年，黎锦熙的《新著国语文法》以“句本位”为中心建立起一个新的现代汉语语法体系。该书以新的“句本位”体系代替了马建忠的“词本位”体系，构拟了第一个完整的现代汉语语法体系，对后世影响很大。1982 年，朱德熙《语法分析和语法体系》《语法讲义》明确提出了反对“句本位”的观点，建立了“词组本位”的语法系统。词组本位将句子看作是词组的变化形式，句子的句法核心结构都可以在词组的层面上得到解释。[①]

① 参见金立鑫、白水振：《现代汉语语法特点和汉语语法研究的本位观》，《汉语学习》2003 年第 5 期。

1991 年徐通锵《语义句法刍议》放弃了索绪尔的“聚合关系”和“组合关系”，从重新提出的“结构关联”这一重要概念出发，初步搭建了语义句法的结构框架，提出了“字本位”的基本思想。1997 年，徐通锵《语言论——语义型语言的结构原理和研究方法》全面展示了“字本位”的语法观和相应的“语义句法框架”，充分体现了古今结合、中西比较、中西结合的特点。[①] 1994 年，邢福义提出了“小句中枢”说，认为小句是语气、词和短语、复句和句群等语法单位的“联络中心”，是其他语法实体所依托的核心，在汉语语法系统中处于中枢地位。词本位、句本位、词组本位、字本位、小句中枢这五种本位观反映了我国语法学者在不同时期对语法研究基础单位的认识，集中体现了不同语法体系的基本特征。

2. 词类体系

词类范畴是语法的核心范畴。20 世纪 30 年代，陆志韦借鉴结构主义语法理论，首先系统地运用结构关系划分词类，为汉语词类研究提供了新的视角。1938—1943 年在上海举行了文法革新问题讨论，就怎样建立中国文法新体系和怎样探索中国文法研究的新方法等问题展开了深入的讨论。关于词类问题，陈望道提出“功能说”，主张依据词在组织中活动的能力来划分词类；方光焘提出“广义形态说”，认为应从词与词的相互关系、词与词的结合上来划分词类。这次讨论引进了结构主义理论，反对传统语法只凭意义划分词类的观点，主张把功能和形态有机地结合起来，摆脱机械模仿。40 年代，中国学者受奥托·叶斯柏森“三品说”影响较大。吕叔湘《中国文法要略》借鉴奥托·叶斯柏森的理论提出辅助词的词级说。王力《中国现代语法》依照词与词的关系，将词分为首品、次品、末品等。虽然三品说也有很多问题，后来遭到质疑，王力在后期也放弃了这个理论，但其时代价值和实践价值仍值得重视。1956 年，张志公从语义角度着眼，针对处在主宾语位置上的动词和形容词的问题提出了“名物化”的处理意见。我国语法学者为汉语词类体系的建立进行了积极的探索。

3. 语法理论

1948 年，高名凯借鉴西方理论，首次提出了二分的广义语法范畴和狭

① 参见杨自俭主编：《字本位理论与应用研究》，山东教育出版社 2008 年版，第 288—291 页。

义语法范畴，发展了传统语法理论。受西方符号学理论和语用学的启发，1981年，胡裕树首次提出了三个平面的语法理论。后来，经过胡附、文炼、范晓等学者的进一步阐述和讨论，"三个平面"语法理论逐渐成为现代汉语语法研究中的一个热点问题。1984—1989年，邢福义在审视整个中国当代语法研究的基础上，创立了"两个三角"语法理论，提倡对语法进行多维的、动态的、立体的研究。1994年，邢福义在对汉语语法深入研究的基础上提出了"小句中枢说"，指出"汉语语法系统由汉语各类各级语法实体的内外规则所构建"，"在汉语各类各级语法实体中，小句居于中枢地位"。[①]该学说虽然受到了结合语用、语义研究语法的当代学术思潮的影响，但这是中国学者创立的理论和学说。沈家煊摆脱形式语法的框架，从语义、语用、认知着手，偏重于解释性的探索，具有浓郁的理论色彩。他的研究不同于传统的结构主义语法理论，也区别于形式语法，对以分布为主要特征的结构主义语法观提出了挑战。[②] 冯胜利以汉语为基础、以研究句法规律为目的开辟了韵律句法学这个新的研究领域，并尝试将韵律句法学的理论应用于古代诗歌和文体演变的研究。显然，注重汉语实际才是中国语法学者构建中国特色理论话语的重要途径。

（二）语音体系

20世纪上半叶，高本汉《中国音韵学研究》所运用的历史比较语言学的方法和田野调查的方法，对赵元任的研究有着直接的影响。1928年赵元任《现代吴语的研究》出版之后，他于1930年在国际语音协会IPA会刊《语音学教师》上发表《一套标调的字母》，创制出五度值标调法。1934年，赵元任撰写了《音位标音法的多能性》，这篇文章成为音位学理论的经典之作。[③] 20世纪中期以后，区别特征理论开始在美国兴起。我国最早用区别特征理论研究普通话音位的是吴宗济，他在论文《试论普通话语音的"区别特征"及其相互关系》中根据语音的声学特性和传统音韵学中的若干

---

① 邢福义：《小句中枢说》，《中国语文》1995年第6期。

② 邵敬敏：《新时期汉语语法学史1978—2008》，商务印书馆2011年版，第266页。

③ 孟晓妍：《赵元任文存》，江苏人民出版社2015年版，第13—18页。

分类标准拟定区别特征，[①] 充分考虑到了汉语的实际，与国外区别特征理论的应用研究有所不同。当代华人学者王士元于 1969 年在美国《语言》杂志上发表了题为《竞争变化是造成剩余的一个原因》的文章，提出了著名的“词汇扩散”的论点。这个理论是华裔学者运用汉语材料在以印欧语为传统的历史语言学中取得的一个显著成就，现在欧美历史语言学教科书中已是不可不提的内容。[②] 徐通锵、王洪君提出应该区分连续式、扩散式、叠置式三种不同的音变方式。[③] 朱晓农在历史语言学的影响下，于 2005 年正式提出“推链高化式的元音大转移”，探讨了“说者启动”和“听者启动”两种可能的音变起因。[④] 总的来说，中国语音学者主要在音位理论和音变理论两个方面进行了语音体系探索。

（三）修辞学体系

1932 年陈望道《修辞学发凡》对修辞学的对象范围作了一个更科学的论述，并且划分了修辞学和理论科学、文艺科学的界限，使我国有了第一个较为完备的修辞学体系。1963 年张弓《现代汉语修辞学》明确提出了修辞的语言本体论观点，构建了一个在“理论上包括学科性质和外部环境，在运用上包含语言因素及语体与修辞的关系”[⑤] 的修辞学体系。

新时期以来，不少学者力求走出“辞格论”框架，以新的视角来观照修辞现象，创建新的体系。[⑥] 郑远汉提倡研究言语的各种同义形式和表达方式的构成和表达作用。王希杰《汉语修辞学》提出了以辩证法思想为纲的修辞体系。宗廷虎《修辞新论》建立了注重修辞现象的层次性的新的修辞学理论体系。1963 年，张弓《现代汉语修辞学》提出“寻常词语艺术化”理论。20 世纪 90 年代，王希杰《修辞学通论》建立了以得体性为最高修辞

---

① 盛林等：《二十世纪中国的语言学》，党建读物出版社 2005 年版，第 223 页。

② 石锋编：《汉语研究在海外》，北京语言学院出版社 1995 年版，第 31—32 页。

③ 徐通锵、王洪君：《说“变异”——山西祁县方言音系的特点及其对音变理论研究的启示》，《语言研究》1986 年第 1 期。

④ 朱晓农：《元音大转移和元音高化链移》，《民族语文》2005 年第 1 期。

⑤ 林华东：《渗透与交融：语言研究的新视野》，电子科技大学出版社 1999 年版，第 125—127 页。

⑥ 汪国胜、冯广艺：《新时期的汉语修辞研究》，《湖北大学学报（哲学社会科学版）》2009 年第 3 期。

原则、以三组基本概念有机统一作为基本框架的“三一修辞学”理论。2010年，刘大为《从语法构式到修辞构式（上）》借鉴构式语法的研究方法提出了“修辞构式”理论。

三、未来的探索

一百年来，我国语言学者为中国语言学话语体系建设作出了卓越的贡献。但从整体上看，理论创新和体系构建还比较薄弱，需要反思和继续探索。

（一）中国语言学发展有着明显的优越条件，需要增强学术自信

我国语言学有着明显的优势。第一，我国语言学有扎实的基础，古人有很多早于西方的语言学理论的萌芽，我们有深厚的学术根基。第二，我们有极其丰富的语言资源。中国是世界上保持语言多样性最丰富的国家之一，分布着三百余种分属东方的汉藏语系、西方的印欧语系、北方的阿尔泰语系和南方的南亚语系、南岛语系的语言，中国语言的地域和语系分布之广，大概在世界上也是绝无仅有的。[①] 同时，我国的方言也种类众多，从大范围来看，我国的方言区就有八个大系，共同组成了汉语这个语言体系。[②] 所以，对于我国的语言学理论体系建设来说，能使用的语言材料可谓是取之不尽、用之不竭，这是我国语言学科得天独厚的优势。第三，语言学越来越受到中国社会各界的关注。特别是近几年来，随着全球互联网技术、新媒体平台和人工智能工具的迅猛发展，语言学逐渐占据了重要的位置。在理论与应用相结合的过程中，语言学科将能更大地发挥它的社会价值。

（二）中国语言学发展确实存在一些问题，需要正视和克服

首先，我们理论创新的勇气不足。徐通锵曾在接受采访时称，对于高校

① 黄行：《中国语言资源多样性及其创新与保护规划》，《语言学研究》2017年第1期。
② 屠海波：《方言资源在语文研究中的特殊地位》，《语文建设》2015年第3期。

一直在采用自己的《语言学概论》是既高兴又悲哀。悲哀就在于《语言学概论》不是“万岁”的，《概论》需要随着语言学的发展不断变化。但到现在，其中的一些基本思路他自己已经放弃了，但社会上仍放弃不了。[①] 申小龙也曾撰文表示“主张消解长期沿袭的‘语言学概论’课的结构主义理论框架”，将这门课程的重点放在对语言本质的探讨和对语言基本要素的深入分析上，在理论上呈现一种开放和不拘一格的状态，举一反三，使这门课程较充分地反映“语言的人文和社会内涵”。[②] 当今中国的语言研究和教学通常很愿意追捧经典。经典固然有极大价值，但这不能成为停滞不前的理由。中国的治学传统尊师重道，有时学生一味地讲求继承老师的学问，却不敢提出不一样的或反对的观点。久而久之，很多学者就缺失了理论创造的勇气和锐气。英国社会科学院院士、伦敦大学应用语言学讲席教授李嵬曾公开表示：“目前，到海外参加语言学学术活动的中国学者越来越多，往国外期刊投稿的量也越来越大，但多数研究的理论框架是从国外学者那里套用过来的，是用中国的丰富语言资料论证国外的语言学理论，很难看到中国学者自己的理论、中国人真正的声音”[③]。理论创新的勇气不足，是我们目前面临的最大问题。

其次，难以从“引”到“立”。在中国语言学在近三十年的快速发展中，理论研究成果仍旧不多不精，总结与概述占了很大的比重。另一方面，“有不少发表的学术论文局限于对基本概念的阐述，缺乏结合实际的语言现象进行创新研究”，“如果说在中国现代语言学研究的起步阶段，对国外语言学理论的引介是必要的话，那么，在中国语言学急速发展的今天，一些研究仍停留于对语言学理论、基本概念低层次的重复介绍上，不结合我国语言实际和具体语料进行系统、创新的研究，那就明显落伍了，无助于语言学研究的发展”。[④] 同时，缺乏学术批评的氛围，这也是我国的语言学理论难以从“引”到“立”的一大原因。

---

① 《徐通锵先生纪念文集》编委会编：《求索者：徐通锵先生纪念文集》，商务印书馆 2008 年版，第 519 页。

② 申小龙：《谈“语言学概论”课程改革》，《中国大学教学》2005 年第 1 期。

③ 李嵬：《中国语言学要向世界发出自己的声音》，《中国社会科学报》2017 年 9 月 26 日。

④ 范继花：《论中国语言学三十年发展之概况》，《人民论坛》2010 年第 23 期。

其三，学科内部互通不畅。我们传统语文学基础很好，对国外语言学也有所介绍，对现代语言学比较重视，但对这三方面的研究及三者的结合、研究都很不够，与社会生活、语言生活实际的结合也很不够。[①] 据宋晖对《中国语文》《世界汉语教学》等九类语言学刊物的统计，传统研究，汉语史、汉语训诂、汉语词汇等研究全年发文 443 篇，占全年发文的 72.3%的。而学科内部互通的研究视角，内部交叉的融合点，在语言学界还没有得到充分的关注。这与我们新时代的要求是很不相称的，给中国语言学的发展也带来了负面的影响。学科内部的互通不畅是阻碍我们语言学学术创新的一个重要问题。

其四，学科间未形成良性互动。语言学和很多学科都有着密切的联系。比如，语言学和民族学联系密切，一个民族的风俗习惯会突出地反映在语言中，一个民族的语言史与种族史有着密切的关系；语言学和政治学、社会学联系密切，民族之间的交流融合和冲突甚至战争，都会产生新的或者改变旧的语言事实，高度文明的社会，有利于某些特殊语言（如法律语言、科学术语）的发展；语言学和文学联系密切，文学语言是语言学关注的书面语之一，语言学家会考察书面语和口语的相互关系；语言学和哲学关系密切，哲学思想为语言学思想流派的产生提供理论基础；等等。但是，自新中国成立后，学科专业一直分得比较细，文理隔离，文科内部各学科也没有进行很好的良性互动。这导致了我国的语言学不能很好地吸收其他学科的营养，学者们在了解西方语言学理论，比如形式语言学理论的时候就会产生困惑，许多学者因为专业限制、学科阻碍而不得不放弃吸收比较先进的语言学理论，这对我国构建具有中国特色、国际影响的中国语言学话语体系是非常不利的。

（三）中国语言学发展需要脚踏实地稳健创新

构建中国特色的语言学话语体系，要注重汉语实际，坚持批评与独立精神。对于西方那些不符合我国汉语实际的概念、范畴和观念，我们必须立足于汉语实际科学辨析，坚持为我所用，推进中国自己的学术研究和宣传。诚如张斌所说，“学术不是关起门来就可以做的，介绍国外的理论是重要的，

---

① 参见张宜：《历史的旁白——中国当代语言学家口述实录》，高等教育出版社 2012 年版，第 119 页。

问题是不要老是跟着人家跑，最好的贡献是把国外的理论跟中国的实际相结合，一定要了解人家，也一定要重视汉语的特点”[①]。徐通锵也强调，“一定要从具体材料出发，从材料的梳理中提炼相应的理论，绝不要套用国外语言学的一些概念，凑点材料，敷衍成篇”[②]。邢福义更是旗帜鲜明地指出：“中国语言学研究，应该旗帜鲜明：面向世界，面向时代需求；根在中国，根在民族土壤。”[③] 注重汉语实际，探索汉语特点，是构建中国特色理论话语的重中之重。

要用问题导向驱动理论创新。要善于发现问题、分析问题和解决问题。从学术研究的角度看，强烈的问题意识，是把握学术研究、学术创新内在规律的体现。问题导向永远是理论工作和理论创新的原动力。[④] “这些年具有榜样意义的是我国的文化语言学，在其30年充满论争的发展中，文化语言学逐渐显示出以问题意识为缘起的中国特征，以二元关系思维为基础的中国模式，以语言自觉为视角的中国意识。”[⑤] 不论是原创，还是受到西方理论的启发，我国语言理论体系的创建，始终都应当明确每一个理论要解决的问题是什么，最好还能有一个理论假设，有意识地搭建起一个理论框架，避免一味地罗列、单纯地描写和模仿。

要对新理论足够保持宽容。我们在创立中国特色理论话语的过程中，思想上应该有一个宽容的态度。人们认识新的东西必然是从不完善到完善，所以应当允许犯错误，允许理论在初期不够完善。客观世界的复杂性和时代的局限性，导致人们不可能在提出一个理论的时候就保证它的绝对正确性，因为有目的的研究本身就是在探寻未知。所以，整个语言学界都要鼓励创新并保持宽容。只有这样，才能够让中青年学者有热情进行中国特色的语言学理论体系构建，让他们有一个很好的学术环境去不断地打磨、完善中国语言学话语体系。

---

① 张宜：《历史的旁白——中国当代语言学家口述实录》，高等教育出版社2012年版，第46页。

② 徐通锵：《汉语结构的基本原理字本位和语言研究》，中国海洋大学出版社2005年版，第257页。

③ 邢福义、王耿：《中国语言学要有一颗中国心——邢福义访谈录》，《语文教学与研究》2010年第10期。

④ 参见尹汉宁：《立足中国实践创新中国话语》，《红旗文稿》2014年第12期。

⑤ 申小龙：《中国文化语言学的问题意识、关系思维和语言自觉》，《北方论丛》2017年第1期。

要注重发展跨学科研究。语言学要与哲学、民族学、宗教学、社会学、经济学等各人文学科之间进行对话，相互渗透。诚如申小龙所提出的“问题中心”的对话，理论语言学要积极参与“人文科学共同关心的焦点问题”的讨论，尤其当这些问题涉及语言的性质、功能、结构、演变这些本质问题的时候，“需要当代理论语言学者具备人文科学的综合科研能力”①。尽量做到不同学科间合作共赢，为建立具有中国特色的语言学理论体系服务。

要注重提升语言学者的语言能力，包括外语能力、汉语能力和少数民族语言能力等，注重语种的多样化。一个国家想要成功确立国际话语权，可以从以下两个方面提升理念贡献能力，其一是“能够明确、清晰地表达自己的立场、观点和态度，也就是解决‘能够说’的问题”；第二，“动员各种资源，建立各种渠道来最大限度地吸引听众，并且用世界多数国家都能理解的方式进行表达，同时建立自己言辞的信任度。也就是解决‘有人听’的问题”。② 要想做到这两点，就要提高我国语言学者的多语能力。现在很多语言学者外语能力的不足使他们无法在国际学术会议上自如地表达自己的理论观点，制约了中国声音的国际表达。这也是中国语言学话语体系建设需要解决的一个现实问题。

要注重变换视角，登高望远，正确处理古今中外，善于为我所用而不被其束缚。周有光曾提倡“厚今而不薄古”。“一个人既要知道古代，又要知道现代，可是不能拿古代来限制现代。我们要往前走，不是不要古代文化”③。要想让我们创建的语言学理论体系与国情符合，被世界接受，有高屋建瓴的水准，就要客观地看待问题，一是要把新理论放在学术历史的视角下，考量其价值；二是站在世界的角度审视自我，用更广阔的视野反思所创理论的科学性和普遍性，探究是否能为人类语言学作出理论贡献。如果能做到变换这两个视角来审视我们的理论，并不断修正和完善，那么终有一天具有中国特色、世界价值的语言学话语体系必将形成，并在世界上产生重要影响。

---

① 申小龙：《当代中国理论语言学的世纪变革》，《华东师范大学学报（哲学社会科学版）》1995年第4期。

② 中央党校课题组：《中国国际话语权建设的经验、挑战与对策》，《对外传播》2014第12期。

③ 周有光：《对话周有光》，人民日报出版社2014年版，第16页。

第　五　章

考证与解释之间：中古史学术话语的回顾与反思

魏　斌

中国大陆的中古史特别是魏晋南北朝史研究，从20世纪30年代开始，八九十年间经历了几个阶段的发展历程。最重要的奠基者陈寅恪，受到自己身处的近代中国政治和文化变局影响，对中古时期的种族与文化尤为关注，由此提出的学术问题和分析话语，影响到几代学人。1949年以后，以唐长孺为代表的不少学者，尝试在陈寅恪学术话语的基础上，进一步使用马克思列宁主义理论构建中古史解释框架，由此形成了一种新的写作方式和学术话语，但受到时代影响，在考证、解释的均衡性方面因人而异，差别很大。20世纪70年代末以后，学术拨乱反正，学者们在考证和解释上做出新的探索。有的较为谨慎，尽量回避理论化的概念话语，更侧重在文献脉络中寻找和探讨历史问题；有的勇于尝试，努力学习社会科学理论和方法，或拓展研究视野，或尝试发掘和构建中国历史自身脉络中的解释概念，进而对理论本身有所推进和贡献。不管是哪一种学术朝向，最根本的探求动力，仍在于对当代中国现实问题的关心。“具有从现代社会中发现问题的意识”，既是陈寅恪中古史学的本质，也是未来中古史学的源泉和活力所在。学术话语体系建设，离不开对中国历史过程和历史经验的重新思考，需要包括中古史在内的历史学者深度参与。

学者通过语言表达他们的思想和观点。这种语言，除了自然习得的语言交流和表达能力，主要是通过学术系统内部的训练，在词汇、行文和表达方式上，带有很强的专业和学派特征。研究缅甸克钦社会结构的人类学家利奇（E.R.Leach）说：

> 英国社会人类学家倾向于从涂尔干，而非从帕累托或韦伯那里，借用他们的基本概念。因此，他们非常偏好带有“功能整合”、“社会团结”、“文化一致性”、“结构均衡”特征的社会。这种被历史学家和政治学家视为行将消失的社会，却被人类学家普遍地看作健康和最为幸运的。与此相对，如果有些社会表现出这样的特征：存在导致急剧变迁的分裂和内在冲突，这样的社会则被疑为“失序”和病态衰退。[①]

利奇提到，学者都有个人取向的学术语言风格，成为一种话语标识。特别是那些学科的早期奠基者，随着他们的著作成为经典，被一代代的后来者阅读和学习，这些学术话语也得以传承。一方面是具体和形式上的，比如一些重要的概念，为后来者所热衷使用；一方面是隐形的，这些学术话语限制了后来者的思维，使他们往往被局限在奠基者的学术兴趣之中，学术方向和解释话语的自由性、开放性会受到影响。

利奇的这段议论是针对英国人类学界而发，但其适用性显然并不限于人类学，而是具有普遍的针对意义。笔者的专业是中国中古史（魏晋南北朝隋唐史），这一学科现代意义上的学术研究，自20世纪二三十年代以来，已经有八九十年的学术传承。在此，打算以笔者更为侧重的中古史前半段——魏晋南北朝时期（Early Medieval China）作为对象，对规范和影响这一学科方向的学术话语，以及研究路径和方法等问题，进行概要的回顾和反思，希望有助于从一个侧面参与“学术话语体系建设”这一课题的探讨。

需要说明的是，中国历史研究已经是一门国际性的学问，日本、韩国、欧洲、北美，以及中国香港、台湾地区，均有自己的学术传统和话语特征。

---

① ［英］埃德蒙·R.利奇：《缅甸高地诸政治体系——对克钦社会结构的一项研究》，杨春宇、周歆红译，商务印书馆2010年版，第20页。

这里只是对大陆地区魏晋南北朝史研究的一个观察，不涉及国外及我国港台地区的学术动向，并非全面的学术史回顾。[①] 具体行文则尽量引据学者自己的表述，以求准确。但如所周知，人的思想在不断变化之中，有时候文字表述也不能够完全体现学者内心的想法，因此，本文的理解和举例可能会有不少疏误之处，敬祈学界师友同行谅解。

一、奠基者及其影响

对历史记录和历史经验的重视，是中国王朝时代的文化特征之一。具体到魏晋南北朝史的研究而言，可以说，自唐代初期编纂《晋书》《梁书》《陈书》《北齐书》《周书》《隋书》和《南史》《北史》，已经开始。此后，自宋代至清代，或历史编纂，或专论，或札记，或资料整理，成果一直不断。特别是以乾嘉学者为代表的清代考证学，在史学的诸多领域都有很大推进，也包括具有重要转折意义的魏晋南北朝时代。

至于现代学术意义上的魏晋南北朝史研究，一般认为是在20世纪30年代前后开辟和建立，最重要的学者则是陈寅恪。关于陈寅恪中古史学的渊源和学术特征，论者很多，[②] 从事这一断代研究的学者，也大都会有自己的理解和心得。概而言之，其最基本的学术内核，应该是对种族和文化的强烈关心。这种学术取向，可能与他自己的人生经历有关，尤其是晚清民初面临的政治、社会的巨大变局。晚清政治中的满汉关系，以及这一时期西方政治、文化与宗教力量对中国造成的巨大冲击，都给他观察中古历史提供了丰富的问题视角。[③]

---

① 较为全面的学术史回顾，可以参见曹文柱、李传军：《二十世纪魏晋南北朝史研究》，《历史研究》2002年第5期。本文多有参考。2000年以后的情况，可以参见侯旭东：《关于近年中国大陆魏晋南北朝史研究的观察与思考》，载《中国中古史研究：中国中古史青年学者联谊会会刊》第一卷，中华书局2011年版，第54—68页。

② 如许冠三：《陈寅恪：喜聚异同宁繁毋简》，《新史学九十年》，岳麓书社2003年版，第260—287页；朱溢：《陈寅恪中国中古史理论体系的建立》，《清华大学学报（哲学社会科学版）》2009年第2期。

③ 陈怀宇认为，陈寅恪对种族和文化的关心，可能受到德国学者赫尔德文化种族主义思想的启发，参见陈怀宇：《在西方发现陈寅恪》第八章《陈寅恪与赫尔德——以了解之同情为中心》，北京师范大学出版社2013年版，第320—354页。此点蒙侯旭东先生提示，谨致谢意。

陈寅恪早期的学术志向，偏重于中古佛经翻译和边疆史地。[①] 在他的心目中，佛教进入中国后带来的文化影响，可以为近代中国的变局提供参照：

> 其真能于思想上自成系统，有所创获者，必须一方面吸收输入外来之学说，一方面不忘本来民族之地位。此二种相反而适相成之态度，乃道教之真精神，新儒家之旧途径，而二千年吾民族与他民族思想接触史之所昭示者也。[②]

这段话可以说是其中古史学的宗旨之一。所谓“道教之真精神”“新儒家之旧途径”，也就是在佛教影响下本土精神世界受到冲击后，积极汲取外来思想，最终融成一种新的精神世界的过程。而文化融成和影响，不只是学术思想，更多地体现是在制度、物质和社会生活等层面。其背后的承载者，是具体生活于当时历史过程中的人，如政治推动力的承载者——内迁胡族和南迁侨民，华夏文化的承载者——士族群体和民间知识阶层，信仰世界的承载者——僧人、道士、巫祝及其信众，等等。他的中古史思考主要就围绕这些问题展开——《书世说新语文学类钟会撰四本论始毕条后》《支愍度学说考》《东晋南朝之吴语》《桃花源记旁证》《述东晋王导之功业》《魏书司马叡传江东民族条释证及推论》《天师道与滨海地域之关系》《崔浩与寇谦之》,[③] 以及更为体系化的专著《隋唐制度渊源略论稿》《唐代政治史述论稿》，无不如此。

从这种意义上来说，陈寅恪的中古史学是一种“当代史”。他的学术关心，来自所生活的时代最剧烈的政治、社会和文化问题：

> 然佛教流传播衍盛昌于中土，而中土历世遗留纲纪之说，曾不因之

① 汪荣祖：《为不古不今之学——佛教史考证》，《史家陈寅恪传》，北京大学出版社 2005 年版，第 80—96 页。

② 《陈寅恪集·金明馆丛稿二编》，生活·读书·新知三联书店 2001 年版，第 284—285 页。

③ 以上列出的主要是他关于魏晋南北朝史方面的论文。田余庆指出：“诚然，陈寅恪的功力和成就更多的是在唐史研究方面。但是他的唐史体系在内容和方法上都是上承魏晋南北朝史。正是从魏晋南北朝研究中发现了重大的线索，才使他的唐史结构得以形成。”参见田余庆：《秦汉魏晋史探微（重订本）》，中华书局 2004 年版，第 405 页。

以动摇者，其说所依托之社会经济制度未尝根本变迁，故犹能藉之以为寄命之地也。近数十年来，自道光之季，迄乎今日，社会经济之制度，以外族之侵迫，致剧疾之变迁；纲纪之说，无所凭依，不待外来学说之掊击，而已销沉沦丧于不知觉之间；虽有人焉，强聒而力持，亦终归于不可救疗之局。[①]

从这段话中不难看出他内心的沉痛。中国历史过程中，第一次大规模的外来政治和文化力量进入和影响，是在中古早期；第二次则是晚清近代。第二次仍在发生和过程之中，未来尚不可知。而深入探究第一次从魏晋开始延续到唐宋的"冲击—反应"过程，无疑可以有助于观察和理解晚清近代以来的剧烈历史变局。前面提到，历史由具体的人所承载——"今日之赤县神州值数千年未有之钜劫奇变；劫尽变穷，则此文化精神所凝聚之人，安得不与之共命而同尽"[②]。正因为如此，陈寅恪特别关心承载华夏精英文化传统而参与中古历史过程的士族群体，而他显然也把自己看作是传承华夏精英文化的近代"士族"。

比陈寅恪生活时代更早的内藤湖南，是京都学派中国中古史学的奠基者。他最关心的问题之一，则是中国传统文化的保存和发展。谷川道雄指出：

近代文明是以工业发达作为衡量国民文化程度之标准的，但是湖南却认为在文明中除去政治、经济之外的文化、艺术等纯粹的文化，才是社会进步的真正标志……并认为培育和保护这种文化当是国家的职能……他所期待的中国共和制国家，归根结底应当是能够保障以人民为主体的高度文化生活的世界。[③]

相对于陈寅恪，内藤湖南是中国的局外人。但不能不说，两个人的史学

① 《陈寅恪集·诗集》，生活·读书·新知三联书店2001年版，第13页。

② 《陈寅恪集·诗集》，生活·读书·新知三联书店2001年版，第13页。

③ ［日］内藤湖南研究会编著：《内藤湖南的世界》之"前言"部分（谷川道雄执笔），马彪等译，三秦出版社2005年版，第12—13页。

思想中有共通之处，均试图回应近代以来西方工业文明的冲击对中国产生的巨大影响，以及中国文化如何在新的历史变局下延续和再生。只不过陈寅恪作为本土学者，多了一分焦虑和沉痛，而内藤是一个冷静的外部观察者。内藤史学的基点，是从日本立场出发，由中国反观日本，以更好地理解和观察他所身处的东亚现实和未来走向。比如说，他经常提到的一个问题，是中国的君主独裁，《支那论》中就曾提道："将来的中国是实行君主制，还是实行共和制？这是最为重大的问题，解决这一问题不仅要精通历史精神，还要能够超越历史轨迹。"[①] 谷川道雄认为，该文包含的逻辑是，"为了解决现代的课题，必须具有把握历史本质的、总体的视野"[②]。这让人想到他影响深远的中古史名篇《概括性的唐宋时代观》——"（中国）中世与近世的文化状态，在什么地方不一样呢？从政治上来说，是贵族政治废弛，君主独裁政治兴起"[③]。二者对照就可以理解，在内藤的思考中，唐宋之间的历史变化——"唐宋变革"，是通往近代中国的一个起点。这同样是一种基于对"当代"中国的观察而提出的学术命题。

在具体学术方法上，陈寅恪强调多源文献的比勘考证，同时也强调要吸收西方的理论观念。他在《王静安先生遗书序》中总结王国维的学术方法有三："一曰取地下之实物与纸上之遗文互相释证"，"二曰取异族之故书与吾国之旧籍互相补正"，"三曰取外来之观念，与固有之材料互相参证"。最后一条中提到的"外来之观念"，主要就是西方的人文社会科学理论。这三点也可以看作他对自己的学术方法的说明。[④] 他还进一步强调说，"吾国他

---

① 此处译文转引自［日］谷川道雄：《序说》，马彪译，载［日］内藤湖南研究会编著：《内藤湖南的世界》，三秦出版社2005年版，第41页。

② ［日］谷川道雄：《序说》，马彪译，载［日］内藤湖南研究会编著：《内藤湖南的世界》，三秦出版社2005年版，第41页。

③ ［日］内藤湖南：《东洋文化史研究》，林晓光译，复旦大学出版社2016年版，第104页。

④ 陈寅恪的文史考证方法，同时受到清代考证学和欧美东方学的影响，参见周勋初：《陈寅恪的治学方法与清代朴学的关系》，《古典文献研究》总第7辑，凤凰出版社2004年版；汪荣祖：《较乾嘉诸老更上一层》，《史家陈寅恪传》，北京大学出版社2005年版，第40—50页。关于王国维、陈寅恪史学方法的异同，参见丁鼎：《王国维、陈寅恪史学考据比较论》，《文史哲》1996年第3期。此外，关于陈寅恪学术的形成背景，陈怀宇《在西方发现陈寅恪》一书有详细讨论，该书对陈寅恪的佛教学、文献学和思想资源等多方面都有涉及。另可参见陆扬：《陈寅恪的文史之学——从1932年清华大学国文入学试题谈起》，《文史哲》2015年第3期。

日文史考据之学，范围纵广，途径纵多，恐亦无以远出三类之外”。[①] 不过，他虽然主张要学习吸收西方理论观念，但在写作中很少直接使用过于概念化的理论语言。[②] 他所提出的最有名的学术词汇之一——“关陇集团”，或许受到现代政治学中集团分析理论的影响；对隋唐制度渊源的关注，也让人想到制度变迁学说。但论著中并不提及和说明这些。他对西方学术理论是一种内在化的吸收和使用方式。

蒙文通说：“以虚带实，也是做学问的方法。史料是实，思维是虚。有实无虚，便是死蛇。”[③] 陈寅恪的中古史学，很好地诠释了蒙文通的这一主张——史料与思维的融合性。他的方法是立足于史料自身呈现的脉络，融合想象力和“外来之观念”，加以总结呈现。他“重视以不同的种族、家族、地域、文化为背景的社会集团的活动”，[④] 敏锐地捕捉到魏晋南北朝时代最核心的那些历史问题，比如魏晋时期统治阶层的变化、北方的胡汉问题、南方的侨旧问题、佛教传入及其与本土文化和信仰的关系，这些在此后七八十年的中国中古史研究中，一直成为经典性的“话语”。田余庆就提到，陈寅恪的研究影响了几代学人，“近几十年来国内研究魏晋南北朝史最有成就的学者，几乎都是陈寅恪的弟子或私淑弟子，而他们的研究工作，基本上都是在陈寅恪的启发下或者是在陈寅恪的基础上进行的”。[⑤] 周一良曾列出过一个包含二十余位学者的具体名单，区分为两类，一种是“直接受业于陈先生的学生”，一种“在此领域作出贡献而并非陈先生及门弟子者”，而后者“大部分都或多或少受了陈先生学风的影响”。[⑥] 这个名单囊括了绝大多数知

---

① 《陈寅恪集·金明馆丛稿二编》，生活·读书·新知三联书店 2000 年版，第 247—248 页。

② 桑兵：《陈寅恪的西学》，《学术江湖：晚清民国的学人与学风》，广西师范大学出版社 2017 年版，第 245—278 页。

③ 蒙默编：《蒙文通学记（增补本）》，生活·读书·新知三联书店 2006 年版，第 1—2 页。

④ 田余庆：《秦汉魏晋史探微（重订本）》，中华书局 2004 年版，第 404 页。

⑤ 田余庆：《秦汉魏晋史探微（重订本）》，中华书局 2004 年版，第 405 页。

⑥ 周一良：《魏晋南北朝史论集》，北京大学出版社 2010 年版，第 566—567 页。以周一良自己为例，他在燕京大学读研究生期间，就曾去清华听过陈寅恪讲的魏晋南北朝史课程，1936—1937 年在南京史语所担任助理员期间写作的三篇论文《南朝境内之各种人及政府对待之政策》《论宇文周之种族》《领民酋长与六州都督》，以及 40 年代续写的几篇论文，明显受到陈寅恪影响，特别注重民族关系和人群移动，以及由之带来的历史影响，亦即北方的胡汉问题与南方的侨旧问题。他在哈佛的博士学位论文写的是密教三僧，同样也是陈寅恪的路径。另参见周一良：《毕竟是书生》，北京十月文艺出版社 1998 年版，第 24—26 页。

名的魏晋南北朝史学者。

20世纪40年代初期，陈寅恪的《隋唐制度渊源略论稿》《唐代政治史述论稿》出版，更为体系化地表达了他对于中古历史的思考，也更广泛地影响到清华园和西南联大以外的诸多青年学人。当时从上海到湖南蓝田国立师范学院任教，教学和研究方向从辽金元转向中古史的唐长孺，就是其中一位。唐长孺早期很关注唐代兵制，如1945年前后完成《唐书兵志笺正》,[①] 以及1948年发表《唐代军事制度之演变》。[②] 这项研究应当就是受到陈寅恪《隋唐制度渊源略论稿》"兵制篇"的启发和影响，而在40年代的战争岁月中笺证兵志，也让人感觉有一些国家现实的观照在内。此外，后来收入《魏晋南北朝史论丛》的论文，大部分写作于40年代后期，大都也可以看到陈寅恪的学术影响。

二、旧学术与新话语

唐长孺的名著《魏晋南北朝史论丛》于1955年出版。据该书"跋语"所云，所收13篇论文，"大部分是解放前的旧作，一部分是最近三、四年所写的"，但"不论旧作或是新著都在一九五四年春天加以修改或重写"。[③] 由于缺乏详细说明，究竟哪些是"最近三、四年所写"，还不清楚。不过，这一点并不重要，关键在于1954年春天对全部文章的"改写或重写"。这使得《魏晋南北朝史论丛》成为新时代的作品。

这些大部分写于1949年以前的论文，最初的风格可以想见，应当主要是在陈寅恪学术影响下，对史料进行比勘研究的作品。1954年春天的"改写或重写"，最重要的是马克思列宁主义理论话语的引入。他说：

> 在研究过程中，我深刻体会到企图解决历史上的根本问题，必需掌握马克思列宁主义的理论。在这一方面我特别感到惭愧，从解放到现在

① 该书出版于1957年，自序提到，"这本书是我十二年前的旧稿，这次发表，除个别字句外未加修改"。唐长孺：《唐书兵志笺正》，中华书局2011年版，第2页。

② 原发表于1948年出版的《国立武汉大学社会科学季刊》第9卷第1号。

③ 唐长孺：《魏晋南北朝史论丛》，中华书局2011年版，第436页。

经过了五年的学习，然而一接触问题的本质，面对着一大堆资料就常常会束手无策，不能作深入的追寻。①

《论丛》作为魏晋南北朝史领域的一部经典作品，一方面是由于在诸多具体考证问题上的重要推进，另一方面从学术史上来看，亦在于是这一领域使用一种新的学术语言写成的开拓之作。② 与后来更多或者说更加理论化的论著相比，《论丛》之所以突出，在于兼具“旧学”和“新学”的学术均衡感。一方面继承和发展陈寅恪的学术话语，注重制度变化、士族和文化、族群关系和人群移动，一方面又将一种当时主流的理论话语融入其中，从而使论文的阐释色彩更为突出。可以说，由于马克思列宁主义的理论观照，《论丛》的解释方向和视界都有了很大的变化。1957 年出版的《三至六世纪江南大土地所有制的发展》、1959 年出版的《魏晋南北朝史论丛续编》、1983 年出版但起草于 50 年代末至 60 年代的《魏晋南北朝史论拾遗》，收录的论文基本延续这一风格。③

唐长孺的论文涉及领域广泛，其中有不少属于社会经济史范畴，这个领域陈寅恪很少涉及。20 世纪 30—40 年代，受到陶希圣影响的不少学人，如武仙卿、鞠清远、何兹全、全汉昇等，在《食货》等杂志发表不少中古社会经济史论文。其中，1931 年考入北大史学系的何兹全，就深受陶希圣影

① 唐长孺：《魏晋南北朝史论丛》，中华书局 2011 年版，第 436 页。

② 许冠三将马克思主义史学列入史观学派之一种，参见《新史学九十年》，岳麓书社 2003 年版，第 369—375 页。相关写作尝试解放前当然已经开始，但对于魏晋南北朝史而言，主要代表成果出现于 50 年代以后。《论丛》以外，50—60 年代还有两本有代表性的论文集，一本是周一良于 1963 年出版的《魏晋南北朝史论集》（中华书局），所收论文、札记 27 篇，均为 1949 年以前所作，未根据马克思列宁主义理论话语进行修改。一本是缪钺于同年出版的《读史存稿》（生活·读书·新知三联书店），收录魏晋南北朝文史论文 14 篇，其中“有解放前所撰写者，观点不免差误，仅可作资料参考”，“即便是解放后所作，虽然学习试用马克思列宁主义，然而千里之行，跬步方始，一定还是很幼稚的”，第 229 页。何兹全的论文集《读史集》，1982 年由上海人民出版社出版，收录论文的写作时间也跨越了 1949 年前、后两个阶段。

③ 相比较而言，1983 年出版的《拾遗》有些变化。该书收录论文 14 篇，“其中绝大部分是一九五八至六三年间起草，有的是草稿，有的有头无尾，连草稿都算不上，还有一些零星札记”，“直到去年（1981 年）返校，始于授课之余，开始重新审阅。事隔多年，自己写的文稿也会茫如隔世，加以丛残零乱，我的目力又日益衰耗，整理非常费力，至本年（1982 年）十一月，才修改补缀完成”。唐长孺：《魏晋南北朝史论拾遗》，中华书局 2011 年版，第 283 页。

响，大学期间学习历史唯物论和辩证法。[①] 而唐长孺对社会经济史的关注，一方面是受到前辈和同事李剑农的影响，另一方面，可能也与马克思列宁主义理论注重经济基础有关。[②] 受其影响，他的学生中也有不少人关注社会经济史——田制、赋税、徭役、人口、区域经济开发等方面。最有代表性的是高敏，出版过《秦汉魏晋南北朝土地制度研究》《魏晋南北朝社会经济史探讨》等多部专题论文集。[③] 建立博士学位制度之后，他仅指导过两篇博士论文——牟发松《唐代长江中游的经济与社会》、冻国栋《唐代人口问题研究》，均属于社会经济史领域。

1993 年，唐长孺出版了总结一生学术思考的《魏晋南北朝隋唐史三论》。该书有一个副标题——“中国封建社会的形成和前期的变化”。由此可知，他一生的学术工作，虽然绝大多数都呈现为具体的实证论文形式，但最终目标是想建立一个中古史的描述和解释框架。只是由于时代的干扰，以及他个人在研究上的谨慎性格，这一框架并未最终完成。[④] 他的研究朝向，让人想到日本中世史学者永原庆二对自己学术旨趣的说明：

> 历史研究总是从个别实证性研究开始，但我认为厘清这种事实，或者众多累积事实的相关整体中蕴涵的普遍和特殊、断裂和连续的历史意义，才是历史学的课题。[⑤]

---

① 何兹全：《我的学史经验和体会》，《文史知识》1982 年第 4 期。《食货》派学者很重视理论，参看许冠三：《新史学九十年》，岳麓书社 2003 年版，第 474—485 页。

② 20 世纪 50—60 年代出版了好几部魏晋南北朝社会经济史著作，如韩国磐 1958 年、1963 年先后在上海人民出版社出版《北朝经济试探》《南朝经济试探》，贺昌群 1958 年在上海人民出版社出版《汉唐间封建的国有土地制与均田制》，李剑农的《魏晋南北朝隋唐经济史稿》1959 年由生活·读书·新知三联书店出版。讨论的学术重点，是社会性质和赋役、土地所有制等问题，具体参看曹文柱、李传军的综述和分析，《二十世纪魏晋南北朝史研究》，《历史研究》2002 年第 5 期。

③ 周一良已经指出这一点，参见周一良：《纪念陈寅恪先生》，《毕竟是书生》，北京十月文艺出版社 1998 年版，第 129—148 页。

④ 该书“后记”提到，“本书虽说完成，实际上缺漏甚多，比如职官、法律的变化全未述及，思想学术方面理当说明佛道两教的发展。事实上对于佛道二教，业已积稿数万言，却因自己感到这方面的修养太差，终于删除”。唐长孺：《魏晋南北朝隋唐史三论》，武汉大学出版社 1993 年版，第 493 页。

⑤ ［日］永原庆二：《20 世纪日本历史学》，王新生等译，北京大学出版社 2014 年版，第 249 页。

《魏晋南北朝隋唐史三论》的宗旨，正是试图阐释汉唐之间历史进程中“蕴涵的普遍和特殊、断裂和连续的历史意义”。通读全书不难看出，晚年的唐长孺仍然受到马克思列宁主义理论的很大影响。正是借助于此，他得以将毕生的“个别实证性研究”，提纲挈领地归纳为一个理论框架。他晚年的两位博士生培养，要求他们认真学习马列主义经典著作，也显示出这一点。[①] 其中，后来研究领域更偏重于魏晋南北朝史的牟发松，也相当注重探讨中古史的总体特质，并发表过关于马列经典著作的理论文章。[②] 冻国栋等也翻译过中村哲《奴隶制与农奴制的理论——马克思恩格斯历史理论的重构》。[③]

原来学习社会学的马长寿，20 世纪 50 年代开始写作一系列中古民族史作品，也是一个可以参照的例子。在马长寿的作品中，受到评价最高的，是 1963 年完成的《碑铭所见前秦至隋初的关中部族》（1985 年出版），被认为是利用碑石资料探讨中古早期部族历史的经典之作。这本书中，同样也可以看到史料考证、马克思列宁主义理论话语、社会学理论和方法的融合，但后者主要是作为一种内化的观察视角，话语表达则基本是考证性的，均衡感相对较强。

综合性的断代史著作，是学术风向的重要体现。1958 年，何兹全出版《魏晋南北朝史略》，[④] 1961 年王仲荦出版《魏晋南北朝隋初唐史》上册，[⑤] 两书的架构和内容，均受到马克思列宁主义理论的强烈影响。1979 年、1980 年，王仲荦改写出版《魏晋南北朝史》上、下两册，该书“序言”特别提到，魏晋南北朝是“封建社会前期”。[⑥] 这让人想到唐长孺《魏晋南北

① 唐长孺告诫学生冻国栋说，评判学术研究有三个标尺：（1）“坚持马克思主义的指导”；（2）“严谨踏实”；（3）“要有新意包括新资料、新见解、新方法”。参见冻国栋：《唐代人口问题研究》，武汉大学出版社 1993 年版，第 489 页。

② 牟发松：《汉唐历史变迁中的社会与国家》，上海人民出版社 2011 年版，第 76—92、93—105 页。

③ ［日］中村哲：《奴隶制与农奴制的理论——马克思恩格斯历史理论的重构》，冻国栋等译，武汉大学出版社 1994 年版。

④ 何兹全：《魏晋南北朝史略》，上海人民出版社 1958 年版，该书是何兹全在北京师范大学的讲义。

⑤ 该书下册 1966 年完成，但因故未出版。

⑥ 王仲荦：《魏晋南北朝史》，上海人民出版社 1979、1980 年版，第 3 页。

朝隋唐史三论》的副标题。魏晋封建论，或者具体一点说，“汉魏之际的这种变化是中国社会由古代奴隶制社会到封建社会的转化”[1]，是包括何兹全、王仲荦和唐长孺在内，不少魏晋南北朝史学者共同持有的看法，也为历史学以外的一些学者所接受。[2]

毋庸讳言，20 世纪 50 年代到 70 年代出版的魏晋南北朝史著作，除去资料性的工作之外，现在仍然被年青一代学者不断阅读的，数量很少。这三十年间的学术，且不管得失如何，能够为今后的研究提供怎样的借鉴和启示呢？这个问题并没有被很好地反思。

可以提出来的一点，也许是历史学与理论话语的融合方式。对于唐长孺等学者来说，马克思列宁主义理论为观察历史提供了一个有益的理解框架，也产生了一种新的写作方式。这种对理论话语的借鉴和使用，实际上是历史学与社会科学长久以来的互动。乔因特与雷切尔（Joynt and Rescher）描绘历史学者的工作说，“（他们）感兴趣的是与历史有关的特定事实本身，而非将它们作为历史法则资料的工具性角色”：

> 他们不是普遍法则的生产者，而是这些法则的消费者。在科学面前，历史的地位本质上是寄生式的。历史学家借用了人类学、社会学和心理学的一般通则，以便顺利完成他们的任务：协助我们理解过去。[3]

大部分历史学者使用理论和概念，是为了“协助”自己“理解过去”。这种将理论概念作为一种分析工具，随意借鉴和使用的做法，存在一定的解释学风险。杜赞奇（Prasenjit Duara）就批评说，“历史事件与实践随时间而流动，与我们要使它们遵从的来自社会科学的种种模式毫不相容。……从其他地方借用来的理论反而加剧了历史之疏离于理论，因为这些理论并不是从

① 何兹全：《读史集》，上海人民出版社 1982 年版，第 17 页。不是所有的魏晋南北朝史学者都持魏晋封建论，韩国磐的《魏晋南北朝史纲》，是另一本流传较广的断代史著作，该书采用的是战国封建论，人民出版社 1983 年版，第 1—2 页。

② 比如，李泽厚：《美的历程》，文物出版社 1981 年版，第 85—86 页。

③ ［英］辛西亚·海伊：《何谓历史社会学》，转引自［美］S.肯德里克等编：《解释过去，了解现在——历史社会学》，王辛慧等译，上海人民出版社 1999 年版，第 27 页。

内在于历史变化的问题中产生”[1]。20 世纪 50 年代以后，魏晋南北朝史论著写作方式的马克思列宁主义理论话语转向，在某种程度上也是历史学与社会科学理论话语的一次融合试验。

“文化大革命”结束以后，学术研究的话语也逐渐“拨乱反正”，更加注重在史料脉络中寻找和探讨历史问题。某种意义上，这是一种回归。

田余庆的名著《东晋门阀政治》于 1989 年出版，写作的时间则是在 20 世纪 70 年代末到 80 年代。该书发展了陈寅恪政治集团研究的方法，将之从北朝隋唐之际的关陇，移用到东晋时期的江南。相对于陈寅恪研究士族注重其承载的文化延续性，田余庆更关心的是士族群体和皇帝权力之间的复杂互动关系。该书“自序”提到，门阀政治，国外称为贵族政治或寡头政治，“学者们或多或少地受西方古史研究影响，无形中假借了西方古史概念，一般不太重视中国古代久已形成皇权政治传统这一历史背景”。[2] 中国的皇权政治传统，是该书思考的核心。[3] 以该书为代表，皇帝权力、制度架构、官僚系统、士族阶层、政治运作等受到不少年轻学者的关注，热度一直持续至今。[4]

田余庆强调，史学研究要有“巧思”。[5] 这种“巧思”，主要是通过个人的洞见，发现史料之间原本被遮蔽的联系，“凭借精微思辨，推陈出新”，

---

① ［美］杜赞奇：《为什么历史是反理论的?》，载黄宗智主编：《中国研究的范式问题讨论》，社会科学文献出版社 2003 年版，第 10 页。

② 田余庆：《东晋门阀政治》，北京大学出版社 1996 年版，第 1—2 页。

③ 田余庆主要写作于 20 世纪 80 年代的另一本论文集《秦汉魏晋史探微》，论述主题更为多元，但主要仍集中于皇权和政治运作这一核心问题。该书也收录了他的几篇早期作品，话语风格与后来有所不同。

④ 20 世纪 80—90 年代，周一良、田余庆、祝总斌在北京大学历史系指导的魏晋南北朝史方向学位论文，选题大都集中在这些方面，如胡宝国（官制）、陈苏镇（官制）、杨光辉（官制）、阎步克（官制）、李凭（政治）、陈勇（政治）、何德章（政治）、卫广来（政治）、张伟国（政治）、罗新（政治）、陈爽（士族）、韩树峰（地方豪族）、李万生（政治）、王铿（政治），等等。北大以外，20 世纪 80—90 年代开始走上学术道路的学者，关注上述课题的也有很多，如严耀中（政治制度），王素（官制），牟发松（地方行政），陈长琦（政治、官制），汪征鲁（官制），陈琳国（政治制度），曹文柱（政治），张鹤泉（军事制度），梁满仓（礼制），楼劲（官制、法制、政治），张旭华（官制），韩昇（政治、士族），章义和（政治），刘驰（士族），张金龙（政治、官制），王永平（士族），等等。需要说明的是，以上举出的学者，有的研究方向颇为多元，兴趣前后也有所变化，限于篇幅，这里不再具体说明。这种对政治体制和政治运作的关注，影响一直及于当下活跃的年轻学者群体。

⑤ 田余庆：《缅怀唐长孺先生》，《中华读书报》2011 年 7 月 6 日。

“提出新问题，得出高境界的新解释”，[①] 从而重建新的历史图景。胡宝国说，“优秀的学者就是这样，他不仅会提出有价值的观点，而且也会让你看一看智慧的模样”[②]。胡宝国的这个感想，就来自于田余庆解决永嘉南渡问题表现出的“巧思”和识见。由于魏晋南北朝时期留存至今的史料相当有限，精巧考证的技巧显得尤为重要。甚至可以说，史料考证的技巧和能力，在一定程度上决定着魏晋南北朝史学术共同体对学者水准的判断。

推崇考证技术和“巧思”，谨慎地做好历史学者职责以内的工作，成为很多学者内心的主张。周振鹤强调，要“继承科学考据的传统”，“人的头脑大都有点偏向，有的擅长考证，有的善于蹈虚。前者偏于科学，专长揭示历史事实。……我深信，严谨扎实的学问始终会是学术的主流。”[③] 陈苏镇赞成史学研究分为若干层次，但同时又认为，“深入揭示和理解史实，尤其是那些尚不为人所知的史实，是历史研究的基本任务，因为这项任务只有历史学家能够胜任”[④]。如果借用武侠世界的说法，社会科学的理论概念和观察方式，如不断更新的武术招式，史料考证的技巧和能力，则如内力。招式总有走老的一天，内力永远重要。在近年的一次学术会议上，更有一些青年学者提出“硬考证”的说法，大意也是认为，与其招式花哨，不如提升内力，以不变应万变。

可是也毋庸讳言，考证技术和巧思不能回答历史学的所有问题，特别是涉及深层次的解释层面。胡宝国评论《东晋门阀政治》说：

> 无法在深层次上解释东晋门阀政治的出现，这其实并不仅仅与他个人的研究习惯有关，而且也与政治史研究方法本身有关。极端地说，单纯的政治史研究可以解释从去年到今年的政治演变，却无力解释政治形态的根本变化。当整个政治形态都发生变化的时候，它必定牵涉到超出

---

① 田余庆：《拓跋史探》，生活·读书·新知三联书店 2003 年版，第 7 页。

② 胡宝国：《虚实之间》，社会科学文献出版社 2011 年版，第 3 页。

③ 这是周振鹤为胡阿祥《东晋南朝侨州郡县与侨流人口研究》所写的序，题目是《继承科学考据的传统》，江苏教育出版社 2008 年版，第 1—4 页。序文指出，胡阿祥此书的学术特点，就是“极重视基础性的研究”，对“基本史料的沉潜往复”。

④ 陈苏镇：《汉代政治与〈春秋〉学》“引言”部分，中国广播电视出版社 2001 年版，第 9 页。

政治史范围的更大的历史变动。[①]

正如彭刚所言，历史事实与历史解释之间，原本并没有明确的界限。[②] 学者们在通过史料考证构建往昔图景时，必然会有自己的判断和隐含的解释取向。区别在于表现的程度。田余庆说："我不愿意追求终极原因，因为一追求终极原因，文章就飘起来了。"[③] 追求终极原因，往往涉及原理性的动力和机制问题，需要改变思考方式，更多地去探索历史中的"普遍法则"。[④] 胡宝国的批评，实际上已经触及传统考证史学的学术习惯问题。

三、"另一只眼"

罗新从十六国士族与政治史研究起步，而越来越偏向于内亚视角的民族史研究，可能就是意识到这一点而做出的努力。他说：

> 我的兴趣和目标都是历史学，但我愿尽力跨越这几个领域之间的围墙，了解和学习其他领域、特别是所谓阿尔泰学（Altaic Studies）的成绩，把中国中古史有关北族的史料，置于内亚史（Inner Asian history）的背景上重新认识。[⑤]

罗新学术出发点，仍是来自陈寅恪开始，经由姚薇元、唐长孺、马长寿等学者延伸探讨的胡汉问题。可是，包括政治史方法在内的传统史料考证方法，在处理这一问题时明显存在学术上的困境。最重要的一点是，进入并影响北方历史进程的，是一些操草原语言的人群。他们的生计系统、政治和文

---

① 胡宝国：《虚实之间》，社会科学文献出版社2011年版，第5页。

② 彭刚：《事实与解释：历史知识的限度》，《中国社会科学评价》2017年第3期。

③ 胡宝国：《虚实之间》，社会科学文献出版社2011年版，第4页。

④ 陈长琦曾为理论问题苦恼，吴泽告诫他说，"要研究思想史，首先得自己是思想家，如果自己没有思想，怎么去研究别人的思想"。陈长琦说，这句话对他是"当头棒喝"，从此更加"偏好于做实证性的历史问题研究"，《官品的起源》，商务印书馆2016年版，第317页。"研究思想史"和"自己是思想家"，需要的是两种不同的学术思考路径。

⑤ 罗新：《中古北族名号研究》，北京大学出版社2009年版，第1页。

化习惯不同于内地之人。要想真正理解这些人群影响之下的历史延续和变化，首先需要尽可能在他们自己的历史脉络中，认识他们的观念和行为方式。

罗新选择的是一个艰难的方向，需要多种语文的学习，而且进入之后，也同样面临史料匮乏的困境和学术不确定性。更多的 80 年代以后成长起来的学者，还是或多或少的学习社会科学理论，以拓展历史观察的维度。

在 2015 年出版的《近观中古史》“自序”中，侯旭东回顾过去的学习经历：

> 读博士期间，一个短暂而意义深远的经历是旁听了 1995 年暑假北京大学社会学人类学研究所举办的社会文化人类学高级研讨班。短短的 21 天，却初识文化人类学的门径，给了我观察现实与过去的另一只眼，受益无穷。[①]

侯旭东提到的“另一只眼”，显然并不仅仅是借用某一社会科学的概念，而是指学习到一种认识和理解历史的新方法。历史是研究过去人类活动踪迹的学问，根本性的关心，是时间过程中人类活动的延续和变化，特别是变化。出入于经史之间的蒙文通，谈到观察历史的方法，曾举出《孟子》中的一句话——“观水有术，必观其澜”，强调要寻找历史变化中的关键点。[②] 而变化并不是突起的，是诸多历史现象互动积累的结果，所谓“事不孤起，必有其邻”。[③] 通过史料考证，寻找和分析这些现象之间的联系，是历史学者最基本也最常见的工作。可是，从另一个角度来说，历史过程原本就是人类纷繁多元的活动轨迹的综合，社会科学形成的观察社会的“概念和法则”，原本也是基于近代以来的历史和社会现象抽绎而来。历史学和社会科学之间，面对的其实都是如何观察人类的活动，只不过历史学更注重描

---

① 侯旭东：《近观中古史：侯旭东自选集》，中西书局 2015 年版，第 1 页。

② 蒙默编：《蒙文通学记（增补本）》“治学杂语”，生活 · 读书 · 新知三联书店 2006 年版，第 1 页。

③ 蒙文通：《经史抉原》，巴蜀书社 1995 年版，第 403 页。参见罗志田：《事不孤起，必有其邻：蒙文通先生与思想史的社会视角》，载蒙默编：《蒙文通学记（增补本）》，生活 · 读书 · 新知三联书店 2006 年版，第 240—270 页。

述活动轨迹的延续和变化，而社会科学更注重社会肌理的解剖观察和阐释运作机制。侯旭东提到的“另一只眼”，就是在历史学注重延续和变化之外，学习到的观察社会的更多视角和阐释方法。

这种阅读和学习会内化到学者的思考之中。即便是更习惯于史料考证的学者，适当地阅读和学习社会科学理论，既是一种视野和思考背景，也会成为考证之后学术归纳和总结的灵感来源。哈巴库克（H. J. Habbakuk）描述说：

> 他们吸纳大量的杂乱事实，这些事实或与他们有兴趣的特定时期有关，或与定义松散的问题有关。他们的品味是无所不包的，他们既不采纳也不拒绝任何牵涉到假设的严密测试。他们任由脑子堆满各种资料，好像它是个杂物堆。这个杂物堆在适当的时机便会萌生出概念和通则，就像是反射、天赋和直觉的结果。①

历史学者在杂乱的资料中发现各种联系之后，“萌生出概念和通则”，提出解释，看起来像是一个自然的结果。不过，稍微有学术经验的人都会知道，如何总结和解释，如何“萌生出概念和通则”，一定不是凭空产生的，除了经验性的常识，主要还是来自学者长期阅读和知识积累的结果。这其实也就是陈寅恪所总结的“取外来之观念，与固有之材料互相参证”。唐长孺在《论丛》后记中对马克思列宁主义理论的感慨，也可以如此理解。

20 世纪 90 年代以后，阎步克在官制史特别是官阶制度领域出版了一系列论著。他的学术风格，一个特点就是汲取社会科学理论，将相关概念作为分析工具：

> 有时会尝试从社会科学中汲取灵感，但又往往只当是一种启示而并不拘泥，不惮于修改所借用概念，以适合当下之需。既然工作场所是史

① ［英］辛西亚·海伊：《何谓历史社会学》，转引自［美］S.肯德里克等编：《解释过去，了解现在——历史社会学》，王辛慧等译，上海人民出版社 1999 年版，第 29 页。

学而非社会科学，就不妨取我所需、为我所用，也不一定去追踪最时新的理论。[①]

他曾翻译以色列社会学者艾森斯塔得（S.N.Eisenstadt）的《帝国的政治体系》，认为："对那些同样关注于历史学与社会学的'联姻'，关注于历史社会学之方法论的学人，此书可以提供重要的理论参考。"[②] 这种对社会科学理论的学习和汲取，在20世纪80年代成长起来的魏晋南北朝史学者群体中，是一个很常见的现象，只是依照个人习惯，程度有差异而已。2011年，牟发松将主要论文结集为《汉唐历史变迁中的社会与国家》，"绪论"中提到："本书题目中所谓'社会与国家'，本身就是一个西方式的问题。"[③] 社会与国家的提问，起源于西方的市民社会和近代国家理论。2005年，侯旭东出版《北朝村民的生活世界——朝廷、州县与村里》，特别提到，题目中使用的"生活世界"，是由哲学家胡塞尔（Edmund Gustav Albrecht Husserl）提出、社会学家阿尔弗雷德（Alfred Schutz）发展的一个概念。[④] 这里只是随机举出的几个例子，实际上，20世纪80年代以来，大部分魏晋南北朝史学者或多或少都会学习和吸收社会科学理论观念，以扩展事实重建和历史解释的维度。

正如阎步克所说，历史学者虽然使用社会科学的理论概念，但大多数情况下并不是在社会科学的框架内思考问题，而只是将之作为一些有用的分析工具，用以诠释史料而已。侯旭东也提到，"这里只是借用这一用语（生活世界）来概括考察的大体范围，并不是在他的理论框架内从事研究"。[⑤]

多年从事中古法制史研究的楼劲，在2014年出版了《魏晋南北朝隋唐立法与法律体系：敕例、法典与唐法系源流》一书——一部八十余万字、题目看上去很社会科学化的著作。在全书结尾，他总结说：

---

① 阎步克：《品位与职位：秦汉魏晋南北朝官阶制度研究》，中华书局2002年版，第646页。

② ［美］艾森斯塔得：《帝国的政治体系》之"译者序"，阎步克译，贵州人民出版社1992年版，第2页。

③ 牟发松：《汉唐历史变迁中的社会与国家》，上海人民出版社2011年版，第3页。

④ 侯旭东：《北朝村民的生活世界——朝廷、州县与村里》，商务印书馆2005年版，第25页。

⑤ 侯旭东：《北朝村民的生活世界——朝廷、州县与村里》，商务印书馆2005年版，第25页。

> 恐怕只能将之概括为一个以敕例为主、法典为辅的体系，或者说其是一个法典备体具文以供取则，而敕例则实际决定着司法过程的体系。在这个体系中，所谓“法律”、“法典”，虽也有与近代以来“法律”、“法典”相通的部分，但其在司法过程中被取准和执行的状况，及其实际拥有的稳定性和权威性，却存在着相当不同于现代法学所解释的“成文法”或“制定法”内涵，而是与我国古代各种规范的性质及其实施过程保持着一致性，与礼典备体具文而仪注定其实施过程的状态相互呼应。[①]

楼劲的这本大部头著作，是一部充满了细节考证的“历史学”作品，只是在全书的结尾部分做了归纳和总结，也非常简洁，没有太多的推演。不过，他显然如侯旭东所说，也有着“观察现实与过去的另一只眼”，这就是法学的理论概念。这些给他提供了观察中古法制史的基本概念和背景。

楼劲在归纳和总结全书时，也试图基于中古法制体系的历史脉络，对此做出回馈。他的看法是，相关“概念和法则”，与中古法制史的实际运作情形“相当不同”。这种看法，跟阎步克多年进行官阶制研究之后的感受相似：

> 这时候就强烈地感受到，各个细部的考察，应在更系统的理论背景下展开，才有利于确定其宏观意义。像“结构”指的是什么？“变迁”应着眼于哪些线索？传统官阶制的研究对象是什么？它应该如何界定，才有利于研究的进一步深化？甚至一些基本的理论前提，都有待澄清……而在眼下，我感到了一套“话语”的缺乏，一套可资描述传统官僚等级管理制的概念的缺乏。[②]

阎步克感受到的，是引入社会科学概念观察历史的一些困境，概念不

① 楼劲：《魏晋南北朝隋唐立法与法律体系：敕例、法典与唐法系源流》，中国社会科学出版社2014年版，第759页。

② 阎步克：《从爵本位到官本位：秦汉官僚品位结构研究》，生活·读书·新知三联书店2009年版，第2页。

明，有时候细节越辨越乱。而传统考证史学的研究方法和思考习惯，很难解决这一问题。有鉴于此，他花力气做的工作之一，就是试图重新清理概念，建立一个中国古代官阶制研究的框架。从2002年出版的《品位与职位：秦汉魏晋南北朝官阶制度研究》，到2009年出版的《从爵本位到官本位：秦汉官僚品位结构研究》，再到2010年出版的《中国古代官阶制度引论》，明显可以看到这种思路变化。

楼劲提出的“敕例”概念，也是这方面的一个尝试。楼劲注意到并指出了构建新概念、话语体系的思考方向——法律制度只是复杂政治秩序中的一个环节，要想抽绎它的“概念和法则”，只有从动态的政治秩序运作特征中寻求，换言之，需要回到中国历史自身的逻辑和运作机制。

这就涉及历史现象的动力和生成问题，也是历史解释的关键所在。民俗学者贝里·托尔肯（Barre Toelken）在一本名为《民俗动力学》（*The Dynamics of Folklore*）里提到：

> 民俗学家和人类学家的旨趣在于那些文化意义丰富的动力，即那些最众所周知、最能推动群体（如民族、区域、职业、宗教、性别、家庭等）成员积极参与的动力。

陈泳超进一步提出了“传说动力学”的概念，并解释说：

> 要在田野调查的情景语境中去探讨作为地方性知识存在的传说，尤其注重于考察那么具有明显动机的传说变异过程。我们不再把作为传说实践者的地方人群当作均质的存在，正是他们的差异性，引发了日常生活的话语交流，才使得地方传说持续变异、生生不息。[①]

在他看来，传说的动力存在于差异性之中，由此带来的日常性交流，导致了地方传说的传承和变异。而更多复杂而多元的历史现象，动力和生成机

① 陈泳超：《背过身去的大娘娘：地方民间传说生息的动力学研究》，北京大学出版社2015年版，第14页。贝里·托尔肯的说法亦转引自该书。

制何在，当然还可以有更多角度的观察和理解。但如果沿着这个思路，去思考中古早期的皇权和士族政治，也许就是胡宝国对田余庆评论《东晋门阀政治》时所提到的问题和方向。这是一种与传统考证史学有异的思考方式。

史料中“概念和法则”，很大程度上就存在于历史现象的动力和生成机制之中，如何能够转换思考方式，将内在于历史脉络中的概念和解释话语抽绎出来，是探索和理解历史深层意义的重要环节。阎步克在汉唐官阶制研究过程中的思路变化，就是朝向这一方向的努力。侯旭东的作品《宠：信—任型君臣关系与西汉历史的展开》，也是基于这一思路的尝试之作。他说：

> 史学研究不能止步于考证事实，还需要构建解释，这条路很漫长。对中国而言，目前恐怕首先要从基本概念的重新厘定开始。这些概念不应是盲目照搬西方，而要立足过去的事实潜心归纳与定名，“到最基本的事实中去寻找最强有力的分析概念”。立基于此，逐步构建出关于中国历史，乃至世界历史的种种解释，贡献于人类。[①]

这段话是呼吁，也是基于多年学术经验提出的期望。他在研究西汉君臣关系时，概括提炼出的“宠”字，就是“尝试从‘关系过程’与‘关系的关系’两个角度增加一种认识中国历史的新思路，为摆脱史学中碎片化的实证研究与抽象的结构分析及两者间的疏离与对立提供一种可能的出路”[②]。这让人想到杨联陞的论文《“报”作为中国社会关系基础的思想》，[③] 该文开始就引用了法国社会学者莫斯（Marcel Mauss）的名著《礼物——古式社会中交换的形式与理由》，但受此启发而概括提炼出的“报”，却是一个基于中国文献的概念，内涵和外延也与莫斯的论旨有所不同。[④] 无论是“宠”，

① 侯旭东：《近观中古史：侯旭东自选集》，中西书局 2015 年版，第 2 页。引文出自黄宗智《认识中国——走向从实践出发的社会科学》，《中国社会科学》2005 年第 1 期。

② 侯旭东：《宠：信—任型君臣关系与西汉历史的展开》（上），《清华大学学报（哲学社会科学版）》2016 年第 6 期。

③ ［美］费正清编：《中国的思想与制度》，郭晓兵等译，沈中明校，世界知识出版社 2008 年版，第 323—345 页。

④ 杨联陞的另一篇文章《侈靡论——传统中国一种不寻常的思想》，也是一个例子。参见《国史探微》，辽宁教育出版社 1998 年版，第 127—141 页。

还是“报”，都是内在于中国文献之中的词汇，同时又具有很强的概念性和阐释力，一方面可以为理解历史提供新的视角，另一方面也蕴含着构建更适合于中国历史脉络的“概念和法则”的可能性。

这种努力，让人想起张光直的总结和期望。他说，发掘中国历史的知识潜力，需要在中国史料、世界史、西方社会科学理论三个方面同时努力，只有这样做，“我们才能看得出来有哪些西方社会科学理论能适用于中国史，有哪些理论需借中国史实加以修正，以及从中国史实中可以归纳出来哪些新的社会科学理论、法则”。[①] 如果说历史学乃至相关社会科学将来会出现一种“中国话语”，张光直提出的“三个条件”和学术希望，无疑是通向这种目标的路径。这个路径的重点，张光直说得比较具体，是修改或归纳“新的社会科学理论、法则”，侯旭东提到，会“贡献于人类”，但都是理论本身的推进和贡献。换言之，通过重新发现和归纳出内在于中国历史脉络中的“概念和法则”，既可以拓展深入观察中国历史的视角，同时也可以丰富和修改以西方经验构建的现代人文社会科学解释理论，甚至，也有可能构建一种新的学术话语体系。

四、学科边界与话语生产

魏晋南北朝史学者从作为社会科学“概念和法则”的消费者，到主动参与到生产过程中去，有意识地构建内在于中国历史脉络中的概念和解释话语，是一个很大的飞跃。这也让人想起吕西安·费弗尔（Lucien Febvre）和法国年鉴学派历史学者的雄心壮志——“历史学家，必须是地理学家，也必须是法理学家、社会学家和心理学家”[②]。

看起来，这是一幅宏伟而明确的学术蓝图，应该会吸引更多的魏晋南北朝史学者，尤其是更愿意创造新想法的青年学者参与。可是，实际的情况又未必如此。正如前面所说，当历史学者越来越希望探求“概念和法则”的时候，思考方式也往往会变得越来越社会科学化，离开史料考证的边界也会

① 张光直：《中国青铜时代》，生活·读书·新知三联书店1999年版，第486页。

② ［英］彼得·伯克：《法国史学革命：年鉴学派，1929—1989》，刘永华译，北京大学出版社2006年版，第2页。

越来越远。[1] 这对于更需要获取学术共同体承认的青年学者来说，究竟是一件好事还是坏事，毋庸讳言，仍是有争议的。

虽然跨学科研究越来越受到鼓励，但对于大部分学者来说，学科边界是职业生活必须要顾虑的问题。文化史学者彼得·伯克（Peter Burke）提到：

> 不妨将不同的学科看成是个性分明的职业甚至亚文化。它们有各自的语言、价值、心态和思维方式，并不断被各自的训练进程或“社会化”所强化。例如，社会学家被训练成着重留意并概括一般规则，因而时常删除例外的东西；历史学家则学习如何以牺牲一般模式为代价去关注具体细节。[2]

不同的学科，有着不同的思考方式和学术呈现习惯。一个被某一学科长期训练或“社会化”的学者，很容易站在本学科的习惯立场上，坚持自己的欣赏口味。跨出学科边界的写作，有时候就会面临不被学科共同体接受的风险。对于他们而言，最安全的方式就是遵守学科习惯写作，或者，即使跨出，也要呈现为一种可以被接受的安全方式。

很难说孰优孰劣。跨出边界，突破史料考证的边界和学术习惯，有可能在解释和理论方面有更大的推进，但同时可能也会面临学术共同体内部“不像历史学”的指责。按照学科习惯写作，专注于通过史料考证构建历史事实，同样可以呈现思考和知识构建的智慧。而且，由于不太会“过时”，这种呈现方式的生命力也许会更为长久。严耕望的看法就很有代表性：

> 所谓研究成果，分析起来，也可大别为意见、看法与基本史实两类。意见、看法往往是就史实作解释，属于论史性质，可因见仁见智，

① 宫崎市定就表达过，自己“不喜欢当今流行的理论历史学”，认为“应该通过史实去观察整个历史，将观察的结果就此记录，这才是历史学家的任务”。吉川幸次郎指出，宫崎市定的学术旨趣，是“向所有的人叙述历史，提出问题供人们思考”，《宫崎市定亚洲史论考》，张学锋、马云超等译，上海古籍出版社2017年版，第5、16页。

② ［英］彼得·伯克：《历史学与社会理论》，姚朋、周玉鹏等译，上海人民出版社2001年版，第3页。

各有不同，也或许有时间性。但基本史实则绝不能有两样，只要真正探得了史实的真相，就永远有其价值，不是暂时性的。……我认为治史仍当以发掘史实真相为主流，以解释、论史为辅助。[①]

可是如前所说，从学术的探索机制来说，“史料先行”，符合历史学学科习惯的史料考证传统，也确实面临解释性上的不足。谷川道雄正是看到了“史料先行”的这一弊端，指出“在史料的另外一极，必须有历史学家的洞察力和构想力。只有超越实证主义，才能培养起洞察力和构想力”。[②] 而“培养起洞察力和构想力”，探索“历史解释的可能性”，[③] 进而使历史过程和历史经验具有更普遍的知识意义，无疑也是历史学的目标。

历史学者选择大胆还是谨慎的学术方式，是坚持在学科边界内从事知识生产，还是愿意越出边界，尝试另外的思考方法，是个人的自由。不过，作为一个生活于剧烈变化时代之中的当代历史学者，有责任去关心和探求当代问题的历史性原理、演变过程及其解决方案。而这种责任和关心，往往也会成为问题提出和话语构建的学术动力。日本民俗学者福田亚细男在谈到民俗学与历史学的关系时，曾对两个学科提出不同的希望：

民俗学不能满足于仅仅对个别现象变迁的说明，还要去探求存在于地域社会的民俗是在怎样的社会体制中形成，又是怎样的社会体制使得它们能够延续，或是令其发展变化的。……历史学不能只把过去当成过去来把握，应该具有从现代社会中发现问题的意识。要使历史世界变得更加丰富，方法上与民俗学的交流可以说必不可少。[④]

---

① 严耕望：《治史三书》，辽宁教育出版社1998年版，第171页。黄宗智回顾自己的研究历程时，也提到理论运用的“陷阱”和经验材料的价值，《学术理论与中国近现代史研究——四个陷阱和一个问题》，黄宗智主编：《中国研究的范式问题讨论》，社会科学文献出版社2003年版，第102—133页。

② ［日］谷川道雄主编：《魏晋南北朝隋唐史学的基本问题》之“总论”，李凭译，中华书局2010年版，第23页。

③ 这是2017年6月11日北大文研院一次座谈的题目，参加者主要来自中国史和社会学两个学科。

④ ［日］福田亚细男：《日本民俗学方法序说——柳田国男与民俗学》，於芳等译，学苑出版社2010年版，第69—70页。

在他看来，民俗学加强对历史生成和延续、变化的关注，会更好地理解现在；而历史学加强对现代问题的关注，会更好地理解过去。回顾 20 世纪 30 年代以来的魏晋南北朝史学术历程，“具有从现代社会中发现问题的意识”，原本就是这一学科现代学术体系建立过程中最核心的问题。只是当一个学科的规范和体系建立后，就会越来越受到规范和体系的束缚，有时候甚至会忘记初衷，演变为学科内部的自我知识生产和学术游戏，变得越来越封闭和停滞。而走出这种可能存在的困境，最有效的方法之一，可能仍是回到最初提出问题的原点——如福田所说，从一代代学者所处的社会中生成发现问题的意识。唯其如此，历史学才会不断生发出新的学术话语，成为一个具有动态生命力的学科。

我们为什么从事历史研究？或者更具体一点，为什么选择从事魏晋南北朝史研究？面对这个最简单的提问，很多学者可能都会心有感慨。我们愿意投入毕生精力去了解这个遥远的时代，首先当然是一种直觉的历史想象和知识喜爱，其次或多或少地可能也抱有一些理想情怀。1980 年池田温访问敦煌莫高窟时，史苇湘写给他一首诗：

> 残篇断简理遗书，隋唐盛业眼底浮。
> 徘徊窟中意无限，籍帐男女呼欲出。[①]

这首诗让人想到研究德国中世纪史的日本学者阿部谨也的话：

> 既然不论哪一门学问，都是立足于反问人到底是什么，以及致力于确认人类尊严，那么只有从生活在林边村落或河边城市的平民的喜或悲，即必须生活在某一片土地上的人类的悲伤与骄傲中，才能汲取出他们的生命。[②]

这原本是很多人选择学术生活的“初心”。对于人类生存过程和基本尊

① ［日］池田温：《中国古代籍帐研究》“著者序言”，龚泽铣译，中华书局 2007 年版，第 3 页。

② ［日］阿部谨也：《中世纪星空下》，李玉满、陈娴若译，生活·读书·新知三联书店 2011 年版，第 271 页。

严的关照，可能无法直接体现在“学术创新”之中，可是又很重要。渠敬东说：

> 对学问来说，方法论永远是第二位的。好的社会科学，一要“讲理”，讲人们生活的道理，构建生活的结构机制是什么？世风民情是什么？对这种生活的内在理解是什么？二要“动情”，人若没有感同身受的能力，没有与社会周围的感情连带，他怎么会尽可能地去包容这个世界呢？[①]

对于以人群和社会作为研究对象的学问，理论和解释的根基，就在于活生生的动态社会过程之中。带着一种理想情怀走入它、观察它，“道理”自然会从中抽绎而来，而且一定是不同于教材中的内容。换言之，一个国家人文社会科学的真正进步，当然需要学习已有的理论资源（主要来自西方），但更需要建立在对本国经验和资源的深入调查和透彻体悟之上，而不是形式主义的方法崇拜和从理论到理论的演绎。从这种意义上，柳田国男对日本民众生活与文化的记录和分析，[②] 费孝通对乡土中国和文化重建的关心，[③] 都是学术前辈留下的宝贵财富。中国历史的材料和经验是一个巨大的宝库，无论是朝向构建“概念和法则”，还是朝向历史解释本身，都蕴藏着无限的学术可能性。

如前所说，愿意在史料考证基础上抽绎出“概念和法则”，甚至愿意更进一步，跳出史料考证的局限，尝试以社会科学的思考方式进一步推演这些“概念和法则”，构建更具解释力的理论体系，无疑是很重要的学术工作。不过，这毕竟只是一小部分历史学者的兴趣。对于大部分的历史学者而言，虽然或多或少地都会阅读学习社会科学理论著作，也会或多或少地思考理论性问题，但一般而言，更习惯于在学科边界之内，用史料考证的方式，通过重建历史事实，谨慎地呈现自己的学术理解。对于这些“大多数”来说，

① 渠敬东：《破除“方法主义”迷信——中国学术自立的出路》，《文化纵横》2016年4月号。

② ［日］川田稔：《柳田国男描绘的日本——民俗学与社会构想》，郭连友等译，外语教学与研究出版社2008年版，第1—9页。

③ 费孝通：《乡土重建》，商务印书馆2011年版，第339—352页。

提出有“意义”的新问题，以严谨踏实的态度分析和呈现，同样也是在构建他们自己的学术话语。

举两部学术著作为例。一部是“旧作”——陈国符于1949年出版、1963年增订再版的《道藏源流考》。[①] 该书除炼丹术部分涉及科学外，基本是以文献考订和历史分析的研究理路，以札记形式探讨了三洞四辅经的渊源和传授、道书目录和道藏编纂以及道教社会史上的一些重要问题。一部是“新著”——佐川英治的《中国古代都城的设计与思想——圆丘祭祀的历史性展开》。[②] 该书从北魏洛阳城的“中轴线”——连接太极殿和圆丘的御道开始，追溯了这种设计思想的起源和演变，从华夏制度和内亚传统两个方面解释了北魏孝文帝重设圜丘祭天的意义。前者几乎不使用理论概念，但道藏研究当时是一个新课题，该书在文献学及诸多历史学考证上，都奠定了后来的研究基础；后者虽然也提到并使用设计、空间等概念，但基本上是以史料考证方式梳理和呈现制度、思想和政治过程，没有理论预设，可是从整体上来说，又让人感觉到考证背后有着作者对中国乃至东亚政治思想、文化及其影响的强烈关心和理解企图。毫无疑问，这两部著作通过这种写作方式，构建了各自的学术话语。

类似这样的史料考证作品，还可以举出很多。不能要求每一位历史学者都有强烈的理论自觉，也无法划定研究领域的中心课题与边缘课题，最好的学术态势是任其自然。如阎步克所说，“治学境界各有千秋，我从不以为只有某一路数才‘十道为最高’……自己所写的东西，在水准高低上只能说尽力而已，唯独盼着它多少独具一格”。[③] 无论是史料考证朝向，还是“概念和法则”朝向，无疑都有自身广阔的学术腹地。后者无须多说。就前者而言，田余庆2003年出版的《拓跋史探》，在史料考证方法上就有新的探索，说明要想探照到更多的历史暗部区域，在考证技术上仍有很大的发展和完善空间。[④] 两者也并不矛盾，史料考证朝向往往隐含着理论观念，“概念

① 陈国符：《道藏源流考》，中华书局1963年版。

② ［日］佐川英治：《中国古代都城の設計と思想——円丘祭祀の歴史的展開》，（东京）勉诚出版2016年版。

③ 阎步克：《品位与职位：秦汉魏晋南北朝官阶制度研究》，中华书局2002年版，第646页。

④ 关于《拓跋史探》研究方法的开拓性意义，参见楼劲的相关讨论。《北魏开国史探》，中国社会科学出版社2017年版，第321—325页。

和法则”朝向也需要严谨的史料支撑，实际上只要是态度严谨而有知识新见的学术作品，都是在事实上构建新的学术话语。自由、严谨的探索，不带有指令性的推进，是符合学术规律的坦途。

一切都还在生成变化之中。最近十年，魏晋南北朝史研究呈现出多彩而繁荣的局面。特别是更加年青的一代，很多都有在海外学习交流的经历，不仅对海外研究成果的了解和掌握有了长足进步，世界历史的视野和各种各样的社会科学理论和方法，也越来越成为熟悉的内容。他们人数众多，做出了诸多新的学术尝试——历史书写、史料批判、景观展现、空间分析、区域过程、墓志与个体生命、身份认同与构建、政治文化……议题不断开拓，同时也在网络新渠道和频繁的学术交流中快速扩散，让人感觉这是一个学术上正在酝酿和发酵的时代。可以预期，这种状态在未来一段时间内仍将持续。而魏晋南北朝史的学术话语，未来也仍将处于动态的重构过程之中，可期，而又不可知。

从具体方面来说，需要做的事情还有很多。比如说，迄今为止，还没有一部真正体现 20 世纪 80 年代以来学术新进展、同时又适合现代读者阅读的综合性魏晋南北朝断代史著作。而如前所说，综合性断代史著作是学术话语最集中的体现方式。笔者在大学历史系教书，每当有新生希望推荐魏晋南北朝史入门著作时，都为此感到苦恼。目前为学生所熟悉，也有兴趣阅读的，如日本讲谈社“中国的历史”系列的《中华的崩溃与扩大：魏晋南北朝》(川本芳昭著，余晓潮译)、[①] 哈佛中国史系列的《分裂的帝国：南北朝》(陆威仪著，李磊译)，[②] 均为翻译作品。原著者都有基于本国文化的立场对这一断代的观察和理解，也很有启发，但对于一个有着至少两千年历史编纂学传统的国度而言，了解本国历史，选择阅读的是国外学者撰写的断代史入门作品，无论如何，都不是一件令人感到愉快的事情。断代史写作的遗憾，

① 原书出版于 2005 年。讲谈社前一版的“中国的历史”系列，出版于 1974 年，据闻，该版由川胜义雄撰写的《魏晋南北朝》分册，也已经在翻译之中。

② 原书出版于 2009 年，题目为 *China Between Empires*：*The Northern and Southern Dynasties*，作者 Mark Edward Lewis，学术专长是上古史，并非魏晋南北朝史专家。一本更为专业的论文集，是 2001 年哈佛大学亚洲研究中心出版的裴士凯（Scott Pearce）、司白乐（Audrey Spiro）和伊沛霞（Patricia Ebrey）主编的 *Culture and Power in the Reconstitution of the Chinese Realm*，*200-600*。英语世界的中国历史系列中，更为中国读者熟悉的剑桥中国史系列，魏晋南北朝卷仍在写作中。

只是中国大陆魏晋南北朝史乃至整个中国历史研究面临的诸多尴尬之一，希望未来陆续有所改变。

最后，想引用一段理论化的表述，作为这篇冗长札记的结束。华康德（Loïc Wacquant）在分析布尔迪厄（Pierre Bourdieu）社会学的结构和逻辑时，曾引用维特根斯坦（Ludwig Josef Johann Wittgenstein）的一段话：

> 一旦新的思维方式得以确立，旧的问题就会消失；实际上人们会很难再意识到这些旧的问题。因为这些问题是与我们的表达方式相伴随的，一旦我们用一种新的形式来表达自己的观点，旧的问题就会连同旧的语言外套一起被抛弃。①

在学术研究中，旧问题的继承和深化很重要，但更重要的是提出新问题，这是学术生命力的源泉。历史学也是如此。如杜赞奇（Prasenjit Duara）所说，“历史研究领域能够在消逝的陈迹中获得生命，是因为我们要提出新问题，要对历史表述提问和重新构思”，“新问题开创了新的追问角度，并延扩和转变了历史的轮廓”。② 新问题来自思维的转换，特别是不墨守传统的自由思考能力，并不是自然产生的。回顾八九十年间的魏晋南北朝史学术话语，或多或少也可以看到这一现象。有待去探索发现的新问题，一方面存在于被遮蔽的史料之中，一方面也存在于对当代社会的观察体悟和对社会科学理论的吸收借鉴之中。而不少社会科学学者已经意识到，构建相关学科的学术话语，也离不开对中国历史过程和历史经验的重新思考，需要历史学者的深度参与。可以想见，未来的中国历史学和社会科学在学术话语体系的构建上，也许会是一种交互的共同参与状态。或者说，这至少是笔者期待出现的学术现象。

---

① ［法］布尔迪厄、［美］华康德：《反思社会学导引》，李猛、李康译，商务印书馆 2015 年版，第 1 页。

② ［美］杜赞奇：《为什么历史是反理论的?》，载黄宗智主编：《中国研究的范式问题讨论》，社会科学文献出版社 2003 年版，第 15 页。

第六章

中国世界史学科话语体系的生成与演变

谢国荣

中国世界史学科是一门新兴的学科。周一良先生和吴于廑先生共同主编的《世界通史》，是从新中国成立到20世纪60年代最具代表性的成果，标志着我国世界史学科体系的初步建立。改革开放以来，中国世界史学科获得了长足的发展，取得了显著的成就。吴于廑先生的“整体世界史观”开拓了中国世界史话语体系新局面。罗荣渠先生、钱乘旦先生等试图构建一个有中国学派特色的马克思主义现代化理论，进行世界历史研究，建立以现代化为主题的世界近现代史学科的新体系。进入21世纪后，我国世界史学界创新性地利用全球史及跨国史的视角与方法，探索新时期中国世界史话语体系的构建。我们应在“鉴别吸收”的基础上，追踪西方史学前沿，取法欧美史学方法，构建具有中国特色以及反映世界史学科最新发展的话语体系。此外，构建中国特色的世界史话语体系，离不开本土资源的支持；离不开严谨的、系统的和科学的世界史专业学术训练；要以占有丰富的原始材料为基础，重视多国档案和多种资料的运用；应当重视和加强专题研究，出版世界一流水平的世界史论著；应该继承和发扬我国学以致用的优秀史学传统。我们有理由相信，中国的世界史学科不仅可以在某些领域和专题上取得突破，而且能形成有自己鲜明特色的具有重要国际影响的话语体系。

15 世纪以来，随着文艺复兴、“地理大发现”以及科学革命的发展，人类对世界的认识发生了深刻的转变。正是在这一历史进程中，西方的世界史学经历了 15、16 世纪至 18 世纪中期“从局部到全球的地理观和从‘神学’到‘人学’的史学观的转变”、18 世纪中期至 19 世纪前半期“理性主义的世界史学的诞生”、19 世纪后半期“具有一定科学意义的世界史学在西欧的形成”，以及 20 世纪初至今的“西方世界史学的革新”。[①] 经历数百年的演变，西方世界史研究已相当成熟，但新的史学理论与方法仍然层出不穷，其所建立的话语体系不断革新，影响力强。尽管当下西方新兴的全球史观是为了克服“民族国家”研究路径和“西方中心论”带来的种种问题，但其宏观主旨并无太大改变，即世界历史的发展是多元的和多样的，但自近代早期以来，其演进仍然是在欧美文明主导下进行。

中国世界史学科起步晚、底子薄。世界史作为一门新的学科进入我国则是在 20 世纪初，如京师大学堂在 1903 年设万国史学门。五四运动后，一批高校相继开设《西洋史》或《东洋史》课程，主要由留美或留欧学人主讲。何炳松编译的《中古欧洲史》（商务印书馆 1924 年版）、《近世欧洲史》（商务印书馆 1925 年版）、陈衡哲编著的《西洋史》（商务印书馆 1924 年版）和《欧洲文艺复兴小史》（商务印书馆 1930 年版）、向达著的《印度现代史》（商务印书馆 1929 年版）和《中西交通史》（中华书局 1934 年版）、齐思和著的《西洋史教学之基本问题》（函雅堂书店 1941 年版）、周传儒著的《意大利现代史》（商务印书馆 1930 年版），以及林同济和雷海宗共同编写的《文化形态史观》（大东书局 1946 年版）等相继出版。此外，欧美学者韦尔斯的《世界史纲》（商务印书馆 1929 年版）、卡尔登·海士和汤姆·蒙合著的《上古世界史》（世界书局 1934 年版）和《近代世界史》（世界书局 1935 年版），以及俾耳德（即查尔斯·比尔德）和巴格力合著的《美国史》（商务印书馆 1933 年版）等世界史名著也由梁思成等著名学者翻译引进到国内，在学界颇受欢迎。但总体来说，当时西洋史学科力量非常弱小，不少教授西洋史的学者都是以治中国史而著称。据吴于廑先生回忆，“解放以前，我国大学很少把世界史列入历史学系的课程表，象韦尔斯的这

① 张象：《世界史学科的由来与发展概论》，《历史教学》2015 年第 14 期。

类概述世界史的著作，也很少列为历史专业训练必读之物。当时大学历史系本科除本国历史课程而外，通行讲授西洋通史、断代史以及以西方国家为主的国别史、专门史”。[①] 我国世界史学科的创建以及话语体系的生成则是在新中国成立以后。

一、新中国成立初期中国世界史学科新体系的建立

中国世界史学科是一门新兴的学科，也可以说是一个“舶来品”，其研究的对象主要是外国历史与文化，就研究的理论、方法和工具而言，难免会打上西方史学的烙印。新中国成立前，西洋通史、断代史以及以西方国家为主的国别史、专门史的讲授者，“或出身于西方大学，或即由其培育的较后的一辈。他们研究历史的方法，对历史的观点，直接间接来自西方近代史学，特别是十九世纪西方史学”[②]。但在解放后，情况变化显著。我国“引进了不少苏联学者关于世界历史方面的著述，大学历史系本科也设置了世界通史课程，取代了过去所设的西洋通史。引进来的苏联历史学者的著述，从指导思想说，都是力求符合历史唯物主义的”[③]。

有学者认为，“尽管中国学者一直在努力建立自己的世界史话语体系，但迄今尚未取得令人满意的成就”[④]。虽然构建自身的话语体系困难重重，但我国学者筚路蓝缕，即便是在特殊的时代或者说最为困难的政治环境中仍然力图有所作为。1949 年新中国成立后，百废待兴，但最初世界史学科发展缓慢。50 年代中期，杨人楩先生曾提出成立世界历史研究所、组织世界史学会、创办世界史杂志和编译世界史资料等一系列重要问题。1957 年，他在《人民日报》撰文呼吁重视发展世界史学科。在他看来，尽管“不可能叫各门科学齐头并进”，但不能把世界史“抛在外面”，要把世界史学科留在科学建设的队伍中。[⑤] 虽然当时的政治环境为世界史这门新兴学科的发

① 吴于廑：《世界史学科前景杂说》，《内蒙古大学学报（哲学社会科学版）》1985 年第 4 期。

② 吴于廑：《世界史学科前景杂说》，《内蒙古大学学报（哲学社会科学版）》1985 年第 4 期。

③ 吴于廑：《世界史学科前景杂说》，《内蒙古大学学报（哲学社会科学版）》1985 年第 4 期。

④ 刘新成、刘文明：《中国的世界史研究六十年》，《历史研究》2009 年第 5 期。

⑤ 杨人楩：《要重视世界史》，转引自刘新成、刘文明：《中国的世界史研究六十年》，《历史研究》2009 年第 5 期。

展打下了“以阶级斗争为纲”的烙印，但时代也要求建设世界史学科。随着美苏冷战的展开，世界分裂为资本主义和社会主义两大阵营。与此同时，亚非拉民族解放运动风起云涌，美苏对新生的第三世界国家展开激烈的争夺。世界史学科必须研究重大的历史问题，回答当时最迫切的问题：即亚非拉殖民地的民族解放运动、国际共产主义运动、资本主义的殖民侵略和帝国主义的腐朽等涉及到革命和社会主义制度必然胜利等根本性问题。克罗齐说：“一切历史都是当代史”[①]。那个年代的世界史学者不可能不关注现实生活。吴于廑先生认为，“从事历史学科研究和著作的学者，总是离不开他们所处历史时代的影响。他们提出来研究的问题，对问题的看法和着重点，都会和他们的时代有关，有的就是为了回答时代的问题”[②]。为了回答时代的问题，在教育部的组织下，以周一良先生和吴于廑先生为主编的《世界通史》（四卷本）在60年代初应运而生。[③]

在当时的历史条件下，这套《世界通史》接受了苏联学术界的部分观点，例如，“将世界历史按五种生产方式和社会形态更迭划分为上古（古代）、中古（中世纪）、近代、现代各个历史阶段”[④]。但这套教材并非全然像有的学者说的那样，是“对苏联版世界通史的剪裁”和“对纠正苏联版的局限和缺陷无能为力”。[⑤] 它有自己的特点和创新之处，有学者提出，其“观点、体例和内容方面与苏联教材迥异”[⑥]。从50年代中后期开始，随着中苏关系的交恶，我国开始重新认识苏联史学。[⑦] 这套《世界通史》教材无疑受到当时中苏关系恶化的影响。其时编者已经可以摆脱“向苏联老大哥学习”的禁锢，并在主观上努力摆脱苏联课本的束缚。此外，由于俄语因素的制约，教材的编写人员更多的是参考英文材料，中译文的苏联教材“屈指可数”，更遑论俄文的世界史论著。因此，有学者认为，讲这套《世

① ［意］贝奈戴托·克罗齐：《历史学的理论和实际》，傅任敢译，商务印书馆1982年版，第2—3页。

② 吴于廑：《世界史学科前景杂说》，《内蒙古大学学报（哲学社会科学版）》1985年第4期。

③ 周一良、吴于廑主编：《世界通史》，人民出版社1962年版。

④ 王敦书：《略论世界史学科建设、世界史观与世界史体系》，《历史教学》2005年第4期。

⑤ 刘新成、刘文明：《中国的世界史研究六十年》，《历史研究》2009年第5期。

⑥ 杨令侠、朱佳寅：《开创新中国世界近代史的教学与研究——记杨生茂先生前期的学术活动》，《南开学报（哲学社会科学版）》2017年第1期。

⑦ 张象：《世界史学科的由来与发展概论》，《历史教学》2015年第14期。

界通史》“都是抄苏联的，是不准确的”。[①] 据这套《世界通史》教材《近代部分》（上）的主编杨生茂先生在20世纪90年代的回忆，“1960年我们搞的世界近代史是毛泽东思想和苏联教科书的混合体”[②]。这一说法更符合客观实际。

尽管受时代条件的严重限制，但创新仍然是那一代学人强烈的主观愿望。20世纪60年代初，中国世界史学界就建立新的世界史体系展开了热烈讨论，其中讨论比较广泛的有世界史中心、世界中古史和近代史的分期、古代东方奴隶制与古代希腊罗马奴隶制的关系等问题。讨论的核心是认清“欧洲中心论”的实质，并对它进行批判，在此基础上建立起新的世界史体系。1961年7月8日，黎澍先生在《人民日报》上发表了《毛泽东同志的〈改造我们的学习〉和中国历史科学》一文，对“欧洲中心”的实质作了深刻的分析。他说：“所谓‘欧洲中心’是以欧洲资产阶级文化为世界文化中心的资产阶级学说。……资产阶级学者所谓‘欧洲中心’论，就是适应欧洲资产阶级对于世界市场的征服而制造出来的反动理论。他们认为东方文明和西方文明是相互对立和敌对的两个体系的文明，极力贬低中国和其他非欧洲国家对人类文化的贡献，从世界历史中排除这些国家的地位。”[③] 黎澍先生向我国史学界提出了要求，即“马克思主义历史科学应当赶上去，把重新研究世界历史并给以正确的说明，当作中国历史科学的迫切的任务”[④]。

该问题提出后在中国世界史学界引发了广泛的讨论，人们对“欧洲中心论”的实质、世界史的中心、世界史应不应该有中心等问题发表了意见。其中，吴廷璆先生在《建立世界史的新体系》一文中提出了建立一个新的世界史体系的方案。该方案是“以社会发展五个形态划分并适当照顾年代综合叙述，如奴隶制时代从埃及第一王朝开始，下限延展到东西方一些主要国家奴隶制瓦解的公元五、六世纪为止；封建时代由中国的周初或战国初开

① 杨令侠、朱佳寅：《开创新中国世界近代史的教学与研究——记杨生茂先生前期的学术活动》，《南开学报（哲学社会科学版）》2017年第1期。

② 转引自杨令侠、朱佳寅：《开创新中国世界近代史的教学与研究——记杨生茂先生前期的学术活动》，《南开学报（哲学社会科学版）》2017年第1期。

③ 转引自杨辉：《当前世界史讨论的几个问题的情况简介》，《历史教学》1961年第Z1期。

④ 转引自杨辉：《当前世界史讨论的几个问题的情况简介》，《历史教学》1961年第Z1期。

始，以后每一时代的下限就不必延展；从 1640 年英国资产阶级革命到 1917 年为资本主义时代；十月社会主义革命到现在为社会主义时代。这样可以看出在社会发展道路上西方国家除了资本主义上升时期外，整个古代、中世和现代，历史前进的步伐都是很迟缓的，这就驳斥了资产阶级学者污蔑东方'永远落后'等恶毒歪曲，从历史事实上推翻了资产阶级的'欧洲中心论'"[①]。除批判和破除"欧洲中心"论外，60 年代初期的这次世界史学科大讨论还特别强调以毛泽东思想作为指导和把历史科学作为"阶级斗争的武器"[②]。有人认为，"世界史的研究工作，既要配合我国国内当前的阶级斗争，又必须为国际上反对帝国主义、各国反动派和现代修正主义的斗争服务"[③]。

客观地说，周一良先生和吴于廑先生共同主编的《世界通史》（四卷本），吸收了这场大讨论的合理成分，是从新中国成立到 60 年代最具代表性的成果。有学者认为，这套《世界通史》是"持五种生产方式说的社会经济形态史观"和"同时以重大政治事件特别是革命运动"作为上古、中古、近代、现代各阶段之间分界线的这类世界史观和体系的代表。[④] 但也有学者认为，这套《世界通史》"并不标志中国世界史学科已形成，因为它还不完善，缺少现代史部分"[⑤]。事实上，尽管这套教材有以"阶级斗争为纲"的时代局限性，但仍是构建中国世界史学科新体系的一次颇不寻常的尝试。首先，它对"欧洲中心"论作了大量批判，不全是政治或革命语言，有些是理性的思考，包含科学的成分。[⑥] 其目的是打破"欧洲中心"论，并建立起符合马列主义、毛泽东思想的世界史观，"革命"和"人民群众"的历史成为主线。其次，这套教材在体例上对欧美和苏联的教材体系有一定程度的突破。它"十分重视创新问题，例如在如何将中国写入世界史，如何写亚非

---

① 转引自杨辉：《当前世界史讨论的几个问题的情况简介》，《历史教学》1961 年第 Z1 期。

② 梁卓生：《以毛泽东思想指导世界现代史教材编写工作的点滴体会》，《历史教学》1960 年第 8 期。

③ 胡玉堂：《世界史的研究应当为现实斗争服务》，《浙江学刊》1963 年第 3 期。

④ 王敦书：《略论世界史学科建设、世界史观与世界史体系》，《历史教学》2005 年第 4 期。

⑤ 张象：《世界史学科的由来与发展概论》，《历史教学》2015 年第 14 期。

⑥ 据《光明日报》讯：《四川师院、中山大学历史系讨论世界史中心问题》，《历史研究》1961 年第 3 期；吴于廑：《时代和世界历史——试论不同时代关于世界历史中心的不同观点》，《江汉学报》1964 年第 7 期。

国家古代社会性质，如何突出亚非历史地位，如何处置与苏俄有关的远东问题的表述等，编写组都有不同苏联著述的看法”[①]。杨令侠教授等认为，“中国历史作为世界历史的一部分被写入了这部通史，这在全世界的世界历史著述中是首创，代表了这一领域中国的话语权，其深远意义亦不言而喻”[②]。

尽管受当时政治环境所左右，但作为这套《世界通史》主编之一的吴于廑先生，在革命话语体系之外却有独立的思考和见解。虽然吴先生思考的出发点仍然是“无产阶级的世界革命”需要，但他在这种革命任务之下提出了“真正以世界观点写世界历史”的前瞻性主张。他说：“一部新的世界史必须在两个问题上区别于过去任何一种世界史：一、它必须体现世界历史的一致性；二、它必须说明世界历史由闭塞的、非整体的发展达到整体性的发展。能够正确地解决这两个问题，就可以体现世界观点，也就可以打击这样或那样的中心论。”[③] 换句话说，早在 1964 年，吴先生在反思《世界通史》（四卷本）教材的编撰时，已开始对“整体世界史观”进行思考，这是了不起的探索。他说：“处于今天的时代，如果能产生这样一部世界历史，它既体现了世界各地区、各国、各族历史发展规律是一致的，又体现世界历史怎样由不是整体的发展成为整体的，那么，这部世界历史就会打破过去这样或那样的中心主义，就会排除地区或种族的偏见，就会具有世界观点……使世界史这门学科呈现新的面貌。”[④] 这种思考和探索意义深远。

二、“整体世界史观”与中国世界史话语体系新局面的开拓

中国世界史学科和美国史学科的奠基人之一的杨生茂教授，在谈到历史学家如何获得“杰出”称谓时认为，“须具备三个最基本条件：第一，在其

① 张象：《世界史学科的由来与发展概论》，《历史教学》2015 年第 14 期。

② 杨令侠、朱佳寅：《开创新中国世界近代史的教学与研究——记杨生茂先生前期的学术活动》，《南开学报（哲学社会科学版）》2017 年第 1 期。

③ 吴于廑：《时代和世界历史——试论不同时代关于世界历史中心的不同观点》，《江汉学报》1964 年第 7 期。

④ 吴于廑：《时代和世界历史——试论不同时代关于世界历史中心的不同观点》，《江汉学报》1964 年第 7 期。

研究领域，能鉴别吸收前人的优秀文化遗产，同时分析其不逮之处；第二，在本研究范围内，能有所创新，有益于社会的发展，或能积极应答社会发展中提出的问题；第三，对于社会未来的发展，尽可能地起到有益的启迪效用”①。由此观之，吴于廑先生称得上是杰出的历史学家，其在改革开放后不久提出的“整体世界史观”，开创了中国世界史话语体系的新局面，被誉为“开拓世界史新视野的第一创举”。②

1978 年召开的十一届三中全会确立了改革开放的基本国策，我国的世界史研究迎来了科学的春天。一方面，世界史学者从阶级斗争和教条主义的禁锢中解放出来；另一方面，党和政府以现代化建设尤其是经济建设为中心的基本政策，对我国的世界史学科提出了新的时代要求。世界史学者告别了以阶级斗争为中心的时代，走进了以经济建设为中心的新时代，他们既会受到这一现实的熏染，也必须回答时代提出的新命题。中国将在怎样的一个世界中进行经济建设？这个世界是如何演变而来的？在人类历史的长河中，世界如何从分散走向整体？为什么中国历史的发展必须融入这个世界整体中？中国如何实现这一目标，又如何对世界文明作出自己的贡献？我们可以说，吴于廑先生创造性地提出“整体世界史观”时，其所生活的时代对他思考历史、阐释过去应该有重要的作用和意义。吴先生在这方面所留下的资料不多，我们不易管窥其内心世界。但他明确提到，“不认真对待历史怎样发展为世界历史的问题，不认真对待人类各族原始闭关自守状态怎样逐步打破和趋向密切联系的问题，就很难对世界的过去，很难对世界何以有今天，何以形成象今天这样的一个全局，作出充分的、切合客观实际的说明”③。随着改革开放时代的到来，中国世界史学科探讨的重大问题之一就是世界历史如何逐步突破闭塞的过程，或者说世界历史的横向发展是如何进行的。吴先生认为，“考察和研究世界历史，不能以逐个考察世界的各个局部为已足。更为重要的，是应当考察随着社会生产的发展，世界各地区、各民族怎样打开

---

① 杨生茂：《论乔治·班克拉夫特史学——兼释“鉴别吸收”和“学以致用”》，《历史研究》1992 年第 2 期。

② 庞卓恒：《开拓世界史新视野的第一创举——吴于廑教授对世界史学科建设的贡献》，《武汉大学学报（社会科学版）》1993 年第 4 期。

③ 吴于廑：《世界史学科前景杂说》，《内蒙古大学学报（哲学社会科学版）》1985 年第 4 期。

彼此的闭塞，怎样在愈来愈大的范围里相互交往、接触，最后怎样汇合为紧密联系的世界历史”[①]。在改革开放之初，研究这一重大问题既有必要，也具备了有利的条件。

当时国内世界史的编著和译述，比较流行的体系是按照社会发展的分期，以所谓先进地区或国家进入到某一新的阶段为断，逐一叙述各地区、各国家或各民族的历史。但在吴于廑先生看来，这种世界史只是一种分期的各国历史汇编，并不是综览全局、从全局考察其演变过程的历史。因此，吴先生认为，要考察世界历史的全局，改变目前这个体系很有必要。原因如下：一是以某一个“先进”地区的历史分期为准，“把各地区、各国的历史分大小段落排比起来”，这种“削足适履”的做法存在着严重的问题；二是用这种方式写出来的世界历史，“必然会成为各地区、各国或各民族历史的堆积”，而世界历史“不能简单地看作是各地区、各国、各民族历史相加而得的总和”。[②] 故吴先生求教于马克思主义的经典著作，受《〈政治经济学批判〉导言》中“世界史不是过去一直存在的；作为世界史的历史是结果”[③]的启发，决心从全局考察世界历史，摆脱旧格局。吴先生提出，“世界历史不是自始就是世界性的，所以说它并非一直存在；世界历史之所以成为世界历史，其自身经历了一个发展过程，所以说作为世界史的历史是结果”[④]。

吴于廑先生将世界历史视作是长卷的江山万里图，援引前人和时人的著述，从全局来考察和研究世界历史。他着重探讨这样几类问题：第一类是“对某一特定时期不同地区的历史进行综合比较研究，考察这个时期世界历史的全局发展”[⑤]。第二类是“关于特定地区和世界历史全局之间相互关系的研究”。第三类是从世界历史的全局出发对许多国家或地区都曾经历过的重大的历史运动，以及发展到一定阶段的共同现象进行综合比较研究，阐明

---

① 吴于廑：《吴于廑自传》，《晋阳学刊》1983 年第 4 期。

② 吴于廑：《吴于廑自传》，《晋阳学刊》1983 年第 4 期。

③ 《马克思恩格斯选集》第 2 卷，人民出版社 1972 年版，第 112 页。吴先生写作时还只有该版本。另参见《马克思恩格斯选集》第 2 卷，人民出版社 1995 年版，第 28 页。虽然两个版本的内容不同，但这句话的内容在两个版本中是完全相同的。

④ 吴于廑：《吴于廑自传》，《晋阳学刊》1983 年第 4 期。

⑤ 吴于廑：《关于编纂世界史的意见》，《武汉大学学报（哲学社会科学版）》1978 年第 5 期。

一个时期的世界历史的潮流。①

从 20 世纪 70 年代末开始，吴于廑先生对历史向世界历史转变中若干关系全局的重大问题进行了长期深入的思考。首先，他认为“世界史是历史学科中一门有限定意义的分支学科，这门学科的探索目标在于世界由古及今经历了怎样的历史演变过程，怎样由原始的、闭塞的、各个分散的人群集体的历史，发展为彼此密切联系的形成一个全局的世界历史”。他希望改变当时在国内十分流行的一个观点，“即凡研究本国以外的任何一国或任何一个地区的历史都是研究世界史”。② 其次，在他看来，“基于民族偏见和缺少全局观点而以某某民族、某某地区为世界历史中心的思想，和我们设想的世界历史的探索目标不能相容”。他强调，“从事世界史这门学科的研究者，必须超越民族褊狭性。把自己生长于其中的国家与地区视为世界中心，这种思想不仅西方人有，我们也有”。他反对以近代西方为世界中心，也反对以我们历史上曾有的盛世或某一时代为世界的中心。③ 再次，他意识到“一部世界史不宜只讲或主要地只讲客观发展规律的统一性”。他说，尽管从哲学体系上讲世界上不同国家、不同民族基本上都要经历社会发展的诸阶段，“但哲学体系正确是一回事，世界历史这门学科的任务是否只在正确说明社会发展规律的统一性，则是又一回事”。④ 最后，他觉得“作为历史学一门分支学科的世界史，有必要探索和说明这样的主题，即历史怎样发展为世界的历史。这个主题只有这门学科能够说明，也只应该由这门学科来说明”。他明确提出，“人类历史由原始的彼此闭塞的人群的历史发展为世界历史，其自身是一历史过程。世界史这门学科，很显然，应当把研究和说明这一过程列为它的主要任务”。⑤

1982 年 10 月，在昆明举行的中国世界中世纪史研究会期间，吴于廑先生作了《世界历史上的游牧世界与农耕世界》的演讲，首次公开阐释其对世界史这一宏大问题进行深入思考所得出的理论成果，翌年发表在《云南

① 吴于廑：《关于编纂世界史的意见》，《武汉大学学报（哲学社会科学版）》1978 年第 5 期。
② 吴于廑：《世界史学科前景杂说》，《内蒙古大学学报（哲学社会科学版）》1985 年第 4 期。
③ 吴于廑：《世界史学科前景杂说》，《内蒙古大学学报（哲学社会科学版）》1985 年第 4 期。
④ 吴于廑：《世界史学科前景杂说》，《内蒙古大学学报（哲学社会科学版）》1985 年第 4 期。
⑤ 吴于廑：《世界史学科前景杂说》，《内蒙古大学学报（哲学社会科学版）》1985 年第 4 期。

社会科学上》[①]。1984 年，他在《历史研究》上发表了鸿篇论文《世界历史上的农本与重商》。[②] 1987 年，他撰写的《历史上农耕世界对工业世界的孕育》发表在《世界历史》上。1992 年，《世界历史》又刊发了他的大作《亚欧大陆传统农耕世界不同国家在新兴工业世界冲击下的反应》。[③] 此前，他为《中国大百科全书·外国历史》撰写的“世界历史”词条已经问世。[④] 通过这一系列成果，吴先生系统地阐述了他的“整体世界史观”。随着他和齐世荣先生一起主编的“九五”国家级重点教材《世界史》（六卷本）的出版和广泛使用，“整体世界史观”影响了一代又一代学子。

在对世界怎样由原始的、闭塞的和分散的历史，发展为一个全局的世界历史的思考过程中，吴于廑先生选择了 15、16 世纪作为一个适当的着手之点。吴先生多次引述马克思和恩格斯在《德意志意识形态》中说的一句话，“各个互相影响的活动范围在这个发展进程中愈来愈扩大，各民族的原始闭关自守状态则由于日益完善的生产方式、交往以及因此自发地发展起来的各民族之间的分工而消灭得愈来愈彻底，历史也就在愈来愈大的程度上成为全世界的历史”。[⑤] 他根据经典作家的论述提出了自己独到的见解。他认为，从全局着眼，15、16 世纪是“历史发展为世界史的重大转折，也许是意义最深、最大的转折。这两个世纪是世界性海道大通的世纪。海道不仅取代了以往联结亚欧大陆东西两端的陆上通道，而且大大扩大了联结的范围，海流所至，无远弗届。由此开始，孕育诸古典文明的亚欧大陆和北非，与在此以前基本上处于隔绝状态的撒哈拉大沙漠以南的非洲，和旧大陆隔着两大洋的美洲以及偏处南太平洋的澳洲，逐步联系了起来。各大地区间的闭塞，从此获得世界性的突破。这两个世纪也是资本主义生产方式以其初生的姿态登上历史舞台的世纪。世界市场自从渐次形成，资本主义最初以其触角、其后以其超越前资本主义一切生产方式所能产生的巨大力量，伸入地球的每个角

① 吴于廑：《世界历史上的游牧世界与农耕世界》，《云南社会科学》1983 年第 1 期。

② 吴于廑：《世界历史上的农本与重商》，《历史研究》1984 年第 1 期。

③ 吴于廑：《亚欧大陆传统农耕世界不同国家在新兴工业世界冲击下的反应》，《世界历史》1993 年第 1 期。

④ 吴于廑：《世界历史》，载《中国大百科全书·外国历史》第 1 卷，中国大百科全书出版社 1990 年版。

⑤ 参见吴于廑：《世界史学科前景杂说》，《内蒙古大学学报（哲学社会科学版）》1985 年第 4 期。

落，终之席卷世界，在全世界范围内引起经济的、政治的、文化的冲突和对抗、退应和调整”①。此外，在吴先生看来，从世界全局说，世界各民族间“闭关自守状态”“愈来愈彻底”的消失过程，也要到这两个世纪才算真正开始。②

面对这样的课题，青年时期曾经在另一些问题上试图应用的历史比较研究的想法，又在思想上以提出各种问题的方式，在吴于廑先生的脑海中再度活跃起来，③ 并最终形成从全局考察和研究世界历史的“整体世界史观”，“使海内外学人为之瞩目”。④ 他以“农本与重商”为题，综论15、16世纪东西方世界社会经济的演变。他认为，“中世纪后期西欧城市经济的发展，先是突破国内封建农本经济的闭塞，然后是更多地突破邻近国家之间的闭塞。东西新航路开辟之后，在西方一些国家执行重商主义政策的同时，资本主义市场向世界各地扩张，十五世纪以前东西方彼此闭塞和新旧大陆完全隔绝的状态，随之先后突破”⑤。“不是一直存在的”世界历史，由此开始了它的存在。在吴先生看来，“这个变化是与西欧封建农本经济转向重商、旧的封建主义生产方式为新的资本主义生产方式所取代这一过程相伴随的。这个变化是历史发展为世界历史的重大转折”⑥。

吴于廑先生在为《中国大百科全书·外国历史》撰写的“世界历史”词条中，对“整体世界史观”的理论给出了清晰和完整的界定。他在此提出，“世界历史是历史学的一门重要分支学科，内容为对人类历史自原始、孤立、分散的人群发展为全世界成一密切联系整体的过程进行系统探讨和阐述”。在他看来，“人类历史发展为世界历史，经历了一个漫长的过程。这个过程包括两个方面：纵向发展方面和横向发展方面”。世界历史的纵向发展“是指人类物质生产史上不同生产方式的演变和由此引起的不同社会形态的更迭”。世界历史的横向发展“是指历史由各地区间的相互闭塞到逐步开放，由彼此分散到逐步联系密切，终于发展成为整体的世界历史这一客观

① 吴于廑：《吴于廑自传》，《晋阳学刊》1983年第4期。
② 吴于廑：《吴于廑自传》，《晋阳学刊》1983年第4期。
③ 吴于廑：《吴于廑自传》，《晋阳学刊》1983年第4期。
④ 陈勇：《吴于廑先生治学追忆》，《史学理论研究》2000年第3期。
⑤ 吴于廑：《世界历史上的农本与重商》，《历史研究》1984年第1期。
⑥ 吴于廑：《世界历史上的农本与重商》，《历史研究》1984年第1期。

过程而言的”。最后，他总结说：“既然历史在不断的纵向和横向发展中已经在越来越大的程度上成为世界历史，那么，研究世界历史就必须以世界为一全局，考察它怎样由相互闭塞发展为密切联系，由分散演变为整体的全部历程，这个全部历程就是世界历史。”①

吴于廑先生倡导的“整体世界史观”，在重视人类历史由低级向高级发展的同时，高度关注从分散到整体和由相互闭塞到密切联系的世界历史进程，形成了鲜明的学术特色。吴先生的“整体世界史观”与以斯塔夫里阿诺斯为代表的欧美学者提出“全球史观”两者虽然有相似之处，即超越民族和地区的界限，从整体和全局上考察世界历史发展，重视那些推动世界历史走向一体的力量、运动等因素。但是，“整体世界史观”还注意到人类社会历史演进中的内部矛盾运动，以及由此引起的人类历史由低级社会形态向高级社会形态的演变，也就是说，还重视世界历史的纵向发展，因而更能反映世界历史整体发展的全貌。“整体世界史观”在国内外产生了重大的影响。丹麦著名学者李来福（Leif Littrup）在欧洲学术刊物上多次发表文章，介绍吴于廑先生的“整体世界史观”。②庞卓恒教授认为，“整体世界史观”是“开拓世界史新视野的第一创举”，也是“我国的世界史学科正在走向世界的标志之一”。③陈志强教授高度肯定“整体世界史观”的理论价值，称赞“该理论是我国世界史学界几代人长期探索，特别是改革开放以后勇于创新取得的最重要的理论成果，是具有中国特色的世界史发展的宏观学说”。④

三、现代化理论与中国世界史话语体系的构建

十一届三中全会后，我国党和政府的工作重点转移到社会主义现代化建

① 吴于廑：《世界历史》，载《中国大百科全书·外国历史》第1卷，中国大百科全书出版社1990年版；吴于廑、齐世荣主编：《世界史》6卷本，“总序”，高等教育出版社1994年版。此处引用的是《世界史》6卷本的“总序”，系据吴先生为《中国大百科全书》撰写的“世界历史”一文“稍作修改而成”。

② 转引自庞卓恒：《开拓世界史新视野的第一创举——吴于廑教授对世界史学科建设的贡献》，《武汉大学学报（社会科学版）》1993年第4期。

③ 庞卓恒：《开拓世界史新视野的第一创举——吴于廑教授对世界史学科建设的贡献》，《武汉大学学报（社会科学版）》1993年第4期。

④ 陈志强：《论吴于廑“整体世界史观”》，《世界历史》2013年第2期。

设上来。世界史研究如何为建设四个现代化这一伟大战略目标服务，这一问题已摆在我国世界史学者面前。1979 年，陈之骅先生发表了《世界史研究与四个现代化》一文，号召同行正确理解和执行“古为今用”“洋为中用”的方针，坚持实事求是、一切从实际出发的治学方法，解放思想、勇于实践，使世界史研究为四化建设所用，并认为这种为四化服务的途径和范围是极其广泛的。[①] 我国世界史学者对此反响热烈，在 80 年代，除吴于廑先生创新性地构建了“整体世界史观”理论体系外，北京大学的罗荣渠先生亦积极应答社会发展中提出的问题，系统论述了以现代化的世界进程作为世界历史理论体系的观点。1980 年初，罗先生撰文提出，当前我国世界历史研究突出地表现在“落后于实现四个现代化的需要”。为了改变这种落后状况，首先必须“解放思想，打破框框，打破‘禁区’”，“编写出反映国际先进水平、符合四个现代化需要的新的世界通史教材”。他认为，“过去一个时期编写世界通史教材或讲授世界通史，总是片面强调贯穿阶级斗争的红线，而往往忽视了贯穿物质生产即经济斗争的红线”。为此，他提出了“经济条件同阶级斗争条件一样，也是贯穿于全部历史发展进程中的红线”的观点。[②]

现代化理论兴起于 20 世纪五六十年代，有着特殊的背景。战后亚非拉民族解放运动蓬勃发展，大批民族国家诞生。随着美苏冷战的开展，双方对这一两大阵营之外的“中间地带”进行了激烈的争夺。而新独立的民族国家则纷纷寻求某一种发展模式来发展民族经济和巩固政治独立。现代化理论在欧美国家应运而生，是它们用于“指导”发展中国家发展战略选择的重要理论。与此同时，在拉丁美洲地区，阿根廷的著名经济学家劳尔·普雷维什（Raúl Prebisch）提出了“依附理论”的“中心—外围”关系命题，为发展中国家的现代化道路提供了新的选择。现代化理论本身是在发展变化的。据罗荣渠先生考证，经过批判、修正之后，现代化研究在 80 年代较 60 年代时有了新的提高，出现了若干值得注意的新趋势：“一、反共意识形态遭到彻底批判”；“二、发展与现代化问题在第三世界发展中国家越来越受

① 陈之骅：《世界史研究与四个现代化》，《世界历史》1979 年第 5 期。

② 罗荣渠：《浅谈政治权力、经济权力在世界历史进程中的作用——关于世界通史教材体系的一个问题》，《武汉大学学报（哲学社会科学版）》1980 年第 1 期。

到重视，现代化理论开拓的新领域正适应时代需求”；“三、现代化研究的新势头，不仅在于扩充自己的阵地；由于它具有广泛涵盖性，以此作为一门学科的生长点，可以带动相关的新理论、新兴学科分子的发展”。[①]

在“面向现代化、面向世界、面向未来的新形势下”，罗荣渠先生提倡“引进西方的现代化理论加以研究，反思，改造，用马克思主义观点把它的唯心主义世界观颠倒过来，去其糟粕，取其精华，洋为中用”。[②] 他身体力行，以现代化的世界进程为主题，构建中国世界史学科的新体系。1984 年，罗荣渠先生在《有关开创世界史研究新局面的几个问题》一文中号召，加强世界史的横向发展研究与宏观研究。其中，他特别提到，必须对具有重大现实意义的历史课题进行创造性的新探索。在他看来，“一个对当前我国四化建设具有直接现实意义、对过去的历史研究也能起推动作用的世界史研究课题，就是关于现代化问题的理论的和历史的研究”，“当前的问题是如何组织力量开展我们自己的研究，建立马克思主义的现代化理论”。[③] 在八九十年代，罗先生把主要的精力投入到现代化理论研究，试图在我国建立起马克思主义的现代化理论。他负责的北京大学“世界现代化进程研究中心”编辑了《世界现代化进程研究丛书》，“已出专著和论文集十多种，另有译著数种”。[④] 其中，罗先生撰写的两部现代化研究领域的经典之作《现代化新论——世界与中国的现代化进程》[⑤] 和《现代化新论续编——东亚与中国的现代化进程》[⑥]，“凝聚了罗先生晚年在这一新的领域辛勤开拓的全部心血，已经引起广泛的重视”[⑦]。此外，他还撰写了数十篇现代化研究领域的高水平论文。

1988 年，罗荣渠先生撰文对如何建立马克思主义现代化理论进行了初步探索。他对西方现代化理论主流派作了评价，指出它们都缺乏对问题的整体性研究，但也提出了一些值得人们思考的问题。他考察了马克思主义现代

① 罗荣渠：《西方现代化史学思潮的来龙去脉》，《历史研究》1987 年第 1 期。
② 罗荣渠：《西方现代化史学思潮的来龙去脉》，《历史研究》1987 年第 1 期。
③ 罗荣渠：《有关开创世界史研究新局面的几个问题》，《历史研究》1984 年第 3 期。
④ 林被甸、董正华：《现代化研究在中国的兴起与发展》，《历史研究》1998 年第 5 期。
⑤ 罗荣渠：《现代化新论——世界与中国的现代化进程》，北京大学出版社 1993 年版。
⑥ 罗荣渠：《现代化新论续编——东亚与中国的现代化进程》，北京大学出版社 1997 年版。
⑦ 林被甸、董正华：《现代化研究在中国的兴起与发展》，《历史研究》1998 年第 5 期。

化理论的三个发展阶段，认为“马克思、恩格斯早就提出了关于社会发展特别是现代资本主义社会的形成和发展的基本理论”，但“并没有形成关于非西方世界发展的系统理论”。马克思主义发展理论的第二阶段，则“是以列宁生动活泼的理论探索为开端，而以斯大林模式的‘定于一尊’而趋于僵化的”。近些年来，社会主义国家纷纷探索加速经济发展与社会主义自我完善的道路，改革已成为不可逆转的历史潮流，这也迫切需要理论进行指导。罗先生认为，要建立马克思主义的现代化理论，必须对一些重大的理论问题进行深入探讨。他对现代化过程的实质、现代化的动力、现代化与马克思的五种生产方式的关系等问题提出了独到见解。他明确了马克思主义现代化理论的研究对象，研究范围和基本任务，主张对它进行多学科的综合性研究。大体说来，“马克思主义的现代化研究，应以现代工业社会的全球发展总趋势作为一般对象，而以第三世界发展中国家向现代工业社会转变与发展作为特殊对象”。具体研究内容包括现代化的宏观研究、现代化的微观研究、现代化的比较研究、现代化的理论与方法论研究，以及现代化与人类未来。最后，罗先生提出，“中国为探索自己的现代化道路进行了长达一百多年的斗争”，现在正在进行“史无前例的具有中国特色的社会主义现代化的宏伟实验”。因此，我国社会科学理论界应当振奋精神，完全有条件形成“一个现代化研究的中国学派”。[①]

罗荣渠先生创新性地利用现代化理论，试图构建一个有中国学派特色的马克思主义现代化理论来进行世界历史研究，论述现代化的世界进程。他对现代世界的发展提出了独到的见解，其系统论述的一元多线的历史发展观，是中国学者对马克思主义现代化理论的重要贡献。罗荣渠先生批评以斯大林为代表的关于五种生产方式单线演进的历史观，是将“马克思主义创始人关于社会及其发展规律的一般学说与他们关于世界历史发展的具体规律混为一谈”，而“用历史唯物主义学说代替马克思主义的史学理论，也并非马克思主义创始人的本意”。他认为，马克思的历史发展观是多线式的，迄今为止人类历史上出现过几种根本不同性质、不同形态的社会生产力，分别是前农业时代即采集—渔猎时代、农业文明时代和工业文明时代，“三大生产力

① 罗荣渠：《建立马克思主义的现代化理论的初步探索》，《中国社会科学》1988 年第 1 期。

形态的发展是循序渐进的，但又是有重叠而不是截然分开的”。每一阶段都因生产力的变革引起，但“在同一生产力水平和条件下，社会形态可以是多模式的，发展的道路也是多模式的”。罗荣渠先生宏观地架构起一元多线的历史发展框架，清晰地论证了“人类的整体演进的宏观图式是通过历史的复杂多样性显示出来的”，[①] 为解读世界历史提供了新的理论工具。

罗荣渠先生认为，现代化是一个世界历史范畴。现代化先从英国开始，继而在西欧、北美等国展开，然后向世界不同国家和地区推进。人类社会的变迁大致经历了渐进性的微变、突发性的微变、创新性的巨变和传导性的巨变四种类型。前两种类型大体上维持原有的社会经济结构和现存的社会秩序，后两种变迁突破了原有的社会经济结构和现存社会秩序。由于社会变迁的类型不同，故在世界历史进程中形成了两种不同类型的通向现代化的道路：一类是内生性的，另一类是诱导性的。由于通向现代化的道路不同，各国实现现代化的方式也就不相同。[②]

罗荣渠先生倡导用马克思主义现代化理论重新解释世界历史进程，推动了我国的现代化理论研究。在我国世界近现代史研究领域，现代化研究蔚然成风，成果丰硕。据林被甸和董正华两位教授统计，从 20 世纪 80 年代中期罗先生提倡现代化研究至他去世一年后的 1998 年，在当时历史学专著出版极为困难的形势下，这一期间所出版的以现代化为主题的地区国别史研究专著和文集有 24 部，这其中不包括罗先生本人的著作。现代化研究所涉及的国家和地区包括英国、荷兰、日本、美国、拉丁美洲、墨西哥、俄国（苏联）、“亚洲四小龙”、东亚、中东、伊朗等。有关现代化的史学论文“更是数不胜数”，纷纷以“发展”“现代化”“社会变迁”“结构转型”“转型社会”“传统与现代”等为题或作关键词。许多学术刊物开辟了“现代化研究”专栏。各种以现代化为主题的全国性和国际性学术会议相继召开。这极大地拓展和丰富了我国的世界史研究。[③]

在现代化研究领域，继罗荣渠先生之后，另一位标志性的人物是钱乘旦先生。钱先生一直从事现代化问题研究，时至今日仍在呼吁深化现代化研

---

① 罗荣渠：《论一元多线历史发展观》，《历史研究》1989 年第 1 期。

② 罗荣渠：《论现代化的世界进程》，《中国社会科学》1990 年第 5 期。

③ 林被甸、董正华：《现代化研究在中国的兴起与发展》，《历史研究》1998 年第 5 期。

究，强调现代化研究不仅“远未过时”，而且“‘话语威力’犹在”。钱先生撰写、合著和主编的以现代化为主题的著作颇多，如《走向现代国家之路》《第一个工业化社会》《世界现代化进程》《世界现代化历程》等。此外，钱先生还发表了数十篇有关现代化的高水平专题论文。他旗帜鲜明地主张，应以现代化为主题构建世界近现代史新的学科体系，[①] 并一以贯之努力探索，辛勤耕耘，成绩斐然。

早在1987年，钱乘旦、陈意新在《走向现代国家之路》一书中着重论述了现代化与政治现代化的关系，认为在从传统社会向现代社会的转型中，政治现代化是最重要的变项。他们从世界各国实现政治现代化的经验中总结出三条典型的道路：一条是英国式的渐进改革之路；一条是法国式的人民革命之路；第三条是德国式的穷兵黩武之路。在作者看来，各国的现代化均受本国具体条件制约。因此，“选择一条适合自己国情的政治现代化道路是一种创新，而绝不是机械的模仿。但无论何种方式，人民积极主动的参与却是政治现代化顺利进行的基本保证”[②]。

20多年后，钱乘旦先生在其主编的多卷本《世界现代化历程》的总序中谈到，中国的现代化研究和西方的现代化研究的最大区别在于，“中国的现代化研究是立足于本国的需要，因而着眼于本土；西方的现代化研究则把矛头指向别人，想通过学术方式把自己的判断传输给别人”。中国的现代化研究是为本国服务的，所以“它的观察就带有明显的批判性，其选题也具有强烈的现实性。它用批判的眼光观察发达国家的现代化，也从批判的角度考察发展中国家正在经历的现代化”。从宏观角度看，“现代化是一个世界性的过程”。现代化研究“就是对现代化过程中的共同性和特殊性进行交叉和立体的研究，在研究中，共同性和特殊性都得到体现，从而使人们对现代化过程有完整的了解”。而《世界现代化历程》则是把着眼点放在“模式”上。[③] 寥寥数语，勾勒出中国现代化研究的特色和优势。

那么，中国将建立什么样的世界近现代史体系？在钱乘旦先生看来，从

① 钱乘旦：《以现代化为主题构建世界近现代史新的学科体系》，《世界历史》2003年第3期。

② 肖律：《探索政治现代化道路》，《读书》1988年第4期。

③ 钱乘旦：《“现代化研究”远未过时——序〈世界现代化历程〉》，《中华读书报》2010年3月17日。

不同的角度观察可做出多种尝试，但以现代化为主题建立体系应该是“一种很好的尝试”。其基本理由是：“中国正处在一个以现代化为主题的时代，同时现代化又是世界进入近代以来共同发展的趋势”，因此，“用现代化为主线构建世界近现代史的学科体系，具有明显的时代性和科学性”。他认为，首先，当代中国的主题是现代化，以现代化为主题构建世界近现代史学科的新体系，“正反映当代中国的需要”，“有可能创建出具有当代中国特色的世界史学科，从而使这一体系成一派之言”。其次，从人类历史的发展来看，“世界近现代史的主题确实是现代化，这是创建新学科体系的科学依据”。现代化“是人类社会的一次转型，是文明方式的一次转换”；“是新文明取代旧文明的历史进程，在这个过程中实现了社会的全方位变革”。在现代化为主题的体系下，钱先生把世界近现代史划分为五个阶段，构成新体系的基本框架。这五个阶段分别是：现代化的准备阶段，这个阶段起源于中世纪晚期；现代化的起动阶段，即现代化过程在西方国家发起；现代化在西方国家的成熟与发展阶段；现代化的全球扩张；现代社会出现新的转型迹象。①

在能否以现代化作为世界近现代史学科新体系的主线问题上，中国世界史学界存在争论。有学者认为答案是否定的，其理由是“排除了不同道路发展模式的‘社会经济’的不同性质而笼统地提现代化，很容易陷入西方学者设置的资本主义现代化道路的陷阱”②。有的则认为“不应该抛弃社会形态从低级向高级发展的主线另起炉灶”③。但无论如何，现代化研究是我国学者在建立马克思主义现代化理论体系方面的重要探索，是中国世界史学科尤其是世界近现代史学科建立新的话语体系和“中国学派”的重要实践。现代化理论的引入，“是中国世界史学界在以历史唯物主义为指导大胆借鉴西方社会发展理论方面迈出的重要一步”④。

---

① 钱乘旦：《以现代化为主题构建世界近现代史新的学科体系》，《世界历史》2003 年第 3 期；另见钱乘旦：《现代化与中国的世界近现代史研究》，《历史研究》2008 年第 2 期。

② 李世安：《现代化能否作为世界近现代史学科新体系的主线》，《历史研究》2008 年第 2 期。

③ 转引自张海鹏：《世界历史与世界史理论体系——在中国社会科学院“世界史高级论坛”开幕式上的致辞》，《史学史研究》2009 年第 1 期。

④ 刘新成、刘文明：《中国的世界史研究六十年》，《历史研究》2009 年第 5 期。

四、全球史、跨国史与新时期中国世界史话语体系的探索

随着全球一体化进程的加快，越来越多的历史学家从全球史或跨国史的视角，用全球的眼光看待世界历史，以超越民族国家框架的方式重新书写历史。全球史“本质上是关于全球化进程的叙事”。跨国史“起源于对以民族国家为中心的传统史学范式的不满，是以历史上的跨国现象为研究对象，这些跨国现象可能是全球性的，也可能不是全球性的”，“跨国史的研究范围实际上包含了全球史”。[①] 这种全球史、跨国史的研究视角和方法最初由欧美的历史学家提出。1978 年，英国著名的历史学家杰弗里·巴勒克拉夫在《当代史学主要趋势》一书中谈道，“认识到需要建立全球的历史观——即超越民族和地区的界限，理解整个世界的历史观——是当前的主要特征之一”[②]。近年来，运用全球视角重新进行世界史写作的代表性人物是美国历史学家斯塔夫里阿诺斯和麦克尼尔。斯塔夫里阿诺斯所撰写的《全球通史：1500 年以前的世界》和《全球通史：1500 年以后的世界》[③] 以及麦克尼尔所撰写的《世界史》[④] 最具影响力，风靡全球。斯塔夫里阿诺斯声称，他所采用的是“站在月球上观察世界的立场，把我们这个行星看作一个整体。这样的立场与站在伦敦或巴黎的人有不同的观察角度，同样也不会像站在北京或德里的人那样去观察世界”[⑤]。然而，在巴勒克拉夫看来，尽管这种全球史或跨国史的方法会更客观一些，但实际上依然是“以西方为中心”[⑥]。

① 王立新：《在国家之外发现历史：美国史研究的国际化与跨国史的兴起》，《历史研究》2014 年第 1 期。

② ［英］杰弗里·巴勒克拉夫：《当代史学主要趋势》，杨豫译，北京大学出版社 2006 年版，第 193 页。

③ Leften Stavros Stavrianos, *The World to* 1500: *A Global History*, Englewood Cliffs, N.J.: Prentice-Hall, 1970; *The World since* 1500: *A Global History*, Englewood Cliffs, N.J.: Prentice-Hall, 1966.

④ William H.McNeill, *A World History*, Oxford: Oxford University Press, 1967.

⑤ 转引自［英］杰弗里·巴勒克拉夫：《当代史学主要趋势》，杨豫译，北京大学出版社 2006 年版，第 198 页。

⑥ ［英］杰弗里·巴勒克拉夫：《当代史学主要趋势》，杨豫译，北京大学出版社 2006 年版，第 198 页。

无论如何，全球史或跨国史的这种超地域、超民族的史学观念，以及努力克服“西方中心论”，力图更加客观公正地反映世界历史的整体性的价值取向，颇受肯定，已在史学界形成了一股强大的潮流。这种潮流亦极大地影响了中国世界史学界对世界历史的考察和研究。学者们意识到，传统的以民族国家为单位的研究方式，其弊端在全球化时代里越来越明显。李剑鸣教授认为，这种“民族国家”研究路径的局限性主要表现在以下三个方面：“第一，将视野局限于国别的范围内，无法看出某一国家的历史在世界历史中的位置；第二，忽视不同国家之间的相互影响，不能充分考虑外来因素的作用；第三，单纯从某一民族的立场看问题，倾向于强调本国历史的独特性。”① 为打破这种束缚，中国世界史学科在 21 世纪初开始重视这种历史研究“全球化”或“国际化”的潮流，并运用这种视角和方法进行研究。学者们从全球的视角发现世界史，或“在国家之外发现历史”，或从“国际视野”来考察世界历史，研究那种具有全球性的或非全球性的跨国现象。

2004 年起，在刘新成教授的倡导下，首都师范大学成立了全球史研究中心，这是中国第一个专门研究全球史的学术机构。近年来，他致力于全球史研究，不仅承担了教育部重大课题攻关项目“世界历史进程中的多元文明互动与共生研究”，创办了学术刊物《全球史评论》，而且发表了《全球史观与近代早期世界史编纂》《互动：全球史观的核心理念》《全球史观在中国》《文明互动：从文明史到全球史》，以及《大历史叙述背后的文明互动》等多篇高水平论文。②

刘新成教授认为，全球史以人类社会整体发展进程为叙述对象，超越西方史学以国家为单位的叙事传统，颠覆了“欧洲中心论”，以不同人群、社会、民族、国家之间的互动为切入点，“开辟了考察世界历史的新视角，建立了编纂世界通史的新框架，具有鲜明的时代特点和理论启发性”。在他看来，“将全球整体发展纳入视野，高度重视各个地区、各个社会、各个民族和各个国家横向互动的全球史观，对于国内学界具有特殊的借鉴意义”。全球史观“提供书写世界横向发展的素材外，在考察和描述世界横向发展的

① 李剑鸣：《历史学家的修养和技艺》，上海三联书店 2007 年版，第 126 页。

② 刘新成：《全球史研究动态》，《外国问题研究》2016 年第 1 期。

方法论方面也可以为我国学者提供有益的启示”。他认为，目前我国世界通史的编纂以“整体世界史观”为指导，“以在各部分之间建立起联系作为描述世界横向发展的重点，着眼点放在建立联系的结果上面”。相较而言，“全球史观着眼于不同文化之间的互动，着重阐释不同文化之间相互影响的形式和内容，重心放在建立相互联系的过程上面”。因此，“全球史正好弥补我们的不足”，对我国世界通史的编纂“有重要的借鉴意义”。①

全球史的“魅力”何在？在刘新成教授看来，其“魅力”首先来自“文明互动说”这一核心理念。“文明互动说”的价值在于“动摇了西方世界史体系‘与生俱来’的两大支柱，即‘欧洲中心论’和‘以民族国家’为本”。“文明互动说”否定了任何一种文明的“中心论”，“从而断绝了在世界历史学中出现任何一种文化霸权的可能”。此外，“文明互动说”提出，不同文明在互动过程中“既因为互相学习借鉴而提高生存技巧，也因为生存竞争而刺激发展动力，因而最终推动人类社会的进步”。据此，刘新成教授总结说，全球史观为“化解近代以来西方文明观的内在矛盾、廓清人类文明的统一性与差异性问题，开启了一个新的思路”。② 从这个意义上说，全球史观对于克服任何一种地域、种族、民族国家、文明中心观的片面性和偏见性，公正客观地体现世界史的整体性、多样性具有重要的意义。全球史观对于我们构建有中国特色的世界历史话语体系有着重要的价值。

王立新教授撰写的《在国家之外发现历史：美国史研究的国际化和跨国史的兴起》，系统地阐述了美国史研究跨国转向的发生背景、过程，跨国史研究的领域、问题以及意义。③ 他既把跨国史视作一种研究视角和方法，也把它视作一个研究领域和学科分支。在他看来，作为视角和方法的跨国史，是把一个国家的历史置于更广阔的地区或全球背景中进行考察，将跨国的联系和外国事态视为塑造该国历史的力量，打破各种例外论，从而更准确和更全面地理解这个国家历史的演进；作为研究领域和学科分支的跨国史，

① 刘新成：《全球史观与近代早期世界史编纂》，《世界历史》2006 年第 1 期。

② 刘新成：《文明互动：从文明史到全球史》，《历史研究》2013 年第 1 期。

③ 王立新：《在国家之外发现历史：美国史研究的国际化和跨国史的兴起》，《历史研究》2014 年第 1 期。

则是关注跨国空间内的人类的经历。这种研究“实际上把国家置于边缘地位，更强调研究对象的非国家特性和身份，如性别、宗教和政治信仰，其意义主要不在于丰富和加深对民族国家历史的理解，而在于重建被民族国家历史范式所忽视的人类经历”。王立新教授认为，历史研究的跨国转向具有重要的意义：一是“通过承认外来因素对本国历史和特性的影响，改变、丰富和加深了对民族国家历史的理解”；二是“通过突出在民族国家历史框架中处于边缘地位的人物的经历和价值”，“重建史学正义”；三是“通过提供新的、不同于民族国家透镜的历史观察方式”，“开阔历史学家的视野”，更新他们的观念，“构建关于现代历史的新叙事”；四是“促进文明间的对话，培育国家间相互依赖的意识和国际主义观念，塑造共同的文化认同和世界公民身份”。与此同时，他也提醒我们，跨国史视角下的历史书写，有过分强调一国的历史与其他国家历史的联系和相似性，“用臆想的联系代替实际的联系”，造成对历史的误读等问题。①

王立新教授不仅探讨了跨国史的兴起及其价值，而且分析了跨国史研究对我国20世纪世界史书写的启示。在他看来，“跨国史研究凸显了跨国经验在人类生活中的重要性，改变了人们对现代历史，包括20世纪的冲突与战争的理解”。因此，“有必要从跨国史的视角重新书写20世纪世界史”。那么，如何运用跨国史的视角和方法来重建我国的世界现代史学科体系？王立新教授认为，需要注意以下三个方面：“一是加强对非国家行为体，特别是国际组织（包括国际非政府组织、政府间国际组织）历史的研究，使其成为世界现代史不可分割的一部分”；“二是将国际人权保障、教育与文化交流、消除传染性疾病、跨国环境合作以及国际体育交流等所谓‘低端外交’事务写入20世纪国际关系史”；“三是突出跨国力量和跨国的联系对各国发展和人类历史的影响”。② 也就是说，从跨国史视角而言，构建我国世界现代史学科的新体系，提升我们的话语分量，不仅仅是书写20世纪民族国家的成长、战争、危机和革命的历史，更要书写国际组织的成长、国际合作的增加、地区共同体的兴起的历史。

---

① 王立新：《在国家之外发现历史：美国史研究的国际化和跨国史的兴起》，《历史研究》2014年第1期。

② 王立新：《跨国史的兴起与20世纪世界史的重新书写》，《世界历史》2016年第2期。

香港大学的徐国琦教授[①]运用跨国史的视角和方法，进行中外关系史的研究，在英国剑桥大学出版社和美国哈佛大学出版社出版了中国近现代史的跨国史研究三部曲。这三部作品分别是：《中国与大战：寻求新的国家认同与国际化》《奥林匹克之梦：中国与体育，1895—2008》和《一战中的华工》。[②] 他用跨国史的方法，重新解读中国与第一次世界大战、"一战"华工、竞技体育这三个在中国历史进程中扮演了极其重要角色但又长期被忽视或误解的题目。徐国琦教授分别在"跨国史"三部曲中得出了与传统视野完全不同的结论。他认为，中国与"一战"关系意义非凡，中国与"一战"的互动，"标志着中国人真正意义上寻求国际化及新的国家认同的开始"；"一战"期间中国的"以工代兵"策略"是中国有史以来第一次有胆识、有目的、有远见地加入国际社会的开端，是东方大国参与拯救西方文明的中外合作大事件"；而近代以来几代中国人则是"利用西方体育来改善中国的命运，重塑国家认同，提高中国在国际上的地位"。[③]

在徐国琦教授看来，跨国史有以下几个特点：一是打破历史研究中"民族国家"的约束，以整个国际体系甚至文化背景为参照系；二是强调非政府机构、竞技体育、瘟疫等非政治的和非"民族国家"的因素在人类进步及历史进程中的作用；三是重视多国档案和多种资料的应用；四是侧重"自下而上"的方法，从"文化"因素、"弱势群体"、人类共同的追求等方面作为突破口。[④] 在运用跨国史的方法的基础上，他进一步拓宽思路，提出了作为研究方法的"共有的历史"，着眼于中外人民共同的历程及追求，

① 徐国琦教授2009年从美国前往香港大学历史系工作。他的"跨国史"三部曲的最后一部，以及目前所出版的"共有的历史"的系列成果，主要在香港大学完成。他的英文著作获得了欧美史学界的承认，陆续翻译成中文出版后，在大陆也产生了重大的影响。故在此作为跨国史方面的代表作进行介绍，谨此说明。

② Guoqi Xu, *China and the Great War: China's Pursuit of New National Identity and Internationalization*, Cambridge: Cambridge University Press, 2005（徐国琦：《中国与大战：寻求新的国家认同与国际化》，马建标译，上海三联书店2008年版）；Guoqi Xu, *Olympic Dreams: China and Sports*, 1895 - 2008, Cambridge: Harvard University Press, 2008; Guoqi Xu, *Strangers on the Western Front: Chines Workers in the Great War*, Cambridge: Harvard University Press, 2011（徐国琦：《一战中的华工》，潘星、强舸译，上海人民出版社2014年版）。

③ 徐国琦：《作为方法的"跨国史"及"共有的历史"》，《史学月刊》2017年第7期。

④ 徐国琦：《作为方法的"跨国史"及"共有的历史"》，《史学月刊》2017年第7期。

侧重文化范畴，以及强调个人和非政府机构的作用。[①] 目前，徐国琦教授已出版了“共有的历史”三部曲中的《中国人与美国人：一个共有的历史》和《亚洲和大战：一个共有的历史》。[②] 无论是“跨国史”三部曲还是“共有的历史”的两部作品，均由具有很高学术声望的剑桥大学出版社、牛津大学出版社和哈佛大学出版社出版，在国际学术界产生了广泛的影响。

五、构建中国特色的世界史话语体系的几点思考

著名的世界史学家马克垚先生曾谈到，世界史的话语系统是西方首先创造和使用的。他说：“直到现在，我们还只有一种历史理论，这一理论是来源于西方的，我们亚、非、拉国家，虽然有悠久的历史，可是并没有发展出属于自己的历史理论。西方的理论有其真理性，可是只是从西方出发来看世界的。所以同时也有它的局限性。”[③] 尽管如此，我们在构建世界史话语体系时仍然需要向欧美学习，因为世界史是一门研究外国历史的学科，学科的特性决定了我们要向他们取经。问题的关键不在于我们在构建自己的话语体系时能不能使用西方的概念、工具、范式、理论与方法，而在于如何消化吸收，如何进行创造性转化，进而独树一帜。但创造性转化的确不易，因为“历史学是一门意识形态很强的科学，我们学习了人家的理论和方法，不可避免地也就被别人的话语所控制”[④]。针对这种情况，杨生茂先生强调，“鉴别吸收”是“我们研究世界历史的正确途径”。他说：“有鉴别地消化吸收外国的优秀文化，同时滤取我国文化中的优秀部分，这样方可孕育出具有创造性的高层次的文化，在提升世界文明方面，也可贡献我们的一份力量。在世界史研究中，全盘照搬的想法同故步自封或妄自菲薄思想一样，都是蒙昧的表现。”[⑤] 实际上，只有“鉴别吸收”才能做到创造性转化，才会有原创论著。

---

① 徐国琦：《作为方法的“跨国史”及“共有的历史”》，《史学月刊》2017年第7期。

② Guoqi Xu, *Chinese and Americans: A Shared History*, Cambridge: Harvard University Press, 2014; Guoqi Xu, *Asia and the Great War: A Shared History*, Oxford: Oxford University Press, 2016.

③ 马克垚：《困境与反思：“欧洲中心论”的破除与世界史的创立》，《历史研究》2006年第3期。

④ 马克垚：《我国世界史学科建设的回顾与展望》，《经济社会史评论》2015年第1期。

⑤ 杨生茂：《浮想联翩——世纪之交有关世界史研究的几点思考》，《历史教学》2001年第4期。

从中国世界史学科话语体系的生成与演变来看，我们是在“鉴别吸收”人类文明成果的基础上，构建具有中国特色以及反映世界史学科最新发展的话语体系。新中国世界史学科体系的建立是向苏联学习的结果。改革开放以来，我们在世界史学科体系上的创新也离不开借鉴国外的理论、方法和成果。吴于廑先生受马克思和恩格斯有关历史“在愈来愈大的程度上成为全世界的历史”论述的启发，提出了“世界历史经历了怎样的形成，历史怎样发展成为世界的历史”命题的“整体世界史观”。而我国世界近现代史学科现代化理论体系的构建以及应用全球史或跨国史视角和方法进行探索，取得了令人瞩目的成绩，均是创新性地运用西方的史学理论与方法。在新形势下，我们重视话语体系的建设，提升世界史学科国际话语权，并非一定要另起炉灶，提出与西方史学界完全不同的新概念、新范式、新理论与新方法，但我们需要进行创造性转化。与此同时，中国学者研究世界史有其独特的优势，有着一种与外国学者截然不同的体验，有机会看到其他国家学者在研究自身历史时所看不到的一些东西。我们完全可以用中国的视野来理解世界历史，并用世界文明来反观中国的历史与社会现象，在文明的对比中形成自己的研究路径，提出独到的解释，推动中国的世界史研究，做出我们的贡献。

构建中国特色的世界史话语体系，关键是提升世界史的研究水平。而要做到这一点，现阶段我们仍需追踪西方史学的前沿，取法欧美史学的方法。近三四十年来，欧美史学界的新理论和新方法层出不穷。历史研究不断出现新的转向，如“社会转向”、“政治转向”、“语言学转向”、“文化转向”和“跨国转向”。“新史学”如雨后春笋般涌现，新社会史、后现代主义史学、新政治史、新文化史、全球史、跨国史或国际史，一浪接一浪，扑面而来，渐入史学主流。有的采取“自下而上”的方法，关注小人物、小事件，社会中的边缘性群体、底层民众，把他们置于历史研究的中心位置。有的“破权威”“去中心”“拆结构”，把史学研究扩展到“种族、性别、性征、疾病等领域”，“从宏大叙事转向‘地方性知识’”，“从中心视角转向多元理解”。[①] 有的在理念、题材和方法上进行更新，既使用经典政治史的工具，也使用其他学科的工具；既有经典的公共权力的构成和运动的题材，也有政

① 刘北成:《后现代主义、现代性和史学》,《史学理论研究》2004 年第 2 期。

治史与社会史分享的题材，还有政治史和文化史协作的题材；并持开放的心态，考虑历史的多样性和不确定，重视各种因素之间的关联和互动。[①] 有的关注人的内在经验，重新审视历史时间的概念，推动了历史解释方式的变化，从因果分析转向了意义阐释，并有助于拓展史家寻找题材和史料的视野。[②] 我国世界史学界对欧美史学的这些新事物、新理论和新方法的接受很快，翻译了各领域中的代表作，对相关的话题也有较多的讨论。但我们还需花大力气和下苦功夫来落实在做上，出版能在国际上有较高学术分量和较大影响的"新史学"著作。

构建中国特色的世界史话语体系，离不开本土资源的支持。从欧美国家的中国史研究取得了令人瞩目的成就看，我国的世界史学科也完全有可能取得令欧美史学界重视的成就。当我国的世界史学术著作能及时被欧美学者介绍和翻译，并在世界一流出版社出版，就像欧美那些一流的中国史研究成果在我国备受重视那样，那么我们的世界史研究才能算在西方学术界占有一席之地，才称得上有自己的话语权。但是，我们的世界史研究如何取得与欧美的中国史研究那样令人称道的成就？从欧美国家的中国史研究的成功经验来看，他们更多的是依托丰富的、扎实的和先进的本土资源的支持，这些资源不仅是来自本国史的研究理论和方法，还来自本土比较成熟的社会科学的理论与方法。但我们国家的情况比较特殊，在马克垚先生看来，"中国有悠久的历史和历史学，可是我们的现代历史学，还是从梁启超学习西方史学开始的。直到现在，我们既缺乏从本土资源出发、从自己的历史出发建立的历史理论，也缺乏从本身出发看世界而建立的世界史理论，世界史发展模式"。[③] 针对这种情况，李剑鸣教授提出，中国的世界史学者更应借鉴欧美中国史研究的成功经验，充分发掘本土资源，"在修养和学识上形成一种对域外资源的过滤、消化能力，并借助本土文化底蕴、中国文史修养和深切的现实关怀，形成独特的观察角度和解释框架，以期在某些领域和专题上取得突

---

① 李剑鸣：《美国政治史的衰落与复兴》，《史学集刊》2013 年第 6 期。

② 李剑鸣：《探索世界史研究的新方法——"新文化史"的方法论启示》，《史学月刊》2012 年第 2 期。

③ 马克垚：《困境与反思："欧洲中心论"的破除与世界史的创立》，《历史研究》2006 年第 3 期。

破”。[①] 应该说，这种借鉴欧美中国史研究成功经验的方法，以及充分发掘和利用本土资源的做法，是切实可行的。若能持之以恒，经过几代学人的努力，中国的世界史研究必定能在某些领域取得重大突破，为欧美史学界重视。

构建中国特色的世界史话语体系，要以占有丰富的原始材料为基础。不朽的历史学著作，都是在穷尽第一手材料的基础上矗立起来的雄伟壮丽的大厦。近年来，随着网络资源的发展，特别是西方历史各种专题的档案数据库的大量涌现，以及中国大学图书建设经费的大幅度增长，已极大地弥补了我国世界史研究中原始资料严重不足的问题。一些主要的西方国家或者重要的历史时段、事件、主题的数据库，在国内世界史学科实力较为雄厚的大学已受到重视和得到较好的建设。但原始材料的建设工作，各大学之间、各世界史学科下的二级学科之间差别很大。另外，还有很多的时段、很多的国家的原始材料，在我国仍然是十分难觅，几乎没有购置，这与高校大多重视大国研究以及世界史学科的布局有关。有条件的话，我们最好能去欧美国家各种档案馆、大学图书馆、历史协会和私人收藏家那里扫描、拍照、复印或抄录一手的资料。以美国为例，美国国家档案馆的原始材料，已出版和进行数据化处理的只占少数，仍有三分之二左右的没有出版和进行数字化处理。要获得美国史的原始材料，仍需去美国国家档案馆中查找。若以研究主题如美国劳工史为例，威斯康星州历史协会的劳工史资料的数量和质量都是首屈一指的，而马里兰大学则收藏了美国劳工联合会的完整档案。若想做出世界一流的美国劳工史成果，则至少要去这些机构和地方收集劳工史料。此外，在全球史、跨国史研究成为国际史学潮流的今天，尤其要重视多国档案和多种资料的运用。

构建中国特色的世界史话语体系，离不开严谨的、系统的和科学的世界史专业学术训练。有了丰富的高质量的原始资料，并不意味着一定能够产生令欧美史学界重视的学术成果。良好的世界史专业学术训练是成就学术精品的关键。一是要加强外语语言能力的训练。语言是制约中国世界史学科整体水平提高的瓶颈，这不仅表现为国内世界史学者的英语水平有待进一步提

① 李剑鸣：《本土资源与外国史研究》，《南开学报（哲学社会科学版）》2003 年第 2 期。

高，还表现为懂得非英语语言的世界史工作者太少，极大地限制了我们对非英语国家和地区历史的研究。一个优秀的世界史研究者除了通晓英语外，还必须能够熟练地使用其研究对象国家和地区的语言。如果是研究上古史、中古史，则需要熟悉法语、德语、拉丁语、古希腊语或其他的古代的语言文字。唯有掌握好相关语言，才能研究原汁原味的第一手材料。其次，要解决好博与约的问题。杨生茂先生曾多次论述这一对关系。他强调，“博与约是辩证的统一，二者相互渗透，相辅相成。博而不约，则缺主攻方向，涉猎范围则不免庞杂，读书易失于浮光掠影，为文易失于泛泛。反之，约而不博，则知识面窄，就如盲者摸象，往往以偏概全，作出片面性判断。历史重在分析综合，融会贯通，这就需要博与约的统一了”[①]。我们既要有广博、扎实的知识，开阔的视野，也要在此基础上有专深的研究，去做精深的学问。再次，要掌握“鉴别吸收”的本领。不仅要对西方的各种史学理论与方法进行鉴别吸收，而且要对各种西方历史语境下的原始材料进行鉴别吸收。孟广林教授认为，“即便是最权威的原始资料，也常常精芜并存”，“只有用科学的理论来甄别、考量、解析与阐证史料，才有可能作出接近历史真实的诠释”。[②] 第四，要善于梳理学术前史。向荣教授认为，梳理前人已有的研究成果，“可以帮助我们了解所研究问题的来龙去脉及其意义，并找出自己可以进一步推进的方向”。唯有如此，我们在大量的前人已有的不同观点和比较陌生的、有时还相互矛盾的原始资料中不至于“迷失”方向。[③] 也只有梳理清楚学术史，我们才能提出独到的、有意义的学术问题，才能解读出原始资料的真正价值，才能实现与国际学术界的对话。

构建中国特色的世界史话语体系，应当重视和加强专题研究。须有世界一流水平的世界史论著和世界史学者，我们才能得到欧美史学界的承认。马克垚先生曾举例说，苏联的科斯敏斯基用俄文写了《英国 13 世纪农业史研究》。科斯敏斯基使用的是马克思主义的史学理论与方法，与英国国内的史学理论与方法大为不同，但不妨碍英国人对该书的推崇。英国人把《英国 13 世纪农业史研究》译为英文，并作为研究英国中世纪经济史的必读之书

① 杨生茂：《博与约的关系及其他——关于美国史研究的几点想法》，《世界历史》1986 年第 4 期。
② 孟广林：《构建世界史研究“中国学派”》，《中国社会科学报》2016 年 4 月 14 日。
③ 向荣：《我国世界史研究面临的机遇与挑战》，《世界历史》2010 年第 2 期。

和经典著作。在马克垚先生看来，“如果我们有得到这样承认的著作，那才可以说是有了一流的著作”[①]。向荣教授主张，我国世界史学界应该把更多的时间和精力放在具体问题的研究上。他认为，“严格意义上的历史研究是从具体问题开始的，‘体系’问题也只有在具体研究达到相当程度的水平之后才有望解决”[②]。换而言之，当下我国世界史研究最迫切的任务是进行扎实的微观研究。对具体问题进行实证研究，这是世界史学科的基础性的工作。当我们产出了许多高水平的、有分量的原创性的微观研究学术成果后，世界史话语体系的建设这类宏大的问题将会迎刃而解。或者说，此时构建中国特色的世界史话语体系则是水到渠成之事。目前，不仅我们传统的研究强项如英国史、美国史和日本史等领域还有大量的实证研究需要去做，而且我们对很多重要的国家和地区如俄罗斯、印度、东南亚、东欧、非洲和拉丁美洲的历史研究还十分薄弱，有的甚至无人涉及。在这种情况下，要构建一个合理的世界史体系，必须先加强对这些国家和地区的具体研究。我们应该沿着“资料—专题—通史”这个方向前进，[③] 为中国世界史话语体系的构建打下更加坚实的基础。在提升我国世界史话语权上，我们不宜急于求成，好大喜功，否则无异于缘木求鱼。

构建中国特色的世界史话语体系，应该继承和发扬我国学以致用的优秀史学传统。有世界史学者认为，世界史是一门基础学科，学术研究是第一位的，[④] 这一点是毋庸置疑的。但学以致用并非只是简单地从西方发达国家的历史发展中，吸取对我国现代化建设事业有借鉴意义的经验和教训。真正做到学以致用，并不是一件容易的事。具体来说，一是我们需要牢固扎根中国，二是我们需要深刻地了解世界。正如刘新成教授所言，“没有对中国国情的了解，就失去了对占世界四分之一人口的历史经验的总结；不了解中国特色，如何追求中国特色的世界历史体系呢?”[⑤] 而深刻地了解世界，则既是世界史研究的基本要求，也是题中应有之义。学以致用，“是为了促进我

① 马克垚：《我国世界史学科建设的回顾与展望》，《经济社会史评论》2015 年第 1 期。
② 向荣：《我国世界史研究面临的机遇与挑战》，《世界历史》2010 年第 2 期。
③ 杨生茂：《博与约的关系及其他——关于美国史研究的几点想法》，《世界历史》1986 年第 4 期。
④ 向荣：《我国世界史研究面临的机遇与挑战》，《世界历史》2010 年第 2 期。
⑤ 刘新成、刘文明：《中国的世界史研究六十年》，《历史研究》2009 年第 5 期。

国进一步迅速健全发展的需要。只要国家这一现象存在，这种需要是须臾不可或缺的”[①]。此外，外为中用，“不仅要善于批判地吸收外来文化，丰富和反思我们的文化，而且要主动地参与世界文化的交流”[②]。当然，世界历史的“用”之于中国，“不能生搬硬套和曲意迎合，而应在尊重历史的前提下加以考虑”[③]。实际上，中国世界史学科话语体系的生成与演变的历史表明，“温故知新、应答现实和启迪未来”的学以致用，是创建具有中国特色世界史话语体系的源头活水。我们有理由相信，中国的世界史学科不仅可以在某些领域和专题上取得突破，而且能形成有自己鲜明特色的具有重要国际影响的话语体系。

① 杨生茂：《浮想联翩——世纪之交有关世界史研究的几点思考》，《历史教学》2001 年第 4 期。

② 杨生茂：《博与约的关系及其他——关于美国史研究的几点想法》，《世界历史》1986 年第 4 期。

③ 李剑鸣：《探索中国美国史学发展的路径——读杨生茂教授的〈探径集〉》，《美国研究》2003 年第 2 期。

第　七　章

中国当代艺术学话语体系构建：路径与反思

汪　余　礼

当前应如何构建中国艺术学话语体系？或者说，构建中国当代艺术学话语体系的有效路径有哪些？从历史经验来看，构建中国当代艺术学话语体系的路径大体有三：一是立足国学，依经立义，通过对中国古代艺术思想的现代阐释来构建当代艺术学话语；二是依托西学，借石攻玉，通过对西方艺术理论的中国化阐释和中西深入对话来构建当代艺术学话语；三是基于实践，综合创新，通过总结自己和他人的艺术经验以及化用中西相关思想来构建当代艺术学话语。反思中国当代学者在这三条路径上取得的实绩与不足，可以发现：中国当代艺术学理论著作非常多，但有中国特色的、系统严整的艺术学话语体系尚未建立起来；构建中国当代艺术学话语体系，仍需立足国学，放眼世界，基于实践，综合创新；需要真懂艺术，对艺术的本质、功能、本体结构、存在方式、创作规律、接受规律、发展规律等有准确深刻的阐发，并构成一个自洽的体系；构建中国当代艺术学话语体系，仍需鼓励百家争鸣；目前，首先需要做且可以做的是，继承王国维、朱光潜、宗白华、李泽厚等大学者的学术理路与艺术智慧，在精研中西古今一些重要学术思想之后赋予国学旧词以新意，或融合国学与西学之后自铸汉语新词，确立具有中国特色的一系列核心概念，进而构建起“内之弗失固有之血脉，外之不后于世界之思潮”的艺术学原理体系。

当前，构建中国特色艺术学话语体系已成为艺术理论界的头号问题。在高层领导的强调和学界内在焦虑的激发下，一时间涌现了不少关于中国艺术学话语的论著。这些论著或构想完整体系，或畅谈理念与方法，或阐述原则与要点，很有启发意义。不过在笔者看来，目前对于这个问题的研究需要从“构想体系”的热忱中转入冷静的学术史梳理，在切实的历史研究中找准路径，避免误区，并充分继承前贤的艺术智慧，[①] 在此基础上再尝试建构新话语体系。

新时期以来，我国不少学者具有构建本土艺术学话语[②]的自觉意识，做出了一些具有开拓意义的成果。就其构建艺术学话语的路径而言，大体有三：一是立足国学，依经立义，通过对中国古代艺术思想的现代阐释来构建当代艺术学话语；二是依托西学，借石攻玉，通过对西方艺术理论的中国化阐释和中西深入对话来构建当代艺术学话语；三是基于实践，综合创新，通过总结自己和他人的艺术经验以及化用中西相关思想来构建当代艺术学话语。在这三条路径上，学者们取得了非常可观的成果，但也存在一些不足。通过反思其得失，将有助于摸清进一步前行的路。而且，在笔者看来，构建中国当代艺术学话语体系刚好需要在这三条路径上都有所作为；或者说，了解前贤们在这三条路径上所作的贡献并综合推进、化三为一，是构建中国当代艺术学话语体系的客观要求和

① 中国话语构建的实质是就人类共通问题探求解决方案、贡献中国智慧；其重心不在于编织一个自足的概念体系，而在于探明真理引导未来的实践活动。这将是一个相当漫长的过程。就中国艺术学话语构建而言，关键不是要“会想会写”，而是要下苦功“去学去做”，即一方面学习他人，继承前贤所积累的艺术经验和艺术智慧，另一方面努力在实践中获得关于艺术本质、艺术功能、艺术创作、艺术鉴赏、艺术批评等重要问题的真理性认识，在此基础上再做创造性转化与创新性发展。此处所谓“艺术智慧”，指的是关于艺术的真知灼见和宝贵经验。如果对于艺术缺乏真切的体悟和真正的洞见，是不可能构建起有效的艺术学话语体系的。

② 本章所谓“构建本土艺术学话语”，主要指构建中华民族的艺术学基础理论（主要含一般艺术学原理，兼涉文学基础理论、戏剧学基础理论、电影学基础理论等），尤其侧重于一般艺术学理论。而一般艺术学理论，至少应该回答三个根本问题：1. 艺术是什么（显现为什么和本质是什么）？2. 艺术为何是（存在）？3. 艺术如何是（显现、存在）？即需要回答艺术的本质、本体结构、功能、存在方式、创作规律、发展规律问题，否则不成其为理论。此外，本章所谓“当代”，指 1977—2017 年这 40 年时间。通常所谓“当代”，除了这四十年，还包括 1949—1976 年这 27 年时间；但这 27 年与当今时代实在难以同日而语，故暂且搁而不论。

必修环节。[1] 下面试详论之。

一、路径一：立足国学，依经立义

依经立义是中国传统学术生成的奥秘[2]，在中国当代艺术学研究中依然有着顽强的生命力。近四十年来，中国有不少学者自觉或不自觉地运用这一方法，立足国学，对中国文化元典和艺论经典中的艺术思想、艺术智慧进行现代阐释，激活了中国传统艺论中的一些概念，使之成了中国当代艺术理论批评中的常用话语。只不过，学者们在依经立义的过程中，往往运用西学话语对中国古代的重要概念进行现代阐释，因而无形中赋予这些概念以某些现代意涵。在这方面用力较多、对于构建本土艺术学话语助益较大者，一是关涉“意象”“意境”“境界”的系列论著，二是关涉“感物”“感兴”“感悟”的系列论著，三是着重探讨“中国艺术精神”“中华美学精神”的系列论著，四是关于“中国艺术哲学”“中国艺术美学”的系列论著，五是关于“中国艺术批评史”“中国艺术批评学”的系列论著。

由于受到王国维、朱光潜、宗白华等现代美学大师的影响，中国当代有一大批学者特别关注中国古代文论、艺论中的“意象”“意境”“境界”“感物”“感兴”等概念，或考镜其源流，或辨析其内涵，或梳理其谱系，或据以构建艺术学理论体系，发表了大量的论著。以笔者目力所及，汪裕雄的《审美意象学》（辽宁教育出版社1993年版、人民出版社2013年再版）和《意象探源》（安徽教育出版社1996年版、人民出版社2013年再版），袁禾的《中国舞蹈意象论》（文化艺术出版社1994年版）、沈达人的《戏曲

---

① 关于如何构建中国当代艺术学话语体系，笔者的认识经历了一个转变的过程。十年前，笔者认为构建中国艺术学话语体系最重要的是立足国学，依据古代文论艺论经典构建理论体系，依此思路已撰写一部30万字的书稿；但近年来，笔者觉得必须进一步拓宽视野，在某种意义上不仅要坚持两条腿走路（“立足国学，依经立义”与“依托西学，借石攻玉”相结合），还要借助第三条腿”（依经立义、借石攻玉与基于实践综合创新相结合）。在现代社会，汽车飞机属于人类延伸出来的第三条腿，如果舍弃不用显然跟不上时代发展的节奏；同理，在艺术学话语建设方面，除了需要利用好中西丰富的理论资源，还必须植根于丰富多彩的艺术实践，并善于运用互联网时代的多种技术手段，最后化三为一，走出一条综合创新之路。

② 曹顺庆、王庆：《中国传统学术生成的奥秘：依经立义》，《中州学刊》2012年第5期。

意象论》（文化艺术出版社 1995 年版、2014 年再版）、蒲震元的《中国艺术意境论》（北京大学出版社 1999 年版）、薛富兴的《东方神韵——意境论》（人民文学出版社 2000 年版）、古风的《意境探微》（百花洲文艺出版社 2001 年版）、张乾元的《周易意象学与中国书画美学》（中国书店 2006 年版）、杨义的《感悟通论》（人民出版社 2008 年版）、刘书亮的《中国电影意境论》（中国传媒大学出版社 2008 年版）、杨守森的《艺术境界论》（上海人民出版社 2008 年版）、叶朗的《美在意象》（北京大学出版社 2010 年版）、王一川主编的《艺术学原理》（北京师范大学出版社 2011 年版，该书以“感兴”为核心概念构建艺术学理论）、施旭升的《艺术即意象》（人民出版社 2013 年版）等是其中影响较大者。这些著作，都是从中国古代文论、艺论中拈取核心概念，或自觉或不自觉地构建本土艺术学话语体系。其中，著名学者、长江学者特聘教授王一川先生自觉意识非常强，其主编《艺术学原理》一书，即“立意在中国艺术学理论领域作出创新”[①]。依作者自述，该书“独特的理论创新之所在，即对‘感兴’传统及其‘兴辞’形态的理解和推演，从而点明本书的核心范畴和基础”[②]。诚如其言，该书以中国传统美学中的“感兴”为核心概念，回答了艺术本质、艺术功能、艺术创作规律等问题，初步构建了一套有中国特色的艺术学理论。

在艺术本质论方面，王一川先生认同这样一种判断，“艺术是个人感兴的产物。”[③] 对于这个观点，他进一步解释道：“感兴是一种来自日常生活的感物过程的人生意义直觉。感兴也作兴会、诗兴、兴致等。‘感’，是‘感物’‘物感’之意，代表个体对事物的认知和体验；‘兴’，是指从平常状态中骤然兴起、起来，代表个体身心进入一种高度兴奋状态。重要的是，感兴被视为个体从物质生活情境中兴起、奋起而达到一种身心愉悦状态的一个标志。感兴不仅可以来自个人生活的体验，而且更应该来自通过个人而对超个人的社会生活境遇的体验。从内在构成看，艺术中的感兴往往必然指向独特的符号构造，即要以符号形式去创造特殊的意义系统，从而传达感兴中生成的人生意义直觉。……感兴不只是普通的心理反应或心理过程的形式化，而

① 参见王一川主编：《艺术学原理》“内容提要”，北京师范大学出版社 2011 年版。
② 王一川主编：《艺术学原理》，北京师范大学出版社 2011 年版，第 5 页。
③ 王一川主编：《艺术学原理》，北京师范大学出版社 2011 年版，第 34 页。

是一种特殊的、深层的有关人生意义的直觉的形式化。……可以说，感兴是人的身体与心理、物质状态与精神感受、意识与无意识、情感与理智等要素之间在符号形式中的多重组合。感兴，实质上是符号形式中创生的人对人生意义的直觉。”① 由此可见，在他这里，“感兴”既是艺术创造之源，也是艺术创造的过程，还指向艺术品本身（几乎包含了艺术形式）。基于这个定义，王一川先生进一步指出了艺术的五个主要特征：传媒性、兴辞性、兴象性、语境性、兴蕴性。

在艺术创作论方面，王一川先生认为，艺术创作就是一个完整的感兴过程。他参照郑板桥的“三竹”论，指出艺术创作过程中的感兴可以分为四个阶段：园中之竹、眼中之竹、胸中之竹、手中之竹。“第一是园中之竹，这是客观存在的园林或庭院中的竹子，它诱发了画家的感物愿望，使其生出感兴，这属于艺术感兴的客观条件或对象。第二是眼中之竹，这是园中之竹映现在画家个人感官里的印象，它是个人对客观的园中之竹兴发感动的产物，代表艺术感兴的开端或发动。第三是胸中之竹，这是画家在头脑中对眼中之竹进一步加工和改造的产物，灌注进画家个人的情感、理想、趣味等主体构成，代表艺术感兴的高潮阶段。第四是手中之竹，这是画家把胸中之竹转化成可感的媒介形式的成品状态，代表艺术感兴的完成阶段。这四个阶段的划分，颇为形象而又准确地阐明了艺术创作中感兴的演变和传递状况。”② 据此，“感兴”俨然是对艺术创作过程的完整概括。

在艺术功能论方面，王一川先生认为，艺术的主要功能是“兴发人的情感”，并让人“能在瞬间直觉生命的意义”。此外，他还专门写了一本著作《艺术公赏力》（北京大学出版社 2016 年版），用 76 万字的篇幅，以“艺术公赏力”为核心概念，着重探讨了互联网时代艺术的功能、力量及其发挥机制问题。在该书中，王先生提出艺术的主要功能是“通过人的身体感官的‘兴发感动’而把人提升到心灵享受的层次”，进而让人“实现自身的文化认同、构建平等共生的和谐社会”；换言之，即“各美其美，美人之美，美美与共，天下大同”。③ 这就把艺术的“兴发感动”作用一直推扩到

① 王一川主编：《艺术学原理》，北京师范大学出版社 2011 年版，第 34—35 页。

② 王一川主编：《艺术学原理》，北京师范大学出版社 2011 年版，第 36 页。

③ 王一川：《艺术公赏力：艺术公共性研究》，北京大学出版社 2016 年版，第 26 页。

“天下大同”；不管这中间有多远的距离，但“感兴”是基础也是起点，是使“天下大同”成为可能的一个重要因素。

综合来看，王一川先生的感兴论艺术观，立足国学，对中国古典文艺学中的“感兴”概念进行现代阐释，构建起一套具有现代格局和精神意识的艺术学理论，代表了构建中国艺术学话语体系的一种路向，具有重要的示范意义。但他对于“感兴”的阐释，似有“过度诠释”之嫌。因为，正如他自己所说，“感兴是一种来自日常生活的感物过程的人生意义直觉”，它主要表征的是创作主体的一种内心状态，停留在创作过程的内心直觉阶段；至于将胸中之竹外化出来、用一定的媒介呈现为画中之竹，这属于创作过程中的传达阶段，这个阶段好像不是“感兴”所能涵括进去的。可能正是由于感觉到自己存在一定程度的“过度诠释”，王先生后来又提出“兴辞诗学”，用修辞（传达）来补充“感兴”，以“兴”和“辞”两个概念来概括其艺术观。这也就意味着，单提“感兴”，不足以涵括“艺术传达”。个中潜在的困难也许启人深思：拈取古典美学或文艺学中的一个重要术语，以之为逻辑起点或核心概念，用来揭示艺术的本质、功能、创作规律等，试图“一词以蔽之”，这种做法是否可取呢？如果可取，是术语的选择重要，还是构建的方法更重要？抑或两者都很重要？尤其是在试图构建一个严整立体的理论体系时，把种种要素都放到一个核心概念里面去，这样是否可行，确实需要慎重思考。

较之王一川先生的《艺术学原理》，施旭升教授的《艺术即意象》在术语选择和构建方法上显然大异其趣。他瞄准的是中国古代乃至近现代文论、艺论中的一个高频词汇——意象，把它视为理解艺术本体、把握艺术创造、考察艺术传播与接受、领会艺术发展演变规律的“众妙之门”；然后从美学、心理学、符号学、传播学、文化人类学的多维视角去审视“意象”范畴的丰富内涵，并将“意象”确立为艺术之本体，进而在此基础上探讨艺术意象的生成、构造及其传播、流变的规律。“意象”范畴源于《周易》（《周易·系辞》曰：“圣人立象以尽意”），在中国古代文论、诗论、艺论中流布极广，西方关于“意象”的论述也比较多，它已成为东西方艺术理论都很关注的一个对象；在现当代，朱光潜、宗白华、叶朗等著名美学家都很重视“意象”范畴（叶朗先生甚至主编了一种名为《意象》的期刊），并已阐发了许多精彩的观点，接着他们讲下去确实具有很大的合理性。施教授显然具有“接着讲”的自觉意识，他在该书前言中扼要梳理了康德、朱光潜、艾青、叶朗、汪裕雄等诸位先生的意象论，接着便说明其“试图构建起一个以‘意象’范畴为核心的跨文化的现代艺术学体系”[①]。其所构建的是怎样一个体系呢?

在艺术本体论层面，施教授认为，“普遍被认可的艺术作品基本上都是由外在形式与内在意蕴两部分构成……而意象，便是贯穿两者并统摄其间的一个本体性的存在。……在艺术中，意象构成了一个包含着形式意蕴于自身的完整的感性世界。艺术的全部奥妙都体现在意象之中；或者说，意象构成了艺术的基本粒子。艺术即意象。”[②] 这是从艺术品构成的角度论证“艺术即意象”。对于全书最核心的这个观点，作者在读者的期待中很快就完成了论证。之所以如此，也许是因为在施教授看来，叶朗先生已经指出：“中国传统美学将‘意象’视为艺术的本体，而‘意象’的基本规定就是情境交融，由此构成一个包含着意蕴于自身的一个完整的感性世界。”[③] 也就是说，在艺术本体论层面，施教授基本上继承了叶朗先生“艺术的本体是审美意象”[④] 的观点。

在艺术创作论层面，施教授认为，艺术创作过程即生成意象的过程；而在艺术意象的生成过程当中，一方面是“外师造化”，另一方面是“中得心源”，两者结合“构建起主体的审美心胸”[⑤]。具体说来，“艺术创造之初必然是从意象的孕育而并非是从某种抽象观念的引导开始的。……在艺术家创作心理全面唤醒之际，他的各种生活积累都可能被调动起来，万象纷呈，情绪跌宕。而只有那些为艺术家深切体验过、并能够切实表达艺术家的艺术理想的表象材料才可能成为未来审美意象的‘种子’。这种意象的种子与那些存留于艺术家的文化记忆之中的原型意象显然有着密切的关联，甚至成为原型意象的直接呈现，并且也由此而有着巨大的生命能量和寻求表现的活力。

① 施旭升：《艺术即意象》，人民出版社2013年版，第4页。
② 施旭升：《艺术即意象》，人民出版社2013年版，第23—25页。
③ 施旭升：《艺术即意象》，人民出版社2013年版，第25页。
④ 叶朗：《美学原理》，北京大学出版社2009年版，第235页。
⑤ 施旭升：《艺术即意象》，人民出版社2013年版，第120页。

在此基础上，艺术意象的生成进入了心理意象的充分孕育的阶段。……此外，在艺术创造过程中，在创作动力得以全面唤醒、特别是艺术灵感得以勃发之际，主体需要以一种新的经验来使所积累的材料获得一种特定的形式（即符号表现）。……所以，审美意象的心理营构与符号表现也就成为艺术创造的核心，两者一体相关，成为艺术创造进程的关键所在。"① 这实际上意味着把艺术创造的过程分解为唤醒原始意象、孕育心理意象、表现符号意象三个步骤，这三步显然都关涉到意象的营构与生成。用施教授自己的话说，"就艺术意象的生成结构而言，它起码体现为以下三个层面的构成。其一，是原型意象的层面，以其与集体无意识关联而显示出特殊的艺术文化品格；其二，是心理意象的层面，也就是在可感知的层面上具体体现为视觉意象、听觉意象、视听意象等，从而表现为艺术的丰富的审美体验；其三，是符号意象的层面，由意象呈现的类型化或个性化的特质而表现出艺术形态的类型特征。"② 这个"意象三层"论，融合了西方心理学、符号学的一些知识，而移用于论述意象的生成结构，应属施教授的独创之见。

在艺术功能论层面，施教授认为，艺术的功能主要是以其鲜活丰富的意象引导人实现"诗意的栖居"。"当今时代，随着大众传媒的发达，艺术化的生存使得人们生活在一片无所不在的意象世界当中……艺术之于人生的要义在于追求一种'诗意的栖居'。"③ 由于意象具有丰富的层次，可以引人遐想，由具象联想到无限意味，因此可以让人的精神空间得到无限的拓展，进而"走向意义的重构"。在施教授看来，"通过纷纭的艺术之'象'来探寻与表达人生之'道'，可进而达到'道象一体''天人合一'之境。"④ 这当然是一种理想，正如很多关于艺术功能的表述实质上皆为表达理想一样。

施教授的艺术意象论无疑是值得重视的一种理论构建。在世界范围内看，"意象"可能是东西方艺术学者都高度关注、最能激发大家理论兴趣的概念之一。围绕"意象"这个重要概念来构建现代艺术学话语体系，应该是一个很好的选择。但施著仍然存在令人不安之处。比如，如果说"意象

① 施旭升：《艺术即意象》，人民出版社 2013 年版，第 122—132 页。

② 施旭升：《艺术即意象》，人民出版社 2013 年版，第 89 页。

③ 施旭升：《艺术即意象》，人民出版社 2013 年版，第 224 页。

④ 施旭升：《艺术即意象》，人民出版社 2013 年版，第 267 页。

构成了艺术的基本粒子”，那么又如何能推出“艺术即意象”的结论？局部能等于整体吗？打一个不太恰当的比方，细胞构成人体的基本粒子，但我们能由此说“人体即细胞”吗？而且，如果以构成单元为事物本体，那么可以推出很多荒谬的命题，比如：树木是森林的本体，水滴是大海的本体，等等。此外，“意象”之于艺术，是否是最重要的呢？较之于“神韵”“意境”“境界”等概念，“意象”更能“探其本”吗？换言之，以“意象”为本体，有没有可能遗漏对于艺术来说更重要、更根本的一些层次或内涵呢？还有，艺术品无论好坏，欣赏者都可从中看出这样或那样的“意象”，若以“意象”为本体如何鉴别艺术品之优劣呢？质言之，“意象论”主要回答了“艺术显现为什么”（其答案是艺术对人显现为“意象”），但没有回答艺术的本体结构、艺术的审美标准等问题，而这些问题是我们深入理解艺术时所无法回避的。还有一点，如果精确言之，会发现意象更多的是主观的，是创作者或欣赏者与“物象”“形象”相遇后在心目中生成的一种情景交融之象，主要存在于创作者或欣赏者之心眼。对于创作者而言，其固然可以运用一系列媒介符号将心中意象传摹出来，外化于纸上、布上或舞台上；但那作品中客观存在的，只是语言、文字、线条、色彩或动作，而意象，始终只是一个“虚的存在”，一个有待于欣赏者之目遇心交才能开显的存在。换言之，欣赏者、研究者一般所谓“意象”，一部分是由艺术作品所触发，一部分其实源于自己内心及其创造。这也就是为什么有人欣赏诗歌能感受到鲜活的意象，有人则只能认得那几行字或只看到一些符号。质言之，如果没有主体心理图式和审美经验的参与，“审美意象”其实是不存在的。这样综合考虑一下，“意象”究竟能否作为艺术本体，实在是一个需要再思考的问题。[①]

准确把握“中国艺术精神”“中华美学精神”是构建中国艺术学话语体系的一个重要环节。在这方面，自徐复观《中国艺术精神》出版以来，探讨者较多。朱良志的《中国艺术的生命精神》（安徽教育出版社 2006 年版）承其思绪，用力甚深。该书分四编十五章，着重论述了中国艺术生命精神的根源、体现、流变与一些相关范畴，对于我们把握中国艺术内在的“活的

① 笔者一度也是以意象为艺术本体。但对于意象本体论，心里还是隐隐有所未安。如果把“艺术本体”理解为艺术存在的本源、本质和深层根据，则“意象”难以单独构成艺术本体；如果把“艺术本体”理解为“所有艺术品共有的抽象物（或共相）”，则“意象”庶几近之。

灵魂”很有启发意义。彭吉象主编的《中国艺术学》(北京大学出版社 2007 年版)一书，在分析中国传统艺术流变、中国传统艺术特色的基础上着重探讨了“中国传统艺术精神”。作者用“道”“气”“心”“舞”“悟”“和”六个字，来概括中国传统艺术的精神性、生命性、主体性、乐舞精神、直觉思维和辩证思维，显得相当深入而全面。聂振斌的《中国艺术精神的现代转化》(北京大学出版社 2013 年版)，则在总结、概括中国传统艺术精神的基础上，着重考察了王国维、朱光潜、宗白华、徐复观、李泽厚等现代学者在推动传统艺术精神向现代转化所做的努力。作者认为中国传统艺术精神主要表现在四个方面：感性活动中的理性精神、美感形式中的生命精神、自然山水中的乐天精神和现实环境中的自由精神；在这四种精神中，尤以生命精神最为重要。而在推动中国传统艺术精神向现代转化的诸位大师中，王国维、朱光潜、宗白华、李泽厚皆能以“世界学术”的视野，以西观中复能以中观西，不固守传统，但又善于赋予传统术语以现代新内涵，并进一步自创新论，对后来中国现当代美学的发展产生了极大影响。其中尤其是王国维的“境界说”，既充分体现了中国古代美学讲求主客融合(情景交融)的艺术精神，也体现出西方现代美学追求艺术自律和智性直观的现代意识。此外，刘建平的《20 世纪“中国艺术精神”问题研究》(人民出版社 2017 年版)系统梳理了近百年来学者们对于“中国艺术精神”的探讨，并提出“中国艺术精神的现代重构”问题，做出了自己的一番探索。

构建中国艺术学话语体系，必须考虑为艺术学理论奠定哲学、美学基础，因而中国艺术哲学、中国艺术美学方面的著作是不可忽视的。在这方面，朱志荣先生的《中国艺术哲学》(华东师范大学出版社 2012 年版)和史鸿文先生的《中国艺术美学》(中州古籍出版社 2003 年版)值得关注。在《中国艺术哲学》一书中，作者分“主体论”“本体论”“特质论”“神采论”“流变论”五个部分，对中国艺术哲学做了系统的探讨。作者认为，“中国古代的艺术思想体现了古人的哲学背景。在中国古人的诗性思维中，万事万物都体现了生命精神；他们从天人关系出发来看待艺术，将艺术中的生命精神视为对自然和主体的生命精神的体悟和传达，是一种生命有机体。艺术作品的结构被视为一个言、象、神、道相统一的生命整体。中国古人将艺术境界的追求看成人生境界追求的有机组成部分，把艺术看成主体成就人生的重要途径，主张通过虚静来超越现实的功利心态，与自然为一，其中对万物的感悟是基于感性又不滞于感性的独特感悟，并通过艺术创作来实现心灵的自由。中国古代的艺术作品有着生生不息的气化流行于其间，具有自身的节奏和韵律，体现了和谐原则，并通过特定的时空意识加以表现。"[①] 在《中国艺术美学》一书中，作者既对先秦、汉魏、隋唐、宋元、明清五个历史阶段的艺术美学进行分门别类的细致论析，也对中国艺术美学的总体特征进行了总结。作者认为，中国艺术美学具有重生贵和、美善相乐、情理相融、形神兼备、有无相生、居尘出尘六个特征。这种概括大体是符合实际的。

构建中国艺术学话语体系，既需要梳理中国艺术批评史，又需要在此基础上建立有中国特色的艺术批评话语体系；因为艺术学话语的力量，很大程度上就体现在理论批评方面。因此，中国艺术批评史、中国艺术批评学方面的著作，尤为值得关注。在这方面，凌继尧主编的《中国艺术批评史》（上海人民出版社 2011 年版）、叶朗主编的《中国艺术批评通史》（安徽教育出版社 2015 年版）、蒲震元的《中国艺术批评模式初探》（北京大学出版社 2016 年版）作出了较大的贡献。这些成果立足于中国传统艺术批评实践，依据浩瀚的历史文献总结出中国古代艺术批评的特色，尤其是其中所体现的审美理想、审美标准、批评思维、批评旨趣，以及批评中贯注的审美精神、常用的基本术语等等，对于今天构建艺术学话语体系具有切实的意义。其中叶朗先生主编的《中国艺术批评通史》（七卷本）可谓皇皇巨著，从学理上对中国自先秦至现代的艺术批评实践与理论进行了细致而深刻的梳理阐发，总结出中国艺术批评的哲学美学基础、形态特点、内在精神、基本观点、优良传统等，"对于保持和传承中华民族的精神命脉，对于传承和弘扬中华美学精神，对于深化我国文化界、艺术界的民族文化的根基意识，对于推动我国当代艺术和艺术批评的发展，都有十分重要的意义"[②]，对于构建中国当代艺术学话语体系更是具有直接的借鉴意义。

综观新时期以来学者们在中国艺术学核心范畴、中国艺术精神、中国艺

① 朱志荣：《中国艺术哲学》，华东师范大学出版社 2012 年版，第 5 页。

② 叶朗：《中国艺术批评通史 · 总序》，安徽教育出版社 2015 年版，第 2 页。

术哲学、中国艺术美学、中国艺术批评等方面的重要成果，可以得出一个基本结论：构建中国艺术学话语体系之最基本的路径，就是在充分了解中国艺术史、中国艺术批评史、中国美学史的基础上，抓住中国古典文论、艺论中的一些重要范畴，从哲学美学基础、艺术本体论、艺术功能论、艺术创作论、艺术发展论、审美理想论、审美鉴赏论、批评方法论、批评术语论等方面构建一个立体的、开放的体系。构建这样一个体系，需要对中国艺术精神有深入的把握，并处理好传统与现代、中国与西方、原理与分支、主体与两翼（以中国艺术学基本理论为主体，以艺术学理论的具体运用即理论批评为左翼，以艺术学理论的全球对话即特色彰显为右翼）的关系。当然，构建这样一个体系，还需要以西方艺术理论为潜在的参照系，援西入中，借石攻玉，这就涉及中国艺术学话语构建的另一条路径。

二、路径二：依托西学，借石攻玉

正如陈寅恪先生所说：“其真能于思想上自成系统，有所创获者，必须一方面吸收输入外来之学说，一方面不忘本来民族之地位。此二种相反而适相成之态度，乃道教之真精神，新儒家之旧途径，而二千年吾民族与他民族思想接触史之所昭示者也。”[①] 要构建一套有生命力的艺术学话语体系，确实需要“吸收输入外来之学说”。在这个过程中，固然需要立足国学，但同时也需要一部分学者把研究重心放在西学上，真正消化一些具有普适意义的西方思想学说，这样才有利于给我国学术补充新鲜血液。“问渠那得清如许，为有源头活水来。”因此，依托西学、借石攻玉，毫无疑问也是构建中国艺术学话语体系的一条重要路径。

在“依托西学，借石攻玉”这条路径上，值得关注的主要是三个方面的成果：一是研究西方马克思主义艺术学的论著，二是研究西方前现代艺术学的论著，三是研究西方现当代艺术学的论著。这三方面的成果总量较多，但立意在于化用西学构建中国艺术学话语体系的则很少。尽管如此，若极其会归，这些成果仍有助于构建中国艺术学话语体系。其中重要者，以笔者目

① 《陈寅恪集·金明馆丛稿二编》，生活·读书·新知三联书店 2015 年版，第 284—285 页。

力所及，有李泽厚先生的《美学四讲·艺术论》（香港三联书店1989年初版，安徽文艺出版社1999年再版，生活·读书·新知三联书店2008年增订版）、王德峰先生的《艺术哲学》（复旦大学出版社2007年版）、黄应全先生的《西方马克思主义艺术观研究》（北京大学出版社2009年版）、刘悦笛先生的《当代艺术理论》（中国社会科学出版社2015年版）、彭锋先生的《艺术学通论》（北京大学出版社2016年版）等。这些著作对于构建中国当代艺术学话语体系有哪些贡献呢？

李泽厚先生的《美学四讲·艺术论》，基于马克思、弗洛伊德、卡西尔、马尔库塞等人的思想和他自己的体验，提出了著名的"积淀"理论。其《艺术论》中关于"形式层与原始积淀"这部分内容，已经被选入《诺顿理论和批评选集》（New York & London：W.W.Norton & Company，2010），"并获得与世界古今第一流哲学家、理论家、批评家相提并论的高度评价，这代表了当代中国艺术理论及批评'走进世界'的重大业绩，成为华夏学人的骄傲"[①]。李泽厚的《艺术论》提供了哪些重要的思想呢？首先，对于"艺术是什么"这个问题，李泽厚的回答是："艺术是各种艺术作品的总称。"[②] 而艺术作品是什么呢？李泽厚说："从古至今，可说并没有纯粹的所谓艺术品，艺术总与一定时代社会的实用功利紧密纠缠在一起，总与各种物质的（如居住、使用）或精神的（如宗教的、伦理的、政治的）需求、内容相关。"[③] 在他看来，实在没有所谓的纯艺术，而只有或多或少渗透着人间烟火气息的艺术品。而且，艺术品（或艺术作品）只有成为人们的审美对象时，才现实地存在。用李泽厚的话说，"何谓艺术品？只有当某种人工制作的物质对象以其形体存在诉诸人的此种情感本体时，亦即此物质形体成为审美对象时，艺术品才现实地出现和存在。"[④] 而"艺术作为各种艺术作品的总和，它不应被看作只是各个个体的创作堆积，它更是一个真实性的人类心理—情感本体的历史的建造。……艺术品确证人类曾经精神地生活过，而且也是后代精神生活的基础或条件。艺术遗产已经积淀在人类的心理形式

① 贾晋华：《走进世界的李泽厚》，《读书》2010年第11期。

② 李泽厚：《美学四讲》，生活·读书·新知三联书店2008年版，第354页。

③ 李泽厚：《美学四讲》，生活·读书·新知三联书店2008年版，第357页。

④ 李泽厚：《美学四讲》，生活·读书·新知三联书店2008年版，第357页。

中、情感形式中。艺术品作为符号生产，其价值和意义即在这里。这个符号系统是对人类心理情感的构建和确认。”[①] 据此，他似乎认为艺术品是构建、确认人类心理情感的一种符号系统。[②] 他特别强调艺术品与所谓“情感本体”的紧密关联：艺术品因情而在，也只对情感显现。他进而认为，“在艺术作品中，可以看见一部触摸得到的人们内在魂灵的心理学。艺术正是这种魂灵、心理的光彩夺目的镜子。审美对象的历史正是审美心理结构的历史，是人类自己建立起来的心理—情感本体世代相承的文化历史。”[③] 基于这种认识，他认为艺术作品可以分为三层：形式层、形象层和意味层，而这三层又分别与原始积淀、艺术积淀、生活积淀相对应，由此建立起他颇具原创性的积淀理论，以及与之相关的“艺术与审美二律背反”的理论。

艺术作品的形式层诉诸感知，显为“表象”，主要与人类在生产过程中获得的“原始积淀”联系在一起。什么叫原始积淀呢？李泽厚说，“原始积淀，是一种最基本的积淀，主要是从生产活动过程中获得，也就是在创立美的过程中获得，即由于原始人在漫长的劳动生产过程中，对自然的秩序、规律，如节奏、次序、韵律等等掌握、熟悉、运用，使外在的合规律性和主观的合目的性达到统一，从而才产生了最早的美和审美感受。……这种在直接的生产实践的活动基础上产生的同构对应，也就是原始积淀。”[④] 从这里可以明显看出康德、马克思对李泽厚的影响，只是他化用其言而没有明确引用罢了。由这种原始性的“同构对应”所带来的主体情感、感知，在李泽厚看来就是“最早的美感”。据此，李泽厚认为，审美在先，艺术在后；人类是由于先有了审美经验（原始积淀在其中起作用），才会创造艺术品。而所谓创造艺术品，在很大程度上乃是重新制造事物形式与心理情感的“同构对应”。因此，“艺术作品的感知形式层的存在、发展和变迁，正好是人的自然生理性能与社会历史性能直接在五官感知中的交融汇合，它构成培育人

① 李泽厚：《美学四讲》，生活·读书·新知三联书店 2008 年版，第 359 页。

② 李泽厚认为没有必要为艺术追寻一个确定不移的定义，但他仍然给艺术下了一些暂时性的定义。比如，他说过，“艺术是感性的自我意识”“艺术是人类灵魂的镜子”“艺术是人的感性存在的心理对应物”等，这与“艺术是人类构建、确认自我心理情感的符号系统”这个命题的意思大体是一致的。

③ 李泽厚：《美学四讲》，生活·读书·新知三联书店 2008 年版，第 364 页。

④ 李泽厚：《美学四讲》，生活·读书·新知三联书店 2008 年版，第 367 页。

性、塑造人性的艺术本体世界的一个方面。”[1] 也正是由于此，“艺术作品的形式层，在原始积淀的基础上，向两个方向伸延，一个方面是通过创作者和欣赏者的身心自然向整个大自然（宇宙）的节律的接近、吻合和同构，即实现人的自然化……另一方面则是向社会生活和社会心理延伸。”[2] 由于这种双向延伸，艺术作品的层次便得以向更深一层——形象层升进。

艺术作品的形象层与人们心理的情欲人化相对应，李泽厚很多时候直接称之为形象情欲层。根据他的解释，“所谓形象或形象层，一般指艺术作品所呈现的可以用语言指称的具象或具象世界，包括人体、姿态、行为、动作、事件、物品、符号等。它们构成所谓再现型艺术作品的题材、主题或内容。”[3] 也就是说，形式层偏于形式，形象层偏于内容。对艺术形象层的分析，在他看来，“不能停留在故事情节和人物性格的表现论述上，而要注意到在表面形象（人物、事件、情节、图景、典型、意境等等）下的意识和无意识的深层结构。正是在这些深层结构里，积淀着、成长着人的内在心灵，这心灵的很重要的部分即是人化了的情欲。正是它，成为人的生命力量在艺术幻相世界中的呈现。”[4] 而艺术幻相世界里所呈现的种种冲突或统一，正是对人性的培育和熏陶，艺术因之而发挥陶冶情性、塑造心灵的作用。另一方面，“艺术形象层的变异过程，由于情欲与观念的交错，而展现为一种由再现到表现、由表现到装饰、再由装饰回到再现与表现的行程流变”，这即是李泽厚所说的“艺术积淀”。[5] 通过“艺术积淀”这个概念，李泽厚一方面强调了艺术形式、艺术形象背后的心理—情感动因，引人关注“人类审美心理结构特别是情欲的不断丰富和复杂成熟的过程”[6]；另一方面，他从中申发出“艺术与审美二律背反”的理论。在他看来，“审美不等于艺术，艺术也不等于审美。当艺术变为一种纯审美或纯粹的形式美的装饰时期，艺术常常本身就会走向衰亡。这时，艺术要求摆脱这种状况，要求注入

① 李泽厚：《美学四讲》，生活·读书·新知三联书店2008年版，第372页。
② 李泽厚：《美学四讲》，生活·读书·新知三联书店2008年版，第372、373页。
③ 李泽厚：《美学四讲》，生活·读书·新知三联书店2008年版，第375页。
④ 李泽厚：《美学四讲》，生活·读书·新知三联书店2008年版，第378页。
⑤ 李泽厚：《美学四讲》，生活·读书·新知三联书店2008年版，第389页。
⑥ 李泽厚：《美学四讲》，生活·读书·新知三联书店2008年版，第395页。

新鲜的、具体的、明确的内容，而又走向再现或表现。”[①] 于是，艺术发展的过程，表现为“艺术积淀（内容积淀为形式，形成具体的形式，即由再现和表现到装饰）和突破积淀（由装饰风、形式美再回到再现或表现）的运动过程，亦即人的情欲、生命由形式化又突破形式化的永恒矛盾的过程。这也就是艺术与审美的‘二律背反’的现实的和历史的过程”[②]。这个历史过程，呈现为一种圆圈式的循环，不断充实和增进人的耳目感知与心理感受，最终一同构造着人的心理情感本体。

艺术作品的意味层，按李泽厚的说法，“是指艺术作品的形象层、感知层的‘意味’和‘有意味的形式’中的‘意味’。这‘意味’不脱离感知、形象、形式，但又超越了它们。其超越处在于，它既不只是感知的人化，也不只是情欲的人化，而是人的整个心理状态的人化，而且有一种长久的持续的可品味性。”[③] 形象情欲层大体比较明确，可满足人一时的情感需要；意味层则往往比较朦胧，让人捉摸不透，玩味不尽。“艺术作品的意味层超越语言的无意义而传递出意义，从而这意义只能是只可意会不可言传的本体意味……即那种接近或接触到绝对本体世界或神的世界的意味。所以艺术的最高真实完全不在事物的模写正确，而只在这‘神’意的传达。”[④] 用中国传统的语言来说，“意味层的‘意味’，那超越情欲形象和感知形式的人生意味，其中很重要的一个方面、种类或内容，便来自这种‘天人合一’的感受，即其中包含有与宇宙普遍性形式的情感同构感应。正由于人生意味与这种天人同构相沟通交会，使艺术作品所传达出的命运感、使命感、历史感、人生境界感等等，具有了某种神秘的伟大力量。”[⑤] 这种深层次的“意味”，在李泽厚看来，“才是艺术本身的本体所在”[⑥]。有没有这种“意味”，是评

① 李泽厚：《美学四讲》，生活·读书·新知三联书店2008年版，第395页。在李泽厚看来，艺术起源于巫术，带着诸多功利诉求，不是为了审美而创造的；艺术发展到一定的阶段，才逐渐适合于审美；当艺术臻于纯粹美因而特别适合于审美时，艺术就要衰落了。于是艺术又转向功利，贴近地气，寻求新的发展。

② 李泽厚：《美学四讲》，生活·读书·新知三联书店2008年版，第397页。

③ 李泽厚：《美学四讲》，生活·读书·新知三联书店2008年版，第397页。

④ 李泽厚：《美学四讲》，生活·读书·新知三联书店2008年版，第399页。

⑤ 李泽厚：《美学四讲》，生活·读书·新知三联书店2008年版，第402页。

⑥ 李泽厚：《美学四讲》，生活·读书·新知三联书店2008年版，第400页。

判艺术品价值高低的一个重要标准。那么这种“意味”从何而来呢？只能来源于生活，来源于对社会生活与个体生命的深刻体验。用李泽厚的话说，只能来源于“生活积淀”。在他看来，“生活积淀而成为艺术作品的意味层，恰好是对形式层和形象层原来积淀的某种突破而具有创新性质。因为原始积淀和艺术积淀都有化内容为形式从而习惯化、凝固化的倾向，例如前面讲到的装饰风、形式美；生活积淀则刚好相反，它引入新的社会氛围和人生把握而革新、变换着原有积淀。”[①] 因此，他认为“作家、艺术家最重要的就是要善于感受这种种氛围，特别是具有深刻意义的‘社会氛围’，因为这种‘社会氛围’能集中表现社会的潮流、时代的气息、生活的本质，它和人们的命运、需要、期待交织在一起，其中包括有炽烈的情感，有冷静的思考，有实际的行动，从而具有深刻的人生意味。”[②] 至此，李泽厚的艺术本体论转向了审美主体论，并与艺术创作关联在一起。

综观李泽厚的艺术理论，其最具启发意义的当属“积淀”理论。“所谓积淀，本有广狭两义。广义的积淀指所有由理性化为感性，由社会化为个体，由历史化为心理的构建行程。它可以包括理性的内化（智力结构）、凝聚（意志结构）等等。狭义的积淀则是指审美的心理情感的构造。”[③] 他分析艺术层次时所提到的原始积淀、艺术积淀、生活积淀，均属狭义范畴。关于积淀与艺术、审美的关系，他曾用一句话来概括：“原始积淀是审美，艺术积淀是形式，生活积淀是艺术。”[④] 而无论是原始积淀，还是艺术积淀、生活积淀，最终都导向人的心理—情感本体的构造。因此，归根结底，李泽厚的艺术理论是一种情感本体论。但他与康德不一样，通过积淀概念，他为“情感”和“形式”都注入了丰厚的历史的、社会的、实践的内容。美国文论家文森特·里奇对此理论评价很高，“李泽厚的积淀理论明确地将劳动理论添入凝结于构成艺术传统的美学形式中的社会心理和历史，具有十分重大的意义。”[⑤] 尽管如此，这一理论仍然明显受到了维科、马克思、弗洛伊德、

---

① 李泽厚：《美学四讲》，生活·读书·新知三联书店2008年版，第405页。

② 李泽厚：《美学四讲》，生活·读书·新知三联书店2008年版，第405页。

③ 李泽厚：《美学四讲》，生活·读书·新知三联书店2008年版，第406页。

④ 李泽厚：《美学四讲》，生活·读书·新知三联书店2008年版，第406页。

⑤ ［美］文森特·里奇：《诺顿理论和批评选集》“李泽厚”条，余春丽译，载赵士林、高明主编：《李泽厚研究》第1辑，中国财富出版社2014年版，第230页。

荣格、马尔库塞等西方思想家的启发，只是他善于融合诸家学说自铸汉语新词，让中西方的学者看了之后既感到新颖又都有一定程度的共鸣。事实证明，在创造文论话语方面，李泽厚是成功的。[①] 但必须指出的是，李泽厚的积淀理论并没有穷尽艺术的所有方面，离构建艺术学话语体系也还有很远的距离。质言之，他的理论可以加深人们对艺术的理解，但并没有真正解决艺术的本质问题、创作规律问题和鉴赏批评问题。这些还有待于其他人继续努力。

王德峰先生的《艺术哲学》，主要以马克思、海德格尔开创的存在论哲学为根基，深入探讨了艺术的本质、艺术作品的存在方式、艺术作品的创造过程、艺术作品的接受等问题，提出了一些颇具启发性的创见。关于艺术本质问题，王先生是通过探讨“艺术与真理的关系”来展开的。王先生认为，“艺术是真理的原始发生”，而“艺术中的真理是人类性灵的体现，是对超越性存在的感悟和认识”[②]；而所谓“性灵”，“是人类心智的最高能力，是超出逻辑的能力，大致说来，可以称之为‘艺术想象力’。……这种能力是构形的，是在感性中的创造力，即经过构形方面的创造，去通达超越性的存在。”[③] 这里，王先生重启了中国古代诗学中的一个重要概念——“性灵”，并对“性灵”做了新的阐释。王先生把“性灵”与“人类对超越性存在的感悟”紧密联系在一起，强调正是这个东西让艺术成为可能。这个思想应该说是很精辟的。关于艺术作品的存在方式，王先生认为，艺术作品存在于作品的“内在视域”（internal vision）中；所谓“内在视域”，是相对于可直观的外部视域（external vision）而言的，是让作品意象活灵活现的一种“化境”，或者说是作品感性形式背后的“境界”。王先生说：“只有在内在视域中，我们才可能真正看到什么，即真正进入了一个由作品所呈现的生存体验世界。……内在视域的大小，就是王国维先生讲的‘境界’之大小。……一切伟大的作品都有一个非常宽广的内在视域。……海德格尔说的

① 李泽厚在创造文论话语方面的成功经验，主要有二：一是他善于与西方大哲学家、大美学家进行深入对话，能发现对方之不足，转而以新思想弥补其罅漏，这样他的思想在学术谱系上能占有一席之地；二是他善于在融合诸家学说之后突出自己思想的新质，并自铸汉语新词，以一种既让人感到新颖又能产生一定共鸣的语言来表达自己的思想，故能风靡海内外，产生很大的影响力。

② 王德峰：《艺术哲学》，复旦大学出版社 2007 年版，第 59 页。

③ 王德峰：《艺术哲学》，复旦大学出版社 2007 年版，第 59 页。

被寓于创作品中的‘被创作存在’，萨特说的‘非现实的综合体’，就是我们讲的作品的‘内在视域’。”[①] 据此，“内在视域”是一个作品所呈现的“生存体验世界”，但又是非现实的，是超出于作品“实象”及其所涉现实世界的一种心灵化的“境界”。由此进一步，王先生认为，“审美意象是在作品内在视域中的真理之发生”[②]，而“只有当观者参与作品内在视域之构成时，审美意象才可能如萨特所说的那样光临到作品这个物件上来”[③]。也就是说，“审美意象”作为“真理之发生”，既需要观者的参与，也需要作品中确实含有“内在视域”；用王先生的话说，“作品之为作品存在，即在于它以其内在视域为审美意象之形成提供了空间，亦即为真理之发生提供了可能性。”[④] 基于这种认识，王先生认为艺术作品的功能主要在于培育人类的想象力：“作品凭它的内在视域，为超越现实的想象力提供了空间。伟大的作品在此意义上是人类永远的导师，它们提高了我们作为人的存在，不断地启发我们去保存和发展那种去想象一个非现实世界的能力。真正的艺术滋养了我们的心灵，培育了我们的想象力。”[⑤] 也正是基于这种认识，王先生提出，“艺术批评并不是关于作品制作的工艺学讨论，而是要去指认并评判作品的‘作品存在’。我们只有牢记这一点，才能给关于作品之形式、技巧、手法的分析以一个合适的意义和位置。对作品形式的分析永远只是路径，而非目标。通过对作品感性形式的分析而阐明作品的内在视域，才是艺术批评的旨趣所在。作品的内在视域才是艺术批评、艺术评价的真正对象。”[⑥] 这个观点相当深刻，可以让人反思当前某些艺术批评存在的偏误之处。关于艺术创造问题，王先生认为，“艺术创作不是为概念赋形，而是把对生存情感的再体验凝聚在外物的形象上”；[⑦] “艺术创作的本质是对‘新经验’的发现与开拓。‘开拓新的经验’，是艺术家的任务，也是他的伟大之

① 王德峰：《艺术哲学》，复旦大学出版社 2007 年版，第 128—129 页。
② 王德峰：《艺术哲学》，复旦大学出版社 2007 年版，第 130 页。
③ 王德峰：《艺术哲学》，复旦大学出版社 2007 年版，第 134 页。
④ 王德峰：《艺术哲学》，复旦大学出版社 2007 年版，第 135 页。
⑤ 王德峰：《艺术哲学》，复旦大学出版社 2007 年版，第 135 页。
⑥ 王德峰：《艺术哲学》，复旦大学出版社 2007 年版，第 129 页。
⑦ 王德峰：《艺术哲学》，复旦大学出版社 2007 年版，第 166 页。

处。”[①] 艺术创作的过程，在王先生看来就是探索与创造的过程：艺术家必须经过多次探索，让自己进入到所要表现的生存情感的本质真相中去，使自己的性灵与形象的材料高度融合，才能创造出个性化的形象并使之真正具有生命。而且，良好的创作状态（灵感状态）是让艺术家本人成为形象生命借以展现自身的工具，而不是相反。关于艺术接受问题，王先生主张：“我们在接受作品时，不能把它仅仅当作一个供我们去鉴赏的人工物，而应当让我们自身进入在作品中敞开了的真理境域。”[②] 亦即代入其中，感受作者传达的生命经验，从而也回忆、拓展我们自身的生命经验。总的来说，王先生此著虽立足于马克思和海德格尔的存在论哲学，但注意将新思想熔铸到中国传统诗学术语中，在艺术理论若干问题上有新的开拓，对于构建中国艺术学话语颇具启示意义。在某种程度上可以说，王德峰继承了王国维援西入中、化用西学构建“境界论”诗学的做法；只是王国维的化用如盐入水、了无痕迹，而王德峰的化用留下了明显的痕迹，且有些地方的遣词造句带上了比较明显的“海德格尔色彩”。这也许可看作是留下了进一步探索、完善的空间吧。

黄应全先生的著作《西方马克思主义艺术观研究》，立意主要在于让中国读者“准确深入地了解西方马克思主义美学的面貌”，同时鉴于西方新左派思潮在中国的流行，对西方马克思主义美学中存在的左派理论进行反思、批判。该书主要围绕“艺术与意识形态”的关系展开，选取了卢卡奇、布莱希特、马尔库塞、阿多尔诺、本雅明、阿尔都塞、马舍雷、伊格尔顿、杰姆逊等九位马克思主义理论家的代表作进行深入分析，对“意识形态”、“审美形式”“陌生化”“力场”“灵韵”“未完成体”“文化工业”等概念做了重点辨析，可以拓展人们对现当代艺术的认识。该书论及的一些概念，尤其是“陌生化”“灵韵”，对于构建中国艺术学话语体系无疑是有意义的。

刘悦笛先生的《当代艺术理论》以西方当代分析美学为参照，试图澄清当代艺术学的一些基础理论问题。作者具有非常自觉的“借石攻玉”意识，在该书前言中说：“当代艺术理论‘在中国’要构建发展，就需要借鉴

① 王德峰：《艺术哲学》，复旦大学出版社 2007 年版，第 176 页。
② 王德峰：《艺术哲学》，复旦大学出版社 2007 年版，第 207 页。

欧美学界最新的艺术理论，所谓他山之石，可以攻玉。"[①] 可能是深受西方分析美学家影响，作者在书中提出了十个问题来展开讨论，这十个问题是：1. 艺术到底是什么？2. 艺术何以非西方？3. 艺术品如何存在？4. 艺术品因何分类？5. 审美与艺术相关吗？6. 审美经验由何确定？7. 艺术如何去再现？8. 艺术如何来表现？9. 艺术以何作评价？10. 艺术价值在何处？这些问题，关涉艺术本质论、艺术本体论、艺术形态论、艺术创作论、艺术批评论、审美经验论、审美价值论等，基本覆盖了艺术学领域那些最重要的问题。关于艺术本质（或艺术定义）问题，作者认为，"界定艺术，必须在历史主义与自然主义之间作一种折中的考量。其根本原因在于：自然生活如果没有历史，那将是无意义的，而历史假若脱离生活，也是不可能的。……（这意味着）一方面，认定艺术就源于人的自然本性的喷涌和折射，折射人类内在经验的积淀；另一方面，还要在具体的历史里面去确定之、去规定之、去界定之，这是人类面对艺术的历史的经验累积。这种折中与融合，使得两方面原本的极端色彩都得以减弱，从而在现实生活的基础上获得更高层面的融会贯通。"[②] 但作者并没有给艺术下一个定义，而只是提出这么一个"界定艺术的策略"。关于艺术本体问题，作者也没有给出答案，而只是"分析"出了一些新的提问方式：艺术品的存在是如何开始的？换言之，某个人造物何时变成了艺术品？艺术品是如何终止的？艺术品还如何得以持续呢？[③] 这是从时间视角追问艺术品的存在，让人意识到艺术品的存在并不是永恒的。关于艺术创作问题，作者着重分析了"再现"与"表现"两种创作手法。关于艺术批评问题，作者又从中分析出三个问题：艺术批评的本质是什么？艺术批评的功能是什么？艺术批评的标准是什么？并认为这三个问题"在当代艺术理论中被推到了高峰"。那么答案呢？作者认同诺艾尔·卡罗尔的看法："艺术批评就是去批评艺术品的一种言语行为。"[④] 艺术批评的功能，主要有三：描述、解释、评价。艺术评价以艺术解释为基础，艺术解释以艺术描述为基础，从而形成层层递升的结构。关于最重要的批评标准问

① 刘悦笛：《当代艺术理论：分析美学导引》，中国社会科学出版社 2015 年版，第 1 页。

② 刘悦笛：《当代艺术理论：分析美学导引》，中国社会科学出版社 2015 年版，第 40 页。

③ 刘悦笛：《当代艺术理论：分析美学导引》，中国社会科学出版社 2015 年版，第 103 页。

④ 刘悦笛：《当代艺术理论：分析美学导引》，中国社会科学出版社 2015 年版，第 335 页。

题，作者没有回答。关于艺术价值、审美价值问题，作者介绍了审美实在主义与非实在主义的论争情况，然后说“审美价值论与艺术价值论一道构成了当今分析美学当中最哲学化的那个高蹈层次，此类问题的解决正在进行当中。”① 该书提出的几乎所有问题的解决，都是“正在进行当中”。坦率地说，阅读此书前，充满了期待；看后脑子里只是充满了更多的问题。不过，平心而论，尽管分析美学没有给我们提供一些可靠的答案，但对于厘清思维的层次、把握问题的域限还是很有启发意义的。

著名艺术理论家、长江学者彭锋教授的《艺术学通论》（北京大学出版社 2016 年版），以“学科”“问题”“门类”为三大编，力图构建起一个完整的艺术学理论体系。作者有着非常自觉的构建艺术学科理论体系的意识，在该书导论部分即着重研究了艺术学科的理论体系（或学科框架）应该是怎样的。作者提出：“我们的艺术学框架由两个方面三个部分组成。两个方面指的是一般艺术学和门类艺术学。前者讨论的问题涉及所有艺术门类，尽管可能有所侧重，但原则上可以互相借鉴。后者讨论各艺术门类自身的问题，不做一般的推广。在一般艺术学中，又分出主要学科和核心问题两个部分。由此，全部艺术学的三个部分就变得清晰起来了：第一部分为核心学科，包括艺术哲学、艺术心理学、艺术社会学、艺术形态学、艺术人类学、艺术史学、艺术批评学、艺术管理学、文化产业学等等。第二部分为核心问题，包括艺术定义、艺术本体、艺术解释、艺术评价、艺术与再现、艺术与表现、艺术与创造、艺术与情感、艺术与审美、艺术与科学、艺术与道德、艺术与宗教、艺术与日常生活等等。第三部分为门类艺术学，包括文学、绘画、雕塑、建筑、音乐、舞蹈、戏剧、摄影、电影等等的相关研究。”② 显然，这是一个以西方艺术学逻辑构架为参照设计的一个艺术学体系。要建起这样一个庞大的艺术学体系，将其中的基础问题、核心问题、枝节问题说清楚，无疑将是一项非常艰巨的系统工程，但彭锋教授居然以一人之力完成了，不能不让人佩服。令人印象深刻的是，作者一方面认为艺术学理论应该由一般艺术学理论和门类艺术学理论两部分构成；另一方面又强调，艺术哲

① 刘悦笛：《当代艺术理论：分析美学导引》，中国社会科学出版社 2015 年版，第 369 页。
② 彭锋：《艺术学通论》，北京大学出版社 2016 年版，第 9 页。

学、艺术心理学、艺术社会学等艺术诸理论本身就构成一般艺术学，除此之外并没有别的一般艺术学。也就是说，人们通常所认为的由艺术本质论、艺术功能论、艺术创作论、艺术欣赏与批评论等构成的一般艺术学理论，在作者看来是不存在的或没必要存在的，或者它们应该分属于艺术哲学、艺术心理学、艺术社会学等艺术分支学科中。这是否合适，值得商榷。对于同一个问题，从多种学科视角去进行多层次的、立体的聚焦式探讨，比把一个问题的不同方面分散到不同学科做散点式探讨，似乎要好一些。而且，艺术的核心学科，必然是通过探讨艺术的核心问题来建立的，在“核心学科”部分离不开对“核心问题”的探讨，因此第二编对“核心问题”的探讨似乎应该融入到第一编中去。比如，艺术本质问题（一般艺术学理论中的核心问题），是否属于艺术哲学应该探讨的核心问题呢？作者在第一编的“艺术哲学”部分谈到了这个问题，但没有充分展开；却在第二编里，集中探讨了艺术的定义问题（即艺术本质问题）。关于这个问题，作者在分析了“艺术”概念的形成史之后，评述了历史上种种艺术定义（包括艺术即模仿、艺术即表现、艺术即创造、艺术即游戏、艺术即形式、艺术即经验等），分析了20世纪60年代在分析哲学影响下出现的一些新定义（程序性定义和功能性定义），重点批评了乔治·迪基给出的艺术定义，最后似乎认同了斯特克的话（“根本没有艺术的本质”），并说“如果果真如此，那么要给艺术下一个严格的定义就似乎是不可能的了”[①]。行文至此，作者戛然而止，不再寻求给艺术下一个明确的定义。对此笔者不能不有所感慨。艺术定义问题可能确实很难解决，但我们可否换一种思路去探讨呢？首先，笔者承认，要在古往今来所有艺术作品中找出它们的共相，或找出艺术品之为艺术品的充分必要条件，实际上是不可能的。在这一点上，分析美学家们的见解颇有合理之处。然而，艺术的本质就是所有艺术作品的共相吗？给艺术下定义就是要找到艺术的共相或其充分必要条件吗？笔者以为，这种思维把人文学领域的本质论研究等同于自然科学领域的本质论研究，忽视了人文研究自身的特性，是非常不妥的。马克思说：“人的本质不是单个人所固有的抽象物，在

① 彭锋：《艺术学通论》，北京大学出版社2016年版，第183页。

其现实性上，它是一切社会关系的总和。”[①] 这话实际上已经批评了那种抽取共相来求本质的思维方式，而开启了一种新的本质论运思方式。这种新的运思方式，实质是在考察人的历史发展的基础上，看看人充分实现出来（或得到全面自由发展）时是怎样的，其实就是科学地探寻人的理想。马克思所谓“在其现实性上”，指的是“在其充分实现的意义上”；如果不是在这个意义上讲，有哪个现实生活中的人“是一切社会关系的总和”呢？在马克思看来，人的本质不是单个人所固有的抽象物（即人人都有的那些共同点），而是需要通过实践去实现出来的东西（相对于目前而言是一种理想）。不实践，不努力发展，人就不可能实现自己的本质。以此观之，艺术的本质又何尝不是需要通过努力实践实现出来的一种理想呢？在笔者看来，艺术本质论研究就是要在艺术史研究的基础上，科学合理地推导出艺术发展的理想，那个理想就是艺术的本质；艺术本质论研究的意义就是找到艺术真正的理想并以那个理想引导艺术创作、艺术批评的发展。甚至，艺术理想或艺术本质也不必定于一尊，不同的研究者可以提出不同的艺术理想或艺术本质论。这样反而可以更好地促进艺术研究的百家争鸣与艺术园地的百花齐放。而一种艺术理想或艺术本质论是否科学合理，这不是一个理论的问题，而是一个实践的问题。正如马克思所说：“人的思维是否具有客观的真理性，这不是一个理论的问题，而是一个实践的问题。人应该在实践中证明自己思维的真理性，即自己思维的现实性和力量，自己思维的此岸性。”[②] 在艺术领域我们同样应该在创作与批评实践中去证明自己思维的真理性。一种艺术理论，如果能极大地促进艺术创作与艺术批评的发展，对于培育健康人性和先进文化有积极意义，那就是正确的理论；反之，如果这种理论对艺术创作与批评没有任何启发意义，或者与之毫不相关，或者只起到束缚、钳制作用，那么它绝不是一种好的理论。质言之，转向实践，或从语言分析范式转向马克思的实践论范式，是突破当今艺术理论研究困境的重要环节。在中国构建艺术学话语体系，这可能是特别需要加以关注的一个关键问题。

---

① 《马克思恩格斯选集》第 1 卷，人民出版社 1995 年版，第 56 页。

② 《马克思恩格斯选集》第 1 卷，人民出版社 1995 年版，第 55 页。

三、路径三：基于实践，综合创新

无论是立足国学依经立义，还是依托西学借石攻玉，都存在“从理论到理论，在纯思维领域探寻真理”的问题，这样的研究如果不基于实践必然会走向困境。实践证明，构建艺术学话语首先要懂艺术，要善于从艺术实践中感悟、抽绎出规律来。根据马克思主义哲学的基本原理，实践出真知，创作、阅读与评论实践乃是窥见艺术真理的重要途径，同时也是检验艺术理论真理性的重要标尺。朱光潜先生说：“学文学第一件要事是多玩索名家作品，其次自己多练习写作，如此才能亲自尝出甘苦，逐渐养成一种纯正的趣味，学得一副文学家体验人情物态的眼光和同情。到了这步，文学的修养就大体算成功了。如果不在这上面做功夫，读完任何数量的讨论文学的书籍，也无济于事。”① 他这话虽然是谈文学，但同样适用于艺术领域。程千帆先生也主张，治文艺理论者至少要通一门艺术，要有比较丰富的创作经验与鉴赏经验。因此，植根于丰富的艺术实践活动（含艺术创作、艺术欣赏、艺术批评等），自己先悟出门道来，得出关于艺术的一些洞见，再借鉴古今中外的艺术理论资源，找到合适的言说方式与概念体系实现综合创新，应该是构建艺术学话语体系之最可靠的路径。

在“基于实践，综合创新”这条路径上，中国现代学者（如王国维、朱光潜、宗白华、鲁迅等）已取得具有里程碑意义的重要成果，中国当代学者在这方面的成果亦相当可观。大体而言，中国当代学者在这方面的成果可分为两类：一类非常自觉地以马克思主义经典理论为指导，同时结合自己的创作实践，沟通中西，努力在一般艺术理论方面实现综合创新；另一类也非常重视马克思主义理论，但主要是在具体的艺术实践中探索、感悟、构建门类艺术理论。由于一位学者（或艺术家）通常只能在一至三个艺术门类有比较精深的造诣，因此在这方面很难找到博通文学、戏剧、电影、音乐、舞蹈、绘画、书法、设计等多门艺术并提出新理论的学者。不过，由于不同艺术门类具有相通性（比如王国维的“境界说”虽然是基于诗词创作经验

---

① 朱光潜：《谈文学》，中华书局2012年版，第155页。

而提出，但在很大程度上可适用于所有艺术门类)，在分支艺术门类中生成的艺术理论是完全有助于构建一般艺术理论的，因此艺术分支领域的实践经验仍然是非常值得总结的。

近四十年来，在艺术创作领域颇有建树，同时在马克思主义艺术理论研究方面亦成就卓著的学者，可能首推刘纲纪先生。他不仅在书法、绘画方面戛戛独造，自成一家，而且在艺术美学、艺术哲学方面成果颇丰，创建了我国新时期以来第一个系统的、以马克思主义为指导的一般艺术理论体系。他的《艺术哲学》（湖北人民出版社 1986 年版、武汉大学出版社 2006 年新版)，就是一部以马克思主义哲学为基础的、以马列主义观点解析各种艺术哲学问题的专著。其核心观点是："艺术是现实的反映"[①]，"艺术以人类在他的生活的实践创造中感性现实地表现出来的自由为其反映对象"[②]，"艺术是以人类生活的社会性的实践创造为基础的人的自由的感性具体的表现"[③]，"美是由实践创造而来的人的个性自由发展的表现"[④]。显然，刘先生的艺术理论是以马克思的实践本体论为基础的，但同时也带有他个人艺术创作的某些经验结晶在内。以马克思的实践本体论为基础，艺术创作首先意味着"艺术家处处都要把无限纷繁复杂的现实生活作为人的自由创造的过程或结果来加以感受、观照、体验和思索，要深入地去领悟哪怕是在最平凡的生活中表现出来的人生的某种自由的境界"[⑤]，扼要言之就是要进行深刻的"审美反思"；结合个人的创作经验之后，则艺术创作还意味着"艺术家把审美反思所得到的结果用某种物质的媒介加以客体化和固定下来，使之成为人人可以欣赏的艺术作品"[⑥]，即"审美反思的物化"。因此，艺术创造的过程，在刘先生看来，主要包含两个方面：审美反思和审美反思的物化。关于"审美反思"，刘先生认为最重要的环节是："从对个体情感的审美反思中敏锐而深刻地发现和捕捉具有深广社会历史意义的东西，找到那刚好把个体的

① 刘纲纪：《艺术哲学》，武汉大学出版社 2006 年版，第 26 页。
② 刘纲纪：《艺术哲学》，武汉大学出版社 2006 年版，第 185 页。
③ 刘纲纪：《艺术哲学》，武汉大学出版社 2006 年版，第 186 页。
④ 刘纲纪：《艺术哲学》，武汉大学出版社 2006 年版，第 328 页。
⑤ 刘纲纪：《艺术哲学》，武汉大学出版社 2006 年版，第 390 页。
⑥ 刘纲纪：《艺术哲学》，武汉大学出版社 2006 年版，第 398 页。

自由发展和社会历史的发展联结在一起的交叉点或凝集点。”[①] 关于“审美反思的物化”，关键是实现“客观与主观的相互转化和统一”[②]。在艺术功能问题上，刘先生认为，把艺术的作用区分为认识、道德教育、审美三项，是一种表面的、停留在现象上的看法；“我们应当说，艺术的最根本的作用，是使社会的人通过对艺术作品的欣赏和从中所受到的感染，促进人的自由个性得到全面的发展。所谓三作用都是这一根本作用的具体体现。”[③] 在这个问题上，刘先生的观点较之流俗之见确实更深刻、更精辟。总的来看，刘先生这本书虽然坚持“反映论”艺术观，但视野宏阔，眼光深邃，其中确有一些活的、不会过时的、可用于当代艺术学话语构建的内容（比如关于“人的自由的感性表现”的论述）。作为一部马克思主义的艺术哲学著作，虽然不能说它提供了一套彻底的“中国话语”，但其核心思想却可以融会到“中国话语”（如“意象”“意境”“境界”等）之中。事实上，刘先生在该书第五章“中国古代艺术哲学概观”中，梳理了中国古代一些主要的艺术哲学思想，如“言志说”“缘情说”“载道说”“境界说”等，在援马入中、提供“中国话语”方面，已经做了一些富有启发性的工作。

杜书瀛先生的《艺术哲学读本》也是一部以马克思主义哲学为基础的艺术哲学著作，只是作者所理解的马克思主义哲学，是融合着他个人生命体验的人类本体论哲学。用杜先生的话说，他是想“用人类本体论的哲学思想建立新的艺术哲学”。该书从人类活动的基本类型谈起，认为艺术是一种精神实践活动，是人类掌握世界的一种特殊方式；艺术这种实践活动具有感性形象性、情感体验性、意志冲动性三个特征。而艺术的本质，在作者看来就是“生活的特异化”。围绕这个核心观点，作者又描述了艺术的一些品格：艺术属于独创性的精神文化，故“特异性”是其显著品格；艺术总是有意味的，总是能使人感动；艺术总是能给人以审美愉悦；艺术具有“不可转述性”；等等。[④] 基于人类本体论立场，作者提出，“文艺创作从根本上

① 刘纲纪：《艺术哲学》，武汉大学出版社 2006 年版，第 396 页。

② 刘纲纪：《艺术哲学》，武汉大学出版社 2006 年版，第 304 页。

③ 刘纲纪：《艺术哲学》，武汉大学出版社 2006 年版，第 407 页。

④ 杜书瀛：《艺术哲学读本》，中国社会科学出版社 2008 年版，第 45 页。

说是人的生命的生产和创造的特定形式，也就是由作家和艺术家所进行的审美生命的生产和创造活动”，“文艺作品就是人的审美生命的血肉之躯，是人进行审美生命的生产和创造的结晶”，“文艺欣赏是审美生命的存活方式、运动方式和延续方式”[①]。这些观点，源于作者自己的生命体验与创作经验，与中国古代的生命美学有暗中契合之处，但又是前人从未说过的话，应该说颇具创新意义。马克思虽然说过艺术是一种精神生产活动，但没有说艺术是审美生命的生产活动。杜先生强调艺术是审美生命的生产与创造，对于启发人们用全部的生命经验去认真对待艺术是有切实意义的。“审美生命”这个概念，也许可以引进中国艺术学话语体系中。

中央戏剧学院的谭霈生教授早年师从朱光潜先生，后专攻戏剧理论；但他研究戏剧基础理论，主要不是在研读中外戏剧理论名著上下功夫，而是在戏剧创作、戏剧鉴赏、戏剧批评方面下了几十年的功夫。经过数十年的沉潜玩索、创作实验，谭先生写出了《世界名剧欣赏》《论戏剧性》《戏剧艺术的特性》《戏剧评论集》《戏剧本体论》《电影美学基础》等系列著作，在戏剧影视理论领域立下了奠基之功。关于谭先生的戏剧理论，学界已召开过两次全国性的研讨会，后来《谭霈生文集》获得北京市第九届哲学社会科学优秀成果特等奖。专家们认为：“谭霈生的戏剧理论，不是以西方固有戏剧理论为出发点，而是站在我国戏剧艺术发展的轨迹上进行的全新创造。仅此一点，就可以使其具有当今戏剧理论界最为杰出的高点。……谭霈生的戏剧思想，融通了中国传统戏剧理论和现代西方戏剧理论，烛照着当代中国的戏剧创作与批评，代表了当代戏剧理论的高度与深度。”[②] 事实也正是如此，谭先生不仅自己创作戏剧，也紧密关注着中国近百年来的戏剧创作实践，尤其是新时期以来的戏剧创作；但凡有优秀剧作问世，他一般都会写评论，他的戏剧评论几乎伴随着中国新时期以来戏剧创作的发展。正是在这样的基础上，谭先生创立的“情境论”才经得住实践的检验，并真真切切地影响着、启发着一大批剧作家的创作实践。谭先生的戏剧理论，不是“为理论而理论”，而是为着解决戏剧创作过程中的一系列问题而申发，具有鲜明的实践

① 杜书瀛：《艺术哲学读本》，中国社会科学出版社2008年版，第6页。

② 参见北京市哲学社会科学优秀成果评委会对于《谭霈生文集》的“授奖词”，载《北京市哲学社会科学年鉴》，北京出版社2007年版，第706页。

性。具体说来，他强调戏剧的开端部分一定要着力营构富有张力的戏剧情境，就是为了一开场就抓住观众，并使戏剧具有向前持续发展的动力；他提出“情境、个性、动机、动作”两两互动的逻辑模式，就是为了克服戏剧创作中人物动机雷同化、肤浅化的毛病，引导剧作家更深入地发掘人物在情境与个性合力作用下形成的复杂动机；他强调写“性格冲突”，是因为“性格冲突”比“意志冲突”“利益冲突”“观点冲突”等更能显出深邃而细腻的戏剧性；等等。他把环境、人物、动机、动作（表演）、悬念、冲突等都放到“情境”这个范畴里边，进而创立戏剧情境本体论，虽有争议，但毕竟是目前能找到的最合适的一种戏剧本体论。“情境”这个概念，中西都有：在中国古代曲论中，有丰富的情境论；在西方戏剧理论中，从亚里士多德到狄德罗，从黑格尔到布伦退尔，从萨特到马丁·艾思林，均有论述情境的重要文字；只是他们都没有把“情境”上升到戏剧本体的高度，也没有把“情境”与戏剧的形式结构、戏剧的创作规律紧密联系起来。正是谭先生，基于中国戏剧实践，反思、批判了“冲突论”带来的危害与“动作论”“观众论”“交流论”“激变论”的不足，回到戏剧本身，吸收中西戏剧情境论中的有效成分，重新界定“情境”的内涵，反复论证“情境”之于戏剧的本体意义，提出关涉戏剧核心规律的情境模式，从而创立了比较系统的“情境论”。[①] 事实证明，他提出的“情境论”不仅具有实践指导意义，而且还具有前瞻性。现当代戏剧的发展，其重心逐步由“冲突”转向“情境”；很多现代派戏剧没有冲突，甚至没有情节，但一定有“情境”。“情境”决定戏剧的人学深度，赋予戏剧全部的意义。尽管谭先生创构的“情境论”还可以进一步完善（比如在其中引入“意象”“意境”等范畴，着力解决好在戏剧创作中如何实现戏剧性与诗性统一的问题），但这个理论弥足珍视，应可视为20世纪中国文艺理论中的一笔重要财富。如果说王国维的“境界说”属于诗词领域一个值得继承的重要理论，那么谭霈生的“情境论”应该说是戏剧影视领域一个值得继承的、可纳入当代艺术学话语体系的重要理论。

同样师从于朱光潜先生的孙绍振教授，是另一位“基于实践、综合创

① 汪余礼：《谭霈生对中国当代戏剧理论的贡献》，《四川戏剧》2017年第1期。

新”且卓有建树的大学者。孙先生原是一位作家，在诗歌、散文、小说创作方面拥有丰富的经验；由于教学的需要，他开始探讨文学创作之秘。他给自己定的目标，是当一个“称职的文学教练”。为此，他广搜中外作家的创作经验资料，研读中外美学家的经典名著，细剖中外经典作品之创构方法，先后完成了《新的美学原则在崛起》《文学创作论》《论变异》《美的结构》《怎样写小说》《名作细读》《审美价值与情感逻辑》《文学的坚守与理论的突围》《文学文本解读学》等三十余部著作。其中，像谭霈生先生的《论戏剧性》一样，孙绍振的《文学创作论》（春风文艺出版社 1986 年版，海峡文艺出版社 2007 年修订再版、2017 年重版）也是许多作家案头常翻之书。著名作家、诺贝尔文学奖获得者莫言就坦言其创作深受孙氏此书的启发。《文学创作论》有哪些特别启人心智之处呢？据一些作家自述，主要有三：一是关于审美形象奥秘的论述，二是关于作家智能结构的论述，三是关于小说、诗歌、散文审美规范的论述。以前，主流文论认为“艺术是生活的反映，美是生活”，但孙先生认为这不对，他强调：艺术不是对生活的反映，就像酒不是对粮食的反映、花不是对土壤的反映一样；艺术形象是生活、情感、形式三维耦合的结晶，生活只是其中一个要素，情感也只是其中一个要素。孙先生说：“生活的客观特征和作家的主观情感特征猝然遇合，构成了形象的胚胎，就像精子和卵子相结合以后形成的胎儿一样。……二者的原生状态都是属于真的价值范畴，但是真的并不一定具有美的价值……只有通过审美规范形式的作用才能把真实生活、真诚感受升华为艺术美的价值。”①这就把作家引向对审美规范形式的掌握，而不是一味“体验生活”。关于作家主体能力的构建，孙先生着重论述了观察力、感受力、想象力、表达力和形式感五大要素，尤其强调了“形式感”的重要性。没有形式就没有艺术，没有灵敏精微的形式感也就无法创造出精妙的艺术品。“要进入艺术创作之门，对于形式的分化就不能有丝毫的含糊，舞台艺术、银幕艺术、音乐艺术、绘画艺术、语言艺术固然有相通的普遍规律，但是它们之间的区别却更是不可忽略的，要成为艺术的内行就不但要善于看出不同艺术形式规律的共

① 孙绍振：《文学创作论》，海峡文艺出版社 2007 年版，第 7 页。

同性，更重要的是要对它们之间那间不容发的微妙差异有高度的敏感。”[①] 由此进一步，他仔细研究了诗歌、散文和小说的审美规范。大体而言，诗歌形式长于抒情，自由想象的空间非常大，生活在诗人的心灵中被溶解后发生变异，而以陌生化的形象呈现出来；用孙先生的话说，“在诗里，得到充分表现的往往是心灵的概括性，甚至是形而上方面，在爱情、友情、亲情中，人物都是心心相印的，具有某种永恒性”[②]。而在叙事文学和戏剧文学中，“个体心灵在不同的时间、地点、条件下表现差异性则是绝对的，而且处于动态之中。情节的功能在于，第一，把人物打出常规，显示其纵向潜在的深层心态；第二，不管是爱情还是友情、亲情，心心相错才有个性，才有戏可看。”[③] 在这方面，孙先生还提出一个著名的“真善美错位理论”，即“与世俗生活中真、善、美的统一不同，文学文本是真、善、美的错位。它们既不完全统一，也非完全分裂，而是部分重合又有距离。在尚未完全脱离的前提下，三者的错位幅度越大，审美价值就越高。三者完全重合或脱离，审美价值就趋近于无。”[④] 这是他从创作经验和鉴赏经验中归纳出来的一条规律，发前人所未见，确有很大的启发意义。至于散文的审美规范，孙先生认为“散文还不能说已经充分发育达到稳定的程度”。在历史上，散文具有大量的纪实、思辨成分，凸显着“审智”功能；只有少量散文偏重于抒写性灵，追求审美趣味。总的来说，散文是最自由的，是包罗万象的，可以叙事、说理，亦可虚构、抒情，甚至可以包容文献性、民俗性、思辨性、戏谑性的成分。但愈是缺少限制，愈不容易写好。这就是为什么散文较之诗歌、小说、戏剧的规范性限制要少得多，但世界性的精品却很少的原因。

除了精研文学创作论，孙先生还解读了500余篇经典诗歌、散文、小说，并在此基础上完成了56万字的专著《文学文本解读学》（北京大学出版社2015年版）。在孙先生看来，要构建有中国特色的文艺理论话语，必须基于丰富的文学创作经验和文学解读经验；换言之，他是把构建文学文本解读学当作构建中国文艺理论的事业来做的。在《文学文本解读学》一书中，

① 孙绍振：《文学创作论》，海峡文艺出版社2007年版，第133页。
② 孙绍振：《文论危机与文学文本的有效解读》，《中国社会科学》2012年第5期。
③ 孙绍振：《文论危机与文学文本的有效解读》，《中国社会科学》2012年第5期。
④ 孙绍振：《文论危机与文学文本的有效解读》，《中国社会科学》2012年第5期。

他提出：构建文学文本解读学的根本原则是唯一性；要反对作家中心论和读者中心论，确立文本中心论；文学文本是由意象、意脉、形式规范三个层次构成的立体结构；解读作品，要善于在想象中以作者的身份与作品对话，揭示文学文本的主体、客体和形式的三维结构，将其被抽象掉的特殊性和唯一性的精致密码还原出来。[①] 其中，特别值得一提的是他的文本结构论。在孙先生看来，“构建文学文本解读学的关键在于，必须认识到文学文本是一种立体结构，至少由三个层次构成。第一个层次，亦即表层的意象群落（包括五官可感的行为过程、心理活动和语言的逻辑连续性等），它是显性的。在表层的意象中，情感价值渗透并将之同化，这就构成了审美意象。……第二个层次是意脉（或者叫做情志脉），指意象群中隐约相连的情志脉络。其特点为：第一，以潜在的情志同化表层的意象；第二，使表层的意象群落在形态和性质上和谐地贯通；第三，意脉贯通所遵循的逻辑，不是实用理性逻辑，而是超越实用理性的情感逻辑；第四，情感的脉络以‘变’和‘动’为特点。……第三个层次，是文学的规范形式。规范形式是历史的进化和天才创造的积淀，代表人类文学艺术活动的历史水准，可以保证审美价值最大限度升值。”[②] 这个立体结构论，引导解读者逐层深入地进入文本，尽量具体地把握文本，确实颇具创见。为了充分把握文本的立体结构，孙绍振还提出了一种具有可操作性的矛盾分析法：首先直接分析作品中的显性矛盾；然后揭示原生状况与艺术形象之间的差异和矛盾；接着揭示主观情感与理性逻辑之间的矛盾，还原无理而妙的“情感逻辑”；最后揭示主观情思与现实生活、历史情境的矛盾，还原作品深处的智慧与境界。在此过程中紧扣作品相关矛盾的特殊性，分析出作品的唯一性、独特性，这是最关键的，也是艺术分析的主要任务所在。实践证明，孙绍振的这一套理论确实是行之有效的，不仅他自己运用它成功解读了数以百计的文本，还影响了众多教师、学者、作家，形成了一个在全国很有影响的闽派文论群落。

反思孙绍振先生五十余年的文艺理论探索之旅，可以发现其文论构建的最大特点是基于实践、综合创新。他从事文艺理论研究首先是为了解决创作

① 孙绍振、孙彦君：《文学文本解读学》，北京大学出版社 2015 年版，第 21—46 页。

② 孙绍振、孙彦君：《文学文本解读学》，北京大学出版社 2015 年版，第 23—28 页。

实践中遇到的问题，因而他主要是从经典作家的创作实践中去发现奥秘、总结规律的。他在《文学创作论》一书的“前言”中说，“我的信条是凡于创作无用的于理论也无用，为了于创作有用，我宁愿牺牲一点理论的森严性，宁可败坏理论家的胃口，决不败坏作家的胃口。”[①] 这使得他的理论确实是“从实践中来，到实践中去”的。其次，他构建理论主要是依靠归纳法，同时辅之以演绎法，在这过程中他提炼、综合了古今中外许多闪光的智慧。成为他归纳对象的，既有中国的诗词、散文、小说，也有外国的诗词、散文和小说；作为他演绎前提的，既有中国古代的诗话词话曲论文论，也有西方诸多哲学家、美学家、文论家的重要思想（尤其是康德的审美价值论、黑格尔的辩证法、马克思的文艺理论、弗洛伊德的精神分析学）。他相信，在归纳法与演绎法之间保持必要的张力，两条腿走路，不断在实践中检验、调整、更新，完全有可能形成原创性文论。事实证明，他确实走出了一条有特色的文论构建之路。经过多年的实践检验，他赢得了作家、学者和一般读者们的信任；专家们认为，“孙绍振是中国当代最有理论创见的学者之一”，“他的学术影响早已超越区域，跨越两岸，位居前沿，走向世界”[②]。尽管孙绍振的理论探索还有需要进一步完善的地方，但其已有成果确实非常具有启发意义，他提出的若干重要范畴（如“变异”“错位”“意脉”“形式规范”等）应可吸纳到中国当代艺术学话语体系中去。

浙江大学资深教授徐岱与谭霈生先生、孙绍振先生类似，素来不喜为理论而理论，而是特别尊重艺术实践，倾向于从艺术创作、审美鉴赏、艺术批评等实践活动中去总结艺术规律。徐岱教授认为，走出当今艺术理论研究困境的关键，是要超越知识论膜拜、反对理论主义、回归生活世界、尊重审美实践。基于这一理念，他写出了《基础诗学——后形而上学艺术原理》（浙江大学出版社 2005 年版，后文简称《艺术原理》）和《什么是好艺术》（浙江工商大学出版社 2009 年版）两本书。在《艺术原理》一书的“绪论”部分，徐先生直言该书“是通过‘艺术是什么’这个话题而展开的关于‘艺术实践’的本体性把握”[③]，“其目的可概括为：通过对‘艺术何为’之惑

① 孙绍振：《文学创作论》，海峡文艺出版社 2007 年版，第 2 页。

② 参见汪文顶等主编：《孙绍振诗学思想研究文集》，社会科学文献出版社 2016 年版，第 437 页。

③ 徐岱：《基础诗学——后形而上学艺术原理》，浙江大学出版社 2005 年版，第 1 页。

的澄清，来向诗性文化致以一份永远的敬意，唤醒人们对这份宝贵精神财产的热爱与珍惜。凭借对‘何谓艺术’之思的重启，使人们在艺术观念上随波逐流、无所适从的状况有所改善，为在艺术实践中无法缺席的良莠之分与高下之辩提供必要的参照。”[①] 也就是说，作者准备在此书解决艺术本质、艺术价值、艺术评价标准这三个根本问题。关于艺术本质问题，作者同意海德格尔的命题“一切艺术的本质是诗”，并拟“以诗意来统摄艺术的本质”。[②] 接着，作者从“诗意与存在”“诗意与语言”“诗意与真理”三个方面来作进一步的阐发。[③] 就“诗意与存在”而言，作者区分了“存在”与“实在”这两个概念，认为“如果说实在是第一性的世界，那么以生命体验的方式呈现着的、作为精神生活的存在就是第二性的世界”[④]，而“让这种因其不可见而不在场的事物以某种方式出场，乃是诗与艺术的根本性质。艺术的本质说到底，就是法国诗人马拉美曾指出的‘让一种并不存在的东西存在’”[⑤]。简言之，诗之为诗，艺术之为艺术，就在于它以一种特殊的语言使某种可感而不可见的东西存在起来，成为让生命意义敞亮的真在。而那种特殊的语言又特在何处呢？在作者看来，特殊的语言即诗性语言，诗性语言不仅具有透义性，更具有显灵性、节奏性；它不只是传达情思的工具，更重要的是“作为精神世界的胎盘”，甚至直接是“精神的化身”[⑥]。而精神又与存在之真理密切相关[⑦]。就“诗意与真理”而言，作者区分了“科学真理”与“人文真理”，认为科学真理与实证论相关，要求认识与自然实在的一致或“符合”，提供的是“知识”；而“人文真理”与实践论相关，关注的是认识在实践中的有效性，以及人生在世的价值与意义问题，提供的是“智慧”。科学真理由于缺乏价值论的维度，不适用于艺术领域；而人文真理意

① 徐岱：《基础诗学——后形而上学艺术原理》，浙江大学出版社2005年版，第2页。

② 徐岱：《基础诗学——后形而上学艺术原理》，浙江大学出版社2005年版，第156页。

③ 如果说“一切艺术的本质是诗”，那么这个“既超越一切艺术又渗入一切艺术”的诗，到底又是什么？这是解开艺术之谜的真正的关键。而解开这个谜，必然关涉到诗与在、诗与言、诗与真这三个问题。

④ 徐岱：《基础诗学——后形而上学艺术原理》，浙江大学出版社2005年版，第171页。

⑤ 徐岱：《基础诗学——后形而上学艺术原理》，浙江大学出版社2005年版，第171页。

⑥ 徐岱：《基础诗学——后形而上学艺术原理》，浙江大学出版社2005年版，第181页。

⑦ 正如别尔嘉耶夫所说：“真理是精神性的，它在精神里，是对精神的参与”，真理与精神确是密切相关的。

味着“对生命本体的真实呈现”，引导人由爱生命而爱智慧，尤其适用于艺术领域。艺术活动，本质上就是一种“爱生命”“爱智慧”的活动。诗人、艺术家之求真爱智，不是探求关于社会生活的确切知识，而是探寻在如此这般社会生活中生命可能具有的意义。而这样一种探寻，最关键的是“真诚”。作者很认同元好问的说法“由心而诚，由诚而言，由言而诗，三者相为一”，诚是让艺术真理得以显现的根本条件。最后，作者得出结论说：“诗之为诗，在于通过真情体现真理，在于揭示生命的真谛和人生的真相。这是作为一种文化现象的人文艺术实践之所以重要的道理所在。”[①] 显然，关于艺术本质论的这种分析，同时也指示了艺术的价值所在。果然，在艺术价值论上，作者认为，艺术以其对生命意义的关注而带给人们智慧与信仰之光，这是其最重要的价值。用作者的话说，“真正能够给我们以信仰之光的是艺术而非宗教，这构成了艺术意义的价值论基础。……艺术所唤起的那种充沛的生命意识，就是人类孕育和培植信仰的胚胎。能够不断地激励我们产生这种信仰的激情，正是艺术文化对人类文明的最大贡献。”[②] 基于这种认识，在审美标准问题上，作者主张，“如果艺术能够促进社会对人的关怀，它就是好艺术，反之就是坏艺术。”[③] 此外，对艺术品价值高低的评判，还涉及工与拙、轻与重、大与小、显与隐等问题，作者强调要综合把握、仔细品味，不可执于一端，以偏概全。

总的来看，徐岱先生的艺术理论属于“行家之言”，弥足珍视。尽管他反对“理论主义”，但他对中西古今的艺术理论相当熟悉，并基于自己的审美经验对它们进行分析、批判、综合，最后建立了自己的理论体系。毋庸讳言，他建立的这个体系虽确有闪光之处，但仍然存在一些缺憾，比如缺乏对艺术创作规律的深入分析、缺乏对具体艺术门类本质与特征的把握，等等。不过，徐先生本来就无意于建立一个严整系统的艺术学理论体系；其目标更多地在于加深人们对艺术的理解，培养人们对艺术的珍爱之情，提高人们的艺术鉴赏力。就实现其自定目标而言，他是相当成功的。就其著述对于构建中国艺术学话语体系的意义而言，应该说他提供了突破困境的一些思路，在

① 徐岱：《基础诗学——后形而上学艺术原理》，浙江大学出版社 2005 年版，第 205 页。

② 徐岱：《基础诗学——后形而上学艺术原理》，浙江大学出版社 2005 年版，第 420、427 页。

③ 徐岱：《什么是好艺术》，浙江工商大学出版社 2009 年版，第 264 页。

一些重要问题上具有奠基之功。

四、艺术学话语构建之基本图式与后续要务

以上笔者从话语构建路径的视角，对新时期以来中国艺术学话语构建的实绩做了一番初步的梳理。正如本章开头说过的，梳理、反思过去是为了继承前人智慧以更好地建设未来。经过这一番梳理，笔者感到，中国当代艺术学理论著作虽然非常多，但富有艺术智慧、洞见艺术奥秘者不多，真正有中国特色的、系统严整的艺术学话语体系也尚未建立起来；因此，构建中国当代艺术学话语体系，接下来还有许多事情要做。

首先，需要有一个大体的结构图式悬于心中以便循序渐进合理展开。中国当代艺术学话语体系的基本图式，应该是什么样的呢？综合前人之论，笔者以为，这个图式应该是以艺术史为根基，以一般艺术学原理（含艺术本质论、艺术功能论、艺术创作论、艺术接受论、艺术发展论等）为主干，以艺术类型学、艺术批评学、艺术传播学、比较艺术学等为侧翼，以具体艺术门类的理论话语为枝杈所构成的树状结构；换言之，构建中国当代艺术学话语体系，既要在了解艺术史的基础上构建一套严整的一般艺术学理论，也要构建与之相应的文学理论、戏剧理论、电影理论、音乐理论、舞蹈理论、绘画理论、书法理论、设计理论等门类艺术理论。这里的主干、侧翼与枝杈，其实需要进入“诠释学循环”，在局部与整体、归纳与演绎、自上而下与自下而上的反复磨合中逐渐形成一套内外圆融、有机自洽的理论体系。显然，这是一个相当复杂的系统工程，需要有领军人物出面组织，由各艺术领域内行专家精诚合作，历数年苦功方有望初成。

接着，参照上述基本目标，当前构建中国艺术学话语体系，至少有三大后续要务需要完成：一是要真正投入艺术实践活动，至少要真懂一门艺术，能从艺术实践（含艺术创作、艺术欣赏、艺术批评等）中感悟、抽绎出一些规律来，逐步接近艺术真理；二是要从现当代往前继续延伸，认真总结近百年来乃至自先秦以来中国学者在构建艺术理论体系方面所积累的历史经验；三是要注意运用一系列既能体现中国艺术精神又融会西方某些重要思想、既能让中国人心领神会也能够让外国人看得懂的现代语言来尽量正确地

回答艺术学领域的一系列根本问题。这里所谓“艺术学领域的一系列根本问题”，主要有四个：1. 艺术是什么？（此问题可一分为二：艺术显现为什么？艺术的本质到底是什么？）2. 艺术为何是（艺术为何存在？其存在的价值与根据是什么）？3. 艺术如何是（显现、存在）（此问题可以一分为三：艺术如何从无中显现出来？艺术如何存在？艺术如何发展？）？4. 何为好艺术？回答这四个问题，实际上意味着解决艺术的本质问题、本体结构问题、价值功用问题、创作规律问题、存在方式问题、发展规律问题与审美标准问题。这是建立系统严整的艺术学理论体系所需要解决的基本问题。解决好这些基本问题，艺术批评和艺术史书写才有根据。因此，构建中国艺术学话语体系，最根本、最重要的是构建一套关于艺术学原理的话语体系。

再具体一点，我们也许可以尝试一个目前可以操作的方法。尽管构建中国当代艺术学话语体系是一个相当漫长的过程，但认识总有一个从初级到高级的螺旋上升过程。高级的“综合”离不开初级的“综合”。因此在目前，也许可以考虑基于自身的文艺实践，以马克思主义的神髓为指导，“立足国学，依经立义；放眼世界，深入对话；基于实践，综合创新”，先建立一套关于艺术学原理的话语体系，并努力做到“内之弗失固有之血脉，外之不后于世界之思潮”。解决这个问题，笔者以为有一个具体可行之办法，就是继承王国维、朱光潜、宗白华、李泽厚等学者的学术理路与艺术智慧，在精研古今中西一些重要学问之后赋予国学旧词以新意，或融合国学与西学之后自铸汉语新词，确立具有中国特色的一系列核心概念，并运用它们尽量准确地阐明艺术的本质、功能、类型、创作规律、接受规律、批评方法等；在保证准确贴切、实事求是的前提下，这些话语可以考虑带上中国古典文化的神韵（比如，激活“感通”“性灵”“气韵”“神韵”“肌理”“格局”“意象”“意境”“境界”等古代语词）或启用中国古代的诗性言说方式，但内里可以包蕴来自西方的新思想（比如，康德、马克思、胡塞尔、海德格尔、英加登的一些思想）。当然，一时代有一时代之艺术，相应地一时代亦有一时代之艺术理论，这就进一步要求理论工作者努力从实际出发，不仅密切关注新生的艺术现象，而且回应当今时代一些带有全球性的重大问题，创造一些真正体现我们这个时代之精神与发展需要的新概念、新命题，来构建区别于古人与西人的新话语体系。

第 八 章

构建中国特色经济学话语体系

余 江

中国特色社会主义经济发展的巨大成就，需要构建中国特色经济学话语体系进行深入解读和提供理论贡献。打造具有中国特色的经济学理论体系和话语体系，是新时代中国经济发展的重要课题。中国特色经济学话语体系的构建，要以继承和发展马克思主义政治经济学和立足中国实践为基本原则，通过对中国经济实践和党的重要经济政策的系统梳理和总结，提炼形成一系列的中国特色经济理论，并在此基础上构建较为完整的中国特色经济理论体系，进而采用该理论体系对中国和世界的经济故事进行深入解读，从而在构建中国特色经济学话语体系上完成从实践到理论、从理论到理论体系、从理论体系到话语体系的三个转变，形成中国特色经济学话语体系，并在经济学领域逐步拥有中国特色经济学的话语权。

党的十一届三中全会以来，在新中国成立以来革命和建设成就的基础上，中国的经济发展取得了举世瞩目的巨大成就。中国经济的蓬勃生机和活力显示，中国走出了一条具有中国特色的社会主义经济发展的新道路，“中国模式”“中国经验”和“中国道路”已成为全世界关注的焦点。[1] 但值得

---

① 张宇：《关于构建中国经济学体系和学术话语体系的若干思考》，《学习与探索》2015 年第 4 期。

注意的是，与经济建设成就相比，解读中国经济成就的中国特色经济学话语体系建设却相对逊色。不可否认，中国特色社会主义政治经济学在中国社会主义现代化建设进程中发挥了不可替代的重要作用，但从目前发展来看，中国特色社会主义政治经济学的学术影响力还远没有达到应有高度，迄今为止未能形成与中国经济地位和影响力相匹配的中国特色经济学话语体系与话语权力，这与中国目前的综合国力和发展阶段并不相称[①]。

2015 年以来，中国很多学者已对构建中国特色经济学话语体系的必要性、存在问题和如何构建等方面进行了多角度的初步研究。但从目前的研究来看，该问题仍有待进一步深入探讨。基于上述考虑，本章在分析中国特色经济学话语体系的现状和原因的基础上，重点探讨如何构建中国特色经济学话语权体系，主要包括话语体系构建的基本目标、根本原则和研究内容等。

一、构建中国特色经济学话语体系的必要性

从近现代经济学的发展历史来看，经济学的研究不仅是学术问题，更是话语权问题。从早期的重农主义和重商主义，到古典政治经济学，再到新古典经济学，经济学作为分析现实经济问题的学科，不仅解释世界，而且在很大程度上通过当时占据主流地位的经济学话语权影响世界。例如，早期重商主义强调金银即财富和财富来自国家间贸易的理念，通过其主导的话语权直接影响同时期欧洲各国的经济和贸易政策；古典政治经济学对财富来自生产领域的观点则为产业资本家登上政治舞台提供了最好的理论支持；当凯恩斯主义获得话语权时，政府主动出台干预政策被认为是正确选择；但当新古典经济学占据经济学主流地位后，其强调理性预期和市场自动出清的观点，通过话语权导致政府大幅减少对市场的干预。从上述经济学话语权演变及其对世界的影响来看，经济学话语权和话语体系的作用可以显著影响经济政策和经济实践。因此，要增强中国经济的影响力，加快构建中国特色经济学话语体系尤为必要。

① 甘路有、潘祥超：《关于构建中国特色社会主义政治经济学话语体系的思考》，《南京政治学院学报》2016 年第 6 期。

首先，只有构建中国特色经济学话语体系，才能真正体现中国经济学的研究对象和任务。与传统西方经济理论刻画的道路完全不同，中国通过走一条符合中国国情的社会主义经济发展道路，取得了巨大经济成就。因此，对独特的“中国模式”和“中国道路”采用什么样的经济学话语体系进行解读，就成为重要问题。就经济学而言，经济学话语体系包括经济学范式和经济学范畴，而不同的经济学范式的阶段立场、基本观点和具体研究方法都不尽相同。对照以新古典经济学为主的西方经济学范式和马克思主义经济学范式可以发现，这两种范式的经济学虽然都研究经济问题，但两者在本体论、人性假设、市场和政府的角色定位、对公平效率的认识和社会经济选择等方面都存在明显差异。[①] 虽然两个理论体系对现实解读都有各自的理论逻辑，但采用哪种经济学话语体系解读中国经济现实，应由经济学特定的研究对象和任务决定。[②] 作为社会主义的中国，显然需要基于中国特色政治经济学基本理论对中国实践进行解读，并通过对实践问题的理论分析上升为理论命题，最终形成具有中国特色的系统理论体系。而不是采用西方主流经济学的框架和分析范式进行解释，让中国经济问题成为其现实案例。

其次，只有构建中国特色经济学话语体系才能正确解读中国特色社会主义道路和取得的经济成就。从根本上来看，当前经济学研究是中国特色社会主义政治经济学与西方新自由主义经济学的话语权之争。[③] 从现实来看，同一个经济问题采用不同经济学话语进行解读，可以得出完全不同的结论和政策含义。例如，新古典经济学为代表的西方主流经济学认为，市场经济和社会主义不可兼容，并通过其话语权优势对中国发展模式进行持续抨击。但是，改革开放40年来，坚定走中国特色社会主义道路的中国经济发展取得了巨大成功，此时西方主流经济学的话语权优势再次得到体现。拥有话语权优势的西方经济学把中国经济成功的原因归结为是按照其基本理论进行改革和实践的结果，部分研究甚至将中国经济奇迹解释为新自由主义在中国的成

① ［美］史蒂夫·科恩：《西方新古典经济学如何主导了中国经济学教育?》，谢富胜等译，《中国社会科学内部文稿》2016年第1期。

② 洪银兴：《〈资本论〉和中国特色社会主义经济学的话语体系》，《经济学家》2016年第1期。

③ 沈斐：《关于中国经济学研究的话语权思考——19世纪美国学派“失踪”的启示》，《南京社会科学》2016年第10期。

功。因此，在解读中国经济问题上，西方主流经济学话语权主要表现为：把中国经济成功的原因归结为遵循西方经济学原理，出现的问题则被解释为没有按照西方经济学的基本理论进行改革。

可见，当前中国拥有自己特色的经济学话语权极为重要。缺乏中国特色经济学话语权，不仅让自身成功经验成为占据话语权的西方主流经济学新案例，而且成功背后的原因也被有意识地进行扭曲解读并产生错误的政策含义，最终在经济学话语权方面成为西方主流经济学的奴隶。[①]

但从目前中国特色经济学话语权体系构建来看，其建设存在明显滞后，中国特色经济学的学术思想和范式无论是在理论还是实践领域的影响力都没有达到应有高度。一方面，虽然近年来随着中国经济高速发展，中国经济实践经验被世界关注，“中国模式”和“中国道路”越来越成为经济学研究领域的热点，但无论是国际学者还是国内学者，对中国问题的经济学分析基本上都基于西方主流经济学尤其是新自由主义经济学的分析框架和分析范式，真正采用中国特色社会主义政治经济学范畴和分析方法进行解读的研究非常有限；另一方面，从话语体系建设来看，中国特色社会主义政治经济学话语体系尚没有形成，尤其是对中国特色社会主义经济发展的解读还缺乏足够的理论支持，更没有形成逻辑严密的统一理论体系。因此，目前中国特色经济学对中国现实经济问题还缺乏足够的解释能力，导致经济学话语权仍被西方主流经济学牢牢占据。[②]

就经济学话语权和话语体系而言，中国仍处于采用西方经济学的理论解释中国问题的阶段。众多精彩的中国经济故事还停留在实践层面或用于检验西方经济学理论的层面，绝大部分中国经济问题都尚未上升为具有中国特色的经济理论，也没有形成系统的中国特色经济学理论体系，更没有构建出具有中国特色的经济学话语体系。因此，经济学领域中研究中国问题的文献数量增加并不代表经济学开始具有中国特色话语。只有通过对中国经济发展经验进行持续理论提炼，构建具有中国特色的经济学理论体系，并且让各国的经济学家愿意采用中国特色经济学框架分析各种现实问题，才可以说在经济

---

① 王立胜等：《构建中国特色社会主义政治经济学的意义和方法——关于学习习近平“5·17讲话”精神的对话》，《学习与探索》2017年第6期。

② 胡家勇：《建设中国特色社会主义政治经济学话语体系》，《学习与探索》2016年第7期。

学领域真正实现了中国特色经济学的话语权。

为此，2014 年 7 月至 2016 年 5 月，习近平总书记和党中央多次强调要构建中国特色的马克思主义政治经济学话语体系，并明确指出："各级党委和政府要学好用好政治经济学。"[①] "要立足我国国情和我国发展实践，揭示新特点新规律，提炼和总结我国经济发展实践的规律性成果，把实践经验上升为系统化的理论学说，不断开拓当代中国马克思主义政治经济学新境界。"[②] "要坚持中国特色社会主义政治经济学的重大原则。"[③] 此外，在 2016 年 5 月 17 日举行的哲学社会科学工作座谈会上，习近平总书记多次提及话语权与话语体系建设问题。他强调："发挥我国哲学社会科学作用，要注意加强话语体系建设。"[④] 习近平总书记的讲话强调了中国特色经济学的发展要以马克思主义政治经济学为指导，加快构建具有鲜明中国特色的经济学话语体系。即，首先用具有中国特色的马克思主义政治经济学理论解释中国的经济发展道路和模式，并在此基础上把中国的实践经验深化为中国特色的经济理论和理论体系，最终构建中国特色经济学话语体系。

可见，中国特色社会主义政治经济学话语体系建设，既是引领当代中国哲学社会科学繁荣发展的内在要求，也是为中国特色社会主义道路提供理论支撑的重要任务。此外，建设中国特色社会主义政治经济学也是构建中国特色哲学社会科学体系和学术话语体系的重要组成部分。作为社会主义国家的经济学，中国特色社会主义经济学一方面要坚持马克思主义的理论指导；另一方面也要用中国特色的经济理论深入解读和诠释中国实践，并进一步将理论打造为系统的中国特色经济学理论体系。因此，在全面准确总结中国经济伟大成就的基础上，基于马克思主义的基本理论，打造具有鲜明中国特色的社会主义经济学理论体系和学术话语体系，增强中国经济学的理论自信和行为自觉，并最终为世界经济发展提供具有中国特色的理论支持和实践解读，是当前中国经济学界面临的重大历史性任务。

① 《习近平主持召开经济形势专家座谈会强调：更好认识和遵循经济发展规律　推动我国经济持续健康发展》，《人民日报》2014 年 7 月 9 日。

② 《习近平在中共中央政治局第二十八次集体学习时强调：立足我国国情和我国发展实践　发展当代中国马克思主义政治经济学》，《人民日报》2015 年 11 月 25 日。

③ 《中央经济工作会议在北京举行》，《人民日报》2015 年 12 月 22 日。

④ 习近平：《在哲学社会科学工作座谈会上的讲话》，《人民日报》2016 年 5 月 19 日。

二、中国特色经济学话语体系的发展现状[①]

从经济学的学科特性来看，经济学可以被看作解读和预测世界经济运行的学科。因此，经济学话语权问题也可以通俗地归结五个要素共同构成的话语权体系：什么“人”（经济学家）、用什么“语言”（理论）、讲什么“故事”（实践）、给什么“人”（听众）听、产生什么影响（政策）。其核心要素是用什么“语言”（理论）讲什么“故事”（实践），这两个核心要素决定了经济学话语权的基本状况。根据上述要素，一般可以从学术研究、学科教育以及学说影响力等方面，对经济学话语体系的发展状况进行评价。限于篇幅，笔者主要从经济学学术研究和学科教育两个方面入手，对当前中国经济学学科的话语权和话语体系发展现状进行分析。

（一）中国经济学的学术研究现状

从经济学学术研究来看，无论是在国际还是国内学术研究领域，以新古典经济学为代表的西方主流经济学仍占据经济学话语权的绝对主导地位。

首先，国际经济学领域的学术研究话语权基本被西方主流经济学垄断。从经济学国际期刊的现有文献来看，当前西方主流经济学基本垄断了经济学领域的学术研究话语权，突出表现为：第一，从主题词和关键词来看，代表西方主流经济学的标志性学术术语充斥几乎全部经济学学术期刊（尤其是部分顶级经济学期刊如《美国经济评论》《政治经济学杂志》和《计量经济学杂志》等）和著作，马克思主义政治经济学的学术语言和其他非主流经济学的学术语言基本难以出现；第二，从研究范式来看，以西方主流经济学的基本假设和经典模型仍是绝大部分经济学文章的基本分析框架，采用马克思主义政治经济学分析框架的研究文章数量非常有限；第三，从研究对象来看，经济学的主要研究对象仍是西方发达国家的经济问题。虽然由于中国经

① 关于新中国经济学话语体系的演变历史，史蒂夫·科恩教授曾在2011年11月美国麻省大学阿默斯特分校举行的“多元化经济学学会国际联合会”第三次年会做过非常权威的详细分析，在此不再累述。该文稿的中文版参见［美］史蒂夫·科恩：《西方新古典经济学如何主导了中国经济学教育?》，谢富胜等译，《中国社会科学内部文稿》2016年第1期。

济高速发展，近年来中国经济问题逐渐被国际和国内经济学家关注，但在顶级期刊刊登的文章中，分析中国问题的文献比例仍然很低，而且在研究中国经济问题的文献中来自中国经济学者的研究比例并不高。有学者曾对2002—2012年中国学者在经济学国际期刊发表的论文进行分析后发现，一方面，从文章数量来看，中国经济学者的学术国际影响力在不断提升，发表文章数增长了近10倍；但另一方面，在对中国问题的研究中，最有发言权的中国学者其研究论文占比在2002年只有8%，目前占比也不到1/3。[①] 此外，从文章具体研究范式来看，无论是非中国学者还是中国学者，对中国问题的研究基本采用西方主流经济学理论解读中国问题。而由于采用西方经济学研究框架，这类文献在理论方面很难提出新理论，导致中国经济问题研究对现代经济学发展的理论贡献不大，其主要作用仅是为西方主流经济学理论添加中国实证案例库。

其次，中国国内经济学学术研究也基本以西方主流经济学的框架为主，采用马克思主义经济学研究范式的研究严重缺乏。相对于国际期刊主要关注西方发达国家的经济问题，虽然中国国内的经济学研究非常注重分析中国现实经济问题，但绝大部分研究仍采用西方主流经济学框架来分析中国问题，采用马克思主义经济学分析方法的研究非常少。而且，从国内顶级经济学期刊的用稿偏好来看，采用西方经济学分析框架的论文也更适合发表在国内最好的期刊上。实际上，近年来即使是国内一般学术期刊在录用论文时也倾向于采用基于西方主流经济学分析框架的文章，而采用马克思主义基本理论分析问题的文章只能集中于诸如《马克思主义研究》《政治经济评论》《当代经济研究》《经济学家》等有限几本刊物。此外，值得注意的是，在当前中国经济学话语体系的学术研究中还存在明显的西化倾向。似乎无论是国外还是中国的经济问题，都只能用西方主流经济学才能说明，而采用马克思主义经济学就好像不能说明问题。但实际上可以发现，对于这些问题的理论来源，不仅可以在《资本论》中找到，而且《资本论》的理论框架和话语对现实的解释更为深刻。

---

① 李钢等：《中国经济学的学术国际影响力研究——基于对 Econlit 数据库的统计分析》，《经济学动态》2013年第5期。

（二）中国经济学的学科教育现状

经济学的学科教育是体现经济学话语体系的重要方面。在学科教育中，哪种经济学话语占据主导地位，不仅仅影响学术研究，还对学习经济学学生的世界观、人生观和价值观等产生长远影响。目前，中国经济学教育主要集中在高等院校，因此，高校经济学教育成为两种经济学话语体系争夺的重要阵地。在改革开放初期，中国高校曾经是马克思主义政治经济学话语权的重要阵地，也是马克思主义政治经济学研究与教学最为活跃的场所。① 但从目前的情况来看，中国马克思主义政治经济学在高校教育中的话语权呈现弱化甚至被边缘化的趋势。②

首先，在课程设置上，马克思主义政治经济学话语权不断被弱化和边缘化。突出表现为目前部分高校在政治经济学和西方经济学的课程设置上明显出现重西方经济学轻马克思主义政治经济学的倾向。为此，笔者对国内部分重点大学的经济学和管理学本科培养方案进行了调查，结果发现，目前国内高校的马克思主义政治经济学的课时量平均远低于宏微观经济学。在部分理论经济学专业本科课程体系中，政治经济学的课时和学分一般只有西方经济学的一半甚至更少。大部分高校的课时设置中，政治经济学课程大约在36—54课时之间，西方经济学的课时最少也在108课时左右。

其次，在教材使用方面，马克思主义政治经济学的教材水平相对一般。教材水平是体现经济学话语体系的重要指标。从西方经济学教学的教材使用来看，目前，国内重点大学基本都采用西方主流经济学原版英文教材或对应的中文翻译教材，其中，相当部分高校甚至要求从本科到博士的西方经济学教学都用英语教学或用英文课件进行双语教学，以便学生未来与国际接轨。这些教材无论是内容还是配套教学资源都具有较高水平，体现了西方经济学在教材方面的话语权；而反观马克思主义政治经济学教材，资本主义部分还有部分教材的编写水平较高，但配套教学资源相对匮乏。而社会主义部分的

① ［美］史蒂夫·科恩：《西方新古典经济学如何主导了中国经济学教育?》，谢富胜等译，《中国社会科学内部文稿》2016年第1期。

② 宋艳丽：《当代中国马克思主义政治经济学话语权的高校场域构建》，《南京政治学院学报》2017年第2期。

教材则相对水平一般，尤其是采用马克思主义政治经济学解释中国经济发展的教材很少，导致马克思主义政治经济学对中国经济问题的解释乏力。而且，中国特色马克思主义政治经济学教材还没有形成完整的理论体系，资本主义部分和社会主义部分基本是两个缺乏内在联系的独立部分。教材方面的问题，显然是当前的中国经济学教育中马克思主义政治经济学话语权衰落的重要表现之一。

因此，通过对当前中国经济学话语体系在学术研究和学科教育两个方面的分析发现，从目前来看，无论是在世界范围还是在中国国内，以新古典经济学为代表的西方经济学在经济学领域处于绝对统治地位，这意味着经济学话语权仍掌握在西方主流经济学手中，而中国特色马克思主义政治经济学的话语权不够强大。

三、中国特色经济学话语权不足的主要原因

当前，中国特色马克思主义政治经济学话语权不足，原因来自多个方面。其中，一个重要原因是中国马克思主义政治经济学在话语权和话语体系建设方面自身存在问题。

需要肯定的是，长期以来，中国从事马克思主义政治经济学研究的学者付出了很多努力，也在诸多领域推动了中国特色社会主义政治经济学的理论创新并取得很多成就。[①] 但从目前来看，中国特色社会主义政治经济学发展水平与中国市场经济的改革和发展实践水平之间还存在相当大的差距，甚至在一些重大经济问题上难以给出明确的理论解释。究其原因，一个重要方面在于当前中国马克思主义政治经济学研究存在一些需要解决的问题。

首先，中国传统的政治经济学研究特点，导致目前国内政治经济学对现实问题的研究滞后于中国经济发展实践。中国传统的政治经济学在研究上存在两个特点：第一，中国政治经济学的研究具有强烈的基础理论偏好，对现实问题视而不见或缺乏研究兴趣。对理论的偏好导致中国政治经济学研究论

① 简新华：《论中国经济学理论的发展与创新——兼与林毅夫教授商榷》，《当代经济研究》2017年第12期。

文偏好于对基本术语进行持续不断的争论，对现实中大量中国重大经济问题视而不见。对于各种重大经济问题，中国传统政治经济学研究往往较注重基础理论，而对现实问题的研究相对不够，因此中国的政治经济学学者们对上述现实新问题往往无法提供切实有效的理论指导和解决方案，反而被西方经济学乘机夺取了话语权；第二，中国传统政治经济学的研究比较缺乏现代研究工具。现代经济学的研究比较注重各种经济学工具的使用，工具的使用有助于经济学研究精细化和提高结论可信度。而传统政治经济学的研究比较倾向于哲学层面的分析，对现代经济学工具尤其是数理工具和计量工具比较排斥，这严重阻碍中国特色的社会主义政治经济学对现实问题的深入研究。从目前国内政治经济学的研究学者来看，除了少量年轻学者开始采用现代的数理和计量分析方法外，该领域大部分研究的研究方法过于传统，不太接受新的研究方法和工具，导致运用马克思主义经济学在研究现实问题时往往只能做定性分析，无法做较为精确的定量研究，得出的结论自然不容易为读者接受。这两个研究特点共同导致的结果是：中国改革开放以来出现的大量非常有价值的经济问题难以在马克思主义政治经济学那里得到系统和深入的理论解读和实证分析。反而被西方经济学占领了经济学理论阵地和教育阵地，导致许多中青年学者加强学习研究西方经济学理论和方法。

其次，当前中国高质量的政治经济学教材和配套教学资源还不多，弱化了中国特色经济学在高等教育中的话语权。根据笔者对部分从事政治经济学教学一线教师的访谈结果来看，普遍认为当前的政治经济学教材至少存以下两个方面存在不足：第一，政治经济学资本主义部分的理论来源解释不足，学生难以理解基本理论。从目前的政治经济学教材来看，受限于教材篇幅，资本主义部分的教材往往直接给出马克思分析的结论，而对结论的解读尤其是结论背后的历史背景缺乏介绍。而学生由于缺乏对马克思时代历史背景的系统了解，因此对教材给出的结论往往不能深入理解，甚至对部分结论产生误解和不信任。此外，部分教材内容过于陈旧，而且理论灌输式的写作风格对新时代的学生来说并不受欢迎。第二，政治经济学社会主义部分对中国现实问题的理论解释乏力。由于中国的政治经济学研究缺乏对现实的系统分析，导致政治经济学教材在分析现实问题方面脱离实际，无法有效解释实际问题。有些教材为刻画马克思主义政治经济学对中国的社会主义市场经济实践的指导功能，非常牵强地按照西方经济学的框架加入了微观企业运行和宏观经济运行的部分。但这些部分的理论分析往往并没有采用马克思主义政治经济学的基本原理进行阐述，甚至部分教材直接采用西方经济学的分析框架，反而强化了西方经济学对中国经济运行的话语权。此外，虽然部分教材的政治经济学社会主义部分对社会主义的经济制度、经济体制、企业运行、分配制度甚至工业化、城镇化、对外开放等都有所涉及，可谓面面俱到，但由于缺乏基于马克思主义政治经济学的理论分析，导致对上述问题的研究多限于现象描述，而对现象背后的生产关系分析相对缺乏，因此对中国社会主义市场经济的发展很难有非常深刻的理论解释。此外，国内政治经济学教材在配套教学资源建设方面投入不够，导致一线教师在教学过程中缺乏高质量的教学课件和其他教学资源支持，也严重影响了教学质量。

此外，中国特色社会主义经济学没有形成话语体系，还有一些其他因素，主要表现为：第一，中国经济发展的实践基础发展很快，而解读现实的理论滞后。对中国经济高速发展当中的大量待解读新问题，基于中国特色的经济学解读非常少；第二，中国特色经济学的理论影响范围有限。受制于语言和国外主流意识形态的影响，目前中国经济学的研究成果基本在国内传播；第三，理论尚未形成系统理论体系。改革开放以来实际上对中国经济实践也有很多的理论解读，但大多数属于对具体问题的解释，尚未形成整套逻辑完整的理论体系；第四，理论运用范围有限。即使有中国特色经济学的理论，也主要用于解读中国问题。目前来看，中国的经济学研究者还缺乏用中国理论解读世界问题的能力和自信。

四、如何构建当代中国特色的经济学话语体系

如何构建中国特色经济学话语体系呢？由于经济学的研究内容非常庞杂，在此并不准备从研究的具体内容方面进行分析，而是从构建中国特色经济学话语体系的目标、构建原则、基本任务和主要工作等方面进行探讨。笔者认为，要构建中国特色的经济学话语体系，就要在明确目标的前提下，坚持两个基本原则，做好三个方面的工作。

（一）构建中国特色经济学话语体系的总体目标

从基本目标来看，构建当代中国特色的经济学话语体系，可以概括为一个总体目标：坚持马克思主义政治经济学的根本指导地位，以中国经济实践和经济发展基本理论为基础，实现中国特色经济学话语体系的主导地位。即，用中国特色经济学话语论述中国经济理论，解释中国经济问题和世界经济问题，向全世界传播中国特色经济学话语，为经济学的发展做出理论、学术和话语贡献。

（二）构建中国特色经济学话语体系的基本原则

在构建中国特色经济学话语体系的过程中，要实现总体目标，需要坚持两个基本原则。

首先，中国特色经济学话语体系的构建要以继承和发展马克思主义政治经济学为基本原则。在继承马克思主义政治经济方面，中国特色的经济学话语体系一定要以马克思主义经济学范式为基础。中国特色经济学的最基本原则就是坚持采用马克思立场、观点和方法推动中国特色社会主义政治经济学研究。因此，坚持和发展马克思主义政治经济学的基本立场、基本原理与理论、基本方法，是构建中国特色经济学话语体系的最基本原则。坚持马克思主义政治经济学的研究范式，就要采用唯物辩证法和历史唯物主义的研究方法，坚持代表无产阶级利益的基本立场，以研究生产关系为主要任务。根据马克思主义经济学的基本观点，生产力决定生产关系，生产关系才是政治经济学应该研究的问题。当前，中国仍然处于社会主义初级阶段，这一阶段的生产力决定了中国特色经济学的研究对象是社会主义初级阶段的生产关系。因此，中国特色经济学的研究任务是如何进一步完善中国的各种经济制度促进生产力发展，其研究的根本目的是提高人民群众的物质和精神生活水平，最终实现人的全面发展。此外，马克思主义是不断发展的科学，在创新和发展马克思主义政治经济学方面，构建中国特色的经济学话语体系一定要结合当前实际情况和中国国情进行与时俱进的创新和发展。当前的社会发展与马克思撰写《资本论》的时代相比有很大变化，但马克思主义政治经济学仍然具有强大的生命力。但如果不顾当前的实际变化，教条般地照搬马克思主义政治经济学，这恰恰不是科学地学习和继承马克思主义政治经济学。马克思主义政治经济学是开放和不断发展的理论体系，对其创新和发展需要在坚持基本研究范式的基础上不断通过解读新的实践经验赋予新的内容。因此，通过对中国经济实践产生的新理论，显然是马克思主义经济学体系的一部分，也是马克思主义政治经济学具有持久生命力的前提。

其次，构建中国特色经济学话语体系要以中国的经济实践为基础。中国经济发展的巨大成就和完全不同于西方国家的发展道路，给经济学研究者提供了新的研究样本，也暗示西方经济学在不同国家未必存在所谓的普适性，中国特色经济学与西方经济学也必然存在本质不同。因此，构建中国特色社会主义政治经济学话语体系，需要采用从实践中来到实践中去的研究方法，从实践中提出中国特色经济学的理论框架。具体而言，就是立足中国国情，以中国经济实践为基础和研究对象，从中国经济问题出发，注重解释和回答社会主义重大实践问题。也就是说，构建中国特色经济学话语体系首先要立足中国的社会主义经济建设实践，通过对经济实践的系统梳理、总结和解读，揭示出中国特色社会主义经济发展的新规律和新特征，并提炼和总结中国经济发展实践的理论。因此，中国特色经济学话语体系在追求理论普适性的基础上，更要体现其对中国经济实践的独特解读能力。从目前的情况来看，中国经济故事背后的经济规律和原理不可能通过其他理论进行完全解读，需要坚持立足中国实践构建中国经济学理论体系，用中国学术话语讲述当代中国故事。

马克思主义政治经济学之所以具有强大的生命力，就是其致力于对现实世界的科学解释并提供科学的理论支持。中国过去一段时间马克思主义政治经济学话语权逐渐丧失，一个重要原因就是把经济学理论与实践对立，导致理论研究远离中国实践，对现实问题缺乏理论上的解读，也提不出有力的见解。因此，构建中国特色经济学话语体系，要求我们的研究立足实践，提高对现实世界尤其是中国经济实践的理解力和解释力。

（三）构建中国特色经济学话语体系的主要工作

新中国成立以来尤其是改革开放以来，中国走出了不同于西方主流经济学理论的社会主义经济发展道路，取得巨大成功并为全世界关注，为构建中国特色社会主义经济学话语体系提供了最好的实践基础。而中国经济学研究者最需要做的事情是基于中国经验，在坚持马克思主义的基础上，通过对过去传统政治经济学的发展和对西方主流经济学中有益成分的借鉴，提出具有中国特色的经济学基本概念和分析框架，最终构建中国特色经济学话语体系。

从目前情况来看，中国的经济学学者至少需要在三个方面进行持续研究才能最终真正构建中国特色社会主义政治经济学话语体系。三个方面的工作可以概括为：一是通过对中国经济实践中产生的各种重要经验的总结，尤其是对其中中国改革开放以来的重大经济问题和创新的总结，并将其归纳为经济理论；二是在形成众多经济理论的基础上，着力提炼总结并形成中国特色社会主义经济学的基本内核和外延，构建成较为完整和统一的经济理论体系；三是在构建中国特色经济学理论体系的基础上，用该理论体系不仅讲中国经济故事，还要积极利用该体系解读世界各国的经济问题，最终形成中国特色经济学的话语权和话语体系。具体工作为：

第一，在对中国经济实践中各种重要经验尤其是改革开放以来的重大经济问题和创新进行总结的基础上，将这些经验归纳为具有中国特色的经济理论。

中国特色经济学话语体系的构建，首先要做的基础研究工作就是对中国经济发展的特色道路和发展经验等实践层面的问题进行理论升华，通过对这些实践问题的总结，归纳出具有中国特色的经济理论。回顾经济学发展历程，经济学作为解释世界的学说，其经典理论大多数都是在对现实经济问题的观察和解读后形成的。无论是早期的《国富论》《资本论》还是20世纪的《通论》和《各国的经济增长》等，都是在对当时现实经济问题进行深入思考和解读后形成的理论贡献。因此，构建中国特色经济学话语体系，首要研究内容就是通过对中国经济实践进行系统梳理和总结，以及对于党的重要文献和经济学界已经提出理论进行理论提炼，最终形成一系列具有中国特色的基本经济理论。

从中国经济学的研究来看，改革开放以来中国实际上已经在实践和理论上有诸多具有中国特色的经济实践和理论创新。从实践来看，中国特色经济发展过程中已经积累了大量具有中国特色的实践话语，如“家庭联产承包责任制”“价格双轨制”“抓大放小”“新常态”“‘三农’问题”等等，而且这些具有中国特色的实践话语已经得到经济学者的广泛认可。其中，改革开放初期实施的“家庭联产承包责任制”和“国有企业改革”是激发微观主体经济活力的重要实践经验，“对外开放”和“经济特区制度”是探索中国特色社会主义道路上的伟大创举，早期的“林权改革”和目前的“农村土地确权”也都是在中国特色产权理论方面的重要实践贡献，这些问题都值得深入总结并形成各种经济理论。

从理论研究来看，中国的经济学研究实际上已经形成了一系列的中国特色经济理论。例如，中国特色的社会主义市场经济理论就是一个重大的理论突破。传统政治经济学和西方主流经济学都认为社会主义与市场经济不可兼容，不可能出现所谓的社会主义市场经济，价格配置资源的机制在社会主义国家不可能实现。但恰恰相反，中国经济发展证明社会主义与市场经济能够更好融合并同时发挥两者的优势，这暗示中国的经济道路有可能形成与上述两种学说完全不同的新理论。再例如，在所有制方面，中国提出的“公有制为主体、多种所有制经济共同发展，是我国社会主义初级阶段的一项基本经济制度”和“混合所有制经济是基本经济制度的重要实现形式”等，形成了经济学中所有制理论的重大突破，这和传统经济理论有显著差异，实际上初步形成了具有中国特色的社会主义基本经济制度理论。此外，在对经济发展与人本身的发展方面，中国共产党在坚持马克思提出的人要全面而自由地发展以及人与自然和谐等经典理论的基础上，通过各种实践活动继承和发展该理论，提出了以人为本、成果共享、建设资源节约型和环境友好型社会等科学发展理念。另外，中国也发展了对外开放理论。马克思基本理论构架中提到国际贸易对一国经济发展的重要性，而中国在改革开放以来，除大力发展对外贸易，在此基础上还进一步提出了互利共赢、多元平衡、安全高效的新国际贸易理念，对新的全球化条件下各国如何进行经济合作提供了新思路。

上述中国经济在理论和实践层面的贡献都值得进行系统的梳理和总结，并利用马克思主义政治经济学的基本原理通过理论分析进行提炼，升华为系列经济理论命题，从而为分析和解释中国现实问题提供中国经济话语的理论支持，实现从具体到抽象的跨越，让中国故事变成中国理论。

第二，在提出经济理论的基础上，着力提炼总结并形成中国特色社会主义经济学的基本内核和外延，构建成较为完整和统一的经济理论体系。

从经济学发展来看，经济学的基本思想和对世界的认识解读都需要通过一系列连贯的基本概念和研究范畴凝结，如果仅有零散的经济理论但缺乏包含经济学核心概念的完整逻辑体系和研究框架，就难以形成有效的经济学理论体系，更难以形成具有话语权的话语体系。中国特色社会主义政治经济学需要构建具有自己特色的基本概念、基本假设、研究范畴、基本逻辑体系和基本观点，形成逻辑严密的中国特色经济学理论系统，这也是中国特色经济学最终获得国际影响力和话语权的前提。因此，在中国特色经济学理论体系构建上，和所有的经济学框架类似，中国特色社会主义政治经济学也需要明确提出自己的核心概念和基本理论观点，在此基础上构建基本的理论模型分析现实经济主体的行为和运行，并给出明确的研究结论和政策建议。

基本术语的构建对形成话语体系十分重要，因此，在构建中国特色经济学理论体系的基本理论假设和核心概念方面，可以通过对中国经济实践的研究提出新概念和新假设，也可以对马克思主义政治经济学中的已有概念进行发展和重新定义。例如，马克思主义政治经济学中的剩余价值、资本、价值规律等经典概念，在基于中国实践进行适当发展后可以直接用于中国特色经济学的理论分析。而对于那些完全来自中国经济实践新情况，如混合所有制经济、共同富裕、土地确权，精准扶贫等问题，进行理论提炼后完全可能形成新的经济学概念。此外，西方经济学中的部分范畴特别是反映市场经济一般规律的有益范畴，在作适当修改后可以借鉴和利用。

另外，除构建中国特色经济学的核心概念和基本假设外，还需要构建统一的理论框架，把各种零散中国特色经济理论纳入其中，从而最终构成中国特色经济学的基本框架。当前中国特色经济学的研究中也形成了很多理论命题和理论话语，但从现有研究来看，这些理论命题更多地表现为相对零散的孤立命题，缺乏统一理论框架来容纳各种理论命题，并未形成完整的中国特色经济学话语体系。这就需要把已形成的经济理论和共识进行统一，成为有内在严密逻辑的系列理论命题。诸如前面提到的部分重要理论问题如社会主义与市场经济有机融合理论、计划与市场有机结合理论、中国社会主义的经济制度、分配制度和五大发展理念等问题，都需要构建新的中国特色经济学理论框架容纳这些理论。需要在各种中国特色经济理论命题的基础上，通过系统化发展，将分散的理论话语转变为系统的学说话语。

第三，用中国特色经济学理论体系讲好中国经济故事和解读世界各国的经济故事，最终形成中国特色经济学的话语权和话语体系。

构建中国特色经济学话语体系，更重要的是用该话语体系解读中国和世界的经济故事，这样才能真正构建中国特色经济学话语体系，并在该领域拥有话语权。

在解读中国经济故事方面，首先需要研究的内容是如何用中国特色经济学理论体系讲好中国经济故事。如前所述，虽然目前国际和国内经济学界都对中国经济问题非常感兴趣，解读中国经济故事的研究也越来越多，但这些研究基本采用以新古典经济学为代表的西方主流经济学分析框架，不仅导致中国经济故事的话语权被西方主流经济学占据，而且西方主流经济学往往利用其话语权地位对中国故事进行符合其意识形态的扭曲解读，导致解读的政策含义带有强烈的西方主流意识，对中国经济改革产生不利影响。中国的经济学学者需要利用中国特色的经济理论体系，立足自我，从实际出发解读中国经济故事，真正做到讲好中国经济故事。实现从用西方主流经济学话语解读中国故事到用中国特色经济学话语讲好中国故事的重要转变，让中国特色经济学话语体系在讲中国经济故事时具有真正的话语权。

此外，在用中国特色经济学理论体系讲好中国经济故事的同时，更要注重用中国特色经济学理论去主动解读世界的经济问题。经济学理论体系之所以能够具有话语权，绝不仅是因为其可以很好地解读本国的经济问题，而是在于其理论具有强大的解释力，可以有效解读世界各国的经济问题，为其他国家的经济发展提供理论和政策支持。目前，很多国家开始学习中国经济经验，基于中国实践经验产生的中国特色经济理论也理当对其他国家的经济发展提供理论贡献。因此，中国特色经济理论应该主动去解读世界各国的经济问题，唯有这样，才能体现中国特色经济理论强大生命力，最终真正实现从中国特色经济学理论体系到中国特色经济学话语体系和话语权的转变。

总之，通过完成上述三个方面的研究工作，中国特色马克思主义政治经济学可以实现从实践到理论、从理论到理论体系、从理论体系到话语体系的三个转变，形成中国特色经济学话语体系，并在经济学领域最终形成具有中国特色经济学的话语权。

第 九 章

中国特色社会主义法学话语的体系构建

廖 奕

在中国特色社会主义进入新时代的背景下，当前中国法学话语多元格局隐藏的诸多问题日渐凸显。作为精英话语的法学话语要想掌握群众，必须对自身固有的精英立场进行颠覆性的翻转，产生内部革命性的质变。中国特色社会主义法学话语体系并不是由法学家主观创造的，它是以中国共产党为核心的“集体作品”，全面展现于中国特色社会主义的道路、制度、理论和文化实践中。以中国共产党的法理话语系谱为中心，深描中国特色社会主义法学话语体系实践，诚属创新中国法学话语研究，走出西方法学话语围城的重大课题。认真对待中国共产党政法文本和话语实践，既是中国特色社会主义法学话语体系构建的基石，也是发挥法学综合优势，提升法学原创力和话语能力的必由之路。

作为一个历史悠久、资源丰厚的法理大国，中国的法学话语就像一处神秘的富矿，其存在价值举世公认，但现实开发却极为艰难。在此，我们尝试以中国特色社会主义法学话语的体系构建为核心论题，以中国共产党的法理话语为中心线索，力求在已有法学话语研究基础上揭示一种超越中西二元对立的新时代法学话语体系观。

一、法学话语：为何研究与如何研究？

（一）时代背景

对中国而言，法学话语成为一个公众关心的时务课题，缘起于清末的变法改制。三千年未有之大变局，带来了西学主导的时代景观，也造成了中西方在话语主导权上的激烈冲突。在左翼知识分子看来，殖民地法学的风景并不美好。他们内心渴望通过法学话语的中国化，赓续文明传统，再造法理辉煌。事实上，新文化运动之后，西学和中学的对立已被打破，界限渐趋消融，诸如真理、民主、科学、社会主义、权利等西方话语经过选择性吸收和学习，逐步为国人转化与重构。[①] 在纷纭思潮的大海众沤中，中国共产党倡导的新法学，以马克思主义为指引，以劳苦大众的诉求为中心，凝造出一种别开生面的中国特色法理话语样式。新中国成立后，社会主义法学走向繁荣，为新法制奠基提供了智识支援。但政治运动的扩大化、无序化，让讲求专业的法律学术发展遭遇曲折。改革开放后，快速的经济增长和社会转型，推动着法学话语的时代变迁，法学家开始成为公民权利的代言人。法学学术话语日渐专门化、多样化，形成了以理论法学和部门法学为主干的学科话语系统。曾经的“幼稚”标签，在很多法学家眼里，已变成了一种前行的动力。[②]

然而，法学学科和学人的成熟闻达，学术话语的繁茂滋长，掩盖不了积

---

① 参见金观涛、刘青峰：《观念史研究：中国现代政治术语的形成》，法律出版社 2009 年版，第 7—9 页。

② 20 世纪 80 年代，在一次座谈会上，中国人民大学的一位著名教授在发言中说，现在的情况是：历史学混乱，哲学贫困，法学幼稚。从此“法学幼稚”就成了一些人的口头禅。但在马克思主义法理学家孙国华教授看来，新中国以马克思主义为指导的法学在世界观、方法论以及基本理论观点方面并不幼稚，不能把“阶级斗争为纲”的错误指导造成的恶果，全算在马克思主义法学的头上。但新中国的法学，在专门法律问题的研究上确实是幼稚的，因为确实产生过严重的忽视法律、全盘否定人类积累的法律文化成果的错误。在他看来，用马克思主义最新成果武装中国法学，不等于不搞法律实务研究。要继续克服不重视、不研究专门法律问题，不研究具体法律手段，只关注宏观的、意识形态问题的错误思路。理论必须联系实际，实际必须有理论的指导。参见孙国华：《中国法学幼稚过吗?》，《检察日报》2008 年 10 月 20 日。

存的问题。例如，画地为牢的学科疆界对学术话语的正常博弈，形成体制掣肘，使得法学学术议题偏狭化、争鸣肤泛化；传统中国的法学话语，长期被封闭在法律制度和思想史研究的魔盒，虽然正逐步被学者发现并开掘，但总体上看多系个案式研究，未能发挥解释、改造现实的整体效能；主流注释法学的表达方式在日渐科学化的同时，仍沿袭对政治话语和道德话语的套用路数，法律教义学的比较研究局限于西方法系；理论法学与部门法学在学术话语层面的脱节越发严重，有学者甚至发出“法理学死亡”的盛世危言；[①] 近些年中国法学理论的实证主义转向，一方面显示出法理学的宏大叙事和传统权威风光不再，另一方面也表现出“新方法”在解构与构建、个案与整体上的虚妄对立。单纯的规范研究或经验研究，不仅严重制约了大众社会的法律认知，亦使精英内部的法理沟通愈发困难。

十八大以来，中国共产党对依法治国进行了全面的战略部署，对加强法学基础理论研究、发挥马克思主义在法学学术、学科和话语体系建设中的指导作用提出了更高要求。加快构建中国特色的哲学社会科学，需要法学支撑作用的更好发挥，而法学功能的更好发挥，则需要进一步完善中国特色哲学社会科学的话语体系。在党的十九大报告中，坚持全面依法治国和坚持社会主义核心价值体系成为新时代中国特色社会主义基本方略的重要内容。建设中国特色社会主义法治体系，建设社会主义法治国家，必须发展中国特色社会主义法治理论，培育和践行社会主义核心价值观，不断增强意识形态领域主导权和话语权，推动中华优秀传统文化创造性转化、创新性发展，继承革命文化，发展社会主义先进文化，不忘本来、吸收外来、面向未来，更好构筑中国精神、中国价值、中国力量，为人民提供精神指引。对此，法学界反应积极，学者们著说立论，建言献策，新一轮讨论序幕已徐徐展开。法学话语的更新，甚至体系的重构，势在必行。在此境况下，中国特色社会主义法学话语体系亟待科学分析和证立。站在新的起点，当代中国的法学再也不能将自身局限在学科的牢笼，不能辜负这个伟大的时代。能否将学术话语从教条的束缚中解放出来，用一种平实准确的理性语言阐释法的原理，将精英的法理解说与大众的法理叙事有机结合，不仅关系到法学学科的长久发展，更

① 参见徐爱国：《中国法理学的“死亡”》，《中国法律评论》2016 年第 2 期。

是对新时代法学话语生产者资质的检测和考核。

（二）国际动向

法学话语研究源自文学理论与法学理论的交叉，具有跨学科特点。法学话语研究本身并不构成法理学、法哲学或法律理论的主流，但它需要以主流学术话语为样本进行科学的分析。在欧美，一方面，法律的故事讲述成为“学科融合”的标志性产物；[①] 随着女权主义、种族主义、后殖民主义等新型叙事的流行，法律话语的文化政治研究渐趋兴盛。[②] 另一方面，经典的自由主义话语理论，如哈贝马斯的商谈话语理论受到学界热捧[③]；传统的法律话语研究理论，如法律论证、法律修辞、多元纠纷解决等仍然当阳称尊。在“法律东方学”范式的影响下，西方学者的法学话语研究通常遵循“帝国想象”的向外敞视线路，热衷于关注诸如同性恋、种族主义、阿以冲突、非洲部族法、伊斯兰法、第三世界国家等非本土、非主流问题。[④] 少数学者对

---

① Richard Delgado, “Storytelling for Oppositionists and Others: A Plea for Narrative”, *Michigan Law Review*, Vol.87, No.8 (Augst 1989), pp.2411-2441.

② Leti Volpp, “Feminism Versus Multiculturalism”, *Columbia Law Review*, Vol.101, No.5, (Jun. 2001), pp.1181-1281.Richard Delgado, “When A Story Is Just A Story: Does Voice Really Matter?” *Virginia Law Review* (Feb.1990), pp.95-111.

③ W.Anderson, “Book Review: Between Facts and Norms: Contributions to A Discourse Theory of Law and Democracy, by Jürgen Habermas”, *American Political Science Review*, Vol.91, No.3 (1997), pp.631-726.这篇书评文章的引用数达到 3219 次，可见哈氏话语理论热度。相似文献，如 N.Dodd, “Between Facts and Norms: Contributions to A Discourse Theory of Law and Democracy, by Jürgen Habermas; the Cambridge Companion to Habermas, by Stephen K.White”, *Journal of Communication*, Vol.84, No.3 (1996), pp. 358-370.引用数也高达 902 次。（上述引用次数统计，2017 年 8 月百度学术搜索结果）

④ Rima Najjar Kapitan, “Academic Freedom As A Fundamental Human Right in American Jurisprudence and the Imposition of ‘Balance’ on Academic Discourse about the Palestinian-israeli Conflict”, *Arab Studies Quarterly*, Vol.33, No.3/4 (Summer/Fall 2011), pp.268-281.Laura Leets & Howard Giles, “Words as Weapons-When do They Wound? Investigations of Harmful Speech”, *Human Communication Research*, Vol.24 Issue 2, (Dec.1997), pp.260-301.E.D.Igwe, “Igbo Jurisprudence: A Discourse On the Nature of Punishment in Traditional African Society”, *Filosofia Theoretica Journal of African Philosophy Culture & Religions*, Vol.1, No.1 (2011).Said Fares Hassan, “Reaching from Within: Establishing A New Islamic Jurisprudence for Muslim Minorities in the west (The Discourse of Fiqh al-Aqalliyyat)”, *Dissertations & Theses - Gradworks* (2011).Robert H. Jackson, “Quasi-States, Dual Regimes, and Neoclassical Theory: International Jurisprudence and the Third World”, *International Organization*, Vol. 41, No. 4 (Autumn 1987), pp. 519 - 549. R. A. Wilson, “Reconciliation and Revenge in Post-Apartheid South Africa. Rethinking Legal Pluralism and Human Rights”, *Current Anthropology*, Vol.41, No.1 (Feb.2000), pp.75-98.

西方传统法律和法学话语进行了深刻批判，但总是倾向于将之作为一种笼统的政治言辞，未能深及对自身预设立场的省思。①

批判的话语，终归取代不了话语的批判。在西方，法律话语研究的一个关键词是“同情心”（Empathy），这个关键术语在批判性法律研究、女性主义法学和“法律与文学”研究的作品中经常出现。但仅有所谓的同情心，没有对更深层次社会疾病的诊疗，法学家始终难以生产出真正有温度的法律话语。在过去几十年间，西方学者对传统法律话语的抽象研究，已表达出各种不满。对抽象研究的反叛运动，被称为“语境论”。这个更为复杂的思想体系认为，法律应该更多关注受其影响的人的具体生活。② 立法者、法官、律师的“同情”，与法学家的良心一样，都需要他们对自身所处的意识形态和诸种限制条件有清醒的认识。西方法学家自我批判意识的薄弱，凸显了其背后意识形态的强大惯性，话语霸权根深蒂固以及圆熟固化的法学话语生产、分配、传播和消费体制。新近研究表明，美国法学院的“法律英语”规训已达到了一种危及多元文化的程度。③

归根结底，法学话语是多元主体博弈的社会实践产物。在众多国外研究范式中，“法律与社会运动”的话语框架理论值得特别关注。④ 例如，有学者运用法律动员和话语框架理论，对法律话语的微观动员过程加以实证研究。⑤

---

① 例如，格伦顿教授将美国式权利话语最显著的特征描述为：对于绝对而张扬的形式化的偏好，对于责任的近乎失语，对于个人独立和自我满足的过度忠诚，通常在无视市民社会中间群体的情况下关注国家和个人，毫无愧意的偏狭等等，但她始终并未明确涉及作为权利话语者的法学知识生产主体及其机制的问题。参见［美］玛丽·安·格伦顿：《权利话语：穷途末路的政治言辞》，周威译，北京大学出版社2006年版，第18页。

② Toni M.Massaro，“Empathy，Legal Storytelling，And the Rule of Law：New Words，Old Wounds?” *Michigan Law Review*，Vol.87，No.8（Aug.1989），pp.2099-2127.

③ Marta L.Baffy，“The Academic DiscourseI Socialization of International Lawyersat A U.S.Law School”，A Dissertation Submitted to the Faculty of the Graduate School of Arts and Sciences of Georgetown University in partial fulfillment of the requirements for the degree of Doctor of Philosophy in Linguistics，URN：*https：//repository.library.georgetown.edu/.*

④ Robert D.Benford & David A.Snow，“Framing Processes and Social Movements：An Overview and Assessment”，*Annual Review of Sociology*，Vol.26，No.1，（2000），pp.611-639.根据百度学术统计（2017.8.15），此篇论文被引用3976次。

⑤ Thomas Scheffer，“Courses of Mobilisation：Writing Systematic Micro-histories on Legal Discourse”，in *Theory and Method in Socio-legal Research*，Banakar Reza & Travers Max（eds.），Oxford and Portlan Oregon：Hart，2005，pp.75-89.URN：*http：//nbn-resolving.de/urn：nbn：de*：0168-*ssoar*-5075.

此种进路给法学话语研究的最大启示在于：法学话语形成并非机械的人与文字的交互工作，而是人们之间面对面的社会互动。除了法庭、教室空间中的话语交谈，法学话语在经济、政治、文化、社会各场域都随时可能出现。各式各样的法学话语活动，其大部分内容会被海量信息流冲淡淹没，成为无关紧要的历史性踪迹或现实反光碎片。留存在主流学术系谱、政治国家记忆和公众话语图像中的，只是少数。法学话语的原材料生产、前期加工，很多是由政治家和高级法务工作者提供、完成。有明确作者的话语生产活动，我们通常称之为法学家的文本生产，实质上是一种历史性消费或初次消费。法学话语的再生产和消费，则由法律实务工作者、社会公众和一般学者等作为主体。总之，将不同主体位置的法学话语生产加以连结性分析，探明其物质性动员进程，是理解法学话语实践的一种新的方法。这与马克思强调的理论具有强大物质力量观点，确有契合之处。[①] 但此种进路推崇的客观性描述，与马克思主张的理论必须掌握群众的话语实践观，仍有本质不同。作为精英话语的法学话语要想掌握群众，必须对自身固有的精英立场进行颠覆性的翻转，产生内部革命性的质变。对于这种“话语的革命”，多数保守的西方法律学者很难接受。

（三）中国问题

国内近十年法律话语研究成果颇为丰富，主要研究者并非传统主流法学领域的学者，大多为新兴的法律语言学或法律逻辑学的研究者。在此背景下，近些年在法学领域出现的从传统法律教义学向法律话语研究的转变，绝不是一种无关紧要的“提法”之变，而是一种关乎实质性研究主题、对象、方法和内容的全面转变。但仍有不少研究者还是将话语研究简单视为一种语词变换，“话语”一词在法学研究中的误用和滥用，已然随处可见。

法学研究中的“话语”弥散，这本身就是一个值得追问的话语事件，这表明了包括法学界人士在内的中国知识精英，乃至更大范围的政治、经

① 马克思在《〈黑格尔法哲学批判〉导言》中指出：“批判的武器当然不能代替武器的批判，物质力量只能用物质力量来摧毁，但是理论一经掌握群众，也会变成物质力量。理论只要说服人，就能掌握群众；而理论只要彻底，就能说服人。所谓彻底，就是抓住事物的根本。但人的根本就是人本身。”见《马克思恩格斯选集》第 1 卷，人民出版社 1995 年版，第 9 页。

济、军事、社会精英对西方话语霸权的敌人想象。当前比较一致的诊断结果是，中国法学话语存在的最明显而严峻的问题在于，西化过度，中国化不足，有“失根”的危险。对西方法学话语霸权的警醒非常必要，它提示我们必须矫正超越时空、脱离国情的胡乱比较、生搬硬套的机械移植，脱离本土语言和文化传统的名词制造，从而增强文化自觉与自信。但如何才能增进法律学者们的话语自主表达、特色塑造和有机转化能力？这不是一个单纯的理论问题。盖因法律学者的角色具有多重性，受众也较一般哲学社会科学的研究者要更广泛且不确定，像西塞罗那样的集政治家、思想家、法律家和辩护人、演讲家于一体的卓越人物，在分工日趋精细的现代社会大有绝迹之势。[①] 法学科学化的学科规训与法学本土化的社会要求，如何才能达成均衡？这就需要我们对法学话语的类型分析，应当以法学知识生产背后的限制条件为前提。[②] 经济学家的故事提醒法学家：对法学话语的生产而言，其自身面临的限制条件某种程度上决定了研究目的、话语风格甚至细微的表达策略。政治决策并非法律人想象的非理性，甚至反理性。法学对专制政治的批判和警惕，不能成为法学话语回避、漠视常态政治的理由。

从法学话语的“限制条件”出发，通过对代表性文献的梳理，现有研究大概可分如下类型：第一，以政治话语为导向的法学系统构建。第二，以流派区分为目的的法学类型化研究。第三，以部门法学学科发展为出发点的话语构建。第四，以话语分析为方法的现实问题研究。这一勾勒虽有简化之嫌，但不难从中发现某种吊诡。一方面，在当前中国法学话语研究的图景中，政治与学术、中学与西学的话语鸿沟和理念壁垒依然固执强大，不少学人仍将某种中国之外的“西方法学”视为先进之模板、启蒙之良师。另一方面，随着国力增强，话语权需求不断提升——原有的“照着讲”和“接

① 西方法学发展与修辞学密不可分，著名辩护人的演说经常被复写出来，以供广大公众阅读。西塞罗的例子也经常为中国法学研究者引用，以此证明罗马法学的繁荣发达和法律家的地位显贵。

② 林毅夫自述心路历程时提及，1988 年回国时面对通货膨胀，他最初借助芝加哥学派的思想分析，结论认为理性的政策是提高利率，而非治理整顿。但后来，他意识到中国政府其实是理性决策主体，当初之所以采取治理整顿的策略，主要是基于国企亏损这一关键性的“限制条件”。如果单纯提高利率，国企将会需要更多的财政补贴，通货膨胀必将愈演愈烈。而行政手段的治理整顿，如砍投资、砍项目，虽然导致很多半拉子工程出现，但权衡利弊，不失为理性决策。参见林毅夫：《固守“西天取经”得来的教条危害甚巨》，《北京日报》2017 年 8 月 14 日。

着讲”的传统法学话语模式，已不能满足学界“领着讲”的理论雄心。一股寻找本土资源的复归运动，在 20 世纪 80 年代中后期开始扩散，以反思西方现代性为主题的批判话语思潮也日渐兴起。随着中国深嵌全球化进程，法律理论国际化、一体化的需求，让试图引领时代风潮的中国法学本土派陷入孤独。西语支配下的中国问题解说，成为流行的混搭，甚至青年学者的标配。这很无奈，但又是现实。发展中的困惑也好，前进中的曲折也罢，这种话语演进的逻辑，归根结底，与转型中国独特的“话语国情”密切相关。既然在总体话语实力上，我们尚处于“失语”或“语无力”状态，盲目自大的膨胀后果可想而知。因而，面对西方法学话语的理性态度，不应当是所谓启蒙完成后的抛弃和批判，而是一种更成熟的客观对待，从单向度的仰视转变为互动式的沟通。更进一步讲，当前中国法学话语最大的一个“客观实际”就是，中西二元对立已被打破，“你中有我、我中有你”的交融局面，让“中学/西学”这样的传统范畴难以辨明知识的归属。马克思主义法学的中国化进程，为此种观念提供了有力的证明。就此意涵而言，深描“中国特色社会主义法学”的话语实践，诚属创新中国法学话语研究，走出西方法学话语围城的重大课题。

二、从概念到实践：走出“话语”的圈套

（一）法学话语

有别于正式的书面语言，话语是一种多样的言语行动。英文 discourse，源自拉丁文 discursus，原意为“人们四处奔跑”，有类似中文“奔走相告”之意。职是之故，西方语言学的话语理论一向强调其与传统文本分析的区别。作为新式方法的话语分析，当然不能取代文本研究的正统地位。就此意义上讲，话语分析不一定都是文本分析，但对于那些经典文本中的话语，只有综合运用话语/文本分析的方法才能得到好的阐释与理解。中文“话语”一词，系复合而成，泛指人们说出来的话，也有“自由而丰富的言语”之意。与西方的话语指义不同，中文“话语”一词除了泛指人们日常语言，更为侧重言说的理性。《说文解字》有言：“话者，合会善言也。”“语，论

也。”“论者，议也。”无论是“论”，还是“议”，都得讲求一个“理”字。可以说，中文语境下的话语兼具了大众日常言谈和精英理性论述等内容，在范围上较之西方的话语更为宽广，综合分析的方法也更为适用。

相比于其他学科的话语理论，法学领域的话语研究一开始就是有选择的，甚至带有更为明显的前见和偏狭性。既然法学自带语义分析的利器，何须舍近求远、外观旁骛？这是一种主流法学常见心态。话语理论进入法学场域，难免遭受冷遇、漠视甚至抵制。迄今为止，法律语言学、符号学、文化解释基本都是主流法教义学的补充，以为繁荣的附丽、无关宏旨的修饰或点缀。法律话语研究即便有了很大进展，然而并未形成系统深入的法学话语研究景象。或许，法律实然脸孔对应然教义的挑战和颠覆，对于法学院的保守主义者和形式主义者而言，难以轻易接受。也就不难理解，为何当前中国法学界话语分析的作品，很多都寄身在西方法理学、法律思想史等边缘学科。法学话语的精英立场使得福柯这样的符号一度在小众范围流行，但法学精英们为了寻求批判的快乐，很快忘却了话语概念的真实所指。

法学和法律不同，前者是学问、知识和智慧的综合，具有原生的多元性，而后者则是制度治理的规范蓝本，具有内在的统一性。以实证法律（positive law）为研究对象的现代法学，让法学和法律的界限消泯、日渐一体。但其自身的悖论在于：一方面以高于日常生活话语的姿态拟制出许多常人费解的专家型法律论述；另一方面为了谋求知识上的正统性，又不得不屈从于民众话语的主流，限制自身的理论欲望，出现精英话语和大众话语的紧张。打破这种悖论的可能途径在于，恢复法学话语的本然含义，将其功能范围调校回逻辑起点。除了精英生产的法律学术话语、法律制度话语和法律治理话语，法学话语还包括法律场域之外的经济、政治、社会文化等实践话语。对这些话语的文本、实践乃至社会环境的综合分析，有助于矫正法学精英话语的理性自负，让法学知识与大众文化深度融合。即使仅就法律学术话语而言，其内部也具有“中心—主干—边缘”的多层结构，并不是现有的法学学科体制所能完全覆盖的。破除学科主义的门户樊篱，有利于法学中心话语以问题论域为导向，呈现多学科协同的主干生长结构；与此同时，新兴的交叉学科不断在边缘拓展，发展为日后的主干，激发出新的问题丛集。

（二）社会主义

在马克思主义看来，社会实践才是法学话语的真实基础。厘清法学话语的概念，有利于激活马克思主义的话语理论，对于马克思主义法理学走出空疏困境富有裨益。发掘马克思主义的法学话语观念，是一个宏大的工程，需要明确其“批判性构建”的理论主旨。

例如，马克思主义对资产阶级法学世界观的理论批判，就蕴含着新法学话语构建的实践寓意。在《法学家的社会主义》一文中，恩格斯以法学教授门格尔为例，对资产阶级法学家的社会主义话语展开了更为辛辣的批判。以门格尔代表的法学家无视基本经济事实的傲慢态度，对马克思学说的曲解诋毁，对空头权利的堆砌列举，回避根本矛盾的犬儒说辞和教条做派，都让恩格斯难以容忍。为了让读者认清实质，恩格斯引用门格尔著作的原文：“社会主义的法学改造，是当代法哲学最重要的任务。这一任务的正确解决，将对通过和平改革来实现我们的法律程序的不可避免的变更做出重大贡献。只有当社会主义思想变成清醒的法学概念的时候，实际政治家才能认识到，可以在多大程度上改革现行法律程序以利于苦难的人民大众。”[①] 这种论断，在恩格斯看来，非常荒谬。但这并不意味着恩格斯否定“法学世界观”的概念。在这篇战斗檄文的开头，恩格斯通过对法学世界观的历史分析，明确指出：“作为资产阶级经典世界观的法学世界观，自其产生之日便有了自己的对立物——无产阶级，跟着又引起了新的阶级斗争，这个斗争在资产阶级最终夺得政权之前就已爆发了。正如资产阶级在反对贵族的斗争中一度按照传统抱有神学世界观一样，无产阶级起初也从敌人那里学会了法学的思维方式，并从中寻找反对资产阶级的武器。”[②] “只有当工人阶级不是戴着有色的法学眼镜，而是如实地观察事物的时候，它才能亲自彻底认清自己的生活状况。在这方面马克思的唯物史观帮助了工人阶级，他证明：人们的一切法律、政治、哲学、宗教等等观念归根结蒂都是从他们的经济生活条件、从他们的生产方式和产品交换方式中引导出来的。由此便产生了适合于

① 《马克思恩格斯全集》第 21 卷，人民出版社 2006 年版，第 565—566 页。

② 《马克思恩格斯全集》第 21 卷，人民出版社 2006 年版，第 546 页。

无产阶级的生活条件和斗争条件的世界观；和工人无财产相适应的只能是他们头脑中无幻想。现在这个无产阶级的世界观正在全球环行。”[①] 对于法学世界观，恩格斯的结论是：“一个积极的社会主义政党，如同一般任何政党那样，不提出这样的要求是不可能的。从某一阶级的共同利益中产生的要求，只有通过下述办法才能实现，即由这一阶级夺取政权，并用法律的形式赋予这些要求以普遍的效力。因此每个正在进行斗争的阶级都必须在纲领中用法权要求的形式来表述自己的要求。但是每个阶级的要求在社会和政治的改造进程中不断变化，在每个国家中，由于各自的特点和社会发展的水平，这些要求是不同的。因此，各个政党提出的法权要求，尽管最终目的完全一致，但在各个时代和各个民族中并不完全相同。”[②] 因此，长远看来，问题关键不是法学家的社会主义，恰好相反，是社会主义的法学家——更准确地说，是新的法学家如何科学理解社会主义政党的法权要求，而不是主观臆想一个全新框架以改造社会主义的法哲学体系。从这篇代表性文献可以看出，马克思主义法学话语的本体基原在于人民法权斗争的现实要求，核心载体是代表阶级共同利益的政党纲领。

依循马克思主义的立场，无论是西方近代的法治话语，还是传统中国的礼法话语，都具有历史的特定性。在历史逻辑和现实需要的合力作用下，各种话语的碎片都有可能在特定的时空条件下拼贴组合，成为反映普遍规律的特殊知识和理念。转型时期法学话语的特性，表现为从既有的法学话语系统出发，寻找弥合碎片、填补短板的最佳路径，而不是无视或盲目超越已有的限制条件，主观创造出一种所谓的话语风格或者体系。

就社会主义而言，它起初就是一种新的科学理想和哲学系统，之后在实践中成为政党政治的意识形态。在社会主义法学演进过程中，时空限定、经济决定和大众议定的话语条件至关重要。法学家的知识和智慧是一种加工而成的表达成果，而非原材料生产活动。社会主义法学和法学家理论的源头活水，应当是人民法权斗争的实践，其核心就是围绕法理正当性和话语权的斗争。社会主义法学话语体系具有哲学、政治和法律的多重构造，其内在的关

① 《马克思恩格斯全集》第 21 卷，人民出版社 2006 年版，第 548 页。

② 《马克思恩格斯全集》第 21 卷，人民出版社 2006 年版，第 567—568 页。

系是高度融合的，而非分裂脱离的。社会主义对法学话语体系的限定意义在于，将普遍性陈述变成特定性陈述，不仅发挥法律学术话语的哲学引导功能，还要体现执法、司法等法律实务和其他法治话语的科学指令与实践保障功能。这反映出当代法学话语日渐广阔的外延，以及回应大众社会法律需求的人民立场。

（三）中国特色

中国特色社会主义的提出，是社会主义实践在世界范围遭遇严重挫折后，中国共产党集体反思的成果。就其规范内涵而论，作为一种改革开放时期的新型话语系统，“中国特色社会主义”的本体是新时期中国共产党的执政纲领。在现行宪法规定的国家任务中，“中国特色社会主义”作为“道路”的限定词出现，表明坚持这一道路具有最高法律效力，是国家政权的宪法职责。中国共产党是宪法规定的国家政权和社会主义事业的领导者，党章对于中国特色社会主义道路的规定具有权威的解释力。《中国共产党章程》在“总纲”中明确规定：“改革开放以来我们取得一切成绩和进步的根本原因，归结起来就是：开辟了中国特色社会主义道路，形成了中国特色社会主义理论体系，确立了中国特色社会主义制度，发展了中国特色社会主义文化。”

综合宪法和党章的规定，中国特色社会主义包括理论、制度、文化多重含义，有机统一于道路实践。在此语境下，中国特色社会主义法学属于中国特色社会主义理论体系和文化建设的组成部分，连通着中国特色社会主义法律制度和法治道路的话语资源，具有极其丰富的内涵。就前提而言，中国特色社会主义法学话语不能偏离既定的政治路线，以中国共产党的领导为中心的“政治法学”特质鲜明而恒定；就功能而言，中国特色社会主义法学话语是对现行制度权威和未来改革的证成和指引，具有规范性和批判性的双向功能，化解理论内在矛盾需要坚持社会实践的真理标准；就发展而言，理论和文化话语需要从实践中不断生成新的知识和理念，并对自身不断进行批判性构建。

中国共产党是以人民为中心的政党，在法学话语的生产和传播上，具有不同于学院派、法律界和西方政体的独特性。这一根本事实决定了中国特色社会主义法学不是一种简单的法学派别或社会思潮，对其进行话语分析必须遵循历史逻辑，从社会实践的视角对其历史系谱加以研究和重述。

三、体系重塑：以中国共产党的法理话语为中心

中国共产党自成立起，通过社会革命实现公平正义的共产主义理想，便是其纲领之精魂。共产党人对西方舶来的法治话语并不排斥，在实践斗争中结合中国传统文化和外来文化，不断修整完善，在不同时期提出了各有侧重、特色鲜明的法治观念和政策路线。成为执政党后，中国共产党开始在一个百废待兴的东方大国全面推行新民主主义法治。虽历经曲折，但最终开辟了中国特色的社会主义法治道路。在这条道路的实践进程中，中国共产党始终是代表人民价值诉求的精英组织，虽然各个历史时期的具体目标、推进方式、成效表现不同，但对于法治核心价值的理想诉求相对确定，形塑了中国特色社会主义法学话语的本体基原。

（一）革命家的法治理想

近代以降，中国固有的法治文化与西方舶来的价值观念产生了跨时空碰撞，法学话语生产具有明显的“衍义符号”特性。在变异的西方殖民主义法学话语影响下，知识分子对西方国家的法律和政体怀有无限美好的想象，甚至不乏刻意为之的神话。徐继畬在《瀛寰考略》中极力推崇美国的政治，在他眼中，美国总统和各州统领都由百姓民主选举，限期退位，退位后即与百姓平等。冯桂芬在《校邠庐抗议》中大胆陈言：“法苟不善，虽古先，吾斥之；法苟善，虽蛮陌，吾师之。”承认中国法律制度的落后，传统的无力，对国人固有的法律文化心态和价值观念造成了极大的冲击。战争的接连失利，让自强运动破产，变法改制的呼声日渐高涨。维新派人士主张“西学为体”“托古改制”，唯有西方的法治才是“致治之本，富强之由”。此时期西学影响中国思想界之巨，实难衡量。在以西方法治想象为蓝图的变法运动中，人们津津乐道的西方“大哲”，无非是卢梭、孟德斯鸠、华盛顿、斯宾诺莎、边沁几个。这些生活在 17、18 世纪的欧美思想家、政治家所贡献的学说和智慧，与当时处于水深火热的中

国实际着实相去甚远。[①] 人们对这些人物思想的兴趣，很大程度上是拯救危难的民族焦虑使然。随着西方帝国侵略真相的暴露，知识分子眼界的开阔，不少人发现资本主义制度下的西方社会并不完美，相反，其正处于严峻的危机状态。西方社会并非是人类文明的至善致治状态，未必就是中国最为理想的学习和效仿对象。

1897 年，孙中山结束了在英国九个月的停留，“他认识到工业革命并没有使西方社会所有的人都得到好处”，“在他的周围，到处都是正在到来的骚动和阶级冲突的征兆；英国的社会主义者和费边分子，美国的民粹派和单一税论者，所有这些人都在抗议不公平的财富分配，工会盛行，罢工迭起，甚至非社会主义的政府也在通过社会立法，朝着社会主义方向变革”。[②] 在西方资本主导的现代法治方案之外，是否还有一条更为理想，更为符合中国实际需要的道路？社会主义思潮的流行，代表了时人对西方法治理想的反思和质疑。

俄国十月革命，为中国送来了马克思主义，主张社会革命的思想在中国知识界占据上风，近代中国的法学话语进入大变革的时期。革命派并不反对法治的一般价值，只不过在他们看来，要推行理想的社会主义政策，必须首先推翻达到既定的法统和秩序，改造黑暗腐败的政治，代之以真正的民主共和制度。[③] 1920 年，陈独秀在《谈政治》一文中指出：“世界各国里面最不平最痛苦的事，不是别的，就是少数游惰的消费的资产阶级，利用国家、政治、法律等机关，把多数勤苦的生产的劳动阶级压在资本势力底下，当作牛马机器还不如。要扫除这种不平这种痛苦，只有被压迫的生产的劳动阶级自己造成新的强力，自己站在国家地位，利用政治、法律等机关，把那压迫的资产阶级完全征服，然后才可望将财产私有，工银劳动等制度废去，将过于不平等的经济状况除去”，“若不经过阶级战争，若不经过劳动阶级占领权力阶级地位底时代，德谟克拉西必然永远是资产阶级底专有物，也就是资产阶级永远把持政权抵制劳动阶级底利器”。[④]

① 参见杨奎松、董士伟：《近代中国社会主义思潮》，上海人民出版社 1991 年版，第 8—9 页。

② ［美］史扶邻：《孙中山与中国革命》，中国社会科学出版社 1981 年版，第 119—120 页。

③ 参见杨奎松、董士伟：《近代中国社会主义思潮》，上海人民出版社 1991 年版，第 139 页。

④ 陈独秀：《谈政治》，《新青年》第 8 卷第 1 号，1920 年 9 月 1 日。

差不多与此同时，毛泽东正致力于推动湖南自治运动。但到最后，他断言："几个月来，已看透了，政治界暮气已深，腐败已甚，政治改良一途，可谓绝无希望。吾人惟有不理一切，另辟道路，改造环境一法。"[①] 他在给蔡和森、萧子升等在法国的新民学会会员的信中谈道，自己已根本放弃了曾经相信过的自由主义、无政府主义以及民主主义，这些只是理论上说得好听，事实上是做不到的。俄国式革命，虽不是最佳的选择，但终归"是无可如何的山穷水尽诸路皆走不通了的一个变计，并不是有更好的方法弃而不采，单要采这个恐怖的方法"[②]。

1921 年，中国共产党诞生于一个外侮内乱、风云诡谲、价值混杂的危难时局。第一批中共党员大多接受过传统教育和近代西学的双重熏染，在马克思主义学说的启蒙下，开始探寻一条革命与法治兼容的社会重建之道。这条路径形成了中国特色的革命与法治的辩证法："革命既终结旧的法律秩序，又缔造新的法律秩序，革命乃是法治秩序的守护神，时刻准备拯救法治秩序。法治既终结暴力，但又以权利的名义将暴力正当化，将暴力上升为反抗权，从而奠定了革命的正当性。对于法治秩序而言，'告别革命'与其说是意味着拯救，不如说是法治堕落的开始。"[③] 在中国共产党的革命斗争活动中，当时虽未有制度意义上的法治事业，但并不缺乏法学话语的生产和传播。站在法律与社会运动的关联视角，[④] 我们可以将其理解为革命运动话语框架下的法律理论动员。在这场激越人心的法理动员中，涌现出了最早一批马克思主义法学话语经典文本。比如，北洋法政学堂毕业的李大钊在日本留学期间，继续攻读宪法学经典理论，涉猎马克思主义学说。他将社会主义理解为三项构造：政治上的无产阶级专政，这是前提；法律上，"必将旧的经济生活与秩序废止之、扫除之"，"另规定一种新的经济与生活秩序"；经济上必须使"劳动的人，满足欲望，得全收益"。[⑤] 李大钊先生的法学思想，至今仍熠熠生辉。[⑥]

① 《毛泽东早期文稿》，湖南人民出版社 2008 年版，第 548 页。

② 《毛泽东书信选集》，中央文献出版社 2003 年版，第 4 页。

③ 强世功：《革命与法治：中国道路的理解》，《文化纵横》2011 年第 3 期。

④ 相关理论的介绍和评析，参见廖奕：《从情感崩溃到法律动员》，《法学评论》2014 年第 5 期。

⑤ 参见沙健孙：《李大钊的社会主义观》，《光明日报》1994 年 6 月 27 日。

⑥ 参见《李大钊法学文集》，张小军点校，法律出版社 2014 年版。

在革命年代，中共强调运用马克思主义阶级斗争学说，解释当时中国的深层社会问题之根源，提出对中国时局的科学判断，通过引导劳苦大众的解放斗争，重整社会秩序，争取世界和平。共产党人并不反对法治的基本价值，正是对其无比地坚执，尤其是对妇女、儿童、农民、工人权利的高度关注，促进了社会斗争的不断发展。出于对法治价值的奉行，中国共产党人反对有法不行、恶法当道的法治异化状态，而马克思主义的学说以其系统的科学性、深刻有力的现实批判功能，成为中国共产党建党的理论基础和革命斗争的引路明灯。

例如，在1922年中国共产党所列奋斗目标的十一项准则中，无一不与法治的价值诉求密切相关。[①] 这些主张在党的“二大”宣言中得到补充，增加了民族自治、联邦共和、特殊群体（工人、农民和妇女）的专门立法、男女平权等社会主义性质的法治主张和要求。[②]“三大”通过的党纲草案，对之进一步拓展，提出大生产事业国有的主张，细化了工农利益的特别要求。[③] 如果我们对革命年代的中共政纲详细研究，所发现的法治话语可能远不止如此。

由于民力局促、民智未开，加之伪法治主义盛行，中国共产党对革命的价值动员、思想凝聚和组织宣传工作必须通过否定旧法制的合法性完成。瞿秋白在1926年的《向导》杂志发表过一篇名为《法统说的由来原来在此!》的短文。从这篇精悍的檄文，我们可以发现中国共产党人对当时的伪法治主义多么反感。在瞿秋白看来，那些打着法治精神旗号的“走狗佣仆”，将革命斗争与法治精神截然对立，“这些军阀、政客毁法、贿选无所不做，已经十几年了，如今忽然大谈法统，岂非怪事”。“关税法则、球场规则，原来

① 十一项主张：（一）改正协定关税制，取消列强在华各种治外特权，清偿铁路借款，完全收回管理权。（二）肃清军阀，没收军阀官僚的财产，将他们的田地分给贫苦农民。（三）采用无限制的普通选举制。（四）保障人民结社集会言论出版自由权，废止治安警察条例及压迫罢工的刑律。（五）定保护童工女工的法律及一般工厂卫生工人保险法。（六）定限制租课率的法律。（七）实行强迫义务教育。（八）废止厘金及其他额外的征税。（九）改良司法制度，废止死刑，实行废止内〔肉〕刑。（十）征收累进率的所得税。（十一）承认妇女在法律上与男子有同等的权利。

② 参见《中国共产党第二次全国大会宣言》，载中央档案馆编：《中共中央文件选集（1921—1925）》第1册，中共中央党校出版社1982年版，第64—79页。

③ 参见《中国共产党党纲草案》，载中央档案馆编：《中共中央文件选集（1921—1925）》第1册，中共中央党校出版社1982年版，第107—113页。

是中国人新近学来的，也可以说是极粗浅的社会共同生活的公约，而中国人却无福气实行。”[①] 列强推行的法治，前提不平等、实行上的虚伪及双重标准，让共产党人义愤填膺。与揭露军阀恶法恶政一道，他们将列强经济侵略、搅害法治的罪行深挖历数。新法治话语的大众传导，在革命斗争活动中非但没有中辍，反而形成了一种新的实践风格。这是一场伟大的法理革命，势必产生一系列具有革命意义的话语文本。革命家的法理兼具政治家、学术家、军事家及劳苦大众的诸般理性与情怀，具有鲜明的战略目标导向和框架重整功能。

1928 年，毛泽东明确提出了中国革命必须走工农武装割据、农村包围城市的道路，同时也开始了中国独特革命道路的法理话语生产。他明确指出，在中国这样一个“无议会可以利用，无组织工人举行罢工的合法权利”的国家里，“共产党的任务，基本地不是经过长期合法斗争以进入起义和战争，也不是先占城市后取乡村，而是走相反的道路”。[②] 但是，他并没有因此否定资产阶级民权革命的重要性和必要性。针对革命情势低落的状态，毛泽东在《井冈山的斗争》一文中写道：“我们深深感觉寂寞，我们时刻盼望这种寂寞生活的终了。要转入到沸热的全国高涨的革命中去，则包括城市小资产阶级在内的政治的经济的民权主义斗争的发动，是必经的道路。”在抗日战争时期，他又号召民主救国，在日本人和国民党统治的地区，开展和平的法律斗争，利用政府法律和社会习惯，特别是其中的很多矛盾、间隙和漏洞，保存革命力量，实现斗争目标。[③] 与无政府主义者、暴动论者，以及游谈无根的空想家不同，中国共产党从建立之初就非常强调“严密的集权和有纪律的组织和训练”[④]，党内的治理向来奉行严格的规则标准，并具有不断强化的执行力。在武装斗争中，中国共产党创建并领导属于自己的人民军队，注重军纪，与民无犯；建立革命根据地后，更是博采众长，民主广议，制定了一系列管用的法规，赢得了人心。

---

① 《瞿秋白文集》第二卷，人民出版社 1988 年版，第 22 页。

② 《毛泽东选集》第二卷，人民出版社 1991 年版，第 542 页。

③ 《毛泽东文集》第二卷，人民出版社 1991 年版，第 340 页。

④ 参见《关于共产党的组织章程决议案》，载中央档案馆编：《中共中央文件选集（1921—1925）》第 1 册，中共中央党校出版社 1982 年版，第 57 页。

从《中华苏维埃共和国宪法大纲》到《陕甘宁边区施政纲领》《中国土地法大纲》，综观革命根据地时期中国共产党的法律文本，莫不以兼容性的法理系统为本色。尽管时常处于被“围剿”的紧急情形，中国共产党始终坚持社会主义法治的精神理想不变，坚持人民群众通过法律管理根据地政权的方针不变。抗战时期，在积极探索新民主主义宪政理论的同时，中国共产党在陕甘宁边区局部执政条件下，制定和颁布了以陕甘宁边区施政纲领为核心的法律体系。这个法律体系包括了 64 个类别 1000 多个法规和条例，涵盖政治、军事、文化等各个方面及宪政、刑事、民事、诉讼等各个法律部门，1940 年 4 月，林伯渠、高自立、谢觉哉、李六如、雷经天等在延安的《新中华报》上为中国新法学会公开招募会员的通告中指出：“在我们全国人民的面前摆着一个重大的任务，这个任务就要专门的法律学者及司法工作者，依据中国的历史环境，从事研究，将我们研究所得的作为我们对于新中国的一点贡献，这不是一件很简单容易的事，因为新的法律和新的司法制度的创造，必须从旧的基础上加以改革向着更新的方面前进……所以我们特发起组织这个中国新法学会，我们希望凡对于法律有研究及对司法工作有经验或于革新法制抱有深厚兴趣的同志们前来参加，我们是十分欢迎的！”新法学会的主要任务包括：帮助政府拟定新的法律条文；帮助奠定边区新法律与新司法制度的基础；创造与培养大批司法干部。[①] 这些事实表明，中国共产党是个完全不同于旧式革命者的新型先进政党，对重建法学和法治使命有高度的自觉。

综而言之，对中国共产党的法理话语逻辑而言，首先是基于总体社会形势的观察，确立一种社会主义方向的良法理想，继而充分运用综合全面、实事求是的战略分析方法，有效利用既有法律系统的可用资源，以达到通过革命阶段的不断胜利，逐步扫除妨害社会主义法治理想价值实现的各重障碍。中国共产党在革命时期的法学话语，秉持拯救国难、兼济苍生的特色社会主义理念，既是传统中国法治救世观的延展，又有西方自由主义法治观的权利话语驱动。此种情状，决定了革命时期法理话语的独特品性。面对国内外各

① 转引自曾鹿平：《西北政法大学：中国共产党延安时期法律高等教育的直接延续》，《法律科学》2013 年第 3 期。

式霸强的压迫欺凌，民众的生死疾苦取决于国族的整体命运。非常时期，非常手段。革命实践锻铸的法理话语，必定不同于日常生活演进而成的法治经验主义，或国家政体建构的法律理性主义。法律和法学的工具价值，常被比喻为军事战争中的武器，谁能掌控好，谁就能获得最后的胜利。法学话语的目的价值，在战乱不断的环境下，首推革命底下的秩序与和平。在五花八门的救国主张中，中国共产党人在毛泽东的带领下，找到了新民主主义的道路，并将之作为实现社会主义的必经阶段。在革命家法理话语的指引下，革命乃正义的战斗，为的是建立新的法治秩序，维护中国和世界的长久和平。

（二）建国者的法制实践

当大局确定，中国共产党从革命党变为执政党，“建国安民”成为法治战略的价值依归，革命的法理话语呈现出回应制度建设的转变。新中国成立前夕，毛泽东除了以人民民主为答案，回答了著名的黄炎培之问外，还与沈钧儒就中国法治的未来有过一场有趣的对话。他说：“沈老先生，我们要向你请教。现在打败了蒋介石，要建立人民共和国政府，建立人民的法律，还要请你多出力呀。”沈钧儒感慨回答：“蒋介石政府践踏法律，草菅人命，实行独裁的反动统治，人民活不下去了，必然会起来反对他。这是蒋介石失败的主要原因。中国人民在共产党和您的领导下，取得了伟大的胜利。我虽然年纪大了，但我很高兴，一定要在共产党的领导下做一点力所能及的工作。”①

建国，是一个比建政更绵长繁复的艰难过程。国家政体的法律构建，是新中国法治的前提和首务。一方面要肃清反革命流毒，与帝国主义、大地主和官僚资本的旧法治划清界限；另一方面还要在尽可能短的时间内建立起新民主主义的法律系统，填补政策和制度的空隙，完成对劳苦大众的政治承诺。新中国成立之初，“法治”在一些重要文件中被提及，其价值诉求集中在惩罚犯罪，镇压反动，保护人民，巩固新社会秩序。例如，1950 年《政务院关于加强人民司法的指示》指出：“各级人民司法机关在各级人民政府

① 中共中央文献研究室、中央档案馆《党的文献》编辑部：《共和国走过的路——建国以来重要文献专题选集（一九四九——一九五二年）》，中央文献出版社 1991 年版，第 82 页。

指导帮助及和有关部门工作的密切配合之下，应组织力量，加速案件审理的期限，坚决革除国民党法院所遗留的形式主义和因循拖延的作风。积极提高审案的质量，同时并应广泛进行法治的宣传教育工作，严格纠正违法乱纪现象的发生。不论政府机关、公务人员和人民，如有违法之事，均应受检察机关的检举。”

虽然从中华人民共和国成立到1954年宪法颁布，在这五年的过渡时期没有国家的正式宪法，但是，由中共联合民主党派起草的《共同纲领》具有完整的规范形态，事实上发挥了“新民主主义宪法”的作用。[①]《共同纲领》界定了人民的范围，列举了人民的各项经济、政治和民主权利，规定了新中国的政权制度、军事制度、经济、文教、民族和外交政策。总纲中之所以未规定社会主义的价值目标，原因在于，此已无可置疑，也是出于更为郑重的考虑，让民众在党的解释、宣传，特别是实践中得到切身体会。[②] 更重要的原因在于，在进入社会主义之前，作为过渡阶段新民主主义革命必不可缺。

在此基础上，社会主义与法治的兼容，最终在1954年宪法中得到了明确。毛泽东在《关于中华人民共和国宪法草案》的讲话中指出：“一个团体要有一个章程，一个国家也要有一个章程，宪法就是一个总章程，是根本大法。用宪法这样一个根本大法的形式，把人民民主和社会主义原则固定下来，使全国人民有一条清楚的轨道，使全国人民感到有一条清楚的明确的和正确的道路可走，就可以提高全国人民的积极性。”[③] 宪法颁布后，围绕宪法精神和人民民主与社会主义两大基本原则，社会各界展开了学习与宣传，收效良好。在谈及感想时，张治中说：“蒋介石心目中根本没有人民。……但在中国共产党领导下，我们这次大会的召开，却是新中国人民民主制度的更进一步的巩固和发展。”蔡廷锴说：“现在是真正的民主，人民有了各项权利，这是中国开天辟地以来第一次。”还有代表说：“革命的老前辈给我们打下江山，争来多项民主权利，我们要用宪法把每一项都固定下来，好好

① 参见韩大元：《论1949年〈共同纲领〉的制定权》，《中国法学》2010年第5期。

② 参见周恩来：《人民政协共同纲领草案的特点》，中共中央文献研究室：《建国以来重要文献选编》第一册，中央文献出版社2011年版，第16—17页。

③ 《毛泽东文集》第六卷，人民出版社1999年版，第328页。

保持它们。我们要用实际行动，开展技术革新运动来保证宪法的实施。”[①]

客观审视，新中国成立初期人们对于要不要以及如何建立社会主义法治国家，在价值观念上存在犹疑和困惑。苏联的社会主义法制片面重视公法，忽视甚至不承认私法，保护公有财产胜过私有财产，领导人带头破坏法制等做法，已经引起中共领导人的关注和反思。包括法治建设在内的未来中国之路，必须靠自己的力量独立探寻，这种观念在毛泽东等领导人心中早已落地生根。但由于马列经典和当时的教科书，对法治基本原理和中国实际状况均缺少明确指引和充分论述，[②] 而废除国民党“六法全书”后的实践摸索和理论总结，又需要比较长的时间。这些因素都造成了中国特色社会主义法治话语表达和实践的障碍。而在政治承诺上，由新民主主义向社会主义的过渡又不能因此而停顿等待。以人民政府的法令及共产党的政策，暂时代替人民的新法律，成为不得已的选择。由于旧法人员很多正在接受改造，新的司法干部匮乏奇缺，多数只有继续发扬革命斗争经验，通过群众运动的政治治理完成法律实施的任务。

1956 年党的八大决议指出：“我国的无产阶级同资产阶级之间的矛盾已经基本上解决”，“国内的主要矛盾，已经是人民对于经济文化迅速发展的需要同当前经济文化不能满足人民需要的状况之间的矛盾。”在这次大会上，董必武提出了加强人民民主法制、依法办事的方略，并提出“有法可依，有法必依”的著名论断。从 1956 年下半年开始，“全国发生数十起罢工、请愿事件，每起人数一般有十多人至数十人，多者有一二百人，甚至近千人，共约一万多人；有几十个城市发生大、中学校学生罢课、请愿事件，也共有一万多人；在农村也连续发生了闹社的风潮，如浙江省农村发生请愿、殴打、哄闹等事件 1100 多起，广东省农村先后退社的有十一二万户。”[③] 中共中央发布了《关于处理罢工、罢课问题的指示》《关于研究有关工人阶级的几个重要问题的通知》等重要文件，力图通过“理解大多数、

① 袁水拍：《六亿人民心花开》，《人民日报》1954 年 9 月 16 日。

② 董必武在中共八大报告中指出：“我们的法律工作者，直到今天还没有根据马克思列宁主义的观点，从法学学理上写出一册像样的阐明我国法制的书，现在有的还只是几本小册子。”《董必武法学文集》，法律出版社 2001 年版，第 347 页。

③ 薄一波：《若干重大决策与事件的回顾》，中共党史出版社 2009 年版，第 410 页。

惩办极少数”的方法解决问题。刘少奇在讲话中指出：“我研究了一些地方的闹市，几乎全部是为了经济性质的切身问题。政治性质的罢工、罢课、游行、示威，很少发生。”[①] 1957 年 2 月，毛泽东发表了《关于正确处理人民内部矛盾的问题》的重要讲话，区分了两类不同性质的矛盾，并提出用“团结—批评—团结”公式作为处理人民内部矛盾的原则。虽然社会形势紧张、矛盾凸显，但人民民主法制的基本价值方针没有根本变化。用一个例子可以说明。1957 年 6 月，内务部党组向周恩来和中央打报告，反映多地在下派干部担任县长、乡镇长职务时没有按照法律程序办事，引发了群众不满，也让当事者自己提心吊胆，自嘲为“黑县长”，无法安心工作。政策和法律冲突时，中央的回复强调：“总以不违反法律为原则”，在此前提下，可灵活采用一些变通办法。[②]

但随着反右派斗争的扩大化，在水火不容的阶级斗争洪流下，社会主义法治的价值话语和制度主张渐趋沉寂。“文化大革命”引发的党内动乱及社会混乱，极大破坏了社会主义法治的既定路线，让中国共产党的政治领导和价值引领面临重大抉择。邓小平复出后，竭尽心力矫正过度的阶级斗争路线，重新评价毛泽东思想，通过一系列重建法制理念的话语行动，让党、国家和社会建设回到正途。

（三）改革派的法治策略

1978 年，党的十一届三中全会就民主与法制问题深入讨论，提出“平反假案，纠正错案，昭雪冤案”的要求，宣布“设立专案机构审查干部的方式，弊病极大，必须永远废止”，强调以民主的方法实现集中统一，“严格执行各种规章制度和劳动纪律”，“坚决保障宪法规定的公民权利”，并“使制度和法律具有稳定性、连续性和极大的权威”。全会号召：“从现在起，应当把立法工作摆到全国人民代表大会及其常务委员会的重要日程上来。检察机关和司法机关要保持应有的独立性；要忠实于法律和制度，忠实于人民利益，忠实于事实真相；要保证人民在自己的法律面前人人平等，不

① 《刘少奇选集》下卷，人民出版社 1985 年版，第 305 页。

② 《中共中央文件选集》第二十六册，人民出版社 2013 年版，第 23—25 页。

允许任何人有超越法律的特权。”[①]

1979 年 2 月，中共中央、国务院在关于进一步加强全国安定团结的通知中，用“法治”一词代替“法制”，但其价值内涵仍偏重于规则下的秩序维护。[②] 这个文件多次援引了宪法条文，并举了许多现实例子，以突出强调民主与法治相辅相成、不可分离的道理。同年，五届人大二次会议通过了三部组织法、一部选举法、两部刑事法典和一部企业法。中共中央在坚决保证刑法、刑事诉讼法切实实施的指示中强调：“各级党组织的决议和指示，都必须有利于法律的执行，而不能与法律相抵触。如果某些法律的内容确已不适应形势发展的需要，应通过法定程序加以修改。”对党和领导和司法机关独立行使职权的关系，这个指示性文件作了极其重要的强调和非常细致的说明：“最重要的一条，就是切实保证法律的实施，充分发挥司法机关的作用，切实保证人民检察院独立行使检察权，人民法院独立行使审判权，使之不受其他行政机关、团体和个人的干涉。”“国家法律是党领导制定的，司法机关是党领导建立的，任何人不尊重法律和司法机关的职权，这首先就是损害党的领导和党的威信。党委与司法机关各有专责，不能互相代替，不应相互混淆。”[③] 也正是在这一法理认知的前提下，中央决定取消各级党委审批案件的制度，以确保党的权威和法律权威的高度一致，即使是政治斗争也一定要在法律范围内进行。

1982 年，邓小平在中共十二大开幕式上指出：“把马克思主义的普遍真理同我国的具体实际结合起来，走自己的道路，建设有中国特色的社会主义，这就是我们总结长期历史经验得出的基本结论。”[④] 从以阶级斗争为纲到以经济建设为中心的国策转变，带来了改革开放初期法律保障价值观念的繁荣。人们以学法懂法用法为时尚，国家也适时制定颁布了一大批新的法律法规。复苏的法学教育研究和广泛的法律宣传普及，让邓小平倡导的社会主义法制建设的“十六字方针”深入人心。

邓小平时代的中国法制道路，在话语表达上有如下鲜明特点：第一，对

① 《三中全会以来》（上），人民出版社 1982 年版，第 7 页。

② 《三中全会以来》（上），人民出版社 1982 年版，第 104—105 页。

③ 《三中全会以来》（上），人民出版社 1982 年版，第 259 页。

④ 《邓小平文选》第三卷，人民出版社 1993 年版，第 3 页。

法律秩序价值的无条件坚守。安定团结压倒一切，中国不能乱，乱中也要求治，法律的秩序功能和治理效能被提升到重要地位。[①] 与传统法家法治主义不同，中国早已废除君主制。“文化大革命”后，邓小平反复强调制度和法律的权威，就是不希望将法律的治理权集中于个人，而由党的集体以及其代表的人民群众掌握，通过党内民主集中制，确保人民民主专政的国体不变。中国共产党虽然是人民的公仆，也是人民的乳母，必须兢兢业业、悉心照管。中国共产党来自于人民，受托于人民，同时滋养人民，教育人民。人民为上的法律治理，而非法律规范的文本统治，这是中国特色社会主义法治价值的中心。中国共产党领导下的人民，通过自己的法律实现对自身权利的保护，这种人民主权原则下的法律治理形态，显然从本质上不同于法家的法治。第二，政治原则对法学话语的引领和框构。邓小平反复强调“四项基本原则”的重要性，社会主义法治存在不同体制形态，但中国独特的社会主义法治价值观却独一无二。社会主义价值理想为法治原则、规则和各项具体制度确立了宏观的评价标准，从邓小平时代开始，它不是空洞肤泛的，特指的是中国化的马克思主义，特别是科学社会主义对法治建设的切实评断。新中国成立后，新民主主义法制建设取得了很大成果，但过于急迫的“过渡”打断了社会主义法治的正常演进。“硬着陆”的结果是，国民经济、政治系统、社会生活和思想观念全面紊乱。第三，“社会主义初级阶段”的提出，奠定了中国特色法学话语的理论基石，极大化解了长远价值目标和短期建设目标的紧张。既然已经进入社会主义阶段，便不必要为朝着社会主义的经济改造、阶级斗争、政治运动伤筋动骨；既然还只是初级阶段，就应当大力发展经济，以生产力的迅速提高，实现社会的发展和进步。法治的价值、任务和目标，在此种阶段战略的指引下，首先，要限定阶级斗争范围，平定社会动乱，特别是要在经济秩序的整顿和规范上显出实效；其次，法制还不能管得太死、太紧，要与经济发展“收放结合，以放为主”的步调相符。

① 这为以后“法治”在中国法学话语系统中开创出兼具“法律的统治”和“法律的治理”的均衡阐释模式，奠定了基础，埋下了伏笔。虽然二者存在不可化约的内部紧张，但在实践操作中，政法工作者懂得如何把握合适的界限。通过对宪法和法律权威的理论阐释，人们明白了“天外有天，但不能法外有法”，“宪法是国家根本大法”“法律高于一般的政策和道德”。通过法律秩序治理，法理权威逐渐与传统的权威类型调和，并取得了不可替代的制度功效。中国特色的法治道路，最终成为有别于西方“法律至上”“法律的统治”等意识形态口号的独特模式。

经济立法要着重放松规制，吸收资本，这也为西方法治价值观开了一个特别通道。最后，法制建设对于政治体制改革具有重要意义。限制集权、避免专断、保障党内民主和集体领导、团结尽可能广泛的人民群众等政治价值追求，与中国独特的法治文化和国民心理也内在契合。

在建设中国特色社会主义的时代潮流中，“法治”这个本土与外来交互影响的复杂话语，被中国共产党人在十五大上正式总结为“依法治国的基本方略”，即“广大人民群众在党的领导下，依照宪法和法律规定，通过各种形式和途径管理国家事务、管理经济文化事业、管理社会事务，保证国家各项工作都依法进行，逐步实现社会主义民主的制度化、法律化，使这种制度和法律不因领导人的改变而改变，不因领导人看法和注意力的改变而改变。”这个对“依法治国”的官方定义，是一个比较切实、科学的概括，反映出中国阶段性法治的价值重心。在此基础上，邓小平之后的中央领导集体对法治价值加以功能拓进，以政治限权、经济放权为主线延展法治的价值区域，全面开掘法治在党建、文化、社会、生态、军队、外交等领域和方面的作用。如何更好发挥中国共产党对法治的价值引领主体作用，更好实现法治对社会公平正义、和谐稳定、均衡发展的制度保障作用，围绕这些问题的讨论，为中国特色社会主义法治理论话语的塑造奠定了基础。

（四）新时代的法理蓝图

十八大以来，社会主义法治建设迈出重大步伐，取得了历史性成就。中国共产党推进全面依法治国，党的领导、人民当家作主、依法治国有机统一的制度建设全面加强，党的法治化领导体制机制不断完善。严格执法、公正司法、全民守法深入推进，法治国家、法治政府、法治社会建设相互促进，中国特色社会主义法治体系日益完善，全社会法治观念明显增强。中国特色社会主义法治的新理念、新制度、新话语不断涌现，国家监察体制改革得到宪法和法律确认，行政体制改革、司法体制改革、权力运行制约和监督体系建设有效实施。

2012 年 12 月 4 日，习近平在首都各界纪念宪法公布施行 30 周年的讲话中，提出了“坚持依法治国、依法执政、依法行政共同推进，坚持法治国家、法治政府、法治社会一体建设”的新战略，为依法治国的全面深入拓展指出了方向，明确了基调，有关中国法治道路的概念形成和价值表达也逐步推进。2013 年，习近平在全国人大会议上的讲话强调：中国发展道路必须坚持社会主义法治的根本原则，将党的领导、人民当家作主和依法治国有机统一。科学、均衡发展离不开“保证人民平等参与、平等发展的权利，维护社会公平正义”，离不开法治及其公平正义价值的实现。[①] 深入解读习近平讲话，我们可以发现中国共产党的一个重要价值判断正在形成：中国特色社会主义道路，本质上就是党通过法治引领、规范和保障的以人民为中心的新发展之路。

党的十八届三中全会作出的《中共中央关于全面深化改革若干重大问题的决定》，初步构建了法治中国顶层设计的总体框架。[②] 表面上看，法治建设的表述仍属于政治发展部分，但在实质内容上已经涵盖了经济、文化、社会、生态文明各个方面，“法治中国建设”成为全面深化改革的红线和底线。三中全会明确了城乡均衡发展的法治路径、提出生态文明建设法治化的战略安排，特别是对农民权利和公共资源均衡配置的重点强调，均表明中国共产党对社会主义法治重心的精准理解。中国共产党赋予了法治以更显要的价值定位，对法治价值的认知有了进一步的提升，初步展现了一幅有别于传统法治和西方法治的当代中国法治战略图景。全面发挥法治对于中国特色社会主义道路的型构和保障作用，以法治思维和法治方式协同推进党执政治国和社会管理事业，完成在法治政府初步建成基础上的法治的全面拓展和深化工作，实现依法执政与依法行政、法治国家和法治社会的均衡一体，成为中国共产党业已明确的战略指针。

2014 年，中国共产党在四中全会上通过了《中共中央关于全面推进依法治国若干重大问题的决定》（下文简称《决定》），正式提出了“中国特色社会主义法治道路”的战略命题，并以之作为新时期法治建设的灵魂与主线，其核心价值目标在于增进党的执政能力，加强党对法治的领导。在对《决定》的说明中，习近平将中国特色社会主义法治道路的核心要义概括为三个方面：“党的领导是中国特色社会主义最本质的特征，是社会主义法治

① 《习近平谈治国理政》，外文出版社 2014 年版，第 41 页。

② 参见廖奕：《法治中国的顶层设计》，《学习时报》2013 年 11 月 26 日。

最根本的保证。中国特色社会主义制度是中国特色社会主义法治体系的根本制度基础，是全面推进依法治国的根本制度保障。中国特色社会主义法治理论是中国特色社会主义法治体系的理论基础和学理支撑，是全面推进依法治国的行动指南。”[①] 作为法治事业的领导主体，中国共产党是中国特色社会主义法治道路的最早探索者、成功开辟者、话语生产者、价值坚守者，也是坚持、拓展并完善这条道路的身体力行者、核心组织者和权威监护者。“党是社会主义法治建设的领导者、组织者、实践者，依法治国从根本上讲是对党自身提出的要求。”[②] 中国共产党对法治的价值定位和理念认知，融凝为治国理政的基本方略和具体战略，体现在法律体系和法治体系的各个层级与环节。党对法治的领导，首先是价值观上的引领和指导，这是制度建设、理论发展和实践优化的前提、渊源与根基。在此背景下，中国特色社会主义制度构成了法治道路的根本保障，如同严密周全的无形天网，为道路的安全顺畅提供警示标识和公共服务。由根本制度衍生的基本法律制度、体制与机制构成了法治道路的主干内容，连同宪法确定的根本制度一道，共同塑造了中国特色社会主义道路的制度机体。就此意义上，中国特色社会主义法治道路具有“元话语”的特性，由之可以延展出法治化的政治、经济、社会、文化、生态文明等具体领域的法治路径。在“法治道路工程学”视野中，制度既可以自上而下构建而生，也可能是自下而上演进而成，最终各种制度的设计者、行动者、参与者、建设者、维护者甚至破坏者都会在法律规范的“裁决”下各明其分、各得其所、各安其位。在价值主体、制度规范的引领和保障下，中国特色社会主义法治道路的理论表达如何全面总结既有内容，淬炼价值体系逻辑，为法治实践提供更好的行动指南？这无疑是中国共产党理论工作的重要方面，也是近几年法学研究和法治理论的研究热点。

《决定》第一部分的标题是“坚持走中国特色社会主义法治道路，建设中国特色社会主义法治体系”。从这个反复强调“中国特色社会主义法治”的语式表达可见，旗帜、方向问题的重要性，彰显了中国共产党对法治建设

① 习近平：《关于〈中共中央关于全面推进依法治国若干重大问题的决定〉的说明》，载《〈中共中央关于全面推进依法治国若干重大问题的决定〉辅导读本》，人民出版社 2014 年版，第 50 页。

② 王岐山：《坚持党的领导依规管党治党为全面推进依法治国提供根本保证》，载《〈中共中央关于全面推进依法治国若干重大问题的决定〉辅导读本》，人民出版社 2014 年版，第 17 页。

独特而明确的价值诉求。立基于此，《决定》开篇明义："依法治国是坚持和发展中国特色社会主义的本质要求和重要保障。"在法治顶层设计者看来，中国正处于并将长期处于社会主义的初级阶段，因而中国特色社会主义的价值目标当然就是依法治国的根本价值诉求。不同于以往仅仅强调解放生产力、发展生产力以及消灭贫困、实现共同富裕，十八届四中全会对依法治国的价值目标进行了新的拓展，将之作为实现中国特色社会主义的本质要求，置放于更高的战略层面。这表明，中国共产党对法治价值重要性的认识又有了新的提升。

在此语境下，中国特色社会主义乃是依法治国的价值本体，而依法治国则是坚持和发展这一价值本体的根本要求。依法治国，就其常规价值目标而言，对象是国家治理，目标是实现国家治理的现代化，体现在国家治理体系和国家治理能力两大方面。前者是制度构建目标，后者是主体能力目标；前者更为宏观长远，后者更为基础切近。国家治理现代化的根本价值诉求并非其自身，而在于社会主义价值目标的整体实现。

在宏观定位依法治国的重要价值时，《决定》没有采用法学界对于法律价值的理论框架，从公平、正义、人权、自由、平等、效率等抽象范畴出发，而是遵从政治话语的表达惯例，从"党""人民"及"党和国家"三个层面，以价值主体为中心逻辑加以论述。类似费孝通先生总结的"差序格局"，主体对环境的认识和定位，总是依照距离自己的关系远近来层层铺展。对中国共产党而言，法治是其一直探寻的伟业，当然要将自身的法治价值诉求首先表述清楚。人民是中国共产党的力量之源，也是法治建设的根本推动力，其对法治需求和要求构成了总体性的法律意志。党和国家不可分离，国家在党领导下的人民法律意志型构中完成权力体系和治理网络的建设，提供公共产品，维护社会秩序，这些核心职能的履行也离不开法治的指引和规范。

对党而言，依法治国的核心价值诉求，《决定》将其归结为"执政兴国"。《决定》对之有详尽表述："面对新形势新任务，我们党要更好统筹国内国际两个大局，更好维护和运用我国发展的重要战略机遇期，更好统筹社会力量、平衡社会利益、调节社会关系、规范社会行为，使我国社会在深刻变革中既生机勃勃又井然有序，实现经济发展、政治清明、文化昌盛、社会公正、生态良好，实现我国和平发展的战略目标”。这段表述实际上包含了两个层次：“执政”是手段，“兴国”是目的，两者紧密结合。就执政方式而言，党领导下的依法治国事业不仅包括国内治理，也包括国际治理；不仅包括行为规范、关系调整，而且包括利益平衡、权能整合；不仅包括日常规制，还包括战略统筹；不仅包括秩序维护，也包括活力释放；不仅包括经济发展，而且包括政治、文化、社会、生态、和平发展等领域的均衡发展。依法治国战略功能的发挥，不能囿于僵死的教条，必须在通盘考量中抓住矛盾症结，有的放矢，精准施策。中国共产党强调“依法执政”，此处的“法”显然是一个比“国家法”更为宽广的“元法”概念。“依法”并不意味着仅仅依靠法律法规的条文，更重要的是遵循其价值目标，亦即法的目的。依法执政的价值目标是国族复兴。民族的复兴、国家的富强直接关乎人民的幸福安康，既是党的执政精义，也是法治的价值依归。与依法执政中的“广义法”对应，“兴国”语境中的“国”也是广义的国族概念，中国人所谓的“家国天下”，并非狭义的政体国家或民族国家。[①] 对中国共产党而言，自由活力与权威秩序的社会均衡，可谓“法治兴国”的根本要求，而内外各领域的均衡发展，则是更为具体的法治价值目标。

对人民而言，《决定》将“幸福安康”作为依法治国的总体价值诉求。有人会说，幸福是主观的感受，它很难精确界定，法治怎能将这种可意会而难言传的隐秘人生体验纳入价值范围？换句话说，法治如何破解幸福密码？[②] 幸福安康，虽然是一种中国传统的生活理想和价值话语，也是一种因人而异的主观价值体验，但当它作为法治的价值目标，便可以呈现相对确定的客观本性。“法律与幸福”（Law & Happiness）研究表明，幸福指标是可以衡量的，法律对幸福的作用至关重要。[③] 在社会生活规范有序、公平正义的条件下，幸福作为一种可以客观衡量的价值指标，可以有效矫正物质财富至上和效率中心主义的政策导向，甚至可以改变崇拜金钱的社会风尚。对于

① 关于中国传统天下观与西方国家观的法理辨析，参见廖奕：《和谐世界的法学型构及其中国资源》，《哲学与文化》（台湾）2016 年第 2 期。

② 参见廖奕：《法治如何破解幸福密码?》，《法制日报》2014 年 8 月 6 日。

③ Eric A.Posner & Cass R.Sunstein (eds.), *Law & Happiness*, Chicago: University of Chicago Press, 2010.

新的法哲学研究而言，“幸福”也是具有学术拓展价值的综合性范畴。[①] 当前中国不少地方在推进法治建设的活动中，也将幸福指数作为法治绩效的重要依据或参考。法治底下的人民幸福，具体表现就是安康。安全、安稳、安乐的生活，让健康的人生与人性成为常态，成为规则保障的基本法益，这正是“小康社会”的法理真谛。

对党和国家而言，《决定》将“长治久安”作为依法治国的共享价值诉求。与“执政兴国”“幸福安康”的话语渊源类似，“长治久安”并非搬用西方的法律价值概念，而是源自传统中国的政治话语。贾谊在《陈政事疏》（亦名《治安策》）有言：“建久安之势，成长治之业。”这句话的本意是为了劝谏皇帝区分一时安稳和长久安定，为了长治久安，做到“至孝”“至仁”“至明”，必须用法治的手段解决祸患根源。在他看来，治安的要诀在于用吸纳了礼义廉耻等道德规范的新法制统御臣民，既不能一味实行仁义，也不能刻薄寡恩、像商鞅之法一样破坏风俗。贾谊坚信，“此业一定，世世常安，而后有所持循矣。若夫经制不定，是犹度江河亡维楫，中流而遇风波，船必覆矣。”[②] 就当今中国的法治方略而言，长治久安与局部地区的治理、个别主体的安康相比，具有更为鲜明的人民主体性、战略整体性以及长期稳定性。中国特色社会主义法治道路指向的治理和安全价值，应当着眼于人民共享的根本利益，而非特定部门、地区、行业、阶层或主体的权力、权利与福利。整体性的国家安全观，从法理上看，其价值诉求正根系于长治久安的共享价值。党的执政兴国、国家的治理现代化和人民的幸福安康，三者能否统一于“长治久安”这个共享价值话语框架，关键在于法律的治理之道能否有效统合整体性的多方利益，实现情欲与理性、自由与规制的社会均衡。

上述三方面的价值话语，代表了新时期中国共产党对依法治国的战略定位和理论总结，落脚于“长治久安”这一中国传统的话语表述。这些话语论述为法治道路的价值阐释，创设了一种鲜明的中国化基调。

在一系列现实问题面前，《决定》进一步指出：“坚定不移走中国特色

---

① 参见付子堂、崔燕：《作为法哲学范畴的“幸福”：关于“幸福”在法学理论“学术地形图”中的定位问题之思考》，《河北法学》2012 年第 10 期。

② 《汉书·贾谊传》。

社会主义法治道路，坚决维护宪法法律权威，依法维护人民权益、维护社会公平正义、维护国家安全稳定，为实现‘两个一百年’奋斗目标、实现中华民族伟大复兴的中国梦提供有力的法治保障。”

这段话语，可理解为中国共产党对中国特色社会主义法治道路价值的具体阐述，分三个层面：第一，着重强调了法自身的权威价值，这是法治内在价值的基本要求与核心内容。第二，在宪法法律权威的基础上，强调法治对人民权益、社会公义和国家安稳的整体维护功能，这可以视为法治的外部价值。第三，在内外价值均衡一体的局面下，实现法治特定的战略价值，即为中国梦提供有力的保障。我们可以认为，这是一种对法治内在价值与外在价值、本体价值与战略价值的均衡表述，其内在逻辑显现了中国共产党的独特价值思维：经由党、人民和国家的价值共识缔造的法律必须具备足够的权威，在实践中发挥确定性的保障功能。看似是一种语言循环，但从政治话语和法律话语的逻辑沟通来看，这样的表达既可以强化中心立意，也可以补充单调政治话语之不足。

对于法律而言，权威乃是其自身的本体性价值。无论何种类型的法治国，没有权威的法律都是“不燃烧的火，不发亮的光”。法律权威是良法善治的必须和首要，没有权威的法律难以实行，无力长久，甚至缺乏根本的“合法性”资格。依凭法律权威，人们可以对法律主体之间的权力—权利冲突均衡协调、理性裁断、和平解决。在社会主义的价值图景中，法律的权威不是国家强制力所能完全赋予的，需要经由人民大众的从理性到情感的全方位认同。这是中国特色社会主义法治道路的价值基础。

法律权威的基源在于人民权益之赋予、之保障、之卫护。中国宪法规定的“人民全权”原则，表明人民除了具有管理国家和社会公共事务的权力，还享有一系列与政治权力配套的公民权利和作为一般意义上的“人”所应具有的底线尊严，人民权力、公民权利、基本人权的总和，构成了法律的主体性内容，也规限了法律自身的权威形成路径。从法律上保障人民权益，本质上是为了实现人民的法益，特别是在各领域的均衡发展权能。这是中国特色社会主义法治道路的价值基干。

保障人民法益的权威良法体系，在具体运行过程中，应当以社会公平正义为价值指针。这是中国特色社会主义法治道路的价值基准，也是“法治中国”追求的根本“特色”。“如果我们把法治恰当地理解为一套制定和运用法律的程序条件，那么，法治就提供了一些与社会主义要求相契合的道德理由。程序正义与实质正义固然不同，自由与平等也存有差异，但它们都互相支持。正是社会主义对于积极正义和普遍平等的承诺，才诞生出一个善待法治并渴求法治保障的消极自由社会。”[①] 解放发展生产力、实现共同富裕的社会主义目标，从价值诉求上看，根基还是在于社会公义的目标。法律上的公平，较为具体，主要就个案而言（有时也可指规则公平，此时与法律正义的内涵几无区别）。在法律面前人人平等，立法、执法、司法各个环节都需要奉行公道，处置平正。唯此，人们才能感受到法律的公平精神，尊重法律的权威，养成遵法的习惯。正义，较之公平，更为侧重整体标准。社会主义社会的正义原则通常以经济平等为核心，以人的自由全面发展为归宿。符合社会正义的制度和法律，必须建立在个案公平基础上。如果一个国家冤狱横行，到处都是对司法不公、执法不平的抱怨，无论如何也不能说这是一个正义的社会。人们会由个案的不公平、少数人的不正义推展到某项体制、机制与规则的不正义，由单方面的制度不正义扩展到总体性、根本性的制度不正义。社会公平正义绝非什么抽象、空洞的大词，根系法治价值的深层要求和现实化过程。

国家的安全稳定，在法治运行的各个环节都有具体要求。相比于公民的自由权，法律对国家安全的总体保障是优位的价值选择。国家安全是社会稳定的前提，法律对国家安全的总体维护，实质上也是对公民权利的基础加固。正是在此意义上，2014 年中央政法工作会议上指出，维权是维稳的基础，维稳的实质是维权。这是中国特色社会主义法治道路的价值基调。

总的来看，中国共产党对法治道路的话语构造逻辑，可以概括为三个“三位一体”，分别从理念、制度和战略上支持中国特色社会主义法治道路价值的证成。第一个“三位一体”属于根本理念层面，可理解为一种经过历史实践鉴证过的“合法性”话语。在依法治国事业中，党、国家和人民的价值诉求可以整合为长治久安的目标模式；在此基础上的第二个“三位一体”，即党的领导、人民当家作主和依法治国的有机统一，这是根本制度

① Christine Sypnowich，*the Concept of Socialist Law*，Oxford：Clarendon Press，1990，p.83.

层面的原则，目的是确保党的要求、国家目标和人民期待在法治建设中全面契合。第三个层面，也就是战略上的“三位一体”，习近平总书记在2012年底就将其明确表述为“坚持依法治国、依法执政、依法行政共同推进，坚持法治国家、法治政府、法治社会一体建设”。这一战略在《决定》中得到系统发展。全面推进依法治国，意味着法治价值诉求的全面拓展，尤其是对执政党的整体法治要求必须有质的提高，以依法执政、依规治党为主线的全面从严治党成为新法治战略的有机组成部分，也是“依法执政”与“法治政府”形成话语对应的实质逻辑因由。[①] 在法治政府目标完成的基础上，依法行政才能真正坚持并不断深化，才能让受到法律制约的政府权力产生社会稳定安乐的效果，从而让法治社会的长远建设目标有望实现。

按党的十九大的规划，从2020年到2035年，在全面建成小康社会的基础上，再奋斗十五年，基本实现社会主义现代化。到那时，我国经济实力、科技实力将大幅跃升，跻身创新型国家前列；人民平等参与、平等发展权利得到充分保障，法治国家、法治政府、法治社会基本建成，各方面制度更加完善，国家治理体系和治理能力现代化基本实现。从2035年到本世纪中叶，在基本实现现代化的基础上，再奋斗十五年，把我国建成富强民主文明和谐美丽的社会主义现代化强国。到那时，我国物质文明、政治文明、精神文明、社会文明、生态文明将全面提升，实现国家治理体系和治理能力现代化，法治中国的战略目标全面实现。

法治需要时间的淬炼和积累，中国法治建设更是如此。2050年后，法治中国的任务或许依然艰巨，甚至可能比现今更为复杂。抛开不确定的因素，我们可以合理构想：2050年后，中国也许还需要三五十年的时间，继续深化法治政府、法治国家和法治社会的一体化建设，将中国的法治成果、制度经验、话语模式传播出去，形成真正意义上中华民族的法理复兴。其间可能的进程如何发生？变数如何衡量和把握？如在这样的研究上取得突破，谁能否认，它不比某些西方“法律未来学”的作品更有意义？

---

① “在中国历史传统中，‘政府’历来是广义的，承担着无限责任。党的机关、人大机关、行政机关、政协机关以及法院和检察院，在广大群众眼里都是政府。在党的领导下，只有党政分工、没有党政分开。”参见王岐山：《构建党统一领导的反腐败体制　提高执政能力　完善治理体系》，《人民日报》2017年3月6日。

总之，中国特色社会主义法学话语体系并不是由法学家主观创造的，它是以中国共产党为核心的“集体作品”，全面展现于中国特色社会主义的制度、理论和文化实践中，具体表现在依法执政、依法行政与依法进行社会公共治理的各项活动中。对中国共产党政法文本和实践的分析，既是中国特色社会主义法学话语体系构建的基石，也是发挥法学综合优势，提升法学原创力和话语能力的必由之路。

第 十 章

学术话语重构与我国政治学研究的转型

刘 伟

话语体系的危机已经成为我国哲学社会科学界不得不正视的重大问题，因为它直接关系到实现中国自主性这一宏旨。我国的政治学研究在话语体系方面同样存在不容忽视的诸多问题。学界现有的讨论未能清晰区分三个不同层面的问题：中国主位意识，研究水平，话语权。中国主位意识是话语重构的前提，但离开学术积累和研究水平的支撑，不仅话语重构难以完成，政治学的话语权也将难以有效拓展。这三个层面不可或缺而又互相联系，构成我们反思政治学话语体系的三个维度。就我国政治学现有的概念、理论和方法状况而言，也可以从这三个维度展开具体剖析，进而明确后续学术研究应该转型的方向。当然，在这一努力中，我们也应保持清醒的头脑，既要尊重学术共同体和学者的自主性，也要尊重政治学学术发展的内在规律。

改革开放以来，我国的人文社会科学得到了全面的恢复和发展。与此相伴随的，一是学术主管部门和知识界共同推动的学术规范化；二是由部分研究者倡导并逐渐为学术界所熟知的社会科学本土化，该取向与党和国家提倡的哲学社会科学的中国化形成了呼应。从话语的角度看，无论是学术规范化，还是社会科学本土化，都意味着话语呈现方式和话语本身的某种重塑。特别是本土化方面，更能体现学术话语的重构诉求。就政治学而言，诸多学者均认识到了政治学研究本土化的必要性及其面临的问题。[①] 王绍光则曾对"政治学本土化"作过专门讨论。他认为，很多问题在西方主流政治学中找不到答案，如果硬要用西方的分析架构解释它们，只会使我们希望了解的现实世界遭到扭曲。因此，需要一个政治学本土化的过程，时刻保持清醒的批评意识，在汲取西方政治学养分的同时，努力清除其盲点，克服其局限性，用我们独特的视角对中国和世界的政治现象进行创造性的思考。[②] 杨光斌也在 2009 年明确提出了中国政治学应"走出理论试验场，构建本土政治学"，他认为中国不应该只是西方理论的实验场，还应该是本土理论的发源地。我们"不应停留在用既定的概念分析中国是什么样的，中国是否正确，而应该用中国的经验检验既定的理论和概念是否正确或者是否有解释力和适用性"。[③]

可以发现，学术界的这种努力来自学者自发的反思，体现了一定的学术自觉和文化自觉。这种反思和自觉，其实也正是我国一直提倡的理论研究基本原则。就党和国家的官方话语来讲，我们一直强调以马克思主义为指导，用马克思主义的立场、观点和方法来分析并解决中国的现实问题；不是简单地坚持马克思主义的某些教条，而是强调马克思主义的基本原理与中国实际相结合。毛泽东思想、邓小平理论等党和国家的理论结晶，均意味着政治理论的中国化，中国主位和中国的主体性一直都得到了强调。而党和国家一直倡导的"洋为中用"的"拿来主义"，以及"古为今用"的现实取向，无不是我国一直提倡的学术原则。这就是说，不管是党和政府倡导与促进的学术研究基本取向，抑或是学术界部分学者的自觉努力，哲学社会科学的本土化一直都在进行当中，哲学社会科学的话语体系也一直在重构当中。

---

① 这类文献有不少，比如，洋龙、韩旭：《迈向 21 世纪的中国政治学：发展中的几个问题》，《政治学研究》1998 年第 1 期；杨海蛟：《20 世纪 90 年代以来中国政治学研究的特点及发展趋势》，《浙江社会科学》2001 年第 4 期；葛荃、张英魁：《本土化构想：建设中国特色现代政治学理论面临诸问题》，《华侨大学学报（哲学社会科学版）》2005 年第 4 期；娄成武、蒋龙祥：《中国政治学研究的历史、现实与未来》，《政治学研究》2010 年第 6 期；李良栋：《政治学研究本土化的途径》，《延安大学学报（社会科学版）》2016 年第 2 期。

② 王绍光：《中国政治学三十年：从取经到本土化》，《中国社会科学》2010 年第 6 期；王绍光：《"接轨"还是"拿来"——政治学本土化的思考》。

③ 张飞岸：《走出理论实验场，构建本土政治学——访中国人民大学国际关系学院杨光斌教授》，《中国社会科学报》2009 年第 10 期。

那么，中央近年来为何专门强调哲学社会科学的话语体系问题呢？这种强调在什么意义上是全新的？其中直接针对的问题和最主要的诉求又是什么？梳理习近平总书记的专门讲话①，我们可以发现这其中的考虑。即中央此次强调哲学社会科学的话语体系问题，有着一个非常明确的诉求：明确宣示哲学社会科学研究和表达中的中国主体性，并强调哲学社会科学为中国的主体性服务。这是一个统摄性的诉求，下面有具体的要求和指向。从政治学的角度仔细分析这种主体性诉求，可以发现，它至少意味着我国的哲学社会科学是以马克思主义为指导的，因而意味着批判现代自由主义民主的理论范式；是中国式的马克思主义，是与中国革命、改革和建设实践相呼应的政治话语；是与中国崛起的现实和大国需要相匹配的学术话语；坚持中国本位的立场而非以“他者”眼光为主，接续中国历史和传统，将中国的政治实践和发展道路更自主、更自信、更充分地向世界表达和呈现。中央如此强调这个问题，至少说明两点：一是中央对哲学社会科学的发展，尤其是其话语体系的创新方向是明确的；二是中央对改革开放近四十年哲学社会科学的研究，尤其是其话语状况有所不满。对政治学的学术话语来说，这两点的针对性无疑是非常明显的。

一、成为问题的政治学学术话语

正是因为要明确地追求并贯彻中国的主体性，我国当前的政治学学术话语才成为问题，或者说，才是一个亟须改观的紧迫问题。需要说明的是，为使本文的讨论比较集中，本文只关注政治学学术话语，也就是在政治学界使用和构建起来的话语体系。而就学术话语而言，简单地说，最主要的就包括概念（范畴）、理论（理念，范式）与方法（路径，技术）三大板块。回顾我国政治学恢复并发展的历史，可以发现，我国政治学在概念、理论和方法三个方面均实现了相当的积累，取得了相当的成绩。但如果以中国主体性这一尺度来审视，我们又不得不承认政治学学术话语存在的问题。

这其中比较突出的有两点：一是政治学研究成为圈子内甚至学者自娱自

① 习近平：《在哲学社会科学工作座谈会上的讲话》，《人民日报》2016 年 5 月 19 日。

乐的话语游戏，而忽视了政治学作为一门实践性很强的学科，它必须深入到中国政治的丰富实践，并满足人民和国家的现实需要。二是政治学研究在话语体系和学科体系上，未能很好地实现中国社会科学的主体性。政治学研究长期处于对欧美政治学作品的译介和学习阶段，从核心概念、分析框架、研究假设到理论取向，更受到欧美学术话语和思维逻辑的压倒性影响。政治学的发展当然要有开放性，并应保持对国际学术前沿的关注和学习，但最终还是要深入认识当代中国政治本身，并构建对当代中国政治具有解释力、洞察力和引导力的概念体系、理论体系和话语体系。否则，政治学作为与当代中国政治关系最为紧密的社会科学，其长久的生命力是很难得到保证的。

具体到概念，政治学作为一门独立而成熟的社会科学门类，其最经常使用的概念具有鲜明的专业特征和学科特征。一旦一个概念成为政治学的常用概念，它就具有了政治学特有的内涵取向和侧重。因此，政治学本身的知识谱系会产生一些具有政治学学科特色的概念，如权力、国家、政体、自由、民主，等等；另一方面，我们也会看到，一些概念虽然来自其他学术范畴，或是借用了其他学科的部分概念，但在政治学的学术使用上已经实现了内涵上的转化，如政治体系、政治心理、合法性，等等。国内出版物中，诸多工具书性质的“百科全书”“手册”和政治学著作，对政治学基本概念都作有梳理和解释。显然，这些概念及相关解释，欧美学术话语具有压倒性的影响，我们很难在国内政治学讨论中看到基于中国历史和现实而原创的核心概念。这与政治学作为现代学术的一个分支产生于西方的事实密切相关。但也与我国学者在锤炼和传播本土概念上的不足有关。

在理论构建上，所谓“理论”，就是基于事实或推演而形成的对事物间关系的一种判断。理论有宏观理论、中观理论和微观理论之别，也有大理论和小理论之别。形成理论、构建理论并让理论为读者和同行所接受，这是学术研究除了发现事实之外更为重要的目标。在每一个学科的发展史上，都会凝练出一些广为人知、影响深远的理论或命题，这些理论或命题由于与该学科所研究的基本问题相关，并深刻揭示了相关问题的内在逻辑和本质，因此成为后来者接受或讨论的焦点话题，对该学科的知识积累和学术成长起到非常关键的作用。关于政治学学科基本的理论和定理，国内外不少著作均已有相应的梳理和总结。显然，这些理论及其构建逻辑，欧美学术话语同样具有压倒性影响。我们很少见到中国传统或当代的政治理论作为政治学的主流理论或基本理论而存在。就算我们也会有一些努力和贡献，但要么很少体现为大理论或宏观理论上的贡献，要么只是具有地域性（主要是中国国内）影响的微观或中观理论。

在方法或方法论上，似乎不应过于强调国别意义上的主体性，而只有方法或方法论上的成熟与否，以及运用程度上的差异。但实际上，具体的某一或某几种方法同样也会局限我们的研究，甚至会扭曲我们的解释[①]，进而影响我们对政治事实客观全面的把握。政治学研究中存在不同层面和类别的方法。有哲学（认识论）意义上的方法（如形而上学，历史唯物主义和辩证唯物主义），理论范式意义上的方法（如行为主义、理性选择与新制度主义等），分析路径意义上的方法（如政治系统论与结构—功能路径，国家—社会路径，国家—政党—社会—市场—个体的分析框架），研究技术和分析技术意义上的方法（问卷调查、统计分析、深度访谈、田野观察等）。有规范研究方法与实证研究方法的分别。在规范研究中，也有文本解读、逻辑推演、概念史、观念史和理论构建等不同的方法；在实证研究方法中，也有社会学、人类学和经济学的各种具体研究方法。有质化研究，也有量化研究。

就中国主体性这个维度看，我国政治学研究方法成为问题，至少有如下几点值得提及：政治学界对马克思主义的历史唯物主义和辩证唯物主义略有生疏或回避，而直接接轨西方现代社会科学的研究方法，由此产生对中国具体问题的局部解释，而无法形成对中国政治体系与政治发展道路的纵深洞察和总体判断；在具体的研究方法上，要么方法陈旧老套，无法跟上国内外政治生活的新现实，要么一味追求分析技术上的前沿和新潮，而忽视中国语境下政治事实的本来面目；在研究路径和分析方法上，要么将中国作为一个普通的个案，运用通用方法来验证已有的政治学理论；要么将中国作为一个另

① 如沃勒斯坦就有相近反思："起初我认为学术和政治上的争论仅仅包括对当代现实的实际分析，但是不久我开始意识到正是分析的方法本身值得怀疑。我被教会的各种方法对我来说似乎限制了我们的实际分析，并且曲解了我们的解释。"参见［美］伊曼纽尔·沃勒斯坦：《沃勒斯坦精粹》，黄光耀等译，南京大学出版社2003年版，第4页。

类政体，而只倾向于问题化地研究中国政治，进而忽视了研究方法的适切性。

总之，从中国主体性的高度审视，我国政治学学术话语中的概念、理论和方法，都存在结构性的缺陷。在我国政治学研究中，自主生产概念、构建理论、创新方法的能力总体上偏弱，而简单采用来自欧美的概念、理论和方法的现象依然严重。问题是，现成的政治学概念、理论和方法本来有其独特的经验基础，并不一定能很好地解释中国政治的内在逻辑或运用于对中国政治的分析中，更不能有效地支持中国政治的未来构建。特别是在采用那些明显具有价值偏好或意识形态色彩的概念或理论时，我们在不知不觉中简单采用了“他者”的立场，对中国政治的特殊性未能充分审视，对中国政治的正当性未能充分认知。由此导致了政治学的学术表达与政治现实之间的巨大裂痕，要么无法呈现政治事实，要么片面呈现政治事实，要么虚构了并不存在的政治事实。而在政治学学术话语与中国政治实践和政治经验的关系上，解释性话语明显不敌批判性的话语，政治学话语的正当化功能尤显不足。虽然，我们不能否认学者的研究应该独立，并应具有一定的批判性。但批判应该在全面而深入地了解事实之后进行，而不是纯粹从理念或分析框架出发，简单地批判现实并构建中国政治的未来。

不可否认，面对党和国家的急切需要，面对国内外政治诸领域的现实变化，我们的政治学学术话语多少显得供给乏力，或是供给错位。现有的政治学话语，对中国政治发展道路的解释力不足，对党和国家政治决策的贡献度有限，对其他社会科学学科的影响力有限，对社会舆论和公众的引导力更是微弱。在某种意义上，政治学学术话语最集中地体现了我们在“挨骂”问题上的被动性。也就是，本来我们在政治上做对了很多事，但在话语上依然没有有效地研究和呈现。因此，对党和政府来说，要解决“挨骂”的问题，就有必要倡导重构政治学话语；就政治学界来说，要使研究实现真正地转型升级，同样需要重构学术话语。

二、当前我国政治学学术话语之缺陷

近些年来，政治学界就话语体系问题召开了多次研讨会，也发表了不少论文。[①] 特别是在 2017 年，对政治学话语体系问题的集中探讨更有升温的态势。[②] 在这些讨论或争论中，有着不同的视角和观点。但就我国政治学学术话语之缺陷而言，实际上存在三个不同层面的剖析，不同层面的剖析显然有不同的侧重。概括来讲，部分论者侧重的是研究立场或立足点的问题，部分论者看到的是学术发展阶段和学术研究水平，部分论者则看到了政治学的（国际）话语权问题。这三个层面可以构成我们反思政治学概念、理论和方法的基本维度。但现有的讨论大都未能系统地涵盖这三个层面，也未能清晰地阐明这三者之间的关系会如何影响政治学话语的重构。

（一）中国主位意识缺乏：概念，理论与方法

学术话语是学术研究的呈现。学术话语的根本是研究。话语的缺陷归根到底在于研究的缺陷。中国的政治学研究应该立足中国、扎根中国，从中国历史脉络和现实语境出发，坚持从中国看中国，从中国看他国、看世界，基于中国政治历史和现实构建理论并设定未来的政治图景。这就是中国主位意识。就此而言，正是政治学研究的中国主位意识缺乏，导致政治学概念、理论和方法运用上的一系列问题。正是因为中国主位意识缺乏，导致政治学者

① 参见王炳权等：《“中国特色社会主义民主政治话语体系与基层民主政治建设”学术研讨会综述》，《政治学研究》2012 年第 4 期；孙宏伟、张颖：《“打造具有中国特色、中国风格、中国气派的政治学理论话语体系”学术研讨会综述》，《政治学研究》2012 年第 5 期；张师伟：《马克思主义政治学对大学生政治社会化的话语影响》，《政治学研究》2012 年第 5 期；万华炜：《基于政治发展的中国特色社会主义政治学话语体系的构建》，《社会主义研究》2015 年第 1 期；张飞岸：《正视中国民主实践，构建民主话语权——访中国人民大学国际关系学院教授杨光斌》，《中国社会科学报》2009 年第 10 期；商红日：《中国政治的话语生产：知识逻辑与智慧逻辑会通的思想实验》，《江苏社会科学》2016 年第 6 期；佟德志：《现代西方政治话语体系的形成及其内在逻辑》，《国家行政学院学报》2016 年第 4 期。

② 参见张康之：《中国道路与中国话语构建》，《国家行政学院学报》2017 年第 1 期；金太军等：《论构建中国政治学话语体系的“三大关系”》，《新疆师范大学学报（哲学社会科学版）》2017 年第 2 期；李猛：《构建中国特色社会主义政治学学科体系、学术体系和话语体系何以必要》，《探索》2017 年第 4 期；杨平：《构建中国政治学话语体系的条件分析》，《探索》2017 年第 4 期；刘方亮：《中国特色社会主义政治学学科体系、学术体系和话语体系何以构建》，《探索》2017 年第 4 期；林毅等：《构建中国特色社会主义政治学学科体系、学术体系和话语体系何以可能》，《探索》2017 年第 4 期；杨雪冬：《构建、沟通与自主：当代中国政治学的话语体系建设》，《浙江社会科学》2017 年第 7 期；周平：《政治学构建须以知识供给为取向》，《政治学研究》2017 年第 5 期；张桂林：《逻辑要义、历史努力与认知前提：构建中国特色政治学话语体系》，《政治学研究》2017 年第 5 期；桑玉成：《关于政治学的主题与政治学基本问题的思考》，《政治学研究》2017 年第 5 期。

在研究取向上，致力于用中国的经验和材料来论证欧美现有的政治学理论，而忘记了从中国经验本身构建适切的政治学理论。正是因为中国主位意识缺乏，政治学者总是从国外看中国、用他国（通常是欧美发达国家）眼光看中国，这样看待的结果往往是批判性的甚至是标签式的，而不是解释性或构建性的，尤其忽视了政治学学术所具有的正当化功能。正是因为中国主位意识缺乏，政治学者在研判当代中国政治时忽略了来自中国自古至今的本土资源，也未能深入当代中国政治内在的复杂机理。

正是因为缺乏中国主位意识，政治学者对中国政治发展的历史方位和特殊性缺乏合理认知，包括未能看到当代中国政治发展的独特起点，中国这样一个超大规模社会的党政主导型现代化所具有的独特性，当代中国政治和社会发展所处的全球体系，等等。对此，有学者认为“改革开放以来，中国在经济社会发展方面取得了巨大成就，而且是在一个非常特殊的历史条件下取得了这些成就。也就是说，中国的改革开放正值人类社会全球化、后工业化运动的兴起时刻，与西方国家的现代化背景完全不同。这种背景下的不同，意味着中国40年的经济社会发展成就是走在一条独特的道路上所取得的成果。但是，我们并未建立起与中国经济社会发展相称的话语体系，因而，中国所走的这条道路尚未得到理论确认。没有得到理论确认的实践哪怕是走在一条非常正确的道路上，都会得而复失。所以，建立中国话语体系是坚持改革开放道路和巩固改革开放成果的必要保障。”① 就党和国家的官方表述而言，我们长期处于社会主义初级阶段。这一定位恰恰是政治学话语得以展开的基本语境。现有的不少政治学讨论，竟然忘记了社会主义这一框架约束和基本背景，也忘记了我们正在走向全面小康的路上这一基本处境。

中国主位意识缺乏，体现在政治学概念上就表现为：对中国本土的政治概念的生疏和回避，这些本土概念包括中国自古至今依然有活力有影响的一些政治概念，中国普通人日常生活中所使用的政治概念，党和国家政策文件和宣传话语中的政治概念，政治实践中形成的一些提法和概念，等等；简单借用欧美政治学的基本概念来解释中国政治或构建政治理论，而对这些概念

① 张康之：《中国道路与中国话语构建》，《国家行政学院学报》2017年第1期。

的经验基础和价值取向缺乏基于中国政治事实的反思；基于中国的政治史和丰富的政治实践，原创性地提炼具有学术想象力的政治学概念的自觉性和自信心不足。

中国主位意识缺乏，体现在政治学理论上，就表现为：对中国本土的政治理论的生疏和回避，这些本土理论，包括中国自古至今依然有活力有影响的一些政治理论，中国普通人日常生活中所信奉的政治理论，党和国家政策文件和宣传话语中的理论，政治实践中形成的一些理论主张，等等；简单借用欧美政治学的政治理论来解释中国政治或构建政治未来，而对这些理论的经验基础、价值取向和合理性缺乏基于中国政治事实的反思；基于中国的政治史和丰富的政治实践，原创性地构建具有解释力或普遍性的政治学理论的自觉性和自信心不足。

中国主位意识缺乏，体现在政治学方法上，就表现为：单纯地倚重国外新潮的研究方法和分析技术，特别是单向崇拜量化分析方面的研究技术，而忽视了对中国这样一个超大规模的政治体，大历史、大结构、大制度、大理论的研究方法从来都不可或缺；简单推崇量化和大数据研究，而忽视了质性研究对理解中国政治丰富性的不可替代性；忽视对历史唯物主义和辩证唯物主义这一马克思主义基本方法论的有效运用，从而使政治学界的部分讨论与党和国家的相关表述存在严重的断裂。

（二）学术研究水平不高：概念，理论与方法

当前我国政治学话语之缺陷，前述中国主位意识之缺乏显然要承担相当责任。但主位意识属于研究立场、心态和取向问题，并不能决定话语的全部，尤其不能决定话语的质量和水平。虽然，主位意识对研究水平也会产生影响，但二者毕竟属于不同的范畴。政治学话语质量和水平上的不足，主要还是受制于我国政治学研究水平的不足。而研究水平的不足，不仅归因于中国政治学独特的成长历程，也受制于政治学发展所处的独特阶段。

中国传统政治智慧强调“半部《论语》治天下”的微言大义，现代政治学的学术研究也只是从清末民初才开始的。民国时期的政治学主要效法日本和欧美的学术传统，学术话语的国际化和本土化都有相当成绩。1949 年后，随着轰轰烈烈的国家建设需要和向苏联的学习，一是政治学研究中意识

形态的取向压倒一切，学理和学术的因素受到抑制，学术话语被意识形态大词替代；另一方面，即 1952 年，我国根据苏联的高教体制，取消了大学中的政治学系科。政治学本身作为一门学科不能稳定而持续地积累，其话语的传承与创新自然受到冲击。

直到 1979 年，邓小平同志号召："政治学、法学、社会学以及世界政治的研究，我们过去多年忽视了，现在也需要赶快补课"[①]，中国政治学才得以恢复。1980 年 12 月，在中国政治学会成立（重建）大会上，胡乔木在讲话中明确指出："政治学是一门重要的科学，建国后取消政治学研究是错误的，在理论上、实践上都是损失。""政治学不仅要研究政治制度，而且要研究国家、政党、人民和政治家及其相互关系。"他还强调："要研究人民通过什么途径来实现对国家的领导，如何在一切基层单位，即社会组织的任何一个细胞里，实现民主的政治生活，使每一个公民做为主人翁来行使自己的权利……"[②] 自 20 世纪 80 年代起，我国的政治学研究也从早期的编撰教科书开始，逐步转向对经典作品特别是西方政治学经典著作的阅读和引用，进而逐步转向对中国现实政治问题的关注。80 年代中后期，政治学研究开始密切关注当时的政治体制改革和党政关系议题；进入 90 年代以来，政治学研究将对现实的关注投入到包括村民自治在内的基层政治和地方治理。从总体上看积极面向，我国"政治学研究的学术性大大增强。政治学研究开始用规范的概念和学科语言代替一般的政策性语言，开始用有处可查的资料论证代替想当然的主观分析，开始用理性的理论分析代替简单的理论套用。"[③]

在研究方法及方法论训练方面，国内政治学对现代社会科学的研究方法的全面接纳是相对晚近的事。虽然在 20 世纪 80 年中后期，部分政治学者即已开始了实地调研或问卷调查之类的科学研究，[④] 但显然并未在政治学界成为主流。政治学界比较明显地重视并走向实证主义，其中的一个主要契机在

① 《邓小平文选》第二卷，人民出版社 1994 年版，第 180—181 页。

② 中国政治学会：《政治学研究通讯》试刊第 3 期，1981 年 5 月 25 日。

③ 王邦佐、潘世伟：《二十世纪中国社会科学：政治学卷》，上海人民出版社 2005 年版，第 117 页。

④ 闵琦：《中国政治文化——民主政治难产的社会心理因素》，云南人民出版社 1989 年版；赵宝煦：《政权结构与党的职能——调查与思考之二》，陕西人民出版社 1990 年版。

于20世纪90年代初以来村民自治相关研究所启动的实证潮流。[1] 但草创政治学研究中的实证主义并不意味着相关研究在方法上的成熟和方法论上的自觉。另一方面，除了少数高校的政治学非常重视研究方法和分析技术外，大部分设置有政治学相关专业的国内高校，一般只开设了“社会调查与统计”之类的课程，在统计分析和计量方法方面，的确显示出与相关社会科学专业的某种差距。这与国外特别是美国的政治学状况形成了鲜明对照，因为在美国政治科学的训练中，他们的教师和学生在相关分析技术上丝毫不逊色于其他社会科学，甚至处于领先地位。例如，哈佛大学政府系的加里·金（Gary King）就是著名的统计分析大家。

总体上看，我国政治学至今虽然取得了不可否认的成绩，但终因其成长过程中经历的多次中断以及学术积累的不足，使研究的总体水平尚未达致理想。这并不是说政治学者不够努力，也不是说政治学者的努力全不得法，而只是说明学术成长有其自身的周期和规律性，需要好几代学者不断地传承和积累（包括本土化也是需要时间和积累的），以及整个学术共同体的规范和成熟。研究水平的不足，决定了政治学学术话语之不足。体现在概念上，就是政治学者的概念化能力不强，包括对中国传统政治概念的挖掘和阐释能力不强，从当代中国政治实践中发现并提炼政治学概念的能力不强，对党和国家的政治/政策/宣传话语的学术概念化能力不强，对来自欧美的政治学概念的转化能力不足，等等。众多学者仍处在对现成概念的简单套用阶段，而不能很好地结合对中国政治实践的研究为现有概念注入新的内涵，或原创有概括力和解释力的全新概念。

体现在理论上，与概念上的表现相近。政治学研究以在学术对话基础上建立理论、促进学术增量为目标，但研究水平的不足使我国的政治学者在构建理论上鲜有出色表现。这一方面固然与我们不太擅长构建庞大而严密的理论体系的知识传统和思维方式有关，但更多的还是与我国政治学的学术积累和所处的发展阶段有关。在宏大理论的构建上，近四十年的国内政治学少有建树。特别是相比于欧美一流政治学作品中的理论构建水平，我国一流的政

---

① 徐勇、邓大才：《政治学研究：从殿堂到田野》，载邓正来、郝雨凡主编：《中国人文社会科学三十年：回顾与前瞻》，复旦大学出版社2008年版。

治学作品中所呈现的理论构建雄心和能力都是不足的。在微观和中观层面，我国的政治学者（以及相关领域的学者）倒也提出了一些理论，但在开发这些理论的普遍性方面多少又显得底气不足。换言之，基于中国政治事实而构建的微观和中观政治学理论，如果不能上升到一个普遍理论的层面，或者进入更为广阔的比较视野中，其理论说服力依然是有限的，其学术贡献也是有限的。这既说明我们理论构建的水平不足，也说明我们理论对话的能力不强，更说明我们对相关理论与现实问题的研究深度不够。

学术水平之不足，体现在方法上：一是诸多政治学研究缺乏明确而规范的方法依据，不管是政治哲学研究、政治理论研究还是政治科学研究，都是有相应的方法论基础和具体方法准则的，但诸多所谓的研究和写作，并无基本的方法训练，这肯定拉低了政治学学术话语的水平；二是对现有研究方法的简单模仿或运用，而缺乏对每一种研究方法利弊的警醒，更不能结合中国实际改进方法运用的具体流程和侧重，说到底就是对方法论和具体方法的反思不足，对它们的适用性认识不足。学术发展到一定阶段，研究者应该可以在方法和技术上作相应的改进，以更好地服务于研究过程。

（三）学术话语权不足：概念，理论与方法

除了主位意识和研究水平，与学术话语特别是其影响力（即话语权）直接相关的，就是学术话语的表达和交流能力。换言之，就算研究作出来了，还有一个能否有力地呈现给外部世界并对外部世界产生影响的问题。这自然包括政治学在国内学术话语圈的影响力，政治学对党和国家政策制定的影响力，政治学对中国普通公众和传媒的影响力，政治学者的国际交流能力，政治学作品的国际影响力，政治学概念、理论和方法被国际学术界及传媒认可的能力，等等。但局限到党和国家更为关切的学术话语权问题，则主要有两个方面：一是马克思主义理论在政治学研究中的话语权；二则是我国政治学的国际话语权。部分学者在讨论我国政治学学术话语之不足时，也都看到了这两个方面的紧迫性。考虑到马克思主义在我国意识形态领域一直处于领导地位并得到不断的强调，学术话语权上更为现实的问题则是国际话语权层面。

在全球化的今天，不论是信息的获取、前沿问题的把握、理论范式的运

用，还是方法的更新和学者的互动合作，任何一个国家的学术若要获得发展，都需要充分参与国际交流，并使自己的研究成果经受国际学术界的检验。自然科学领域的学术研究是如此，社会科学领域的研究同样也是如此。只有遵守国际学术规范的研究成果和学者，才能有效地参与国际学术同行的对话，听取他们的批评意见，从而改进自己的研究。也只有遵守国际学术规范的研究成果，才能获得国际学术界的认可，并得到应有的评价。否则，学术研究就只能是地域性的或国别性，不能为人类的知识共同体和学术共同体作出应有的贡献。虽然政治学学科的研究具有一定的国家性和政治性，甚至包含一定的政治价值观和意识形态诉求，但只要遵守现有的国际学术规范，还是有机会将我们的研究成果在国际学术界发表，让国际上的政治学同行听到我们的声音，听懂我们的声音。这不仅对国内政治学研究的视野拓展有帮助，更是国家“文化软实力”的一部分，直接关系到相关讨论和争论中的话语权问题。

关于中国社会科学的国际化，国内有年轻学者认为：近年来，中国社会科学的国际化取得了一定进步，国际影响力有所提升。但国内学术界对“国际化”的认识存在一定偏差，抵制国际化的“学术民族主义”和丧失本土意识的“殖民地学术”都不可取。社会科学的国际化不仅仅意味着英文论文、国际会议和国际期刊，更重要的是采用科学的研究方法、积极参与国际学术对话和竞争，提出有国际影响力的理论范式，与国际同行共同设置研究议程。[①] 政治学研究国际化的核心在于，按照国际通行的学术规范来展开研究并从事有效的学术对话，语言仅仅是表现形式和基本工具，重要的在于研究中贯彻的科学精神和学术逻辑，而这种科学精神和学术逻辑是能够为国际同行所理解的。这直接关系到国际政治学界如何看待中国政治学者的努力，更关系到国际社会如何客观全面地认识当代中国政治。

学术话语权之不足，不仅表现在国内学者总体上的对外交流能力上，更体现在政治学的概念、理论和方法上。对外交流方面，由于我国退出了国际政治学会，政治学者只以个人身份参加国际政治学会的活动，这多少影响了我们的学术影响力。虽然我们每年选派了大量的学者到世界各国进行访学交

① 熊易寒：《中国社会科学的国际化与母语写作》，《复旦学报（社会科学版）》2014 年第 4 期。

流，但这并未能改变欧美学界主导政治学话语的局面。虽然关于中国政治的议题在国际学术刊物和传媒上日渐增多，但主导的范式和倾向依然主要是欧美主位的。归根到底，我国政治学在国际学术界中的弱势和在国际政治空间中的失语，除了短期内难以改变的国际学术范式，主要还是受制于我们的研究水平和外语交流水平及频率。

在概念上，学术话语权之不足表现在我们更多的是概念消费者而不是概念生产者，或者即使生产了本土概念也无法将其打造成国际交流的通用概念，或者无法将国际通用的政治学概念注入中国的理解并将此理解向国际同行讲清楚。在理论上，学术话语权之不足同样表现为我们更多的是理论（范式）消费者，而不是理论（范式）构建者，或者即使草创了本土的理论却无法将其打造为国际交流的常规理论，或者将国际流行的政治学理论作以中国式的修正并向国际同行讲清楚。在方法上，我们更多的是追随者、研习者和使用者，而不是修正者或创造者。所有这些，导致我们在面向国际政治学界时，处在无法自主说话和充分表达的境地——而这显然并非仅仅是语言问题。应该说，短期来看，学术话语权特别是国际学术话语权，尤其需要学贯中西的学者、杰出的外语人才以及发达的交流和传播渠道。政治学界在这些方面尚都比较薄弱。长期来看，还是仰赖于中国主位的高水平研究。伴随着我国硬实力的增强，只要研究真正做好了，讲出来的话语也就有了相应的话语权。

三、基于话语重构，推进我国的政治学研究

陈尧在一次话语建设的讨论中，提出了中国政治学得分三步走："第一步，对西方的或者中国学界现在使用的这一套西方化的概念、理论、观点要进行反思，哪些是可以借鉴的，哪些具有普遍性，哪些是区域性的，一定要反思。第二步，经济社会地位提升了，制度上肯定有贡献，不可能在非常糟糕的制度下产生完全背离的经济社会结果，这就是我们要总结的：我们的经验在哪里？第三步，中国政治学要有更好的发展，就要走向世界。"[①] 他讲

① 于宏源等：《学科发展中的中国话语建设》，《上海思想界》2016 年第 5 期。

的第一步有些接近于本文所讲的中国主位意识；第二步包含中国主位意识，也包含研究水平；第三步则有追求话语权的意思。应该说，反思我国的政治学话语体系，主要包含的就是本文所讲的三个层面。这三个层面之间存在一定的影响，但不能替代彼此。不应强调某一层面而忽略其他层面。也因此，反思我国的政治学话语现状，促进政治学学术话语创新，进而推进我国的政治学研究，也有必要从这三个层面展开。

（一）概念

在政治学的概念上，我们现在需要基于中国主位意识，重新思考政治的元问题和基本问题到底是什么，进而厘定政治学的核心概念和基本概念，进而反思这些概念的所指与能指，尤其是反思这些概念所由产生的经验基础及其携带的意识形态和价值偏向，重新界定政治学相关概念的内涵。特别是要反思欧美通用概念的经验基础与内涵逻辑是否适合中国的本土经验？适合的当然应该继续使用，不适合的或有疑问的则需要推敲。如宪政、合法性、治理、市民社会/公民社会等概念，在学术上究竟如何处理？可否偷换概念或暗度陈仓？实际上，这里要解决的是欧美译介话语与中国本土政治学话语之间的关系，关系到对欧美政治学话语本身的反思、移植、嫁接与转化。相关的基本概念至少包括政治、权力、自由、民主、平等、正义、现代化、政治发展、政治转型、民主转型、民族国家、国家治理、国家能力、国家自主性、政党，等等。哪些概念需要沿用并尊重既有的学术惯习，哪些概念需要充实其内涵，哪些概念需要改造其内涵，都是需要认真勘定的工作。

另一方面，还需要促进中国语境下的常用政治话语进入主流政治学学术讨论空间。包括马克思主义相关理论与政治学学术话语的结合，党和国家的方针、政策和理论的学术化，普通人的日常政治话语进入主流政治学话语空间。这里的关键是，中国本土（官话与大众话语）语境中的常用概念如何社会科学化？譬如民心，天道，天下，人民民主，人民内部矛盾，群众路线，民主集中制，人民/群众，老百姓，接班人，治国理政，忠诚，忠臣/奸臣，贪官/清官，政治风气，等等。当然，基于中国主位重新审视并厘定政治学的相关概念，以及提炼并吸收中国语境中的诸多概念，都要尊重政治学界的话语习惯和路径依赖，也就是说，要尊重学术发展的规律性。在欧美译介话语影响较大的背景下，追求话语自主性的努力不能操之过急，相反，应该尊重学术规律，相信并依赖于政治学者的自觉。

还有一点，基于中国主位意识审视既有概念并创造新概念，从历史的脉络上需要强调中国政治发展的其来有自和自成一体，尤其是看到中国政治发展的延续性。这包括，应该看到中国传统政治/治理话语与建国后至今政治学话语间的关联，涉及传统政治概念的激活和再阐释；应该看到近现代政治学话语与当代中国政治学话语之间的联系，在现代性的视野下打造我们的政治学概念；应该看到新中国成立后前30年与后30年之间的政治学话语，既看到两个时代之间的差异，又看到其中不变的地方，从而甄别出当前我国政治生活中最基本的概念。

与强化中国主位意识密切相关，政治学概念的进一步成熟和丰富，主要还是依赖于政治学者不断拓展研究深度、提升研究水平。这其中不仅包括对当代中国政治现实问题的经验研究，也包括对当代中国政治基本理论问题的研究，也包括政治哲学和政治思想的研究。特别是基于经验研究或理论反思，如何创造概念，这是摆在国内政治学者面前的一个紧迫问题。部分学者已经创造了诸如压力型体制①、差序政府信任②、贤能政治③、治理民主④等概念，这些概念及相关讨论促进了中国政治学的发展。但显然，广阔而复杂的中国政治现实仍有大量的概念富矿等待我们去挖掘。只有研究水平提高到一定程度，学术积累到一定阶段，新概念或老概念的新内涵才能为学界接受。当然，政治学概念的拓新，还需要在学科发展到一定时候，充分吸收相邻学科或前沿学科的概念，这里就涉及其他学科的概念能否借用，如何借用和转化。政治学的概念一方面固然需要专业边界，另一方面也应保有充分的开放度和灵活性，以使政治学与社会科学其他学科更好地沟通。

在追求话语权的意义上，我们的政治学概念对内应该让普通民众也能够听懂并运用，并能与党和政府基于共识展开有效沟通，同时也能从政治学特

---

① 荣敬本等：《从压力型体制向民主合作体制的转变：县乡两级政治体制改革》，中央编译出版社1998年版，第28页。

② 李连江：《差序政府信任》，《二十一世纪》2012年第3期。

③ ［加］贝淡宁：《贤能政治》，吴万伟译，中信出版社2016年版，第45页。

④ 杨光斌：《超越自由民主："治理民主"通论》，《国外社会科学》2013年第4期。

有的立场和视角探讨社会科学中的普遍性问题。更重要的是外对，要能够清晰准确地向国际学术界发声，向国际传媒发声，向国外政治空间发声。这从表面上看是语言使用和翻译问题，但根本还是我们是否有中国主位的扎实研究和深刻阐释。面对已经成为国际共识的基本概念，我们首先要理解并尊重其内涵，并进而表明我们自己的看法；对于我们提出的新概念，则需要有理有据地详细解释，并在不同的场合重复这些概念，以促进这些概念的传播。话语权属于软实力，软实力的基础是硬实力，但话语本身的思想性、严谨性和逻辑力量也是不可或缺的。在这个意义上，为提升政治学的话语权，学者应该作的还是提炼并打造经得起时间检验的概念体系。

（二）理论

从中国主位意识的维度看，今后我国政治学的理论构建，至少需要注意如下几个方面：一是在价值观、理念和学理逻辑上作必要调整。包括理论的主题、分析框架、论证方式、叙事方式等根本性话语，需要作一定的革新。包括如何剔除现有的政治学理论中隐含的意识形态霸权和知识偏见（如政治现代化理论，民主转型理论，历史终结论，等）。二是在理论立场上，需要重新审视建立理论的参照系，重新定位我们的学术判断。应该从欧美看世界、从国外看中国，转向从中国看中国，从中国看世界。这就意味着对欧美民主的再审视，对中国政治与民主模式的再思考，以及对现有世界政治体系的再认识。[①] 特别是需要进一步审视哪些是“政治学的公理”[②]，哪些理论其实只是地方性知识（包括欧美的和中国的）。三是正因为中国主位，我国政治学的主流理论，对内应该是解释性、建设性和引领性的，对外则主要应该是参照性的、反思性的和构建性的。特别是，中国本土的政治实践如何在理论上得到合理的解释并予以正当化，也就是如何“讲好中国故事”。四是，缩短政治学界的理论储备与我国主流意识形态之间的距离，处理好马克思主义/社会主义政治学话语与政治学学术话语之间的关系。政治学研究不同于宣传，也不同于对策研究，因此需要有独立性和自主性，但中国的政

① 对此，杨光斌教授已有相关讨论。参见杨光斌：《论世界政治体系——兼论构建自主性中国社会科学的起点》，《政治学研究》2017 年第 1 期。

② 俞可平：《政治学的公理》，《江苏社会科学》2003 年第 5 期。

治学研究应该在中国政治框架和语境中展开，这就需要将作为指导思想的马克思主义与作为学术研究对象/范式/路径的马克思主义理论作一定区分，并处理好在具体研究过程中马克思主义理论与政治学其他理论之间的关系。

与中国主位意识密切相关，今后我国政治学在理论构建上的成绩，主要还取决于政治学研究水平的提高。即使主位意识确立了，若没有扎实的研究和构建，理论也难以成立并产生说服力和影响力。这就涉及究竟是独立地创造理论还是在对话中产生新理论？学术研究强调在梳理既有理论的基础上，基于对话和反思来构建理论，这应该是我们努力的主要方向。但也不排除随着研究的深入，我们发现了既有理论一直忽略或遮蔽了的政治事实，基于这些事实可以建立起自洽的理论，甚至会重构或颠覆既有的理论。抑或是当现有的理论都不能解释我们的实践时，我们则应该基于独立的研究，原创性地构建理论，在任何时候这都是学术进步的重要环节。

中国作为一个具有政治文明传统的超大规模社会，在保持基本政治制度不变的前提下，通过各种调试性改革成功地从原有的经济体制和社会体制转型为现有的经济—社会体制，这一历史进程本身的复杂性和特殊性，就是政治学理论创新的肥沃土壤。而当前中国转型进程中出现的大量国家治理问题，如贫富不均、社会抗争、环境冲突、利益表达等诸多问题，都需要政治学者基于对中国政治事实的深入研究来作出解答。中国政治本身自主发展的鲜活实践，以及在此进程中呈现的诸多时代问题，都为政治学在中国的本土化和理论创新提供了前所未有的机遇。中国政治的发展与政治学的发展，不仅在过去是“相互给予”的关系，[①] 在未来更是一种相互给予并互相促进的关系。这其中，尤其需要政治学者提升对中国政治现实的敏锐性和洞察力，并在中西政治发展道路的对比中打开对中国政治发展的想象空间。

就追求话语权而言，今后我国政治学在理论上需要做的，对内应该促进理论走出学术界的小圈子，走进更广阔的话语空间，让哲学社会科学其他学

① 林尚立：《相互给予：政治学在中国发展中的作为——中国政治学 30 年发展的反思》，《山西大学学报（哲学社会科学版）》2008 年第 3 期。

科的人能听懂，让官员能听懂，普通人也能有所理解。更主要的是，对外，一是从过去主要用中国的材料或案例，来验证欧美既有的普遍性理论，更多地转向基于中国经验构建能与欧美政治学理论对话的原创性理论，或修正欧美既有的政治学理论；二是我们的学术研究和理论构建，应该在现有的学术规范的基础上展开，通过语言翻译，能够参与到国际学术界的有效交流中，并让国家同行能够理解并认同我们的理论逻辑；三是加大我国政治学理论的翻译和传播，用准确而鲜活的语言，让国外的政要能听懂，国外的传媒能听懂，国外的学者同行也能听懂。

（三）方法

从综合性与专业性的角度看，中外政治学的研究一般都经历了一个转变，即是从百科全书式的综合性大学问转向研究具体领域具体问题的专业化学问。早期的政治学研究往往与其他的内容杂糅在一起，后面的政治学研究，其内容边界越发清晰，同时在此基础上又强调交叉研究。与此相伴随的便是政治学方法论的演化，即从逻辑思辨向经验论证转变，从宏观关照向考察中观机制、微观心理与行为转变，从制度分析向过程分析转变，从系统分析转向对具体人物、政策和事件的分析，等等。

从政治哲学与政治科学的角度看，政治学研究日益呈现出政治哲学与政治科学在方法论上的鲜明分野，而且政治科学的方法论变得日益强势。在此背景下，政治哲学的研究方法论在保留原有的文本解读和逻辑推演的传统下，也在研究方法论上实现了与时俱进的革新，如对符号学方法的运用，对“文本主义”的反思而强调“语境主义”，都是政治哲学和政治思想研究方法论的一个突破。政治科学方面，不管是质性研究，还是量化研究，相关的研究方法反思和进步一直在持续。尤其是随着计算机和互联网的发展，调查统计方面的各种技术日新月异，时下最为前沿的便是“大数据分析”。

从宏观、中观和微观的角度看，中外政治学的发展大都会经历一个从宏观研究向中观研究和微观研究深入的阶段，但在此阶段之后，又会出现部分学者对宏观研究的重新强调和回归。在知识专业化和学术精细化的背景下，越来越少有学者有信心和勇气就宏大的政治学命题轻易定论。而那些停留于宏大叙事的学者，如亨廷顿、福山等人，又往往会被从事具体问题研究的学者所批评，即认为他们的研究天马行空，不符合科学程式，难以严格验证，等等。政治学研究的范式革命，西方政治学大致经历了罗各斯主义、神权政治、自然法、旧制度主义、行为主义、新制度主义、理性选择等阶段，总的趋向是政治学行为主义范式越发强势，政治学研究日益强调科学化和实证化。

在一般意义上，研究方法是最具普遍适用性的，因此，我们不应在方法问题上过于强调中国主位意识。但具体到政治学研究上，却也并非完全如此。因为方法背后的方法论，以及对研究方法的选择和侧重，同样具有一定的价值色彩。从中国主位意识的角度看，我国今后的政治学研究，需要认真对待的问题仍有不少：一是需要在方法论上做一定的矫正，包括重新强调历史唯物主义和辩证唯物主义的方法论，对马克思主义基本立场、观点和方法的运用，对历史和逻辑的统一的坚持，等等。二是重新审视方法论上的整体主义与方法论的个人主义在我国政治学研究中的适用性。不同的研究方法，若从大类上反思，可以归根到个体主义方法论与整体主义方法论的区别上。方法论上的个人主义强调要将分析的立足点放到每一个个体身上，整体的逻辑最终可以从个体的逻辑中寻找到答案。方法论上的个人主义是量化研究的主要设定。方法论上的整体主义强调整体逻辑的相对独立性，整体塑造个体，需要从整体的逻辑理解个体，整体的逻辑无法简单还原为个体的逻辑。如阶级分析法就属于整体主义的方法论。对中国政治学的发展来说，方法论上的整体主义可能需要加强。三是从方法和方法论上，重新审视理论研究—应用研究、规范研究—实证研究、量化方法—质性方法的具体搭配和侧重。近十余年来，我国政治学研究中日益强调应用研究和对策研究而弱化理论研究，或是强调实证研究而淡化理论研究，在经验研究中又偏重量化研究而忽视质性研究，这一格局对中国这样一个复杂的巨型政治体来说，无疑是缺乏学术力度的。

就研究积累来看，国内社会科学界十余年来越来越重视研究方法的规范化，并出版了大量的译著和专著。自 20 世纪 80 年代中后期以来，特别是近十余年来，政治学学科的方法论自觉也日益增强，相关的译著和专著先后出版了不少。除此之外，国内已有不少学者从方法或方法论的角度，对国内的政治学研究作了深入反思和全面总结。[①] 这些论述对政治学研习者都具有一定的参考意义。在政治学研究中，学者基于不同的研究主题和研究目标，而选择合适的研究方法。在诸多研究方法中，部分方法主要运用于资料获取阶段，部分方法主要用于具体分析阶段，部分方法主要用于理论解释或构建阶段。

我们不能抽象地讨论哪种研究路径的学术价值，而要看我们的研究问题和研究目标。如果要从总体上把握政治和政治演变的逻辑，结构—功能与政治生活的系统分析路径，以及历史社会学的比较案例研究路径，显然都具有优势。定量研究虽然也可以运用到更多案例的统计上，但具体到政治的过程、机制，特别是背后的“故事”，量化这一路径显然是无能为力的。我们甚至可以说，在很多情况下，量化研究只能成为政治学研究的辅助方法，而不是框架性的方法。因为量化研究最擅长的，还是对大规模样本诸变量的相关性分析。但相关性不同于因果关系，要探究政治中的因果关系，机制分析、逻辑推演和深度叙事，都不可替代。而且，在学术研究的不同阶段，倚重的方法也是不同的。资料获取、材料分析、理论构建所需要的方法都是不同的。只有在不同阶段选择合适的方法，才能提高研究的水平。

最后，我们还应看到，国内有的政治学者并不擅长定量，但却有可能擅长历史叙事和逻辑演绎，这种特长同样也可以帮助我们从另一个视野理解政治。虽然，那种大结构、大过程、大逻辑的研究路径，在国内现在的学术氛围下不大容易被同行接受，但不能否认这类研究路径的学术价值。我们能否认伊斯顿、阿尔蒙德、摩尔、芬纳、亨廷顿、福山等人的学术贡献吗？真正的问题可能在于大结构、大过程和大逻辑之类的研究，要作出让同行接受的经典之作，其难度可能更大。因为这类路径更难驾驭，对研究者知识储备、

① 金太军：《规范研究方法在西方政治学研究中的复兴及其启示——兼论当代中国政治学的发展》，《政治学研究》1998 年第 3 期；肖唐镖、陈洪生：《经验研究方法在我国政治学研究中应用的现状分析》，《政治学研究》2003 年第 1 期；杨光斌：《中国政治学的研究议程与研究方法问题》，《教学与研究》2008 年第 7 期；任剑涛：《试论政治学的规范研究与实证研究的关系》，《政治学研究》2008 年第 3 期；聂军：《改革开放以来中国政治学研究方法的回顾与反思》，《内蒙古社会科学（汉文版）》2009 年第 5 期；杨海蛟、亓光：《政治学恢复以来的政治学方法论研究：阐释与创新》，《求索》2011 年第 2 期；魏姝、严强：《知易行难：“十一五”期间政治学研究方法的进展与反思》，《江海学刊》2011 年第 2 期；房宁：《谈谈当代中国政治学方法论问题》，《政治学研究》2016 年第 1 期。

理论洞察力和写作的驾驭力的要求都很高。说到底，方法是为研究目标服务的，方法本身并不构成研究的终极目标——虽然研究方法的创新本身也具有重大的学术意义。在方法训练比较薄弱的国内政治学界，强调方法论的反思和研究方法的普及，当然是必要的。但我们也不应矫枉过正，一味追求炫目的前沿方法或是多种方法的混合与繁复，使政治学者对方法的强调掩盖了对问题意识的重视。

在话语权的意义上，方法论的自觉和方法训练及其运用，却是影响我国政治学话语权的重要因素。一方面，我们对中国传统思维智慧和方法论的吸收不足，以及对马克思主义方法论的运用不足，影响了政治学作品在学术界之外空间的接受度，进而影响了政治学话语在国内的话语权。因此，需要吸收中国本土的思维方法和马克思主义的方法论，进一步推进政治学研究的本土化。另一方面，由于政治学界在社会科学研究方法的运用上，相对落后于社会学、经济学等学科，导致政治学作品在社会科学界的影响力偏低。更重要的是，因为在研究方法特别是方法严谨性和分析技术上的相对落后，影响了国内政治学者的作品进入更广泛的国际学术界，进而成为影响政治学学术话语权的一大短板。因此，需要加强现代社会科学研究方法的基本训练，使政治学者在研究方法和分析技术上与国际同行站在一个起点上。只有这样，中国主位意识和研究水平的提高，才能更坚实地拓展政治学的话语权。

四、余论：警惕几个风险

当前，在我国的哲学社会科学界，话语体系的创新和重构正在轰轰烈烈地推进着。如本文前面所检视的，我国的政治学话语在中国主位意识、研究水平和话语权三个层面，均存在亟待反思和正视的问题。因而需要在政治学话语体系中的概念、理论和方法上作相应的改进。只有这样才能创新政治学话语体系，贡献于国家的政治话语权。但我们也要看到，目前追求话语权、促进话语重构的过程过于由党政权力来主导，话语生产和表达过于被权力支配，容易使学术研究具有偏向性和选择性。这样也可能会形成对西方政治世界的新偏见，和对本国政治的封闭的自我认知。这是我们应该警惕的。

同时，在研究的积累性、传承性和学理性不足的情况下，短期内揠苗助长地推动话语体系更新，可能会立不住，沉淀不下来。这里尤其需要尊重学术共同体的自主性和学者的自主性，并对政治学话语体系的创新保有充分的信心和耐心。学术探索有自身的周期和规律，外力的刺激或干预并不能脱离这种周期和规律的制约。社会科学的学术探索既要全面深入地梳理、反思前人的研究成果，又要深入到研究对象本身，做大量的调查研究或文本解读，更需要独立的思考和广阔视野下的比较。只有这样，才有可能发现新的事实，提炼新的概念，构建新的理论。而无论是学术探索的哪一个环节，都需要长期的积累。若要期待真正经得起时间和学术共同体检验的学术创新，就要有相当的耐心和尊重。特别是对政治学的学术创新，小到概念和提法上的创新，中到机制分析，大到政治理论的构建，都不能揠苗助长，通过急功近利的各种方式去刺激。因为只要政治学学术共同体能够基于学术研究自身的规律，不断地探索和积累，政治学的创新就会自然而然地形成。否则，那种通过人为的“打造”和“制造”的学术创新，特别是在没有相应学术积累的基础上的跟风式伪研究，不仅损害政治学者和政治学界的良性成长，从长远来看更会损害国家发展的软实力。

尊重学术探索的规律，同时也意味着，在研究范式及其创新的问题上，我们既要保持清醒的反思能力，又要对范式革命的完成保有充分的耐心。不能否认的是，国内当前的政治学研究，其核心概念、基本理论、分析框架和价值理念，都全面受到了欧美学界的深刻影响。我们除了应该反思这些知识体系对中国经验的适切性，也要看到这些知识体系的范式危机。就欧美本身和全球范围的发展状况来看，19 世纪以来的社会科学范式也遭遇到西方知识界内部的“否思”①。政治学研究的既有范式，同样也存在一定的合法性危机。当然，范式的危机并不意味着范式革命的顺利发生，只有学术创新积累到一定的时候，整个学术共同体才能对新范式达成共识。在这一点上，重温托马斯·库恩的提醒是必要的。当新的候选范式出现的时候，科学家仍会不愿意接受它。“除非满足以下两个非常重要的条件。首先，新范式必须看来能解决一些用其他方式难以解决的著名的和广为人知的问题。其次，新范

① ［美］伊曼纽尔·沃勒斯坦：《否思社会科学——19 世纪范式的局限》，刘琦岩、叶萌芽译，生活·读书·新知三联书店 2008 年版，第 1 页。

式必须能保留大部分科学通过旧范式所获取的具体解题能力。科学研究不像许多其他创造性领域，并不视新奇本身为迫切需要而去刻意追求。结果，新范式尽管很少或从未拥有旧范式的所有能力，但通常保留了许多过去成就的最具体部分，并且总能容许除此之外而附加的具体问题的解。”①

此外，还有其他的一些具体问题，都需要认真对待。如概念、逻辑、话语的国际交流与学术认同的问题。我们现有的外语人才，能否满足话语重构与学术交流的需要？在现有的学科建制中，当代中国政府与政治尚不是二级学科，这显然影响了中国主位的政治学研究的重要性。还有，现有的学术评价如何适应政治学话语体系的重构，包括如果看待欧美一流的学术论文和著作，怎样评价外文发表的问题，政治学一流学科建设中的战略问题，等等，都是与本论题密切相关的。这些问题都需要专门讨论。

---

① ［美］托马斯·库恩：《科学革命的结构》，金吾伦、胡新和译，北京大学出版社 2003 年版，第 152 页。

第十一章

我国公共管理学科的话语构建：实证评估的视角

陈世香 靳 亮

为总结我国公共管理学科话语构建情况，把握未来发展趋势，对2007—2016年间我国公共管理学科研究两大代表性期刊《中国行政管理》《公共管理学报》刊录文章进行了抽样分析和评估。评估基于研究主体、研究内容、研究方法三个维度，探析了我国公共管理学科话语构建的总体概况，并讨论了其中可能存在的问题。研究认为，我国公共管理学科话语体系的构建应进一步扎根中国现实、立足时代和国际前沿，确立研究核心命题；应借助已有研究平台，打造若干具有竞争力的公共管理学科共同体；同时，还应加强对研究者群体方法论训练，促进学科研究的规范化。

自20世纪80年代行政学等核心基础性相关学科恢复重建以来，公共管理研究在我国取得了长足发展。这主要体现为研究产出规模显著增长，研究领域不断拓宽且逐渐走向专业化，与实践结合愈益密切，现代社会科学研究方法也愈益受到重视，涌现出一批以中国公共管理实践为主要对象的研究成果，并开始产生跨学科以及国际影响。[①] 然而，在这种欣欣向荣的局面下，以公共行政学为根基的中国公共管理学科的“身份危机”[②] 有没有摆脱？这始终构成一个值得我们思考的问题。

新世纪以来，一些学者从不同角度对我国公共管理学科研究现状进行了阶段性评估。由于公共管理学科与公共行政学尚无有效实质性区分，这方面的研究主要聚焦于公共行政学领域。其中，何艳玲（2007）以七个学术期刊为样本对 1995—2005 年我国行政学研究进行评估[③]；姜春林、张春博（2010）对 1998—2009 年《中国行政管理》的发展历程进行的测度与评估；[④] 吴晓林、郭慧玲（2013）以《公共管理学报》为样本对我国公共行政学 2004—2013 年的研究状况进行评估[⑤]；吕芳、王梦凡等（2015）以八个学术期刊为研究对象对新世纪以来我国公共行政学研究进行评估[⑥]。这些研究选取了不同的样本，使用了不同工具，从不同角度、不同时期对公共管理学科在我国的发展状况进行了研究与评估，在一定程度上揭示了该学科在我国的阶段性发展特征。

研究评估在一定程度上是促进学科发展的重要手段，有助于系统把握学科发展在新阶段会显现出的新特征。基于此，我们尝试对新近十年来我国公共管理学科研究进行重新总结和分析，了解期间哪些主体从事着这些研究，具体在从事着什么样的研究，以及采用什么样的方法进行研究。对这些问题的了解，有助于我们把握公共管理学科的未来发展趋势。

---

① 马骏：《中国公共行政学研究：反思与展望》，《公共行政评论》2012 年第 1 期。

② 马骏、刘亚平：《中国公共行政学的“身份危机”》，《中国人民大学学报》2007 年第 4 期。

③ 何艳玲：《问题与方法：近十年来中国行政学研究评估（1995—2005）》，《政治学研究》2007 年第 1 期。

④ 姜春林、张春博、胡志刚：《回眸与展望：〈中国行政管理〉文献计量分析——基于 CSSCI（1998—2009）数据》，《中国行政管理》2010 年第 8 期。

⑤ 吴晓林、郭慧玲：《中国公共行政学研究的最新进展与展望——以〈公共管理学报〉为例的考察（2004—2013）》，《公共管理与公共政策评论》2014 年第 3 期。

⑥ 吕芳等：《对 21 世纪以来中国公共行政学研究的评估与反思——基于 2001—2013 年间的 4659 篇论文》，《政治学研究》2015 年第 2 期。

一、样本选择、评估维度及评估工具

（一）样本选择

本次评估对2007—2016年（2007年1月1日—2016年12月31日）10年间《中国行政管理》《公共管理学报》所有研究性论文采取系统抽样方法进行抽取。具体操作如下：《中国行政管理》每年共有12期，以每年第2期为起点，隔4期抽取1期，抽取每年的第2、6、10期，十年共抽取30期；《公共管理学报》每年共有4期，抽取每年的第2期，十年共抽取10期。通过文献阅读与定性研判，本研究在数据处理中剔除了非论文的笔谈、书评、会议综述等，最终获得样本879篇。其中，《中国行政管理》744篇，占样本总量的84.6%；《公共管理学报》135篇，占样本总量的15.4%（见表1）。选取这两个学术期刊的原因在于，作为我国公共管理学科代表性刊物，两本期刊都聚焦于公共管理学科而不仅仅局限于传统的公共行政学，同时，二者在国内公共管理学科众多专业期刊中影响力居于前列，在引领公共管理理论创新、促进我国政府改革与发展方面具有重要的导向作用。对其载文情况进行评估与分析，在一定程度上能够透视我国公共管理学科理论与实践研究的最新进展，有助于把握该学科发展的未来趋势。

表1　2007—2016年两大期刊样本抽取数

（单位：篇）

	2007年	2008年	2009年	2010年	2011年	2012年	2013年	2014年	2015年	2016年
《中国行政管理》	53	114	79	67	73	67	71	65	78	77
《公共管理学报》	15	14	15	13	13	13	13	12	14	13
合　计	68	128	94	80	86	80	84	77	92	90

（二）评估维度

按照库恩对常规科学的理解，特定研究领域成熟的标志是具备一个能够为该领域普遍接受的“范式”。“范式”包括两个主要特征：一是某个研究领域具备一批坚定的拥护者，即科学共同体，“他们都经受过近似的教育和专业训练……钻研过同样的文献，并从中获取许多同样的教益”[①]；二是该领域足以无限制地为重新组成的一批实践者留下有待解决的种种问题。[②] 这就提出了科学研究的两个主要构成：在某一领域从事研究工作的研究主体，以及所从事的有待解决的种种研究问题也即研究内容。此外，研究方法的成熟度是衡量一门学科成熟度的主要标志之一[③]，不少学者把研究方法作为一个重要的评估维度。因此，本研究将从三个方面评估我国公共管理学科的研究进展：研究主体、研究内容和研究方法。基于评估需要，本研究在借鉴何艳玲（2007）、吴晓林（2014）、吕芳（2015）等人研究的基础上，特设计如下评估指标：

1. 研究主体

该指标旨在考察哪些人在做研究，以期发现研究者的个性特征与其研究成果、研究倾向之间的关系。该指标包括研究者的学术身份、所属机构、受资助情况。对于学术身份，我们将其分为教授（研究员）、副教授（副研究员）、讲师（助教、助理研究员、博士后）、博士研究生、硕士研究生、未明确学术身份等六类。对于所属机构，我们将其分为高等院校、科学院（社科院）、党校行政学院、民间研究机构（学会、协会等）、政府、企事业单位、未标明等七类。对于资助情况，我们将其分为国家级资助（国家社科基金、自然科学基金、教育部人文社科基金等中央部委基金）、省市级资助、校级资助、企事业单位横向项目资助、无资助（含未标注）等五类。

2. 研究内容

该指标旨在考察研究者在从事什么研究，从哪些方面开展公共管理学科研究。具体而言，这一指标就是要衡量最近十年来公共管理学科包括哪些主要研究领域或研究主题，哪些是热点研究领域，以及公共管理学科研究领域或研究主题的历史演进特征等。对该指标的评估将主要借助于特定评估工具，通过对文献关键词、主题词等进行聚类分析，获得最近十年间我国公共

① ［美］托马斯·库恩：《科学革命的结构》，金吾伦等译，北京大学出版社 2003 年版，第 159 页。

② ［美］托马斯·库恩：《科学革命的结构》，金吾伦等译，北京大学出版社 2003 年版，第 9 页。

③ 颜海娜、蔡立辉：《公共行政学研究方法：问题与反思》，《公共管理学报》2008 年第 4 期。

管理学科研究的主要热点领域及其演变情况，以期探测我国公共管理学科的研究前沿与未来趋势。

3. 研究方法

该指标旨在考察学界在采取哪些方法进行研究。按照 Alavi M.Carlson 的研究方法分类，即分为经验研究与规范研究两大类[①]。规范研究是“以价值问题为核心关注点，通过解读和诠释文本，经由严谨逻辑构造来回答某个学科的基本问题乃至人生与世界的‘大问题’”[②]；经验研究又称实证研究，是通过客观的观察、统计和数据分析，经由经验概括得出研究结论。实证研究也包括两类基本的研究方法：定量和定性研究，定量研究通过对研究对象的测量和数据分析得出结论；定性研究则基于经验事实，通过在研究者与研究对象之间建立互动关系展开研究[③]。因此，本研究将研究方法分为规范研究、定性研究、定量研究三类。

（三）评估工具

本研究将利用美国德雷塞尔大学陈超美教授所开发的一款可视化软件 CiteSpace V 作为分析工具。自 CiteSpace 引入我国学界，利用该工具进行分析的文献已广泛见诸图书情报学、教育管理、企业经济、医学等领域各种期刊。作为一种流行的科学知识图谱绘制工具，它主要基于共引分析理论（Co-citation Analysis）和寻径网络算法（Path Finder Network Scaling, PFNET）等，对特定领域文献进行计量，以探寻学科领域演化的关键路径及知识拐点，并通过一系列可视化图谱的绘制，形成对学科演化潜在动力机制的分析和学科发展前沿的探测[④]。因此，本研究将借助于这一工具对样本文献进行探测，描绘公共管理学科研究的热点主题、演化阶段等知识图谱。此外，本研究还将借助于 Excel 和 IBM SPSS20. 0 软件，对《中国行政管理》和《公共管理学报》在 2007—2016 年十年间发文情况进行描述性分析，主

① Maryam Alavi & Patricia Carlson, “A Review of MIS Research and Disciplinary Development”, *Journal of Management Information Systems*, Vol.8, No.4 (Spring 1992), pp.45-62.

② 颜昌武、牛美丽：《公共行政学中的规范研究》，《公共行政评论》2009 年第 1 期。

③ 丁煌、李晓飞：《中国政策执行力研究评估：2003—2012 年》，《公共行政评论》2013 年第 4 期。

④ 陈悦等：《CiteSpace 知识图谱的方法论功能》，《科学学研究》2015 年第 2 期。

要是对诸如研究者学术身份、所属机构、受资助情况进行统计分析。

二、研究主体特征

本部分旨在考察哪些人在做公共管理研究，评估内容包括研究者的学术身份、所属机构性质以及研究的受资助情况。其中，合作文章以第一作者的学术身份和所属机构为准，作者有两个或两个以上单位，则以第一单位为准，有多项基金资助的以第一项资助基金为准。

（一）研究者学术身份

由表 2 可以看出，就样本中明确标明学术身份的研究主体而言，最近十年来中国公共管理学科研究者呈明显的倒金字塔结构。其中，教授（研究员）、副教授（副研究员）是公共管理学科研究的核心主体，分别占 29.2%、25.7%；其次是讲师（助教、博士后、助理研究员），占样本总量的 18.2%；博士研究生占 14.9%；硕士研究生占比极低。不过，这种倒金字塔结构与何艳玲、吕芳等人的研究结论稍有不同，尤其表现为教授所占比重有较大不同。何艳玲教授在对 1995—2005 年行政学研究的评估中得出教授、副教授、讲师、博士生分别占 19.9%、9.1%、3%、4%（值得指出的是，该文中多达 62.2%的文献作者学术身份为“未标明或无学术身份”。换言之，在 37.8%已标明身份或学术地位的文献中，有 19.9%即超过 50%的第一作者学术身份为教授）；吕芳有关行政学研究的评估则得出教授、副教授、讲师、硕博士生分别占 50%、20%、8.8%、11.3%。可见，这两个研究中第一作者为教授者所占比重相对较大，作为青年研究群体的讲师和博士所占比重相对偏低。然而，对样本信息详细的研判分析显示，教授职称作者所占比重低于何吕两人的研究结论，而青年研究群体的讲师和博士所占比重则相对要高一些。这似乎表明，博士、讲师这一更为年轻的研究主体群体在公共管理学科研究中的地位近年来有所提升，研究者群体的职称结构似乎呈现出从“倒金字塔”向“橄榄形”结构的演变趋势。

表 2 研究主体的学术身份分布情况

研究者身份	论文数（篇）	占比（%）
教授（研究员）	257	29.2
副教授（副研究员）	226	25.7
讲师、助教、博士后（助理研究员）	160	18.2
博士研究生	131	14.9
硕士研究生	5	0.6
未明确	100	11.4
合　计	879	100

（二）研究者所属机构

统计显示，879 个样本共分布于国内外 265 个机构。就研究主体所属机构而言，84.1%的作者来自高等院校，其次是党校和行政学院（5.9%），来自实践部门的政府占比 5.3%，来自科学院（社科院）、民间协会、企事业单位分别占 1.9%、1.7%、1.1%。这意味着，十年来高等院校（84.1%）是我国公共管理学科研究的主阵地。这不同于何艳玲、吕芳等人的研究，何艳玲在研究中得出 1995—2005 年高校系统仅占据 55.8%的比重，而吕芳则认为 2001—2013 年期间研究者来自高校的研究文献占比为 66.3%。这说明，相关研究期刊文献作者有进一步集中于高校系统的发展趋势，这也意味着经过专业学术训练的高校研究群体承担着我国公共管理学科研究的重任，而公共管理研究也将越来越学术化、专业化、规范化。

值得关注的是，来自社科院、党校（行政学院）系统等具有更强官方智库色彩机构的研究者所完成研究在全部样本文献中所占比重偏低，这或许意味着作为具有我国特色、与政府关系密切的官方智库组织的研究者群体，未能产生与其社会影响相匹配的专业性研究成果。不过，这也可能是由于《中国行政管理》和《公共管理学报》这两本刊物相对而言专业性与学术规范性相对较强，而社科院、党校等官方智库机构研究人员的研究由于科学性和规范性不足等原因，相对而言更加难以发表。鉴于两本期刊在我国公共管理学界的影响与声誉，可以认为官方智库未能在专业研究方面作出较为系统专业的贡献。与此同时，来自政府系统的研究者占据了一个相对不小的比重

(5.3%)，说明政府工作人员的亲身体验和观察丰富了公共管理学科研究内容。此外，民间学会、协会的研究成果占比偏低，只有 1.7%，则似乎也暗示我国民间智库参与公共管理专业研究尚不发达，可能是研究能力上不够专业。由于专业研究能力是智库功能发挥的重要技能基础，这也意味着无论是官方智库，还是民间智库组织，其政策咨询功能能力都有待强化与开发。

表 3　研究主体所属机构分布情况

	论文数（篇）	占比（%）
高等院校	739	84.1
科学院、社科院	16	1.9
党校、行政学院	52	5.9
民间研究机构（学会、协会等）	15	1.7
政　府	47	5.3
企事业单位	10	1.1
未标明	0	0
合　计	879	100

（三）研究受资助情况

从研究受资助情况来看（表 4），在所采集的 879 个样本文献中，受到资助的论文有 500 篇，样本总量占比达到 56.9%，而没有标明或者没有项目资助的论文占比为 43.1%。这与何艳玲教授 2007 年的研究结论存在着较大不同。她的研究结果显示，在 1995—2005 年期间的研究成果中，高达 91.7%的研究都没有资金支持。不过，这或许与何文研究期刊以及当时各类专业期刊并不特别要求标注论文资金资助情况有关。事实上，该文所研究的《政治学研究》抽取样本文献中 100%没有项目资助，作为复印资料载体的《公共行政》期刊中 99.9%的样本文献资助情况为“无基金支持或无标明”，而通常有标注资助项目要求、具有自然科学研究规范倾向的《中国管理科学》《管理科学学报》则只有 33.3%或 23.8%的研究文献“无基金支持或无标明”。这显然不会是实际情况。不过，本部分研究结论与吕芳等人的研究结论也有明显不同。吕文研究结果显示，2001—2013 年我国公共管理学科研究没有得到资助的论文达68.8%。由此，总体上可以推论，我国公共管理学科研究受资金资助情况近十年来有较大的改观，至少从两大期刊中选取的样本文献所显示的情况如此。图1显示出2007—2013年受资金资助的历史演变情况，2007年有资金资助比例占39.7%，但到了2016年却上升到77.8%，由此，可以推论，有基金支持的研究文献所占比例总体呈现递增态势。

表4　研究主体受资助情况

	论文数（篇）	占比（%）
国家级资助	371	42.2
省市级资助	80	9.1
校级资助	43	4.9
企事业单位横向项目资助	6	0.7
无资助	379	43.1
合　计	879	100

此外，在所有样本文献中，受到国家级资助（含国家社科基金、国家自然科学基金、中央各部委基金）的文章占42.2%。省市级资助、校级资助、企事业横向资助分别占9.1%、4.9%、0.7%。这显示出国家层面是推动我国公共管理学科研究的主要资金来源。

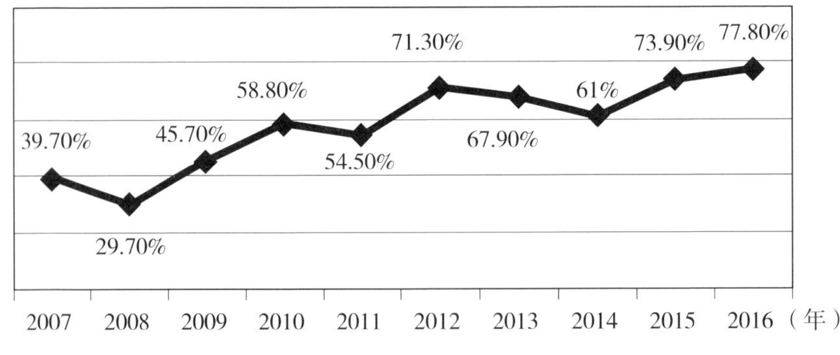

图1　2007—2016年公共管理学科研究受资助比例演变趋势

三、研究内容特征

本部分旨在考察最近十年来公共管理学科研究，聚焦于哪些领域、研究焦点的演进和变迁情况。该部分主要借助于 CiteSpace 软件的聚类分析方法，通过将样本转换为 refworks 格式并导入分析软件，设置相应参数，选取合适的聚类词，以标示学科的研究领域和研究前沿分布。

（一）研究主题的分布

在进入 CiteSpaceV 界面后，导入相关数据，时间跨度设置为 2007—2016 年，时间切片为 1 年；将 title、abstract、author keywords、keywords plus 设置为主题词来源，网络节点选择 keyword。鉴于图谱的复杂性，选择 pathfinder（关键路径网）来精简图谱网络，通过运行 CiteSpace 得到关键词共现网络图谱。图 2 为 2007—2016 年间公共管理学科研究的关键词共现图谱，展现了 879 个样本中所有关键词的聚类。基于知识图谱学原理，公共管理研究的关键词聚类图谱在一定程度上也代表了公共管理学科研究的基本概况。其中，圆形节点代表某一主题文献被引用的频数多少，节点越大意味着被引频数越大；节点之间的连线则代表着各关键词之间的关联度。运行结果共获得 2387 个关键词，表 5 为排名前 50 的高频关键词。其中，排名前 10 的关键词分别是：地方政府、公共服务、社会组织、公共政策、社会管理、电子政务、服务型政府、应急管理、公务员、绩效评估。

结合图 2 和表 5 可以看出，就所分析样本文献而言，2007—2016 年间公共管理学科研究主要聚焦体现在公共管理主体与公共管理客体两个方面。

1. 公共管理主体方面。由表 5 可知，最近十年来我国公共管理学科研究主要是聚焦于地方政府、社会组织、公务员、政府、公共部门、非营利组织等主体类型。这些行政主体有着较高的被引频数。值得指出的是，占据第一位的“地方政府”频数为 38，第二位的“社会组织”急剧下降为 16，并列第三位次的“服务型政府”与“公务员”等相关主体被引频数为 14，而第 5 位的“政府”、第 6 位的“公共部门”、第 7 位的“非营利组织”被引频数分别只有 13、9、8。这一方面表明，相对其他行政主体，地方政府在

图 2　2007—2016 年公共管理学科研究的聚类图谱

近十年我国公共管理学术研究中占据着明显的优势地位；另一方面，被引频数前 50 位的关键词中，只有 14 个被引频数超过 10。这应该可以推论，当前我国公共管理学科研究对象主体和主题都似乎相当分散。

2. 公共管理客体方面。为降低关键研究主题的个数规模，可以对公共管理研究主题按照其内在相关性进行归并处理。在表 5 的基础上，可以将绩效评估、政府绩效、绩效评价、绩效管理归为绩效管理范畴，将公共政策、政策执行归为公共政策范畴，将应急管理、群体性事件归为危机管理范畴，将治理、政府治理、治理能力、善治、国家治理、公共治理、社会治理、合作治理归为国家治理范畴，将电子政务、电子公务、大数据归为电子政务范畴，将政府改革、制度创新、体制改革、大部制、公务创新、行政改革、法治政府、顶层设计归为行政改革范畴。由此，排名前 50 的关键词可分为以下几个核心主题：公共服务、行政改革、国家治理、绩效管理、公共政策、危机管理、电子政务。此外，政府职能、社会管理、城市管理、行政哲学等也是研究的热点主题。

图 2 全景式展现了关键词聚类情况。虽然与以上分析相一致，图谱显示出公共管理研究主题众多，分布较为散，但仍然可以发现我国公共管理学科研究总体是围绕以上几个核心主题而展开。这表明，就所分析样本文献而言，最近十年间我国公共管理研究所研究公共管理主体范围多聚焦于地方政府、社会组织，而所研究的公共管理客体或者说研究内容范围则主要聚焦于公共服务、行政改革、国家治理、绩效管理、公共政策、危机管理、电子政务等若干领域。

表 5　样本中排名前 50 位的关键词列表

序号	关键词	频数	序号	关键词	频数	序号	关键词	频数
1	地方政府	38	18	政策执行	8	35	公共价值	6
2	公共服务	29	19	绩效管理	8	36	国家治理	6
3	社会组织	16	20	非营利组织	8	37	公共治理	6
4	公共政策	16	21	公共管理	8	38	大部制	6
5	社会管理	15	22	政府治理	8	39	影响因素	6
6	电子政务	14	23	政府改革	7	40	公务创新	6
7	服务型政府	14	24	治理能力	7	41	指标体系	6
8	应急管理	14	25	善　治	7	42	满意度	6
9	公务员	14	26	制度创新	7	43	社会治理	6
10	绩效评估	13	27	美　国	7	44	和谐社会	6
11	政　府	13	28	政府管理	7	45	行政改革	5
12	治　理	13	29	电子公务	7	46	食品安全	5
13	政府绩效	11	30	群体性事件	6	47	法治政府	5
14	政府职能	11	31	政府责任	6	48	顶层设计	5
15	公共行政	9	32	城镇化	6	49	公共性	5
16	公共部门	9	33	体制改革	6	50	合作治理	5
17	绩效评价	8	34	城市管理	6			

（二）研究领域的演化

为凸显我国公共管理学科研究历年来的热点主题及其演变情况，在 CiteSpaceV 界面的参数设置部分，在数据抽取对象上选择抽取每个时间切片前 5%的文献，即 Top N%选择 5%。这代表着每年引用率排名前 5%的文献。同时，选择 pathfinder（关键路径网）来精简图谱网络。通过运行 CiteSpace 得到关键词共现图谱，再在所建图谱的基础上，删除一些不规范用词。然后，再在 control panel 中选择 timezone 形成按年代展开的研究主题时间演进图（见图 3）。通过分析演进图，可以较为直观地观察到最近十年间我国公共管理学科研究每年的核心关键词演进过程。其中，年代线段中的连线表示学科中关键词的演进关系，而 2015—2016 年间的关键词则代表了当下我国公共管理学科领域的研究热点和前沿问题。

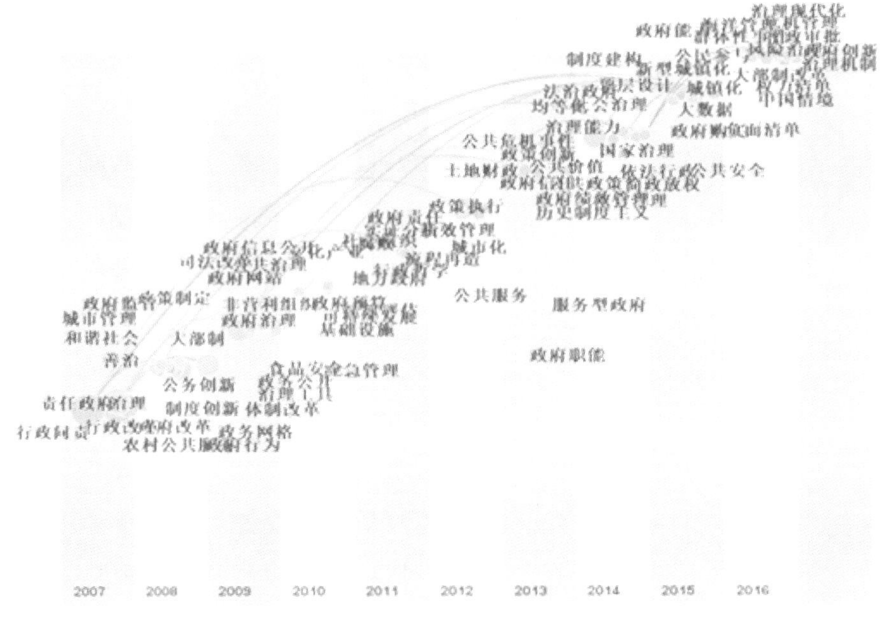

图 3　2007—2016 年公共管理学科研究的时区视图

由图 3 可见：（1）2007—2008 年间公共管理学科研究聚焦于责任政府、行政改革、大部制、制度创新、政府监管、善治、和谐社会、城市管理、农村公共服务等方面；（2）2009—2010 年间公共管理学科研究聚焦于政府网站、政府信息公开、政府预算、食品安全、政府治理、治理工具、非营利组织、司法改革、文化产业等方面；（3）2011—2012 年间公共管理学科研究聚焦于政策执行、腐败、绩效管理、行政哲学、政府责任、实证分析等方面；（4）2013—2014 年间，治理能力、社会治理、国家治理、顶层设计、法治政府、简政放权、政府信任、公共价值、均等化、公共危机事件等成为公共管理学科研究的关键词。很明显，这一时期对“国家治理”和“社会治理”的强调，以及“治理能力”的提出，与 2013 年党的十八届三中全会提出“推进国家治理体系和治理能力现代化”这一全面深化改革战略目标的提出①有着密切关联。而“法治政府”论题焦点的形成则明显与 2014 年党的十八届四中全会《中共中央关于全面推进依法治国若干重大问题的决定》的作出与推动有关；（5）2015—2016 年公共管理学科研究关键词代表了当下我国公共管理学科研究的热点和前沿。这一时期，公共管理学科研究关键词同样显示出与国家政策实践密切结合的特征。其中，2015 年公共管理学科研究聚焦于大数据、新型城镇化、公共安全、负面清单、政府能力等方面。“大数据”成为流行关键词，可以对应于 2015 年国务院印发《促进大数据发展行动纲要》的直接推动；而“新型城镇化”概念流行则是与 2014 年年底国务院推动的国家新型城镇化综合试点改革有关。2016 年治理机制、中国情境、治理现代化、海洋管理、群体性事件、权力清单、行政审批等关键词成为公共管理学科研究的高频词汇，同样与国家政策实践的推动有关。对治理问题的关注促成对于治理的中国情境和中国话语的关注，国家面临海洋领土争端成为加强海洋管理的宏观背景，而权力清单、行政审批则与国务院大力推行以行政审批制度改革为核心的规范行政权运行机制的政策背景密切相关。

四、研究方法特征

研究方法同样构成评估一个学科或某一研究领域研究发展概况的重要指标。由前文分析可知，我国公共管理学科研究存在一个以高校为主体的研究

① 《中共中央关于全面深化改革若干重大问题的决定》，《人民日报》2013 年 11 月 16 日。

者群体，也存在着总体上日益以我国公共管理实践问题为导向和国家公共政策方向为指引的研究领域。但是，公共管理学科的专业化和科学化研究，要求研究群体接受系统的方法论学习和科学方法训练。在研究方法维度，何艳玲教授在对我国1995—2005年间行政学研究的评估中指出，高达94.5%的行政学期刊学术论文属于规范研究，实证研究仅占4.5%；吕芳等人在对2000—2013年行政学期刊文献的评估中则认为，76.1%的论文可笼统归为规范研究，23.9%的文章采用了实证研究方法。这些抽样调查虽不能够毫无偏差地揭示我国公共管理学科研究方法发展的全貌，但却在一定程度上能够反映我国公共管理学科研究方法发展的总体现状。正如一些学者指出的那样，“中国的行政学者普遍重视质的研究方法，忽视量的研究方法；重视规范分析的方法，忽视实证的方法”①，本研究的统计分析也印证了这一论断。正如表7的统计结果显示，在所选取的879个样本中，规范研究占比67.3%，实证研究占比32.7%。

表6　研究方法总体分布情况

		《中国行政管理》		《公共管理学报》		合　计	
		论文数（篇）	占比（%）	论文数（篇）	占比（%）	论文数（篇）	占比（%）
规范研究		574	77.2	18	13.3	592	67.3
实证研究	定性研究	105	14.1	41	30.4	146	16.6
	定量研究	65	8.7	76	56.3	141	16.1
合　计		744	100	135	100	879	100

值得注意的是，最近十年间样本文献的实证研究比例为32.7%，这远远高于何艳玲教授2006年得出的4.5%的研究结论，也明显高于吕芳等人2015年得出的23.9%的结论。这意味着，实证研究方法的运用在最近十年我国公共管理学科研究中呈现出显著的增长趋势。不过，这一定程度上也与所选择样本有关，尤其与两本期刊办刊理念有一定关系。《公共管理学报》以专业化和刊发实证研究文章见长，而《中国行政管理》则似乎近年来一

① 颜海娜、蔡立辉：《公共行政学研究方法：问题与反思》，《公共管理学报》2008年第4期。

直在学术性文章和应用性文章之间寻求平衡[①]。然而，就统计分析结果而言，两个样本来源期刊的实证研究文章都呈增长趋势，在一定程度上能够代表并反映我国公共管理学科研究方法的基本发展趋势。图 4 是实证研究类文献在样本总体中所占比例的逐年变化情况，可以看出，就所选择的 879 个样本而言，这一比例从 2007 年的 19.1%上升到 2016 年的 36.7%，整体呈上升趋势。虽然自 2013 年后有所波动，但并未改变上扬的总体趋势。这意味着，最近十年来我国公共管理学科研究呈现出日益重视实证研究方法的发展倾向。

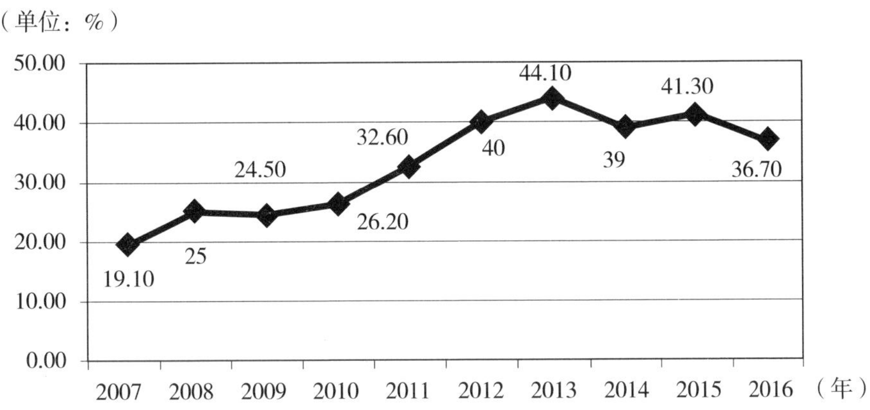

图 4　2007—2016 年实证研究在公共管理学科研究中所占比例的演变趋势

五、结论与走向展望

综上分析，最近十年来我国公共管理学科研究在研究主体、研究内容、研究方法诸维度发生了较大变化，呈现出一些明显的发展趋势。具体而言，在研究主体维度，形成了一个以高校为核心主体的研究者共同体，教授、副教授构成较高层次学科研究的主力，年轻学者在研究团体中的地位开始崛起，受资助的研究比例不断上升，国家级资助则构成推动我国公共管理学科

① 何艳玲：《问题与方法：近十年来中国行政学研究评估（1995—2005）》，《政治学研究》2007 年第 1 期。

研究的主要资金来源。在研究内容维度，十年来我国公共管理学科研究主要聚焦在公共服务、行政改革、国家治理、绩效管理、公共政策、危机管理、电子政务等若干领域，这些研究领域多反映我国公共管理实践中的热点问题。同时，国家宏观政策的制定与实施对公共管理学科研究有明显导向作用，反映出我国公共管理学科研究开始注重立足于中国问题、凸显中国特色、反映中国公共管理实践的真实世界。在研究方法维度，近十年来实证研究在学科研究中的比例不断上升，显示出我国公共管理学科研究日益专业化、科学化，日益重视研究中方法的规范性。

然而，结合既有研究，不难发现，我国公共管理学科领域的体系化建设还不够成熟，缺乏系统性。事实上，公共管理研究能否构成一个传统意义上的学科，在国际上都还是有争议的。这正是所谓“学科身份危机”之发端根源。很明显，作为一个应用性社会学科，是否具有可操作性和实践诠释、预测能力是学科发展之根本，也是检验一个学科发展成熟的试金石。就国内而言，在学科研究的理论层次方面，总体上主要是舶来品，很难说存在有成体系的本土化学术理论体系。更为严峻的是，就当前国内公共管理学科门类划分而言，国家层面以文件形式确定的几个二级学科有着不同的学术渊源，有着不同的理论演化逻辑与发展路径，甚至在价值取向与核心前提假设方面都可能相互冲突。因此，当前构建公共管理学话语体系更需要的是实现学科建设的科学化，构建成体系的、规范化、自成逻辑的公共管理学科理论体系，最终能够形成具有自身独特性的理论范式，改变当前这种较为散乱的学科理论发展状况。实在困难的话，可以先构建各个二级学科内部相对更为成熟的科学理论体系。

另一个相关的重要问题是话语内容的构建问题。如上分析，最近十年来我国公共管理研究主题与内容总体上还是紧扣中国实践的。因此，在这个方面推进本土化发展，应该更为妥当与可行一些。我们或许可以在构建通用性理论体系基础上，选择讲述中国故事的合适路径。这应该是当下公共管理学科构建有中国特色话语体系过程的关键着力点，也是大有可为的领域。当然，在这一方面，国内学界业已取得了一些成就和进展，比如，有关中国公共政策制定与执行模式的相关研究，有关中国经济社会发展过程中政府角色定位及其动力机制的相关研究，尤其是改革开放以来有关中国政府改革实践逻辑的相关研究。这些研究可能源于不同学科背景，或者干脆就是其他相关学科的研究成果，甚至可能是实践过程中自身摸索出来的经验，但应该可以算作是公共管理领域的理论性成果。与此同时，就当前国内公共管理研究而言，涉及的研究方法包括规范研究、定量研究等各种已知方法，主要是规范研究，但实证研究日益占据重要地位，尤其是一些质性研究取得了较好成果。通过观察研究主题的分布，我们可以发现，中国学者比较关注现实问题，而且和中央政府的政策倾向是密切相关的，从刚开始时的行政组织与人事行政改革创新研究到当下强调治理现代化，越来越趋向于对中国现实问题的关注。

总体上，就公共管理学科来说，如果想要全方位地建立起纯属自己的话语体系，恐怕在当下连有效的概念体系构建与表述的实现，都可能会难以实现。事实上，如前分析，国内公共管理学科的发展，其学科建设与发展的本身目的更重要，科学化规范化本土化都是趋势所在，不能逆潮流而动。就当下而言，为构建有中国特色的公共管理学科话语体系，我国公共管理学科研究必须关注并解决以下系列相关问题。

（一）打造具有自身特色的学科共同体

学科共同体是产生科学知识的科学家集团，由特定专业的从业者组成，因教育和科学训练的共同要素而联系在一起，成员间了解彼此的工作、有充分的专业方面的思想交流，有共同的信念、理论、方法，接受同样的价值标准等[①]。就此对照我国公共管理学科研究群体发展现状，虽然业已形成了以高校研究者为核心聚类的研究者群体，但尚未形成有共同信念、理论、方法，并接受同样价值标准的学科共同体。本研究所揭示的879个样本文献创作主体共分布在国内外265个单位这一现象，也揭示出在我国公共管理学科研究中学科共同体的分散性质。换言之，虽然公共管理学科研究者众，但并未形成团队合力，未实现学者间的“强强联合”和集聚。正如有学者所指出，国内公共管理学科研究共同体是“大而不强”，缺乏“门槛”限制导致

① ［美］托马斯·库恩：《科学革命的结构》，金吾伦等译，北京大学出版社2003年版，第159页。

学科队伍“松散不集中”，研究水平“参差不齐”，对于研究问题“张口就来”，公共管理学科甚至成为“谁都能说两句”的“大杂烩”[①]。因此，随着我国公共管理学科的不断发展，这种局面亟须改变。当前亟待探讨如何借助于各高校已有学科平台，尤其是具备博士学位授予权的高校学科平台，以现有教授、副教授队伍为核心力量，确立基本研究信念、理论和方法，通过国家各级各类项目有选择性的资助和支持，广泛凝聚青年学者，打造若干具有竞争力甚至国际影响力的公共管理学科知识流派。

（二）促成研究主题的本土化

2016 年 5 月 17 日，习近平在全国哲学社会科学工作座谈会上强调，构建中国特色的哲学社会科学，要立足中国、借鉴国外，要以我国实际为研究起点，提出具有主体性、原创性的理论观点，构建具有自身特质的学科体系、学术体系、话语体系。[②] 在这一背景下，自然也应当深刻反思我国公共管理学科研究的本土化问题。其实，早在 21 世纪初我国学者马骏等就指出，由于中国公共管理学科起步较晚等原因，国内公共管理学科者普遍将研究重点放在西方国家公共行政理论和实践上，而非我国公共行政，也即“研究重心的‘非中国化’”[③]。经过十余年发展，正如前文分析所指出，中国公共管理学科研究已经开始正面本土化现实问题。诸如我国地方政府公共服务、服务型政府建设、行政改革、国家治理体系、治理能力、危机管理、行政审批、权力清单等研究主题与领域，多反映出经济社会转型与政府改革中的现实问题，显示出公共管理学科研究与我国公共政策与公共管理实践进程愈益紧密结合的发展趋势与特征。然而，既有本土化研究焦点分散，正如一些学者所言，我国公共管理学科研究日益呈现出“包罗万象”的特征[④]。分散的研究焦点虽然可能部分揭示出我国公共管理实践中的某些共性规律和特征，

① 吴晓林、郭慧玲：《中国公共行政学研究的最新进展与展望——以〈公共管理学报〉为例的考察（2004—2013）》，《公共管理与公共政策评论》2014 年第 3 期。

② 《结合中国特色社会主义伟大实践加快构建中国特色哲学社会科学》，《人民日报》2016 年 5 月 18 日。

③ 马骏、刘亚平：《中国公共行政学的“身份危机”》，《中国人民大学学报》2007 年第 4 期。

④ 薛澜、张帆：《中国特色公共管理学科术话语体系的主体性构建》，《中国社会科学报》2017 年 5 月 5 日。

但在缺乏明确学科目标指向和共享研究命题的前提下，也就难以形成扎根于本国历史与现实的公共管理理论体系和学术体系。因此，我国公共管理学科研究亟须扎根于本土化实践，立足于时代和国际前沿，把握未来趋势，界定我国公共管理学科的学科边界，确立研究的核心命题。

（三）构建规范性研究方法体系

20世纪80年代以来，西方公共管理学科研究表现出明显的实证化研究倾向，即以精确自然科学作为社会人文科学的度量准则、依靠因果关系进行解释[①]。这对我国公共管理学科研究产生了较大影响，表现在学科研究中实证类研究文章数量规模在近年不断增长。这无疑是我国公共管理学科研究进步的标志之一，原因在于我国既有公共管理学科研究大多数立足于宏大叙事，且不少是并不十分规范的规范研究[②]。因此，经过较为系统方法训练并掌握特定专业研究技巧的研究者群体逐渐扩大，且越来越多地从事规范性专业研究，这显然是一个学科不断科学化、专业化的过程表现。对此，有学者指出，“试图以简约的模型设计或逻辑说明来解决错综复杂的行政或政策问题，几乎成为学界的一种风尚”[③]。然而，对实证研究的推崇也使得不少学者呼吁对“价值”等规范性问题保持足够的关注，因为实证研究“能陈述某一问题却不能解释其意义，更不能提出实践建议的研究，只会加剧我国公共管理研究的碎片化与空心化，使之沦为一种‘精致的平庸’”[④]。显然，这种担心是必要的。不过，我们需要清醒地认识到，正如前文分析所揭示的，我国公共管理学科的实证研究目前占比约为32.7%。抛开实证研究的质量和标准不谈，单单就占比而言，与西方发达国家相比仍然保持低位水平，美国行政学研究中多达72%是以实证研究展开[⑤]。比较而言，我国公共管理学科

---

① 刘建宏：《社会学理论和方法论中的实证主义》，《国外社会科学》1990年第1期。

② 何艳玲：《问题与方法：近十年来中国行政学研究评估（1995—2005）》，《政治学研究》2007年第1期。

③ 薛澜、张帆：《中国特色公共管理学科术话语体系的主体性构建》，《中国社会科学报》2017年5月5日。

④ 薛澜、张帆：《中国特色公共管理学科术话语体系的主体性构建》，《中国社会科学报》2017年5月5日。

⑤ 董建新等：《中国行政学方法论分析：2000—2004》，《上海行政学院学报》2005年第2期。

的科学化进程还有很长一段路要走。当前我国公共管理学科研究不是实证研究过剩，而是实证研究不足，大可不必担心实证研究对规范性问题的侵犯。况且，规范研究与实证研究之间并无优劣之分，当前我们需要面对的是加强对公共管理学科研究者群体的方法论训练，立足于本土问题，使规范研究与实证研究相互补充，促进我国公共管理学科研究的规范化。

最后，需要指出的是，我们以公共管理研究领域的两个代表性期刊为样本来源评估我国公共管理学科最新发展状况，不可避免会受到样本代表性的局限。尤其是两个期刊各有办刊特色，加之选择的样本容量相对较小，这使得本研究所得出的结论，很可能难以充分准确显现国内公共管理学科研究全貌，或许也不能完全代表国内公共管理学科研究的发展概况与水平。然而，本研究所揭示的问题在一定程度上能够反映我国公共管理学科的基本概况，值得学界重视和反思。

第 十 二 章

中国特色社会学话语体系的构建与传播

张 杨 波

构建中国社会学话语体系要从思想路径、知识路径和制度路径同时入手：思想路径包括从文化自觉到理论自觉的转变，中西方关于人性假设的差异和重新阅读西方社会学理论；知识路径包括本土知识的国际概念化，重新认识中国社会学思想传统，面向日常生活的社会学研究和立足中国经验的本土研究的四种构建路径；制度路径则从社会学知识的生产和社会学研究者的培养来着手。构建中国社会学话语体系还要保障畅通无阻的传播渠道，包括成立中国社会学思想史专业委员会，编撰中国社会学理论教材，作为专业必修课进入课堂、举办国际学术会议和创办社会学英文刊物。

社会学中国化自孙本文[①]、吴文藻[②]和杨开道[③]等早期社会学家在 20 世

---

① 孙文本指出社会学中国化由三部分构成：首先是建立中国自己的理论社会学，包括整理中国的社会史料、实地研究中国社会的特性和系统编辑社会学基本用书；其次是建立中国自己的应用社会学，包括详细研究中国社会问题、加紧探讨中国社会事业与社会行政和研究中国社会建设方案；最后是训练社会学人才。参见周晓虹：《孙本文与 20 世纪上半叶的中国社会学》，《社会学研究》2012 年第 3 期。

② 吴文藻在《社会学丛刊》总序中的立场是："以试用假设始，以实地证验终。理论符合事实，事实启发理论，必须理论与事实糅合一起，获得一种新综合，而后现实的社会学才能根植于中国土壤之上，又必须有了本此眼光训练出来的独立的科学人才，来进行独立的科学研究，社会学才算彻底的中国化"。参见吴文藻：《论社会学中国化》，商务印书馆 2012 年版，第 4 页。

③ 杨开道在《中国封建社会》序中说："美国社会科学的毛病，是只用本国的材料，而不用外国的

纪30年代提出来以后，就与中国社会学的学科命运息息相关。尽管遭遇战乱纷飞和民不聊生的混乱时局，中国社会学家们还是做出了不少开创性工作，可惜没有将它完全铺展开来。[①] 自20世纪50年代初社会学学科被撤销之后，一批社会学家转向其他领域，社会学中国化论题就此搁置。一直到20世纪80年代初，我国恢复重建社会学，与完善学科体系和回应中国现实问题相比，社会学中国化显得还为时过早。比较早的算是林南先生在1986年《社会学研究》上发表的一篇文章。他在文章中指出，社会学中国化是"将中国社会文化特征及民族性融纳到社会学里"，同时又"是一个可以超越地域界限的工作，它所涉及的社会文化特征及民族性包括了结构、团体和个人各个层次，而这些特征及特性可融合于理论或方法论上"。[②] 相反，该话题在港台地区倒是掀起了讨论的热潮。进入90年代以后，费孝通先生在晚年提出的文化自觉[③]为社会学中国化指明了新方向。进入21世纪之后，围绕社会学中国化的学术争鸣一度将它推向高潮。其中郑杭生先生在文化自觉基础上提出的理论自觉并就社会运行论、社会转型论、学科本土论和社会互构论进行了系统论证[④]。此外，《中国社会科学》编辑部在1997年召开社会学者座谈会讨论社会学的学科建设，会议综述后来发表在杂志上[⑤]。

材料；中国社会科学的毛病，是只用外国的材料，而不用本国的材料。尤其是社会学一门，因为目下研究的朋友，太半归自美国，熟于美洲社会情形，美洲实地研究，所以美国色彩甚浓，几乎成为一个只用美国材料，而不用中国材料，不用欧洲材料的趋势"。参见瞿同祖：《中国封建社会》（序），商务印书馆2016年版。

① 阎明：《一门学科与一个时代：社会学在中国》，清华大学出版社2004年版。

② 林南：《社会学中国化的下一步》，《社会学研究》1986年第1期，第90—91页。后来徐经泽、杨心恒等学者也加入讨论。参见徐经泽、吴忠民：《关于社会学中国化的初步研究》，《社会学研究》1987年第4期。杨心恒：《社会学中国化之我见》，《天津社会科学》1989年第3期。

③ 费孝通：《反思・对话・文化自觉》，《北京大学学报》（哲学社会科学版）1997年第3期。费孝通：《中华文化在新世纪面临的挑战》，《文艺研究》1999年第1期。费孝通：《文化自觉和而不同——在"二十一世纪人类的生存与发展国际人类学学术研讨会"上的演讲》，《民俗研究》2000年第5期。

④ 郑杭生：《促进中国社会学的理论自觉——我们需要什么样的中国社会学》，《江苏社会科学》2009年第5期。郑杭生：《"理论自觉"与中国风格社会科学》，《江苏社会科学》2012年第4期。郑杭生：《中国特色社会学理论的深化（上下卷）——"实践结构论"的提出与"理论自觉"的轨迹》，中国人民大学出版社2010年版。

⑤ 冯小双、李海富：《加强学科建设回应伟大时代——"中国社会学的学科建设"学术讨论会综述》，《中国社会科学》1997年第5期。

以上是中国社会学者在不同时期对社会学中国化论题的思考。在学术之外，中国市场经济的快速发展和不断变革的中国社会为当前中国学者提出了重要使命。面对占人口四分之一的大国和深刻变迁的中国经验，如果还用西方理论裁剪中国经验或者用中国经验来验证西方理论，这不仅无益于对中国社会的深入理解，而且还将错过社会学理论创新的契机。正是在这种历史背景下，2016 年 5 月 17 日，习近平总书记在哲学社会科学工作座谈会上的讲话中对广大社会科学工作者提出了新要求——努力构建有中国特色的哲学社会科学话语体系。习近平总书记在座谈会上提到："在解读中国实践、构建中国理论上，我们应该最有发言权，但实际上我国哲学社会科学在国际上的声音还比较小，还处于有理说不出、说了传不开的境地。要善于提炼标识性概念，打造易于为国际社会所理解和接受的新概念、新范畴、新表述，引导国际学术界展开研究和讨论。这项工作要从学科建设做起，每个学科都要构建成体系的学科理论和概念。"[①] 这次座谈会既是对以往哲学社会科学研究工作的总结，又给未来提出了一系列挑战性的目标，如何在中国经验基础上提炼标识性概念，如何在国际学术规范前提下锻造理论框架，如何在哲学社会科学领域推陈出新引领世界学术潮流。至此，社会学中国化从一项学术议题上升到一个国家战略，这意味着中国学者要在国际学术话语权竞争中占据一席之地就必须尽快构建中国特色的哲学社会科学话语体系。以社会学为例，打造中国特色的社会学话语体系可以分两步走：第一，在中国经验的基础上构建中国特色的社会学理论体系，保证理论解释的内部效度，在借鉴西方理论的同时，既不能被它牵着鼻子走也不能因噎废食一味反对它，要避免"食洋不化"也要防止"食土不化"；[②] 第二，在中国经验基础上提炼标识性概念和发展理论性框架，将其拓展到对其他国家和地区的解释，扩大理论解释的外部效度，引领学术潮流并占据国际学术话语权。事实上，提升国际学术话语权既能繁荣学术又能提升国家文化软实力，还可以维护国家意识形态的安全。[③] 综上，社会学中国化从学术议题到国家战略走过了近一个世纪。这项议题缘何成为一个焦点？围绕该议题，中国社会学者做了哪些工作？目

① 习近平：《在哲学社会科学工作座谈会上的讲话》，《人民日报》2016 年 5 月 19 日。

② 王宁：《社会学的本土化：问题与出路》，《社会》2006 年第 6 期。

③ 沈壮海：《试论提升国际学术话语权》，《文化软实力研究》2016 年第 1 期。

前还存在哪些瓶颈，接下来又该如何推进？这些都是我们要回答的问题。

本章从四个方面展开论述。首先，介绍从社会学中国化到构建中国特色社会学话语体系变迁的整个脉络，重点概述当代中国社会学家开展的具体工作。其次，呈现中国社会学发展的历程，准备从两个方面来叙述：一是介绍社会学研究从规范化到本土化的过程，二是概览当前中国社会学学科队伍建设的整体面貌。构建中国社会学话语体系的前提是全面梳理社会学恢复重建以来，中国社会学者取得的重要进展和突破。再次，阐述构建中国社会学话语体系的三重路径，准备从理念路径、知识路径和制度路径逐一阐释。复次，打造中国社会学话语体系的传播渠道，尝试从建立专业委员会、创办英文学术刊物、编撰教材和开设相关课程来展开。

一、从社会学中国化到构建中国特色社会学话语体系

社会学中国化成为一项重要议题主要有两个原因。第一，一些社会学者在引介西方理论时没有注重中国现实，形成了“食洋不化”、生搬硬套和用中国资料检验西方理论的教条主义。第二，作为学术边陲国的社会学家对本国依附欧美国家的学术地位产生了严重不满，希望借助中国化来摆脱依附国地位并最终确立中国社会学的自主性。围绕该论题，我们将参与讨论的双方划分为本土化的倡导者和批评者。王宁教授将倡导者分为两类：一类是借鉴认识论/方法论的分析框架来讨论知识的跨情境效度问题，另一类是使用学术民族主义的分析框架来讨论学术依附国与民族话语权问题。从认识论/方法论的分析框架来看，研究对象的特殊论、西方社会学者视野的特殊论、西方社会学理论适用范围有限论和学科发展阶段论都是倡导者认为中国社会学要走本土化的原因。从学术民族主义的分析框架来看，摆脱学术依附国地位、争夺学术话语权、重建学术自主性和回归中华学术传统是倡导者坚持中国社会学本土化的重要依据。与倡导者相反，批评者从批评本土化话语内部的逻辑矛盾和论述普遍主义的正当性来辩护：倡导者的动机到底是知识效度问题还是出于民族主义动机；本土化倡导者的论辩中存在逻辑悖论；西方社会学理论对中国情境不适用这种观点可能言过其实；本土实用主义倾向过于

窄化；倡导者排斥西方研究规范。[1] 无论是倡导者还是批评者，这种学术争鸣讨论将会吸引更多的学者参与进来，对构建中国特色社会学话语体系有积极深远的影响。

早在社会学恢复重建之时，费孝通先生就提出“三步走”思想：第一步是认识和理解中西方的历史和传统，从中找出差别；第二步是批判性继承本土文化，对外来文化要选优去劣；第三步是创新建立中国特色的社会学。[2] 在构建中国特色社会学话语体系上的今天，李培林教授提出要坚守四项原则：坚持以马克思主义为指导；坚持以我国发展中的重大理论和现实问题为导向；坚持以人民为中心；坚持深入调查研究。[3] 事实上，在探讨社会学中国化论题上，已经有学者对分支学科的中国化展开过探讨，例如，周长城教授指出二十年的经济社会学形成了移植性、实用性和学科性三大特点，并从加强理论范式的构建、市场的多维度研究和对就业失业问题的经济社会学研究来展开全面探讨。[4] 近年来，国内一批社会学者围绕中国特色社会学话语体系构建议题做了深入探讨，其中有不少观点对我们有重要启示。[5] 接下来，文章从四个方面综述当前中国社会学者达成的共识。

首先，构建中国特色的社会学话语体系必须坚持马克思主义的指导，这是当代中国社会学者开展社会研究的基本原则。从 20 世纪 80 年代初恢复重建社会学学科，费孝通先生就明确指出遵循的方针是“以马克思主义为指导，结合中国实际，为社会主义建设服务”[6]。马克思主义作为科学的世界观和方法论，对社会学研究者从事社会调查和理论构建有重要的指导意义。马克思的社会学思想对社会学学科产生了深远影响，当前仍然有不少社会学理论流派从它那里汲取理论灵感。时至今日，马克思主义中关于社会阶级、社会建设等理论的分析对我国社会学的学科建设仍有重大的启发价值，辩证法、普遍联系和发展的观点都在潜移默化地影响社会学者的研究思维。此

---

① 王宁：《社会学本土化议题：争辩、症结与出路》，《社会学研究》2017 年第 4 期。

② 费孝通：《重建社会学和人类学的回顾和体会》，《中国社会科学》2000 年第 1 期，第 39 页。

③ 李培林：《面向新时代构建中国特色社会学》，《政策瞭望》2017 年第 1 期。

④ 周长城、刘中荣：《中国经济社会学恢复发展的回顾与展望》，《社会科学辑刊》1999 年第 4 期。

⑤ 近年来学界关注该议题的文献颇多，作者想收集更全面的资料，但由于受研究视野、学术兴趣和文章篇幅的影响，依然存在挂一漏万的可能。

⑥ 费孝通：《重建社会学与人类学的回顾和体会》，《中国社会科学》2000 年第 1 期。

外，从马克思理论资源中提取标志性概念是理论创新的重要渠道，例如“公平正义”“共同富裕”和“改造社会”等都可以在马克思主义中找到源流。[①] 因此，在构建中国特色社会学话语体系议题上，我们要不断地回到马克思主义。

其次，构建中国特色的社会学话语体系要注重借鉴国外的社会科学理论，这是当代中国社会学者进行理论创新的重要资源。在面对国外社科理论时，胡荣教授指出我们既不能照搬西方的理论，也不能对西方理论视而不见或以中国特色为由将它拒之门外，正确做法是在坚持学术规范的基础上与国外学界研究成果展开对话。[②] 事实上，社会学作为一个舶来品学科来自西方，但是在它的发端期、学科化和全球化三个背景下都有借鉴西方理论的传统，当前更是一个多重对话、扎根本土的多向互动过程。[③] 当然，借鉴西方社会学理论要避免三种倾向：第一，避免“食洋不化”的不良倾向，[④] 单纯照搬和简单挪用西方社科理论不是借鉴而是教条主义；第二，避免理论借鉴的单一化倾向，借鉴理论不只借鉴社会学学科，西方有益的人文社会科学理论均在借鉴之列；第三，避免理论借鉴的表面化倾向，不仅要借鉴理论还要借鉴西方学者构建理论框架的科学逻辑和思维方法，这是我们亟待学习的内容。此外，从国外社会学资源中提炼标识性概念也是理论创新的重要途径。[⑤] 借鉴国外社科理论是在立足中国实际的情况下，借鉴有益的学术概念、理论思路和分析框架，为构建中国特色的社会学理论体系添砖加瓦。

再次，构建中国特色社会学话语体系要面向中国重大的社会问题，这是当代中国社会学者构建理论框架的重要途径。问题导向是当代中国社会学风格的最鲜明的体现。[⑥] 重视中国实际情况，通过反复实践去认识社会生活的秩序和意义是构建中国特色社会学话语体系的经验基础。[⑦] 围绕我国重大现实问题，李培林教授提出要关注全面建设小康社会和中等收入陷阱问题、经

① 宋林飞：《增强社会学话语体系的中国特色》，《社会学研究》2016 年第 5 期。
② 胡荣：《坚持学术规范、提升研究水平》，《社会》2006 年第 6 期。
③ 田毅鹏：《社会学学科话语体系构建中的“中西贯通”问题》，《社会学评论》2017 年第 2 期。
④ 王宁：《社会学的本土化：问题与出路》，《社会》2006 年第 6 期。
⑤ 宋林飞：《增强社会学话语体系的中国特色》，《社会学研究》2016 年第 5 期。
⑥ 李培林：《中国社会学的历史担当》，《社会学研究》2016 年第 5 期。
⑦ 李友梅：《中国特色社会学学术话语体系构建的若干思考》，《社会学研究》2016 年第 5 期。

济新常态和社会结构转型问题、新发展理念和创新驱动问题、社会公正和农民普遍富裕问题、社会组织和创新社会治理等问题。① 宋林飞教授则指出，要增强中国社会学话语体系的中国特色，必须先认清新时期中国社会发展的阶段性特征，包括城市社会来临，城镇化面临新的挑战；服务社会来临，工业化向后期过渡；信息社会来临，社会生活方式变化加快、消费社会来临，社会环境需要加快改善；老龄社会来临，人口老龄化不断提速和社会利益调整期，社会风险有所加剧。② 尽管问题选择各有不同，但是蔡禾教授也指出中国社会学者是面对重大问题形成攻坚团队力量，进而产生有分量的学术作品成果，只有这样才能最终提升社会学的学科地位。③ 值得一提的是，也有学者将中国经验提升到本体性地位，指出我们需要形成一个从经验到理论再到经验的“大循环”。持这种观点的代表贺雪峰教授就认为，中国社会科学研究要在理解中国实践的基础上建立对中国实践具有解释力的概念体系，“中国社会科学才会有‘主体性’，才能在理解中国经验中将西方社会科学理论中那些不言自明的预设、共识和前提清理出来，从而让中国社会科学可以更好地解释中国经验”④。此外，面向中国重大问题展开调研，不能脱离人民的现实需求，社会学者在调查中要坚持以人民为中心的研究导向，“要坚持为人民做学问，加强社会关怀，坚持志在富民的初心，建设‘为人民’的社会学”⑤。

最后，构建中国特色的社会学话语体系要重新认识民国时期社会学家的学术成就，⑥ 这是当代中国社会学者发展理论体系丰富的宝藏。作为社会学学科恢复重建的标志性人物费孝通先生，自然成为研究者着力挖掘的对象。由于篇幅所限，在此仅以《江村经济》为例，说明后来学者回顾民国时期社会学家的缘由。第一，从费先生的观点出发探讨社会学中国化的实现进路。例如，景天魁教授以费孝通先生的《江村经济》为范例，从问题设定

① 李培林：《中国社会学的历史担当》，《社会学研究》2016 年第 5 期。

② 宋林飞：《增强社会学话语体系的中国特色》，《社会学研究》2016 年第 5 期。

③ 蔡禾：《中国社会学创新研究能力提升的路径选择》，《江海学刊》2009 年第 3 期。

④ 贺雪峰：《“大循环”：经验的本体性与中国社会科学的主体性》，《探索与争鸣》2017 年第 2 期。

⑤ 李培林：《面向新时代构建中国特色社会学》，《政策瞭望》2017 年第 1 期。

⑥ 刘少杰：《中国社会学学术体系创新的理论前提》，《社会学评论》2017 年第 1 期。

（坚持从中国故事提出中国问题）、话语选择（坚持用中国话语说中国故事）和研究路径（扎根乡土、层层扩展的学术路线）上展示了费先生在学术路线上的创新。[①] 周晓虹教授从文化自觉和社会科学的中国化视角，揭示了《江村经济》在中国社会学史上的重要地位。[②] 张静教授则指出，《江村经济》采用当时国际社科学界公认的分析逻辑，开启了一种新的认识中国经验现实的方式。[③] 第二，从历史视角阐释费先生文化观在不同时期的变化。李友梅教授从费孝通先生的文化主体性经历指出他经历了三个阶段，充满矛盾情感的自由主义文化观、从本土文化反思和重建中国现代化模式，放弃本土生活传统来创建新的主体性和以儒家文化为主导推动“美美与共，天下大同”的人类世界。[④] 除了对费先生作品的解读，刘少杰教授对孙本文先生文化社会学研究的贡献与局限的介绍，[⑤] 周晓虹教授对孙本文创建中国化的社会学体系贡献和存在局限的介绍。[⑥] 这些对民国时期社会学家著述的再研究，为我们开启了从早期社会学家借鉴理论资源的重要途径。

从坚持马克思主义指导到借鉴西方社科理论再到面向中国重大问题展开调查研究，这些都是构建中国特色社会学话语体系的重要组成部分。宋林飞教授指出，构建中国特色的社会学理论可以分三个层面：一是打造中国社会容易接受的新理论，比如小城镇发展、共享发展和反腐败的理论；二是打造国际社会容易接受的新理论，例如和谐世界、人类命运共同体的理论；三是打造具有中国特色和普遍意义的新理论，例如关于社会融合、现代化的理论。[⑦] 与此同时，在打造理论过程中，我们还要处理好学术研究和政策研究之间的关系，蔡禾教授就指出社会学学科的话语体系包括学术话语体系和政

---

① 景天魁：《中国学术话语体系创新三部曲——费孝通先生的足迹》，《探索与争鸣》2017 年第 2 期。

② 周晓虹：《江村调查：文化自觉与社会科学的中国化》，《社会学研究》2017 年第 1 期。

③ 张静：《燕京社会学派因何独特？——以费孝通〈江村经济〉为例》，《社会学研究》2017 年第 1 期。

④ 李友梅：《文化主体性及其困境——费孝通文化观的社会学分析》，《社会学研究》2010 年第 4 期。

⑤ 刘少杰：《重新认识文化研究在中国社会学中的地位——兼论孙本文对文化社会学研究的贡献与局限》，《社会科学研究》2012 年第 5 期。

⑥ 周晓虹：《孙本文与 20 世纪上半叶的中国社会学》，《社会学研究》2012 年第 3 期。

⑦ 宋林飞：《增强社会学话语体系的中国特色》，《社会学研究》2016 年第 5 期。

策话语体系，两类话语体系实现“弯道超越”的途径虽有不同，但却是一体两面的关系，学术成果是政策研究的理论基础，政策研究却能为学术成果提供经验素材。[①]

上述文献是当代中国社会学者在构建中国特色社会学话语体系论题上提出的宝贵观点，既是本书创作的重要背景，又为作者提供了研究灵感。本章在借鉴相关研究的基础上，着力从社会学理论生产的内部机制（理念路径、知识路径和制度路径）和社会学理论传播的外部渠道来综合探讨中国特色社会学话语体系的构建路径。其实，上述探讨中国社会学话语体系的构建路径，大多是从宏观角度揭示了研究的方向，可是微观层面展示得却并不多。如果我们能就这个议题总结出具体的研究策略，那就可以将这种方法推广开来。本章指出，构建中国特色社会学话语体系的路径要从知识的生产和研究者的生产两个层面把握：第一，知识的生产讲述的是社会学理论的生产过程，文章准备从理念路径、知识路径和制度路径三个方面来阐释；第二，研究者的生产探讨的是训练有素的社会学研究者的培养，本章专门从改进社会学专业课程教学入手。此外，构建中国特色社会学话语不能忽略传播渠道，否则就会沦为自说自话、闭门造车的不利境地。本章从成立专业委员会、出版社会学英文刊物、编撰社会学思想史教材和设置专业课程四个方面探讨传播渠道。

二、中国社会学学科恢复重建的历程

在探讨中国特色社会学话语体系路径构建之前，我们有必要先梳理一下当前中国社会学学科取得的成绩，随后在陈述现实问题的基础上从社会学知识的生产和研究者的生产两个层面来展开论证。

（一）中国社会学研究：从规范化到本土化

社会学在中国扩展的过程经历了不同阶段，赵旭东教授将其分为启蒙时代、国家化时代和丛林时代。启蒙时代的特征是国际化程度高，中西方学者

① 蔡禾：《社会学学科的话语体系与话语权》，《社会学评论》2017 年第 2 期。

交流频繁，中国学术传统受西学影响而产生倒逼机制，当时的社会学仍沿袭西方理论方法，中国元素只是背景和案例，重社会调查而轻理论构建。国家化时代的特征是社会学学科被整体撤销，一部分社会学学者转向研究少数民族，在服务国家利益之外借助文化多样性促进了民族团结。丛林时代的特征是社会学内观点众多，但是没有形成一个整体贡献于中国乃至世界社会学的理论。[①] 他的三阶段划分基本符合社会学在中国的发展进程，接下来我们需要交代的是社会学在本土化过程中同时经历了学科规范化过程。

我国社会学自 20 世纪 80 年代初恢复重建以来，特别是在进入 90 年代之后，一大批高校开设社会学专业，社会学学科逐渐为人所熟知。作为一个舶来品学科，特别是遭遇近三十年的中断期使它步履维艰。因此，在本土化之前，学科规范化是 90 年代一批社会学人致力的目标，当然这不只是社会学的目标，整个社会科学领域都在经历学科规范化过程。在彼时，如何娴熟地掌握西方社会学理论并解释中国社会是社会学人的任务。换言之，连引介西方社会学理论都没有，何谈本土化或中国化？正是在这种背景下，一批西方社会学经典经过翻译而进入中国社会学界。[②] 这种译介推动了中国学者接受西方社会学理论的过程，但是也限制了中国学者的研究思维，那就是有意无意地在用西方社会学理论裁剪中国现实，看似蓬勃发展的学术研究背后隐含着学科自主性的危机，对西方理论亦步亦趋不仅不能带来中国哲学社会科学的繁荣，很有可能拾人牙慧，更危险的是还会错过创建中国社会学理论的重要契机。进入 21 世纪之后，一批专业期刊《中国社会科学》《社会》《社会学评论》《江海学刊》和《探索与争鸣》邀请社会学者围绕社会学本土化展开探讨。这种研讨会增强了中国社会学者对该议题的关注，让更多的人意识到该问题的重要性。这里尤为一提的是中国社会科学院社会学所创办的《社会学研究》杂志在学术规范方面起到的重要作用。[③] 自创刊以来，《社会

---

① 赵旭东：《“理想中国”：社会学三个时代及创造性转化》，《探索与争鸣》2017 年第 1 期。

② 华夏出版社当时推出的《二十世纪文库》共 96 本，其中有不少都是西方社会学经典，包括《日常接触》（欧文 · 戈夫曼）、《社会冲突的功能》（刘易斯 · 科塞）和《社会生活中的交换与权力》（彼得 · 布劳）。

③ 上海大学创办的《社会》杂志自 2005 年改版以来，迅速成长为一个重要期刊。此后，中国人民大学创办的《社会学评论》《社会建设》和中国社会科学院创办的《社会发展研究》也成为中国社会学研究者的重要发表阵地。

学研究》在介绍西方社会学理论、促进中国社会学研究规范化和推动中国社会学发展扮演着重要角色。《社会学研究》杂志社在创刊三十周年之际，分别刊发了《〈社会学研究〉与中国社会学（1986—2015）》[①]《走向成熟的经验研究——写于〈社会学研究〉创刊三十周年》[②]和《〈社会学研究〉与当代中国社会学理论研究》。[③]三篇文章通过丰富的数据、严谨的分析和详细的论证，为读者呈现了中国社会学三十多年的演变过程。经过40年的发展，中国社会学在学科规范上迈上了一个新台阶。

（二）学科教育体系：从“五脏六腑”到全方位培养

中国社会学本土化的关键还是要落实到人身上，除了需要一批训练有素的研究者，还需要对初学者进行系统的培养。因此，在恢复重建之时，社会学课程建设就提上了议程。费孝通先生在20世纪80年代初提出建立社会学学科，需要做好“五脏六腑”。“五脏”指一门学科的结构要包含学会、研究所、学系、图书资料中心、书刊出版部。在南开大学创办社会学第一期讲习班时，费孝通先生就召集众人撰写《社会学概论》。他在四川省社会学研究会筹备组座谈会上提到至少要将六门课作为基础课，分别是社会学概论、社会调查方法、社会心理学、城乡社会学、比较社会学和西方社会学理论介绍。时至今日，社会学专业已经形成了十门主干课程和数十门分支社会学专业课程。[④]费孝通先生倡导的几门主干课程有些现在已经分得非常细致，例如《西方社会学理论》分为古典、现代和当代三门课程。此外，当前国内拥有社会学博士点的高校已逾二十所，拥有社会学硕士点的高校有近百所，初步形成了从本科、硕士到博士完整的学科人才培养体系。在社会调查方面，由中国人民大学牵头负责的中国综合社会调查（CGSS）已经吸引了大量海内外

---

① 尉建文：《〈社会学研究〉与中国社会学（1986—2015）》，《社会学研究》2016年第6期。

② 李路路、朱斌、李才香：《走向成熟的经验研究——写于〈社会学研究〉创刊三十周年》，《社会学研究》2016年第6期。

③ 谢立中：《〈社会学研究〉与中国社会学（1986—2015）》，《社会学研究》2016年第6期。

④ 以武汉大学社会学专业为例，专业课程有经济社会学、社会分层与流动、文化社会学、消费社会学、组织社会学、福利社会学、社会问题、农村社会学和城市社会学等。

学者的关注，[①] 以调查数据为据形成的高质量学术论文有数百篇，基于问卷调查开展的定量研究在社会学圈内已渐成主流。[②] 此外，每年由中国社会学会主办的中国社会学会，分论坛有五十多个，参会人数逾千人。在中国社会学会下成立的专业委员会有二十多个，专业刊物有《社会学研究》《社会》《社会发展研究》《社会学评论》《社会建设》《社会治理》和《青年研究》等。《社会学研究》和《社会》杂志社正在探索创办英文刊物，为中国社会学研究成果走向国际化提供助推力。

在学科蓬勃发展的同时，中国社会学的发展仍然存在不少隐忧。例如李友梅教授指出社会学学科话语体系的建设缺乏共享的学术问题意识，缺乏相互批评式对话，研究成果重复率高而提炼水平低，难以促进本土化知识的积累。[③] 作为社会科学重要分支的学科，推进中国社会学话语体系的构建并努力提高国际学术话语权理应放在整个哲学社会科学框架里来探讨。沈壮海教授提出，要从四个方面推进我国国际的学术话语权建设：一是将学术话语体系和话语权的探讨与建设要放在更宽广的背景中来认识；二是将学术话语体系与话语权植根于当代中国学术建设的进程；三是立足中国、面向世界构建开放包容、客观公正的学术发表与评价体制；四是处理好学术话语体系与话语权中的一系列关系。[④] 上述四个方面为我们构建中国特色社会学话语体系提供借鉴。接下来，我们将从理念路径、知识路径和制度路径逐一叙述。

三、构建中国特色社会学话语体系的理念路径

构建中国特色社会学话语体系首先需要在研究理念上有所突破，即话语

---

① 北京大学中国社会科学调查中心推出的“家庭动态状况调查”和中山大学社会科学调查中心推出的“劳动力状况调查”和中国社会学科学社会学推出的“中国社会调查”积累的定量数据为中国社会学界的定量研究提供了丰富的数据库。

② 中国社会学界对定量研究的推崇日益明显，然而对它的质疑也不绝于耳。渠敬东教授对定量研究的反思就耳目一新，陈云松教授则从另一个角度提出了新思考。参见渠敬东：《破除“方法主义”迷信：中国学术自立的出路》，《文化纵横》2016 年第 4 期。陈云松：《走出费孝通悖论：谈社会学方法之争》，《清华社会学评论》，中国社会科学文献出版社 2017 年版，第 161—183 页。

③ 李友梅：《中国社会科学如何真正从“地方”走向“世界”》，《探索与争鸣》2017 年第 2 期。

④ 沈壮海：《试论提升国际学术话语权》，《文化软实力研究》2016 年第 1 期。

体系背后的预设也要成为话语构建的组成部分。如果说以往的研究侧重话语体系本身，那么本书则需要在研究预设上作进一步反思。接下来，从文化自觉到理论自觉的转变、人性预设中的中西方差异和重新理解西方社会学理论三个方面展开论证。

（一）从文化自觉到理论自觉的转变

构建中国特色社会学话语体系不仅要注重对社会学知识框架的锻造，还要关注社会学学科背后中国文化的影响。费孝通先生前期关注志在富民，晚年提出“文化自觉”，这种思考对当代中国社会学学者影响深远。他在《重建社会学与人类学的回顾和体会》文中指出：“文化自觉只是指生活在一定文化中的人对其文化有‘自知之明’，明白它的来历、形成过程、所具有的特色和它发展的趋向，不带任何‘文化回归’的意思，不是要复归，同时也不主张‘全盘西化’或‘坚守传统’。自知之明是为了增强对文化转型的自主能力，取得为适应新环境、新时代而进行文化选择时的自主地位。达到文化自觉是一个艰巨的任务，要做到这一点，需要一个很长的过程，首先要认识自己的文化，理解所接触的多种文化，才有条件在这个正在形成中的多元文化的世界里确立自己的位置，经过自主的适应，和其他文化一起，取长补短，共同建立一个有共同认可的基本秩序和一套与各种文化能和平共处、各抒所长，联手发展的共处守则”[①]。“文化自觉”一经提出就在学界产生了极大的反响，本文将这些反响分为三类。第一，阐释这种文化自觉演变的历史逻辑。周飞舟教授对费孝通先生前后时期学术研究转变的研究就属于此类。[②] 第二，揭示文化自觉对当代中国学者构建中国社会学话语体系的重要性。此类观点对当代中国社会学学者影响深远，并潜移默化为学人构建中国社会学理论体系的首要原则。第三，以费先生的具体研究展示文化自觉的典范。例如李友梅、周晓虹和张静等教授对《江村经济》文本的解读就属于这种类型。可以确定的是，费先生提出的文化自觉暗含着中国社会学要想在全球化的今天取得瞩目成就，对中国文化的反思和觉醒就显得尤为必要。近

---

① 费孝通：《重建社会学与人类学的回顾和体会》，《中国社会科学》2000 年第 1 期。

② 周飞舟：《从“志在富民”到“文化自觉”：费孝通先生晚年的思想转向》，《社会》2017 年第 4 期。

年来，学术界围绕“文化自觉”的讨论越来越多，反思也越来越深入。可是，如何能将这种自觉贯穿在每个具体的研究议题中，仍然有很长一段路要走。由于篇幅所限，本文对文化自觉的讨论还需要另文详述。

此后不久，郑杭生先生以费先生的文化自觉为基础，在《促进中国社会学的“理论自觉”——我们需要什么样的中国社会学?》提出“理论自觉”，指的是“自觉到我们的目标是世界眼光中国气派兼具的中国社会学，而不是西方社会学某种理论的中国版，是中国社会学界对自己的理论的反思，也是对别人的理论的反思结果，是对自己所教学、所研究的社会学理论和社会理论的自知之明”[①]。理论自觉的提出，将文化进一步聚焦到理论层面。这种论述既是对以往中国社会学者运用西方理论裁剪中国经验的严厉批评，也为未来中国社会学研究提出了新方向。郑杭生先生和他的学术团队在多年努力下最终形成的社会运行论、社会转型论、学科本土论和社会互构论就是理论自觉的重要例证。[②] 事实上，将理论自觉聚焦到环境社会学领域[③]和法社会学领域[④]等都有所体现。

（二）关于人性预设：中西方差异

叶启政先生在《对社会学一些预设的反省：本土化的根本问题》中指出，欧美社会学理论背后存在哲学人类学预设：一是世俗现实观，现实指的是人实际生活在社会中活动着的一段日子而不是宗教所言的前生或来世，世俗指的是一般人在日常生活中对社会互动关系所持的基本价值与认知态度；二是占有满足观，指的是凡人就有欲望，人的欲望在尽可能的范围内给予最大的满足；三是外化结构观，为了维持社会秩序，必然存在一个外在结构形式，只有这样个人的自我解放才能得到保证。[⑤] 叶先生从西方社会学理论的

① 郑杭生：《促进中国社会学的“理论自觉”——我们需要什么样的中国社会学?》，《江苏社会科学》2009 年第 5 期。

② 洪大用、黄家亮：《理论自觉与社会运行学派的发展》，《社会学研究》2015 年第 5 期；林聚任：《理论自觉与中国社会学话语体系构建——从郑杭生的理论自觉观谈起》，《社会学评论》2017 年第 2 期。

③ 洪大用：《理论自觉与中国环境社会学的发展》，《吉林大学社会科学学报》2010 年第 3 期。

④ 郭星华：《从中国经验走向中国理论——法社会学理论本土化的探索》，《江苏社会科学》2011 年第 1 期。

⑤ 叶启政：《社会理论的本土化构建》，北京大学出版社 2006 年版。

预设出发，展示中西方的本体论差异，进而构建出一种迈向修养的社会学。与此同时，翟学伟教授则是从人性假设的中西观比较指出西方学界秉承的个人主义与集体主义的区分并不适用在中国人上。他对中国人的预设持有的是关系主义的立场，即中国人看人、看社会包括看世界的基本方法均带有关系性，而思维特征也是关联性的。[①] 他指出，“我所强调的关系取向不是只想守住前人所建立的一些概念，也不是只想局限于儒家思想，而是希望在此基础上能够从人的关系预设出发，提出研究中国人与中国社会的视角、解释框架与理论模式，希望说出西方社会科学未说出的那一部分”[②]。这种对理论预设的反思有非常重要的价值，也就是说不同预设背景下构造的社会学理论自然带有这种预设的烙印，我们不能直接将某一理论移植到其他国家和地区而不去考虑背后的预设差异。换言之，即使在其他国家或地区遭遇反例，也不能轻易去否定原理论，因为这种不符可能来自预设差异。对人假设的不同可能会直接影响社会学话语体系的构建，认真区别对待人性假设的中西方差异，这是构建中国社会学理论的重要契机。

（三）重新阅读西方社会学理论

西方社会学理论尽管是西方学者从本国经验出发构建的一套理论分析框架，然而它却发轫于西方的社会历史文化语境，如果不了解这个传统，而是直接将西方理论移植到中国社会，就会遭遇大量的反例。[③] 这看似是发展中国社会学理论的契机，但其只是一种幻觉，并不是说西方理论错了，而是中国与欧美的社会结构存在差异。因此，我们在构建中国特色社会学话语体系时，需要返回西方社会学理论背后的社会历史传统，需要将理论预设、社会文化传统包括国情考虑在内。只有深入到西方社会学理论的社会历史脉络，我们才能真切感受到中西方的文化差异。[④] 进而言之，重新阅读西方社会学

① 翟学伟，《试论本土性研究的正当性与可能性》，《管理学报》2017年第3期。

② 翟学伟：《人如何被预设：从关系取向对话西方——重新理解中国人的问题》，《探索与争鸣》2017年第1期。

③ 刘易斯·科塞在《社会学思想名家》中详细介绍了每位社会学家的生平简介、思想遗产、社会背景和学术思潮。参见［美］刘易斯·科塞：《社会学思想名家》，石人译，中国社会科学出版社1990年版。

④ 孙飞宇：《中国社会学的中与西》，《北京大学学报（人文社会科学版）》2017年第2期。

理论，意味着我们要深入理论的历史脉络来全面把握某个理论流派，切忌只知具体的社会学理论而忽视其背后的社会文化历史脉络。此外，重新阅读西方理论，还意味着我们要不断回到某个社会学理论产生的场景，尝试从社会学家的日记、信件、学术会议、社会网络包括背后的思想渊源做全面的了解。

令人欣喜的是，国内社会学界近年来对西方社会学理论的思考进入了实质阶段。我们将这些思考分为三类。首先是将某一社会学理论与它背后的学术思潮和历史脉络放在一起思考。例如，赵立玮教授对涂尔干《自杀论》的解读就放在当时欧洲整个道德统计学的范畴中去理解，通过解析涂尔干的思想脉络来探讨四种自杀类型产生的缘由。[①] 闻翔教授对米尔斯社会学思想的阐述既观照了从大众社会到权力精英的内在线索，[②] 又注意到古巴革命对米尔斯晚年思想产生巨大影响[③]的外部条件。其次是追溯影响经典社会学家更早期的社会思想家的论述，例如，对卢梭、孟德斯鸠等思想的再研究就是进一步厘清影响古典社会学家的社会思想源流。[④] 最后是对马克斯·韦伯等西方社会学家思想的再研究，中国学者对《儒教与道教》的反思就是重要例证。[⑤] 这些研究工作已经超出20年前单纯译介西方作品的阶段，而是尝试走进这些西方学者的思想脉络，力图从他们背后更大的社会文化传统来重新诠释经典。严格来说，这些工作并不能算作社会学中国化论题，但是却能让中国社会学者摒弃很多对西方经典理论的误解。我们既不能神化西方理论，但是也不能盲目地否定它，而是要认真对待它。从历史视角重新阅读西方经典，则是一个可供参考的路径。

---

① 赵立玮：《自杀与现代人的境况：涂尔干的自杀类型学与及其人性基础》，《社会》2014年第6期。

② 闻翔：《从“大众社会”到“社会学想象力”：理解米尔斯的一条内在线索》，《社会》2012年第4期。

③ 闻翔：《以“匠人精神”写“社会学的诗”：米尔斯的社会学遗产之重估》，《社会》2016年第6期。

④ 康子兴：《立法者与公民的复调：一位社会学家眼中的卢梭》，《社会》2014年第4期；陈涛：《政治与社会：基于对〈论法的精神〉的诠释》，《社会》2015年第6期。

⑤ 苏国勋等：《走出韦伯神话——〈儒教与道教〉发表百年后之反思》，《开放时代》2016年第3期。

四、构建中国特色社会学话语体系的知识路径

构建中国社会学话语体系，除了辨析中西方社会学理论预设，还需要构建具体的研究路径。只有这样，才能让后来者有章可循。国内一些社会学家尽管没有明确提出构建社会学话语体系的做法，可是在各自领域展开的研究已经涉及这些议题。接下来，本书呈现学界的四种主要做法。

（一）本土知识的国际概念化：接受、丰富到增加

西方社会学理论肇始于西方社会，在特定区域范围内具备一定解释力。然而，与自然科学不同的社会科学将受到制度和文化的双重影响，社会学也不例外。[①] 西方理论在西方之所以有解释力是由于具备相应的理论预设、辅助条件和解释边界。问题是，当西方理论进入中国之后，首当其冲的便是会遭遇大量的悖论和反例。理论遭遇反例在一些学者看来是理论出现了重大失误，需要调整甚至是推倒重来。然而，源于西方社会的理论很可能不是理论出了问题，反而可能是理论预设和前提条件与中国不符，在这种情况下我们就不能简单地、一般性地反驳这些理论，而是要考虑理论的前提条件可能存在不同的适用情形，或许改变、调整前提条件后就可以将中国经验囊括其中。[②] 换言之，我们不是为了反驳西方理论，而是在明确辨识理论前提的情况下进一步丰富该理论。为了缩小讨论的范围，接下来本书只以产权社会学话题和关系社会资本话题为例。

刘世定教授在《经济社会学》中指出，理论耦合的做法是“考察不同体系中发展出来的理论模型的前提条件，通过指出前提条件之间的差异、关联，通过联系前提条件变化的讨论，使理论有机地结合起来”[③]。中国社会学家在产权话题上积累了丰富的成果。西方学者对产权的讨论是基于成熟的

① 赵鼎新：《社会科学研究的困境：从与自然科学的区别谈起》，《社会学评论》2015 年第 4 期。

② 拉卡托斯曾用正面启发法和反面启发法来阐释理论与反例之间的关系。同时，他提到科学理论由硬核、辅助条件和保护带构成，当理论遭遇反例的时候，研究者并不是直接推倒理论而是通过调整保护带和辅助条件来化解这种反例。参见［英］伊姆雷·拉卡托斯：《科学研究纲领方法论》，兰征译，上海译文出版社 2005 年版。

③ 刘世定：《经济社会学》，北京大学出版社 2012 年版，第 16 页。

市场经济和明确的法律制度为前提，问题是当我们照搬这些产权观点时，殊不知这些前提在中国基层社会不一定满足，因此，周雪光教授指出西方经济学的“产权是一束权利”而中国的“产权是一束关系”。[①] 他对权利产权和关系产权的不同运作空间、前提条件和解释边界都做出了明确表述，这种辨识理论前提对提出新理论有重要的启发。刘世定教授在《经济社会学》中将自己定位为经济学的经济社会学，先构建经济学模型，随后在模型中加入社会学变量。他对理论模型的理解不仅要考虑模型内部的自洽，还要考察模型的前提条件和解释边界。后来，他又在《嵌入性与关系合同》文中将合同嵌入在社会关系网络中，[②] 拓展了理论解释力。这种研究进路在考察西方社会学理论解释中国现实时，通过揭示理论的内在构造、前提预设和解释边界，实际上已经“将中国社会文化特征及民族性融纳到社会学里”。简单来说，研究者在中国经验基础上对西方理论的反应将形成三条进路：一是补充抽象理论，提升预言和推测准确性；二是修正抽象理论，加深人们对现实生活的认识；三是更改抽象理论，促进研究范式的转换。[③]

不仅如此，边燕杰教授在《论社会学本土知识的国际概念化》中倡导本土知识的国际概念化，与上面的讨论异曲同工。他将自己的研究工作概述为“将不同地域、不同时间、不同文化、不同结构条件下的本土知识进行概念化，形成跨越时空、文化和结构等边界的抽象的、一般的理论知识”[④]。这种工作分两个步骤。研究者首先是识别本土知识，“就是关于研究对象的文化特殊性本质及其行为含义、行为表现的知识”[⑤]，接着尝试用知识编码化来将本土知识上升到国际概念，这样做既保护了文化特殊性的本土知识，又能建立跨文化的同一性概念。在知识编码化上，要经历地方编码、国内编码和国际编码三个阶段。“地方编码的本土知识强调了较小地域的文化特殊性，具有地方意义；国内编码的本土知识强调了以民族国家为边界的文化一般性、综合性，具有全国意义；而国际编码的本土知识超出了国界，强调了

① 周雪光：《关系产权：产权制度的一个社会学解释》，《社会学研究》2005 年第 2 期。
② 刘世定：《嵌入性与关系合同》，《社会学研究》1999 年第 4 期。
③ 王水雄：《模型加个案方法推动社科研究》，《中国社会科学报》2016 年 4 月 20 日。
④ 边燕杰：《论社会学本土知识的国际概念化》，《社会学研究》2017 年第 5 期。
⑤ 边燕杰：《论社会学本土知识的国际概念化》，《社会学研究》2017 年第 5 期。

本土知识的跨文化的一般性和综合性本质，具有国际意义。”[①] 他采取三种策略将地方编码上升到国际编码，“接受国际概念、丰富其理论内涵、增加其变量的文化差异性。采取这些策略的前提是社会资本已经成为广泛接受、颇具共识的国际流行概念了。在某些领域或某个议题上，全新的本土化概念也可以逐步成为国际概念，只要该概念能揭示跨文化、跨边界的一般性本质特征。”因此，地方社会形成的概念如果要上升到国际一般概念，需要在编码系统上予以准确定位。这种做法既能观照到本土概念的地方性，也能看到它与其他概念的逻辑关联，必将推动社会学理论知识的增长。他以关系概念为例，为中国本土知识概念“关系”和国际知识“社会资本”搭建起桥梁。既然像关系这种本土化的概念都可以寻求与国际概念对话，那么其他本土概念为何不能采取类似的路径。这篇文献的最大亮点，是揭示了构建中国社会学体系的一般步骤。如果未来有更多的学者参与进来，将极大地推进中国社会学话语体系的构建。

（二）重新认识中国社会学的思想传统

近年来，一批中国社会学家开始意识到要理解当代中国转型社会，既不能照搬西方社会学理论，也不能在没有任何理论准备下开展经验调查，而是要回到中国社会学的思想传统，从社会学前辈中汲取思想资源来再造中国社会学的精神气质。这种提法被概述为社会学研究的历史转向。肖瑛教授将这种历史转向概括为：一是对经典概念的历史性思考；二是从社会学视角关注史料的理论构建；三是对民情及其转变机制的研究；四是把历史维度引入当代社会现象的研究中；五是重新发现民国社会学研究传统。[②] 此外，《社会学研究》编辑部召开研讨会，组织应星、吴飞、赵晓力和沈原四位教授围绕严复、孙本文、梁漱溟、吴文藻和费孝通等社会学前辈的问题意识和研究进路做了梳理，为当前中国社会学研究的历史转向提供了重要参考。[③] 他们共同指出如果只从截面来关注议题，放弃了对议题背后历史脉络的梳理，就放弃了对机制的分析。需要提及的是，这里的历史传统既包括中国传统文化

① 边燕杰：《论社会学本土知识的国际概念化》，《社会学研究》2017 年第 5 期。

② 肖瑛：《非历史无创新——中国社会学研究的历史转向》，《学术月刊》2016 年第 9 期。

③ 应星等：《重新认识中国社会学的思想传统》，《社会学研究》2006 年第 4 期。

思想，也包括民国时期社会学人对当时中国社会的经验调查和理论构建。渠敬东教授就指出，“我想说重新重视中国经验的社会意义，是对我们曾经经历过的文化和制度传统的尊重，无论它们是市场经济带来的基础，还是社会主义制度带来的基础，还是传统文化带来的基础，都不应该逃脱我们的视野。所以，只有社会学家回到自身所特有的结构分析和机制分析上来，尊重和回应中国总体社会转型所提出的大问题，我们才能同样用我们的头脑和双手和人民一起真正建设属于我们自己的和谐社会”①。现在已经有越来越多的社会学学者开始自觉地将历史视野融入研究中，这种转向固然不能与传统历史学家的做法相提并论，却比以往忽视历史维度的研究前进了一大步。此外，张文宏教授也指出建设有中国特色的社会学学科体系、学术体系和话语体系必须坚持继承与创新相结合的视野：第一，重视挖掘、传承和再构建优秀的中国传统社会思想；第二，加强对 20 世纪三四十年代社会学家思想的研究；第三，对西方哲学社会科学主流的思潮、概念、理论和模型在分析批判基础上取其精华借鉴吸收。② 基于此，本章认为将历史拉回来除了在研究方向上高度重视外，关键还要将其转变为具体的研究策略，文章提出四条研究进路。首先，在具体研究中拉长观察的视野，从纵深角度来看待研究议题，例如，从官员特征和非正式关系运作的机制来考察地方政府行为，就属于这种思路。③ 其次，从历史视角考察经典概念的演变过程，对“society”观念三次变迁的梳理④和对个人主义在西方流变史的研究⑤则属于这种思路。再次，基于某种理论视角来重新整理史料，例如，用战争驱动型理性化机制来探讨东周战争与儒法国家的诞生，⑥ 借助差序格局框架来研究西汉帝室与外戚的关系都属于此类研究。⑦ 最后，从中国社会思想史中汲取宝贵资源，

---

① 渠敬东：《坚持结构分析和机制分析相结合的学科视角，处理现代中国社会转型中的大问题》，《社会学研究》2007 年第 2 期。

② 张文宏：《本土化：中国社会学学科体系、学术体系和话语体系创新的必然路径》，《济南大学学报（社会科学版）》2017 年第 3 期。

③ 周飞舟：《论社会学研究的历史维度——以政府行为研究为例》，《江海学刊》2016 年第 1 期。

④ 崔应令：《近代西方“society”观念的生成》，《武汉大学学报（人文科学版）》2011 年第 6 期。

⑤ 肖瑛：《从占有性到制度化——个人主义作为现代意识形态的演变》，《学术研究》2016 年第 1 期。

⑥ 赵鼎新：《东周战争与儒法国家的诞生》，华东师范大学出版社 2006 年版。

⑦ 杭苏红：《帝室与外家：西汉政治中的家族伦理》，《社会》2012 年第 4 期。

比如说考察官方、士林和民间三个层次之间的差异和关联，对“大传统”与“小传统”关系的系统思考。[①]

如果说上述讨论为社会学研究的历史转向指明了方向，那么周飞舟教授对地方政府行为的研究，则展示了历史转向带来的新视角。他将当前地方政府行为的研究分为纵向和横向两个方面：纵向关注的央地关系下的项目治理议题；横向关注政府不同部门之间的协调治理议题。两个方面都是放在结构和制度脉络下理解，在他看来从这种分析框架出发的研究尽管取得了显著进步，但是与现实相比还有很大的距离。他认为，主要是由于制度化和技术化倾向较强，反而忽视了对官员个人特征的重视和研究。[②] 因此，从历史维度考察官员个人特征和背后非正式关系运作的机制将是此类研究的新趋势。此外，渠敬东教授也指出：“历史意味着，我们必须要不断回到构成自身经验的传统和现实中来，历史必须成为一种开放的自我认识。若要检视我们当下的经验构成，就必须回到我们自身的现代生活的起点”[③]。综上，社会学研究的历史转向有两个重要意义：第一是历史转向有助于推动社会学从结构分析的宏大叙事转向具体社会运行和变迁机制的研究；第二是以“历史感”的发现来构建社会学研究的“经验感”和“理论感”。[④] 这种历史转向的社会学研究，正在被越来越多的社会学家所认同。我们有理由相信，在不久的将来，中国社会学会呈现更多精彩的作品。

（三）面向日常生活的社会学研究

将历史拉回到社会学脉络为重塑中国社会学理论提供了更广阔的视角，而面向日常生活却是重塑社会学话语体系的重要基础。日常生活指“在社会生活中对于社会行动者或行动者群体而言具有高度的熟悉性和重复性的奠基性的实践活动，日常生活的时空是一个为人们所熟悉和不断重复的时空，是一切社会生活的社会历史性的基础”[⑤]。面向日常生活意味着中国社会学

---

① 王处辉：《中国社会思想史研究的历史回顾与展望》，《社会学研究》2000 年第 1 期。

② 周飞舟：《论社会学研究的历史维度——以政府行为研究为例》，《江海学刊》2016 年第 1 期。

③ 渠敬东：《返回历史视野，重塑社会学的想象力：中国近世变迁及经史研究的新传统》，《社会》2015 年第 1 期。

④ 肖瑛：《将历史感和经验感纳入社会学思维》，《中国社会科学报》2016 年 12 月 28 日。

⑤ 郑震：《论日常生活》，《社会学研究》2013 年第 1 期。

研究要立足本土，在日常生活中凝练的民俗、民谚就成为我们关注的议题。赵鼎新教授在《社会与政治运动讲义》第八章《搭便车理论与形式社会学方法》对民谚或寓言在社会科学理论创新中的角色给予了高度评价。在他看来，寓言和俗语作为民间智慧往往是人类对重要社会机制的总结，如果能从中汲取资源创建形式模型将会是一个好办法。[①] 美国经济学家奥尔森在《集体行动的逻辑》中指出集体行动与群体规模有关，规模越大，群体成员越容易产生“搭便车”行为，最终就难以发生集体行动。这种理论分析与人们日常说的“一个和尚挑水喝，两个和尚抬水喝，三个和尚没水喝”就有异曲同工之处。政治学中通过博弈论的研究发现，人与人之间的多次博弈会导致合作行为，这与“抬头不见低头见”的民谚相似。这类民谚、寓言等民间智慧蕴含着理论创新的契机，是社会学家值得挖掘的宝藏。

通过民间智慧来创新理论一般有两种做法。第一种是以本土概念来推动研究，借助本土概念来发展社会学理论。应星教授发现，气是中国人在人情社会摆脱生活困境、追求社会尊严和实现道德人格的根本促动力，是从一种被克制的激情到可以迸发的激情再到一种自我执法的义气，以忍御气是主流，以气立人是补充和任气行侠是特例。[②] 还有一种是将民间智慧与西方社科理论相对照，比较两者各自存在的优势及局限，从中找到理论创新的契机。刘世定教授通过对先秦典籍《荀子·议兵》中有关“得地、兼人”论述的分析，发现其中蕴含“边际分析”的萌芽。刘世定教授通过荀子关于国家规模变动对国力变化影响的论述与国家规模理论模型的比较，揭示出荀子强调“德”的意义，[③] 而这个因素却是西方国家规模理论模型所缺乏的变量。在人们日益推崇西方理论的同时，有一批社会学家能以民谚、俗语和传统戏曲作为发展中国社会学理论的契机，这种努力显得尤为珍贵。

追踪西方社科前沿理论只是理论创新的一个方面，要解释中国现象依然不能脱离对现实的观照，这种现实除了问卷调查和实地研究外，民谚、民俗都是对民间朴素经验的提炼。它们在科学理论出现之前，是人们获取知识和

---

① 赵鼎新:《集体行动、搭便车理论与形式社会学方法》,《社会学研究》2006 年第 1 期。

② 应星:《“气”与中国乡土本色的社会行动——一项基于民间谚语与传统戏曲的社会学探索》,《社会学研究》2010 年第 5 期。

③ 刘世定:《荀子对“得地兼人”的论述与国家规模理论》,《社会发展研究》2014 年第 2 期。

认识社会的重要途径。然而，与社会科学理论相比，这些民间智慧还有局限，只有通过规范的科学方法和理论锻造才能提炼成理论框架。其一，民谚、民俗大多只描述现象，却没有揭示原理，可是理论恰好相反。“社会理论界定为将社会世界知识加以浓缩和组织起来的由相互关联的抽象概念所构成的体系。理论是思考社会世界的一种简要方法。人们经常创立关于世界是怎样运作的新理论。”[①] 与民俗、民谚相比，理论不仅能对某类现象给出恰当的解释而且还能扩展解释的范围。其二，民谚、民俗只是对一定范围内某类现象的概括，不少民谚、民俗除了逻辑一致外，还存在自相矛盾的情况，两种相反的俗语或谚语来表述同一现象比比皆是。相反，科学理论用概念表述某类事件发生的条件，并细致阐述起决定作用的条件。如果研究者能揭示出事实背后的机制，可以借助少量概念构建统一的理论体系。例如“嘴上无毛办事不牢”这句俗语放在传统社会或许行得通，可是放在现代社会由于数字信息技术的广泛运用，父辈反过来向子辈学习的例子比比皆是，文化反哺理论就是对此类现象的生动写照。[②] 其三，民谚、俗语生动形象但不够精确，相反科学理论概念分析准确，逻辑推演严谨。尽管民谚、民俗有局限，但仍然是社会科学工作者创新理论的重要契机。这不仅单指社会学学科，政治学、传播学和教育学等何尝不是如此？民谚、民俗与一般意义上的常识能否进入社会科学工作者的视野，这取决于研究者的方法论立场。实证主义者就认为科学和常识之间有明确的分界点，科学方法是最好的方法，科学凭借科学规范、科学态度和技术产生真理，而常识却难以做到。诠释主义者则认为一般人是靠常识来指导生活，常识中充满了人们使用的意义，因此了解常识至为关键，此外常识是与实证主义法则不同的诠释世界的独特方式，常识是了解他人的一项主要的信息来源。[③] 区分两种方法论立场是为了清楚地界定民谚、民俗在社会科学理论创新中的地位。

① ［美］劳伦斯·纽曼：《社会研究方法：定性和定量的取向》，郝大海译，中国人民大学出版社2007年版，第55页。

② 周晓虹：《文化反哺与器物文明的代际传承》，《中国社会科学》2011年第6期。

③ ［美］劳伦斯·纽曼：《社会研究方法：定性和定量的取向》，郝大海译，中国人民大学出版社2007年版。

（四）本土研究：自内而外提出理论框架

除上述三种研究路径外，翟学伟教授的立场显得格外突出。他针对港台地区学者在20世纪80年底初发起的社会学中国化运动提出了不同异议。他指出，这种中国化运动的显著特征是用西方理论来解释中国经验，再用中国情况来修正理论，这种方向从一开始就走错了。他倡导的是与本土化截然不同的本土研究。他指出："所谓本土研究就是不去套用西方现成的东西，也不投机取巧地做二元式的对比，更不应回到传统学术思维中去，最好还不要去试图化西方的什么东西，而是一方面全面了解西方有关学术思想，另一方面直接面对我们自己的社会、文化、心理与行为，重新进行思考和研究。或者说，本土研究就是让我们在确立学科框架的同时换一个角度，即不直接通过西方学科中的概念、理论和方法来发现现象和问题，而是从本土的现象和问题出发，来寻求相应解决问题的途径、方法和对应工具，建立本土的学术概念、理论和分析框架。"[①] 简单来说，他的本土研究包括两个方面。第一，这种研究是在现代学科分类基础上进行，既不是在西方理论概念和方法指引下去寻求研究对象或内容，也不是找到研究对象后用西方理论来解释，更不是回到中国传统思维中去寻求解决的办法，而是在中西方学术对话之间做本土的定位。第二，这种研究思路不存在本土化过程中出现的二元对立和本土契合性，因为由中国自身产生的研究只关心能否准确反映和合理解释这个社会。[②] 本土化研究是从外到内，而本土研究则是从内到外，显然本土研究的立场要更彻底，因为依据这种立场能直接构建出中国的社会学理论框架进而确立中国社会学学科的自主性。

除了对本土研究做方法论辩护外，翟学伟教授还详述了他研究中国社会的"描述—情景—诠释法"研究策略。与以往问卷调查、实地研究相比，这种基于中国本土经验的方法可能更适合中国社会。接下来，他开展了多项研究并取得了丰硕的成果。以关系研究为例，翟学伟教授指出，中国人眼中的关系和西方的社会资本并不是一个概念，社会资本是西方个人在后天构建

① 翟学伟：《人情、面子与权力的再生产》，北京大学出版社2015年版，第24页。

② 翟学伟：《人情、面子与权力的再生产》，北京大学出版社2015年版，第24页。

起来的社会网络，而中国人所讲的关系则是先天存在和无法退出的关系。[①]从一开始，中国人的关系和西方人的社会资本就不是一回事，用后者来对应前者本身就弄错了。这种研究策略与中国化并不相同，彰显出中国社会学家立足本土发展理论框架的学术抱负。后来，他比较了中国人的“报”与社会交换理论的差异，[②]据此指出中国人的“报”要比社会交换理论的内涵要广泛得多，用“报”来解释中国人社会学行动的逻辑具有更强的解释力。此外，他从韦伯的权威合法性视角出发，从中国本土情景提出的日常权威[③]和个人地位[④]等都是具有原创性的学术概念。事实上，以本土资源为据的研究手法在其他学者那里也有体现。董海军教授借助“势”概念重新诠释了基层社会的地方冲突现象，[⑤]应星教授从“气”概念重新阐释了群体性事件爆发的递进机制。[⑥]值得一提的是，景天魁教授选取了34个中国概念，其中将群、伦、仁与中庸作为4个基础性概念对应中国社会学的人本性、整合性、贯通性和致用性，采用“修齐治平”的层次框架将另外30个概念划分为两个范畴：合群和能群范畴包含修身和齐家两个层次；善群和乐群包含治国和平天下两个层次。[⑦]此外，从“形势”“时势”“理”与“势”“权势”以及“择人任势”对“势”的阐述也可以划到这条进路。[⑧]这类研究没有照搬西方理论来解释中国，而是立足本土概念的“气”“势”和“报”来构建中国社会学理论。这类研究抱负远大，但任务艰巨，需要更多的中国学人参与进来。

上述四种研究手法从研究者本人来看并不是从一开始就有明确的意识来构建中国社会学话语体系，然而却是我们借鉴的重要做法。四种研究路径彼此之间有逻辑上的联系。相较于前三者相比，最后一种的本土研究显得更有

---

① 翟学伟：《是关系还是社会资本》，《社会》2009年第1期。

② 翟学伟：《报的运作方位》，《社会学研究》2007年第1期。

③ 翟学伟：《中国社会中的日常权威：概念、个案及其分析》，《浙江学刊》2002年第3期。

④ 翟学伟：《个人地位：一个概念及其分析框架——中国日常社会的真实构建》，《中国社会科学》1999年第4期。

⑤ 董海军：《依势博弈：基层社会维权行为的新解释框架》，《社会》2010年第5期。

⑥ 应星：《“气场”与群体性事件的发生机制——两个个案的比较》，《社会学研究》2009年第6期。

⑦ 景天魁：《史海拾贝：中国社会学概念体系的历史资源》，《中国社会科学评价》2017年第5期。

⑧ 桂胜：《“势”论通说》，《武汉大学学报（哲学社会科学版）》1996年第4期。

气魄，在遵循现代西方科学分类的基础上，在社会科学方法论指导下探讨中国论题，力争从中国实际出发构建社会学理论并与西方社会学理论形成对话。然而，这种研究做法与本土知识的国际概念化却有逻辑上的通融之处，如果只是停留在用本土知识解释本土现象，仍然还存在特殊性而不是普遍性，因此，从本土知识上升到国际概念就显得弥足珍贵。此外，辨识理论的预设、逻辑关系和解释边界则是为了探讨中西方差异对理论的丰富。换言之，发轫于西方经验的理论能否具有更广阔的解释边界需要在不同的社会语境下再检验，这里除了中国经验，实际上还包括日本、韩国甚至包括非洲等其他国家和地区。然而，与这些国家经验不符并不能直接反驳西方理论，我们需要探讨的是这个理论的前提预设在非西方国家到底是什么情形，随后再扩充丰富该理论。此外，民谚、语言等民间智慧是人们对日常生活的社会运行机制的总结，它们都是我们创建社会科学形式模型的重要契机，也是我们提炼社会科学概念的重要宝藏。至于回到历史维度是为了将截面研究转变为纵观研究，从历史变迁角度来理解当前某个现象的发生过程。

上述讨论还停留在如何用更加贴合中国实际的理论来解释中国现象。这种讨论仍然停留在学术议题上，如果要上升到国家战略，即在新时代构建中国社会学话语权，那就是基于中国现实的理论构建能否作为解释其他国家或地区的分析框架。即使这种分析框架在其他国家或地区遭遇知识效度情境，那至少说明中国社会学学科在引领世界学术话语权。其实，这种情形并非没有可能。法国社会学家皮埃尔·布迪厄在阿尔及利亚的调查研究提出的实践的逻辑[①]在美国、中国广为传播，美国社会学家布洛维在非洲从事的工人调查提出的制造甘愿，[②] 现在也成为社会学的核心概念和经典论题。作为正在变革中的中国，各地情形千差万别，为社会学家从事理论创新提供了天然的试验场地，我们在提倡进行海外民族志研究的同时，也不能放弃对本国实际情形的观照。以中国经验为据，提出一些标志性的学术概念也在习近平总书记座谈会上呈现出来，这已经不是本土化的问题而是借助理论创兴提振中国

---

① ［法］皮埃尔·布迪厄：《实践理论大纲》，高振华、李思宇译，中国人民大学出版社 2017 年版。

② ［美］迈克尔·布洛维：《制造甘愿——垄断资本主义劳动过程的变迁》，李荣荣译，商务印书馆 2015 年版。

文化自信的重要载体。

五、构建中国特色社会学话语体系的制度路径

以上是构建中国特色社会学话语体系的知识路径，接下来我们准备从制度路径来探讨构建的注意事项，本节主要从社会学知识的生产和社会学研究者的培养两个方面来阐述。

（一）社会学知识生产的制度分析：匿名评审制度再思考

构建中国社会学话语体系的四种路径是在知识生产层面上来说，我们还需观照知识生产的制度路径。王宁教授从制度主义视角说明当前中国社会学者“食洋不化”和“食土不化”的深层根源是知识创新力不足，而这种不足归根溯源在于学术制度和学术文化的不健全。具体说来有四个方面：第一，知识产权制度和相关研究规范的薄弱使研究者不清楚知识创新点在哪里，以至于很多重复劳动产生；第二，学术批评制度沦为缺乏批评精神的“吹捧式”文章使学者缺乏足够的自律；第三，同行双向匿名评审制度在大多数学术刊物的缺位是导致知识生产重复劳动的一个重要原因；第四，当前教育制度缺乏对学生怀疑精神、批评能力和抽象思维能力的训练，这些都是当前知识创新缺乏的制度缺位。[①] 与上述讨论的知识生产策略不同，这一小节重点探讨的是知识生产的外部保障。

上述四个要点都是实际情况，本部分想接着往前继续推进一步。以我们熟知的刊物匿名评审制度为例，这种制度对保证学术研究的原创性、拒绝人情稿和提升学术刊物办刊质量有很大的帮助。国内已经有不少学术杂志开始推行这种匿名审稿制度。然而，有研究者指出当前的匿审制度特别是对定量研究论文的评审存在很大的改进空间，比如，作者是否给刊物提供自己的原始数据和计算机程序代码。作为一项规范的定量研究，评审人可以根据作者提供的数据和代码复制研究结论。“所谓复制性研究，就是利用某项研究的数据和估算相关模型所用的计算机程序代码，对该项研究的全过程进行再

---

① 王宁：《社会学本土化议题：争辩、症结与出路》，《社会学研究》2017 年第 5 期。

现，实现校验和拓展该项研究的目的。可以提供这些数据和程序代码供他人校验的，就是‘可复制’的研究。”[①] 中国社会学者在研习定量研究中紧紧跟随美国，然而当前定量论文存在的局限是大量的数据分析在作者手中而没有变成复制性研究。因此，要真正推动定量研究的实质进展，倡导复制性研究势在必行。

（二）社会学研究者生产的分析：从课程教学改革开始

从社会学知识生产的角度而言，对人的培养尤其是对初学者的训练也不容忽视。我们如果从一开始就没有为初学者打好基础，弊端在后来就会越发明显。培养社会学专业人才是一个系统工程，例如洪大用教授将郑杭生先生培养社会学专业人才的理念和实践概括为要有强烈的社会关怀，要重视整体的历史的思维的训练，要掌握融通而扎实的专业知识，要有传承理论创新的自觉努力，要秉承坚定的学术立场和要致力于养成宽厚包容的学术心态。[②] 由于篇幅所限，在此仅就理论和方法两门课程来展开讨论。

1. 西方社会学理论：从知其然到知其所以然

当前的西方社会学理论课程教学可能存在两个问题。第一，重视介绍西方社会学家的理论观点，而忽视阐释观点的生成过程。初学者对理论的掌握停留在知其然过程，至于社会学家当初为什么提出这个问题、如何展开思考并不了解，最后只能得到一些知识性观点，这对初学者的思维的训练帮助并不大。第二，重视介绍理论，而轻视理论背后的历史过程，比如作者的生平简介、思维遗产和社会背景和他本人理论观点之间的联系都没有在讲授之列。如果上述问题没有引起国内学者重视，那么教师讲授的并不是西方社会学理论，而是理论提要，这对学生的理论训练将会是很大的伤害。基于此，革新西方社会学理论课程可以尝试从体系化和历史化来展开。[③] 体系化指采取比较研究的手法，对不同西方社会学家相似的作品放在一起比较，探讨两

① 陈云松、吴晓光：《走向开源的社会学：定量分析中的复制性研究》，《社会》2012 年第 3 期。

② 洪大用：《社会学如何培养专业人才——怀念作为教育家的郑杭生先生》，《社会建设》2015 年第 1 期。

③ ［美］罗伯特·金·默顿：《论社会学理论的历史和体系》，载《社会理论和社会结构》，唐少杰、齐心等译，译林出版社 2006 年版，第 3—56 页。

者之间的异同，这种比较能大大加深学生理论思维的能力；历史化指除了向学生介绍理论观点，而且还将结合作者本人的生平背景、学术思潮和社会背景，来探讨作品背后的历史脉络。

2. 社会学方法：重视社会科学方法论的训练

中国社会学界至今引以自豪的，是恢复重建以来就重视社会调查在社会研究中的重要地位。时至今日，社会统计学和社会研究方法都是高校社会学专业开设的必修课程，采用社会调查收集数据并分析整理，已经成为当前研究者的共识。笔者作为从事社会研究方法课程教学的一线教师，发现当前的方法课程缺少重要一环，比如说对社会学方法论的训练显得非常薄弱，特别是科学哲学的最新进展并没有在专业课程中凸显出来。学生研习社会研究方法最后沦落为社会调查方法，从研究到调查可能丢失的不只是思维训练，更重要的是研究理念的缺位。事实上，即使倡导本土研究的翟学伟教授依然坚守必须在科学哲学的原则下来从事中国研究。黄光国教授在《社会科学的理路》中指出："如果我们的社会科学界对西方科学哲学的演变始终缺乏相应的理解，所谓的'本土化运动'便可能落入另一种的'形式主义'，而难收到什么实质性的效果。社会科学如此，自然科学亦不例外。"[①] 可实际情形是，不要说本科生，即使研究生甚至是博士生都不知道科学哲学为何物，甚至以为方法论只是实证主义与反实证主义争论这么简单。因此，加大科学哲学在专业课程中的比重显得尤为必要。

在研究方法层面，当前的专业课程存在一些疏漏环节。中国社会学家根据中国情况摸索出来的方法并没有进入课堂，至多在具体实证研究话题时才会出现。孙立平教授在基层社会大量调查中逐步摸索的"过程—事件"分析方法[②]和据此提出的实践社会学纲要就是对转型中国社会比较适合的研究策略。[③] 翟学伟教授研究中国人提出的"描述—情景—诠释法"的方法就显得独树一帜，[④] 他为此积累了丰硕的成果。贺雪峰教授提出的经验饱和法，[⑤]

① 黄光国：《社会科学的理路》（序言），中国人民大学出版社 2006 年版。

② 孙立平：《"过程—事件分析"与当代中国中国—农民关系的实践形态》，载清华大学社会学系主编：《清华社会学评论》（特辑），鹭江出版社 2000 年版，第 1—20 页。

③ 孙立平：《实践社会学与市场转型过程的分析》，《中国社会科学》2000 年第 5 期。

④ 翟学伟：《中国人的脸面观——形式主义的心理动因与社会表征》，北京大学出版社 2011 年版。

⑤ 贺雪峰：《饱和经验法——华中乡土派对经验研究方法的认识》，《社会学评论》2014 年第 1 期。

是他带领华中乡土学派学者在长期农村基层调研中摸索出来的方法。他认为，通过经验饱和法就能形成“经验质感”，即从经验出发进行思考的能力，形成对经验的整体性认识和对经验的特殊敏感性。[①] 这种方法有三条原则：一是不预设问题和目标；二是具体进入和总体把握，大进大出，不注重资料而重体会；三是不怕重复，通过重复来达到饱和调查。[②] 与教科书上讲授的条条框框相比，这些方法都是中国学者在中国经验基础上总结出来的鲜活的调查理念和研究策略，这些方法原理及研究策略，理应成为初学者掌握的重要内容。

六、中国特色社会学话语体系的传播渠道

中国特色社会学话语体系构造完毕之后，我们需要尽快将其传播到更广泛的人群，否则，这种体系很容易沦为自说自话的境地。接下来，本书从成立专业委员会、创办社会学英文刊物、加强中外学术交流、进教材和进课堂逐一讨论。

（一）成立专业委员会：凝聚中国社会学思想史的力量

中国社会学会目前成立的专业委员会有：社会分层与流动专业委员会、经济社会学专业委员会、农村社会学专业委员会、中国社会思想史专业委员会、文化社会学专业委员会和消费社会学专业委员会等等。然而，围绕中国经验形成的中国社会学思想史专业委员会却不在其列。我们可以尝试将解放前的社会学家孙本文、吴文藻、李景汉、林耀华和费孝通等前辈开展的社会调查和理论研究工作纳入其中，也可以将恢复重建以来社会学者开展的研究工作，比如，翟学伟教授、罗家德教授对中国人的人情、面子关系的研究纳入其中。从事中国社会学思想史的研究既可以是对以往社会学家的理论思想的深化，也可以是面对现实问题展开接力性研究。这里的专业委员会并不是将所有中国社会学家囊括其中，我们不排除分支社会学的研究者在推进具体

① 贺雪峰：《“大循环”：经验的本体性与中国社会科学的主体性》，《探索与争鸣》2017 年第 2 期。

② 贺雪峰：《饱和经验法——华中乡土派对经验研究方法的认识》，《社会学评论》2014 年第 1 期。

分支研究当中已经在开展本土化研究，而是能否在对照西方社会学理论基础上形成中国社会学理论。比如能否以关系为关键词，总结中国社会学家在该议题上的重要推进。如果能有这样的大前提，那么其他分支学科比如经济社会学在研讨中国人找工作的时候，就可以在中西对照情形下更多汲取中国社会学家在这方面的学术贡献。这方面的工作已经积累了不少，我们现在欠缺是将其整合起来形成一个高素质的研究队伍。

（二）创办社会学英文刊物：刊登中国学者的最新成果

国内社会学界目前拥有的专业刊物有《社会学研究》《社会》《青年研究》《社会发展研究》《社会学评论》和《社会建设》等。诸多中文刊物在刊登中国社会学者的研究作品和学术交流方面有很大的推动作用。然而，囿于语言所限，很多学者的作品只停留在中文学术圈内，这并不利于学术作品的广泛传播。基于此，国内一些机构开始摸索创办英文刊物，例如，中国社会科学院社会学所主办的 *Journal of Chinese Sociology* 和上海大学社会学院主办的 *Chinese of Journal Sociology* 杂志，它们选取一批有分量的学术论文转译成英文在上面发表。在这种历史背景下，“国家有选择、有重点地在各个学科扶持打造一批旗舰学术刊物（包括英文刊物）也十分重要（学术产品生产中的下游），因为如果我国没有自己的国际学术期刊平台，就算有再好的学术产品和科研成果都无法充分发挥其国际影响力，或受制于西方学术期刊或影响力局限于国内”①。这种工作意味着中国社会学者开始有意识地向国际同行推介本国学者的最新作品，这对扩大中国社会学家的影响力有莫大的帮助。

（三）加强中外学术交流：扩大中国社会学话语权

加强中外学术交流不仅有助于中国学者吸收借鉴国外先进的研究成果，而且还能扩大中国社会学话语权。习近平总书记在座谈会上就强调：“要鼓励哲学社会科学机构参与和设立国际性学术组织，支持和鼓励建立海外中国学术研究中心，支持国外学会、基金会研究中国问题，加强国内外智库交

① 杨典：《〈美国社会学杂志〉与学术期刊国际化》，《中国社会科学报》2014年5月30日。

流，推动海外中国学研究。要聚焦国际社会共同关注的问题，推出并牵头组织研究项目，增强我国哲学社会科学研究的国际影响力。"[①] 国内人类学界近些年来推动的海外民族志研究就是一个好趋势，他们会遴选一部分博士生或研究者到海外从事民族志调查，通过实地研究形成比较社会学研究。[②] 这种做法对推动国内学者扩大海外影响和国外学者对中国研究的认识都有很大的帮助。此外，中国社会学会近年来的新趋势是在一年一度的社会学大会上，会邀请日、韩等国外社会学家发表主题演讲，介绍他们最新的社会学进展。这种做法是一个重要的尝试，但是我们还可以前进一步。我们能否在专业委员会的小型会议上邀请世界范围内的相关学者进行探讨，这依然是一个需要完成的工作。举办国际学术会议不能只囿于年会，由高校开展的学术会议要有一种全球意识，这种做法不仅让中国社会学家放眼看世界，也让世界放眼看中国社会学家。

（四）进教材和进课堂：培养高素质的储备研究人才

李友梅教授指出："社会学的课程与教材在国内外都处于比较杂乱的状态，不能提供清晰的便于掌握的知识系统，而我们对这一问题的整体性思考还刚刚开始，尤其是在西方社会学教材不断进入的背景下，我们的相关教材建设还不能将最新本土研究成果反映在课堂上，难以使学生对于鲜活的社会生活实际形成更贴切的认识，不利于人才队伍的建设和培养。"[③] 当前和中国社会学思想史比较接近的是中国社会思想史。然而，中国社会学思想史这门课程的学科身份、学术自信和研究方法还没有完全成型，研究者通过研究方法推陈出新，通过恰切写法凸显理论关怀和通过学术自性凸显社会学品格来获得学科合法性。[④] 因此，我们可以对照中国社会思想史，设置中国社会学思想史，系统介绍 20 世纪二三十年代中国社会学人的学术工作，包括近年来中国社会学家针对中国开展的系列研究。以往中国学人的理论往往是通

① 习近平：《在哲学社会科学工作座谈会上的讲话》，《人民日报》2016 年 5 月 19 日。

② 谢立中主编：《海外民族志与中国社会科学》，社会科学文献出版社 2010 年版；高丙中：《海外民族志：发展中国社会科学的一个途径》，《西北民族研究》2010 年第 1 期。

③ 李友梅：《中国特色社会学学术话语的构建及其艰巨性》，《社会学评论》2017 年第 2 期。

④ 胡翼鹏：《中国社会思想史的学理困境及其突破》，《社会科学战线》2011 年第 11 期。

过研究问题或研究领域来加以分门别类，而没有将其专门列为一部分。美国刘易斯·科塞的《社会学思想名家》成为美国高校社会学专业的经典教科书，中国学者能否也写一本《中国社会学思想名家》，将中国社会学家的著述分门别类并予以体系化，这是一个亟待开展的工作。如何编撰适合中国的教材，其他分支学科已经作出了尝试。以城市社会学为例，蔡禾教授指出，我们可以围绕历史上形成的核心问题来展开，考虑将重要的研究领域和问题纳入进来；针对这些领域和问题不能只停留在概念解释和现象描述层次，而是要在综述前人在这些问题研究成果的基础上提出自己的意见。[①] 以经济社会学为例，周长城教授将教学内容分为两大部分。第一部分是介绍基础概念和理论问题，探讨经济学与经济社会学之间的关系；经济学和经济社会学的主要理论基础；经济社会学的核心概念和理论，包括市场、合同、产权和公司等。第二部分是用社会学方法探讨劳动市场、技能获取和经济竞争等于制度、政策相关的主题。[②] 我们是按照人物观点来编撰还是按照体系编排，这些都是可以商榷的，但一定要提上研讨的日程。

除了学科体系化和教材中国化，接下来我们能否将其作为一门课程在各大高校开设，使初学者在概览西方社会学理论的同时也能了解中国社会学家的思想观点。习近平总书记在座谈会上也提到“学科体系同教材体系密不可分。学科体系建设上不去，教材体系就上不去；反过来，教材体系上不去，学科体系就没有后劲”。我们并不希望后来的学生一旦提起理论，言必称涂尔干、韦伯和齐美尔，而对孙本文、吴文藻、李景汉、费孝通和林耀华等知之甚少。沈原教授就指出很多高校开设不出中国社会学史的课程，很多学生只熟悉西方社会学思想的源流和发展，但不熟悉中国的社会学传统。为此，沈原教授提出三点要求：第一，“以论带史”，用好的理论框架来统领历史资料，力争把中国社会学史做成一部有理论结构的思想史；第二，“全面性”，全面发掘社会学家前辈的活动、著作并加以研究；第三，放宽眼界，关注中国社会学与其他学科之间的关系。[③] 如果没有合格的社会学研究

① 蔡禾：《城市社会学教材建设中的问题和思考》，《杭州师范大学学报（社会科学版）》2010 年第 2 期。

② 周长城：《欧美经济社会学主要教学内容》，《社会学研究》2000 年第 3 期。

③ 应星等：《重新认识中国社会学的思想传统》，《社会学研究》2006 年第 1 期。

者源源不断地加入研究队伍，那么这个学科就会后继乏人；如果这批后继者在学术训练期间对中国社会学思想史存在先天不足的困境，那么在未来研究中能否扛起构建中国社会学话语体系的大旗就显得不容乐观。因此，研究者的培养与知识体系的构造同等重要。

从社会学中国化到构建中国特色社会学话语体系，从一项学术议题上升到一个国际战略，这对广大社会学研究者提出了新使命。事实上，这种转变意味着社会学本土化向普遍化转变的趋势。景天魁教授曾指出当代中国社会学应该包含两个层面：一是从中国土壤里生长出来的社会学能自立于世界学术之林（社会学中国化）；二是中国社会学不仅能回答中国的问题而且能对回答人类面临的共同性问题（中国社会学普遍化）。[①] 只有秉承这种研究立场，中国社会学家才能在纷繁复杂的国际学术话语权竞争中占得一席之地。未来的中国社会学者不是将西方理论当作一个样板，而仅仅是作为一个参考。我们要从中国实际出发，在符合国际学术规范条件下提炼标识性的学术概念和锻造社会学理论框架。这种知识话语体系不仅能解释中国，而且还可以推广到其他国家和地区，为世界学术之林提供中国方案。

① 景天魁：《从社会学中国化到中国社会学普遍化》，《人民日报》2015 年 11 月 23 日。

第十三章

构建中国特色教育学话语体系

蒲　蕊

话语体系不仅是中国教育学理论创新中最为核心的问题，更为重要的是，只有当我们构建起教育学的中国话语体系，改革开放以来的中国教育改革与发展经验才能得到科学解释和总结并获得世界的认可，才能培养出“四有”好教师，也才能培养出新时代中国特色社会主义所需要的合格建设者和可靠接班人。在我国，教育学成为一门独立的学科，是从清末的“废科举、兴学校”、西方资产阶级教育学输入以后才开始的，至今已有百年，历经新中国成立前、新中国成立后的两个时期四个阶段。从作为学科的教育学及其话语体系的形成开始，我国的教育学就不是国内自生的，而是从国外引进的。经过多年的努力，特别是改革开放以来丰富的教育实践成果支撑，我国的教育学话语体系不断得到丰富和发展。但是，由于多方面的原因，在教育学话语体系中依然存在诸多问题和困惑，包括教育学话语体系脱离本土文化、教育学话语体系脱离实践和教育学话语体系原创性缺失。要解决这些问题，构建中国特色教育学话语体系，必须以马克思主义为指导，坚持本土立场、实践立场和原创立场。

“当代中国正经历着我国历史上最为广泛而深刻的社会变革，也正在进行着人类历史上最为宏大而独特的实践创新。这种前无古人的伟大实践，也必将给理论创造、学术繁荣提供强大动力和广阔空间。”[①] 习近平总书记的讲话标志着构建有中国特色的社会科学话语体系进程的正式启动。从中国教育学的发展来看，话语体系不仅是中国教育学理论创新中最为核心最为重要的问题，更重要的是，只有当我们构建起教育学的中国话语体系，改革开放以来的中国教育改革与发展经验才能得到科学解释和总结并获得世界的认可，才能培养出有理想信念、有道德情操、有扎实知识、有仁爱之心的“四有”好教师[②]，也才能培养出新时代中国特色社会主义所需要的合格建设者和可靠接班人。

因此，我们有必要以史为鉴，系统分析我国教育学话语体系建设中存在的问题，提出构建有中国特色的教育学话语体系的有效路径和策略。构建中国话语的教育学，已经成为中国教育科学研究和中国教育学人必须承担起的历史重任。

一、我国学科化教育学话语体系的形成与发展

教育学在我国成为一门独立的学科，是从清末的“废科举、兴学校”和西方资产阶级教育学输入以后才开始的。自19世纪末西方教育学传入中国以来，中国教育学已经有百年的时间。

关于教育学在中国的历史发展，已有诸多学者进行了研究。例如，瞿葆奎认为，对作为学科或者课程的教育学，“大致是旧中国近50年，新中国近50年，也许可以说有四次热潮；两度曲折，一小一大。”[③] 黄济认为，从教育发展的主导思想来看，大致可以把百余年来的教育的发展分为四个时期：从20世纪初到五四运动；五四运动到全国解放；全国解放到“文化大革命”结束；党的十一届三中全会到现在。在某一时期中又可以细分为若干个小的阶段。[④] 叶澜认为，“中国教育学科的百年发展大致可以从中华人民

① 习近平：《在哲学社会科学工作座谈会上的讲话》，《人民日报》2016年5月19日。

② 习近平：《做党和人民满意的好教师——同北京师范大学师生代表座谈时的讲话》，《人民日报》2014年9月9日。

③ 瞿葆奎：《中国教育学百年（上）》，《教育研究》1998年第12期。

④ 黄济：《中国近百年教育思想回眸》，《北京大学教育评论》2003年第2期。

共和国成立为分界，划分为两大时期：两大时期又可根据教育学科发展呈现出的基本状态和主要特征分为六个阶段。其中出现过三次历史性中断和三次大的转向"[①]。笔者认为，我国作为学科的教育学百余年的发展，可以分为新中国成立前、新中国成立后的两个时期四个阶段。

（一）第一阶段（1900—1919年）

中国教育学的起步，首先始自对日本教育学的学习。在这个阶段，翻译日本的教育学已经成为一种时尚，包括翻译日本的教育学教师的讲义。例如，立花铣三郎讲述、王国维译的《教育学》，牧濑五一郎著、王国维译的《教育学教科书》，就分别在1901年和1902年的《教育世界》连载。此外，加纳友市、上田仲之助的《实用新教育学》，吉田熊次的《新教育学释义》《兰因氏之教育学》，熊谷五郎的《大学教育学》的译文，也分别在1902年、1904年、1906年、1907年发表于《教育世界》上。据记载，1896—1911年，中国共译日本教育类书76种。

那么，这个阶段的中国教育学何以仿效日本？其原因大致有三。一则"吾国教育尚在幼年时代，罕有窥斯界之真面者。与其为武断之议论，不如直译外籍，供人采择，尚不致贻误后来。"[②] 二则我国与日本一衣带水，文化接近，交流相对便当。三则当时日本经过明治维新，门户大开，学习西方教育思想与制度，变革自身教育，已见成效，颇有为他国借鉴的价值。所以日本就成为中国派遣留学生，引进教育学和有关教师的首选国家。[③] 这一点，正如张之洞所说："至游学之国，西洋不如东洋：一、路近费省，可多遣；一、去华近，易考察；一、东文近于中文，易通晓；一、西文甚繁，凡西学不切要者，东人已删节而酌改之。中、东情势，风俗相近，易仿行，事半功倍，无过于此。"[④]

事实上，尽管这个阶段中国教育学主要仿效的是日本的教育学，但就其

① 叶澜：《中国教育学发展世纪问题的审视》，《教育研究》2004年第7期。

② 陈鸿祥：《王国维年谱》，齐鲁书社1991年版，第65页。

③ 郑金洲等：《中国教育学百年》，教育科学出版社2002年版，第7页。

④ 张之洞：《劝学篇·游学第二》，载朱有瓛：《中国近代学制史料（第2辑）》上册，华东师范大学出版社1987年版，第17页。

实质来看，这个时期引进的教育学主要是赫尔巴特及其学派的教育学。原因在于，日本自明治维新以来，教育学界大多崇尚赫尔巴特及其教育学派，诸多学者把赫尔巴特学派的教育学融入自己的教育学著作中。从当时日本的一些教育学者的教育学著作来看，其框架体系与赫尔巴特的《普通教育学》基本相同。至于具体内容，特别是赫尔巴特学派的“教学的形式步骤”，通常被称为“五段教学法”，更是被吸收无遗。

（二）第二阶段（1919—1949年）

1919年至1949年，是中国教育学发展历史上蔚为壮观的一个时期。这一阶段的中国教育学已经一改以前译介日本的做法，而是把学习的对象从日本转向了美国。

美国教育家杜威在1919年来中国讲学，推动了西方教育在中国的广泛传播。1919年4月，杜威应北京大学、江苏省教育会、南京高师等五所单位邀请访华，到1921年7月回国，足迹遍布中国十三个省市，传播他的实验教育学。杜威的讲学使实验主义教育学在中国的传播达到了高峰。在1919年5月、6月商务印书馆的《教育杂志》上，连续刊载了真常的译文《教育上之民主主义》；6月的《新中国》杂志上，发表了胡适的《杜威论思想》；7月的《民国日报·觉悟》又转载了蒋梦麟的《杜威之道的教育》一文。“教育即生活”“学校即社会”“从做中学”，成为当时教育界的口头禅，介绍与传播杜威教育思想的学术机构、期刊、专著、小册子如雨后春笋，杜威的代表作《民主主义与教育》开始直接作为教育学或教育哲学教材使用。

这一时期还陆续翻译和引进了其他的教育学，如克伯屈的《教育方法原理》、桑代克和盖茨的《教育基本原理》等。此外，如夸美纽斯的《大教授学》（傅任敢译，商务印书馆1939年版）、洛克的《教育漫话》（傅任敢译，商务印书馆1937年版）、卢梭的《爱弥儿》（魏肇基节译，商务印书馆1923年版）、裴斯泰洛齐的《贤伉俪》（傅任敢译，商务印书馆1923年版）、沛西·能的《教育的重要原理及其依据》（刘朝阳译，商务印书馆1932年版）、罗素的《教育论》（周意彪译，北京文化学社1930年版）等，也都被翻译引进到我国。

在广泛学习和研究国外教育学，特别是美国教育学的基础上，我国的学者编著了大量的教育学著作，几十家出版社或机构出版了本国学者编著的70种版本的教育学。例如，舒新城著的《教育通论》（中华书局1927年版）、庄则宣著的《教育概论》（中华书局1928年版）、范寿康主编的《教育概论》（开明书店1931年版）、孟宪承主编的《教育概论》（商务印书馆1933年版）、罗延光主编的《教育概论》（世界书局1933年版）等等。

（三）第三阶段（1949—1976年）

这一阶段又可以划分为三个时期，即1949—1956年、1956—1966年、1966—1976年。

1949年到1956年是我国政治、经济、文化发生重大变革的时期，也是对教育学进行改造并全面“苏化”的时期，一改过去“仿美”的面貌。

改造旧的教育学，是与当时的政治、经济与文化的需要紧密联系在一起的。早在1940年的《新民主主义教育论》和1945年的《论联合政府》中，毛泽东就阐述了新民主主义教育的性质和任务。其后，《共同纲领》的第四十一条对新中国教育的性质、任务进行了系统、明确的规定：中华人民共和国的文化教育为新民主主义的，即民族的、科学的、大众的文化教育。人民政府的文化教育工作，应以提高人民文化水平，培养国家建设人才，肃清封建的、买办的、法西斯主义的思想，发展为人民服务的思想为重要任务。教育性质、任务与方法上的重要变革，必然要求教育学发生重要的变化。因此，以马克思主义为指导，遵循“从实际出发与实际结合”“为人民服务”的基本原则，构建新的教育学体系，成为当时中国教育学改造的一个基本特征。

对教育学的改造，并没有持续很长时间，就被全面向苏联学习代替。实际上，早在1945年，毛泽东就指出：“苏联创造的新文化，应当成为我们建设人民新文化的范例。”[①] 刘少奇也在新中国成立之初，就指出中国人民的革命过去是“以俄为师”，今后建国，同样也必须“以俄为师”，“苏联有许多世界上没有的完全新的科学知识，我们只有从苏联才能学到这些知识，例

① 《毛泽东选集》第三卷，人民出版社1991年版，第1083页。

如经济学、银行学、财政学、商业学和教育学。”[①] 1952 年 11 月，《人民教育》曾发表社论《进一步学习苏联的先进经验》，其中，对学习苏联教育经验的原因进行了说明：

要建设新民主主义教育，首先必须彻底地系统地学习苏联的先进教育经验；过去我们在这方面做得还不够彻底，也不够系统。

我们的社会，不是走资本主义的道路，而是新民主主义走向社会主义的道路，所以在教育上资产阶级的那一套——理论、制度、问题、方法等，对于我们根本不适用，只有苏联先进的经验，足以供我们借鉴。……打碎资产阶级的一套，学习苏联的先进经验，这对于我们今天的教育建设，是有头等重要意义的。

苏联的教材、教法以及教育理论、教育制度，不只是社会性方面和我们最接近，并且在科学性方面也是最进步的。因为苏联用马列主义的观点、方法和三十年社会主义建设的经验来批判、吸取并发展了国际科学的最高成果。他们的生产建设，远远超过任何资本主义国家发展的程度，因而它们的科学技术和教育建设也就有了资本主义国家所没有的最新成果。我们的社会主义性质的国营经济，计划化的生产建设，和苏联基本相同，我们的生产设备、技术管理等方面，都要迎头学习苏联，因此，在教育建设的各个方面也必须很好地学习苏联，那么培养出来的人才，才能和我们的生产建设相适应。我们的教育要为工农服务，这更是任何资本主义国家所没有的，这正和苏联相同，更是只有学习苏联的经验，才能较快较好地完成我们的教育任务。[②]

因此，教育界迅速掀起了学习苏联的热潮，尤其是学习凯洛夫主编的教育学。这次全面向苏联学习的热潮主要表现在三个方面：一是大量翻译苏联的教育学著作，如凯洛夫主编、沈颖等译的《教育学》（新华书店 1950 年版上册、1951 年版下册）；冈察洛夫著、郭从周等译的《教育学原理》（初译稿）（人民出版社 1951 年版）；叶希波夫等主编、于卓等译的《教育学》（上、下册）（东北教育出版社 1952 年版上册，人民教育出版社 1952—1953

① 《刘少奇在中苏友好协会成立大的报告》，《人民日报》1949 年 10 月 8 日。
② 佚名：《进一步学习苏联的先进教育经验——迎接中苏友好月》，《人民教育》1952 年第 11 期。

年版）等等。在这些被翻译引进到我国的苏联教育学著作中，以凯洛夫主编的《教育学》影响最大，不少高等师范院校均以此本书作为教材或主要的教学参考书，一些教育行政干部和中学教师也把这本书作为业务进修读物。二是邀请苏联专家讲授教育学。例如，北京师范大学、中国人民大学、华东师范大学等高校先后邀请苏联教育学专家来华讲学。三是不断引进苏联教育学研究的最新信息。例如，苏联在 1952 年围绕十个问题对教育和教育学展开讨论。这十个问题包括：教育这个社会现象的专门特点；教育对经济基础的关系；教育对上层建筑的关系；教育是永恒的范畴还是历史的范畴；教育中的阶级的、民族的以及全人类的东西；教育与发展；教育与遗传性；对于过去的教育遗产的态度；教育研究的方向与任务；教育学方面的理论工作与教育实践的关系。我国的《人民教育》于 1952 年 5 月号对苏联的这次讨论及时给予了介绍。

在学习苏联教育学的基础上，教育部于 1952 年刊行了供中等师范学校教学使用的《师范学校教育学教学大纲》。总的来看，这个教学大纲基本上仿效了苏联的教育学体系，尤其是叶希波夫、冈察洛夫合编的《教育学》体系。1954 年，教育部组织编订《初级师范学校教育学教学大纲（草案）》，指出："新中国的教育学是研究如何对新生一代进行社会主义教育的科学。它是马克思列宁主义教育学说与中国教育实践相结合的产物。""这本教学大纲又是参照苏联教育学的一般体系拟定的。"[①] 其后，教育部 1956 年编订的《师范学校教育学教学大纲（试用）》以及《师范学院、师范专科学校教育学试行教学大纲》，都一再提到这些教学大纲均是在结合我国教育的实际情况基础上，参照苏联 1954 年的师范学院教育学教学大纲编订而成的。[②] 由此可见，当时苏联教育学对我国教育学发展的影响是极大的。

1956 年到 1966 年是教育学中国化阶段。1955 年夏，教育部在上海召开了高师教育学教学大纲讨论会，提出了要"创建和发展新中国教育学"。其后，一些同志论述了教育学中国化问题。例如，1957 年 6 月，曹孚在《教育学研究中的若干问题》一文中，在教育观念上对以凯洛夫主编的《教育

① 《初级师范学校教育学教学大纲（草案）》，人民教育出版社 1954 年版，第 1 页。

② 《师范学校教育学教学大纲（试用）》，人民教育出版社 1956 年版，第 1—3 页。

学》为代表的苏联教育学提出了挑战。他从教育与社会结构等基本问题着手，阐释教育学研究的方法论，反对教育理论中的僵化主义，批评把马克思主义理论教条化，否定把社会主义教育模式化和孤立化，进而在方法论方面丰富了教育学中国化的理论基础。[①] 1958 年，在“鼓足干劲，力争上游，多快好省地建设社会主义”的总路线指导下，各级各类高校师生也发扬了“敢想、敢说、敢干”的创造精神，出现了大办工厂、大办农场、课程教学改革的群众运动，“教育大革命”开始了。

这个阶段，出版了一些教育学教材，包括：河北北京师范学院教育教研室主编的《教育学讲义》（1959 年），南京师院教育系主编的《教育学》（1959 年），华东师大教育学教研组、上海师院教育学教研室主编的《教育学讲义（试用稿）》（上、下册，1959 年），上海市师范学校教育学教材编写组的《教育学讲义》（试用稿）（上、下册，1959 年）等等。总的来说，这些教育学教材的共有特征是，它们均是“以毛泽东教育思想为唯一指导思想，以党的教育方针为红线，从理论和实际上来阐述毛泽东教育思想和党的教育方针，并反映我国教育革命的丰富经验，尤其是 1958 年教育大革命依赖丰富的创造性经验，并以毛泽东教育思想为武器批判教育战线上的资产阶级思想和修正主义思想，全面揭示全日制学校（以中小学为主）、半日制学校和工农业业余学校教育的规律性，使我们对教育能为伟大的教育革命服务，为多快好省地发展社会主义教育事业服务，为社会主义建设总路线、大跃进和人民公社三大法宝服务。”[②]

进入到 60 年代，教育领域的“左”倾得到了遏制，教育学建设出现了转机。1961 年开始，教育部草拟的《高校六十条》《中学五十条》和《小学四十条》，为编写中国化的教育学教材提供了一定条件。

从 1966 年到 1976 年，“文化大革命”十年，教育学学科建设表现为停滞甚至倒退，凯洛夫主编的《教育学》被大肆批判。这一时期出版的教育学几乎是同一模式：大段地引用马克思、恩格斯、列宁特别是毛泽东的语录，用语录代替说理，用语录代替论证，教育学被彻底“语录化”。

① 瞿葆奎主编：《教育学文集·教育与教育学》，人民教育出版社 1993 年版，第 579—599 页。
② 郑金洲等：《中国教育学百年》，教育科学出版社 2002 年版，第 141 页。

（四）第四阶段（1977 年至今）

粉碎“四人帮”以后，教育学迎来新的发展机遇。伴随着在全国开展的“实践是检验真理的唯一标准”的大讨论，教育界展开了关于教育本质的大辩论。1979 年，于光远发表了《重视培养人的研究》一文，指出“在教育这种现象中，虽含有上层建筑的东西，但不能说教育就是上层建筑”。[①]随后，有关教育本质的争鸣开始。从 1978 年到 1996 年，全国各类报刊发表有关教育本质的讨论文章约三百篇，并形成了教育本质的“生产力说”“上层建筑说”“社会实践活动说”“社会化说”“个性化说”“培养人说”等多种观点。

在这个阶段，教育学教材的编写也得到空前的发展。据统计，从 1979 年到 1990 年，各个类别、各个层次公开出版的教育学教材就有 111 个版本。尤其在 1986 年到 1989 年达到高峰。同时，这个阶段也注意翻译苏联、西方的一些教育学教材和属于教材性质的著作。在介绍和研究国外教育学家的新思想的同时，我国学者日益重视教育学学科体系的建设，不断拓展研究视野，加强与其他学科的沟通与融合，形成了教育学科的当代体系，注重对教育学的“元研究”，在教育学学科建设中反思批判意识不断增强。

这个阶段还有不少的教育学工具书、资料书的出版。例如，董纯长主编的《中国大百科全书·教育卷》、顾明远主编的《教育大辞典》、张健主编的《中国教育年鉴（1949—1981）》、中央教育科学研究所主编的《英汉教育词汇》、梁忠义等主编的《实用教育辞典》、瞿葆奎主编的《教育学文集》、瞿葆奎等主编的《教育基本理论之研究（1978—1995）》等等。

二、教育学中国化与中国特色教育学的探索与实践

如前所述，在我国，从作为学科的教育学及其话语体系的形成开始，就不是国内自生的，而是从国外引进的，教育学作为一门学科是“西学东渐”的结果，也是中国创办师范教育开设课程所需。从一开始的从日本引进教育

① 于光远：《重视培养人的研究》，《人民教育》1979 年第 1 期。

学（实际上引进的是德国赫尔巴特的教育学体系），到从美国引进、学习以杜威为代表的教育学体系，再到全面引进并学习苏联的教育学，无不体现我国教育学及其话语体系的形成与建立主要来自对西方教育学的“全盘引进”。在对西方教育学及其话语体系的全盘引进、吸收、学习的过程中，由于西方教育学及其话语体系未必都适应我国的需要，必须对其进行改造，使之适应我国的需要，由此，就必然产生教育学中国化和中国教育学、中国特色教育学等问题。

（一）新中国成立以前教育学中国化的探索与实践

在新中国成立以前，伴随西方教育学在中国的全面引进，就有一些学者对教育学中国化问题进行了思考与实践。“教育学教材编写必须结合中国实际，可视作是教育学中国化意识的进步”①。1914 年 8 月 28 日，当时的教育部明确提出，教育科教科书编写方针“采取注重本国特殊之国民性，参合东西洋各种教育学说，标示中国的教育指针，教练生徒的方针”②。

在 20 世纪 20 年代我国开始全面学习和介绍美国的教育学说的同时，也有一些学者对全面照搬照抄美国教育学理论进行了反思。庄泽宣在《如何使新教育中国化》一书中指出：“现在中国的新教育不是中国固有的，是从西洋贩来的，所以不免有不适合中国的国情和需要的地方。”因此，新教育需要中国化，即“合于中国的国民经力，合于中国的社会现状，能发扬中国民族的优点。”③ 舒新城指出：“无任何种新方法之发现，原意在补旧的弊端，方法不过是一种手段，目的在于满足当时的需要”，④ 所以就需要弄清楚“它到底原理何在，产生之原因何在，这方法，是否是我们所需要”。同时，他还提出：“此时我们当急于预备者，不在专读外国书籍，多取外国材料，而在用科学的方法，切实研究中国的情形，以求出适当之教育方法……使中国的教育中国化。”⑤

① 叶澜：《中国教育学发展世纪问题的审视》，《教育研究》2004 年第 7 期。
② 中央教育科学研究所：《中国现代教育大事记》，教育科学出版社 1988 年版，第 259 页。
③ 庄泽宣：《如何使新教育中国化》，民智书局 1929 年版，第 23 页。
④ 舒新城：《道尔顿制可有的弊端》，《中华教育界》1923 年第 13 卷第 2 期。
⑤ 舒新城：《论道尔顿制精神答余家菊》，《中华教育界》1923 年第 13 卷第 8 期。

应该说，在这一时期的教育学中国化的探索与实践中，以陶行知、陈鹤琴、晏阳初为代表。陶行知曾师承美国哲学家、教育学家和心理学家杜威，并深受杜威实用主义教育理论的影响，也曾大力倡导、宣传和实践杜威的教育学说和理论。但是，到1927年，陶行知进行了反思和批判，他指出："我从前也是把外国教育制度拉到中国来的东洋车夫之一，不过我现在觉得这是害国害民的事，是万万做不得的。"[①] 他在实践中认识到，传统教育已经成为中国新教育的绊脚石，但是被称为进步主义的实用主义教育也无法解决改造中国教育的问题，为此，必须从中国国情出发，打破对外国的崇拜，建设适合中国国情的教育理论。经过多年的实践和努力，他创立了"生活教育理论"。在他看来，中国教育要实现教育的普及，就需要认定中国是一个穷国，就必须采用"用穷的办法去普及穷人所需要的粗茶淡饭的教育"方针，[②] 就必须从劳苦大众的生活实际出发，不妨碍工农的生产、不强迫人家丢掉饭碗去读书的原则，使用小先生制、传递先生制、全国知识分子总动员、创办工学团等灵活多样的普及教育的方法。

陈鹤琴是在改革中国传统教育和洋化教育的过程中，创立了活教育理论。一方面，针对当时脱离实际的死教育（教死书，死教书，教书死；读死书，死读书，读书死）的实际，他创立了活教育理论，就是要研究"怎样使这种腐化的教育，变为前进的、自动的、有生气的教育，我们怎样使教师教活书，活教书，教书活。我们怎样使儿童读活书，活读书，读书活"[③]。另一方面，针对中国近代的学前教育机构和学前教育国外移植化倾向严重的问题，陈鹤琴指出："现在中国所有的幼儿园，差不多都是美国式的。幼稚生听的故事是美国的故事，看的图画是美国的图画，唱的歌曲是美国的歌曲，用的教材，也有许多是从美国来的。就连教法，也不能逃出美国化的范围。这并不是说美国化的东西是不应当用的，而是因为两下的国情上的不同"[④]，他们认为好的东西，在我们用起来未必都是优良的。因此，必须根据我国当时经济文化落后的、教育的对象主要在农村这一国情，在乡村兴办

① 《陶行知全集》第二卷，湖南教育出版社1985年版，第18页。
② 《陶行知全集》第二卷，湖南教育出版社1985年版，第718页。
③ 《陈鹤琴全集》第四卷，江苏教育出版社1991年版，第314页。
④ 《陈鹤琴教育文集》下卷，北京出版社1983年版，第8页。

幼教事业。

晏阳初是平民教育运动和乡村改造运动的倡导者，他主持的中华平民教育促进总会（简称“平教会”）所进行的河北定县乡村平民教育实验，在这场运动中占有举足轻重的地位。在他看来，其时中国所有的问题是“人的改造”，“中国大部分的文盲不在都市而在农村，中国以农立国，中国的大多数人民是农民。农村是 85% 以上人民的着落地，要想普及中国的平民教育，应当到农村去”。[①] 不仅要对农民普及实施一种作为完整的人的国民教育，而且要通过农村教育从总体上推进乡村建设，从改造农村着手来改造社会。进而，他提出：“平民教育运动的目标，就是要在生活的基础上，谋求全民生活的基础建设，为中国的教育谋一条出路，为中国人的生活问题，谋一解决”[②]。在定县乡村平民教育实验中，针对过去教育与社会相脱节、与生活实际相分离的弊端，晏阳初提出了“农民科学化，科学简单化”的平民教育目标，并在农村推行“四大教育”，采取“三大方式”。

（二）新中国成立以来教育学中国化与中国特色教育学的探索与实践

新中国成立以后，由于确定的建国方针是“以俄为师”，我国教育界开展了学习苏联的办学经验和教育理论学说活动，凯洛夫的教育学直接作为高校的教育学教材。1956 年，新中国基本完善生产资料私有制的社会主义改造，确立了社会主义公有制制度，而且随着中苏两国意识形态的分歧，我国教育学界开始批判凯洛夫教育学，再次提出“教育学中国化”问题。1957 年，张文郁在《人民教育》发表了《为繁荣教育科学创造有利条件》一文，明确提出了“教育学中国化”问题。其后，瞿葆奎在《教育学“中国化”问题》一文中，对教育学中国化的含义和如何使教育学中国化等问题进行了探讨。

教育学中国化探索，集中体现在 1958 年所开展的以教育与生产劳动相结合的“教育大革命”。这一时期对教育学中国化的探索是既否定历史，也无视现有理论，而只与政治密切相关的“中国社会主义教育学”建设。这

① 《晏阳初全集》第一卷，湖南教育出版社 1989 年版，第 245—246 页。

② 中华平民教育促进会：《平民教育定县的实验》，1933 年版，第 1—2 页。

一时期全盘批判和否定了苏联的教育学，我国的教育学受政治意识形态的影响走向了“政治化”的道路，所编写的各种教育学教材，实际上是教育方针政策的汇编，或者是对教育方针政策的诠释。此时，提出的中国教育学的任务，也具有很明显的“中国”特征。例如，在广东师范学院主编的《中国教育学讲义》中提出中国教育学的任务包括：第一，研究马克思列宁主义教育理论、毛泽东同志教育思想和中国共产党的教育方针政策，并以此武装我国教育工作者，使他们懂得我国的教育工作方针与教育目的的精神实质，明确我国教育事业必须由党来领导，必须贯彻群众路线，必须使教育为无产阶级政治服务，必须使教育与生产劳动相结合，总之，明确教育工作方向。第二，研究和总结我国多快好省地发展社会主义教育事业的规律性和经验，以丰富和发展我国教育科学，指导我国社会主义教育建设的实践。第三，指导学生学习和掌握教育学的基本知识、技能和技巧，使之具有从事教育工作的全面负责的实际能力，培养学生具有全心全意为人民教育事业服务的思想，自觉地做一个名副其实的又红又专的能从事智力劳动，亦能从事体力劳动的中等学校的人民教师。[①]

为了总结“教育大革命”的经验和教训，1961 年 9 月 15 日，中共中央批准试行《教育部直属高校暂行工作条例（草案）》（简称“高校六十条”），其后，《全日制小学暂行工作条例（草案）》《全日制中学暂行工作条例（草案）》（分别简称“小学四十条”“中学五十条”）颁布试行。这些条例颁布试行的目的，是力图使我国的教育摆脱苏联的影响，建立一种适合我国国情的社会主义教育独特体系和模式。1961 年，周扬在教育部召开高等学校文科教材会议上指出：“编出一个好的教材首先要总结自己的经验，整理自己的遗产，同时要有选择有批判地吸收外国的东西，只有这样，才能编出具有科学水平的教材，才是中国的教育学、中国的文艺学。”[②] 1962 年刘佛年主编的《教育学》教材注意到中国的教育实际，力图从“政策汇编”中摆脱出来，在一定范围也力图突破苏联教育学的模式。不过，在当时特定

① 广东师范学院教育学教研组：《中国教育学讲义》，载郑金洲、瞿葆奎：《中国教育学百年》，教育科学出版社 2002 年版，第 151—152 页。

② 周扬：《关于高等学校文科教材编选的意见——一九六一年四月十二日在高等学校文科教材编选计划会议上的讲话》，《教育研究》1980 年第 3 期。

的历史背景下，该教材不可避免地带有“政治化”痕迹。1966—1976年“文化大革命”期间，教育学变成了教育方针、教育政策的阐释以及领袖人物言论的注解，最后演化为语录式的教育学，使我国教育学的发展停滞不前甚至大幅度退步。

改革开放以来，研究者围绕教育学中国化进行了新的探索，提出了中国教育学、中国特色教育学以及中国教育学派创建等命题。例如，有学者指出，新世纪教育学的发展方向“不应再是以西方为本作前提的‘中国化’，而是要创建‘中国教育学’。这里的‘中国’，其内涵不只是指教育学要从本国的文化传统中找到自己的根、开发其当代价值，也不只是指教育学要以本国的教育实践和教育问题作为发展教育理论之不可或缺之源，而是指中国学者应为教育学发展做出世界性贡献。教育学的世界宝库中应该也有中国的原创性成果，中国教育学人为此也要为中国教育学界与世界其他国家教育学界交流时能平等对话，交互影响作努力。”[①] 同时，建设有中国特色的教育学也成为学界研究的热点问题，诸多学者探讨了关于中国特色教育学的内涵、中国特色的教育学创建路径、中国特色的教育学未来发展等问题。例如，一些学者指出，中国特色的教育学应该是“具有中国传统特点的教育学，是以中国民族为主体创建的教育学”[②]。中国特色的教育学，“其内容必须符合中国教育的实际情况，其理论要能指导解决中国教育中的实际问题，其语言要使中国人能看懂并感到亲切”[③]。也有学者指出，教育本土化的核心是如何理解和构建有中国特色的教育学。教育是一种价值负载的实践活动，以这种活动为对象的教育学就必须突出民族性或地缘性的特征，要批判性地吸收、创造性地转化“舶来”的概念、命题和理论。同时，作为一门解释性的学科，教育学同民族国家的社会文化紧密联系，其话语背后往往隐含着某种社会文化权力的争夺。因此，建立一种既能代表自己文化同一性，又不妨碍进行跨文化对话的话语体系，是第三世界的教育学“去殖民化”的一个可能环节。中国特色教育学的构建，应在“原创性本土语言”与

① 叶澜：《中国教育学发展世纪问题的审视》，《教育研究》2004年第7期。
② 鲁洁：《建设具有中国特色的社会主义教育学管窥》，《教育评论》1988年第1期。
③ 冯忠汉：《教育学研究要团结协作面向实践》，《教育研究》1983年第11期。

“西方的话语体系”的双向交流中，朝着民族特色和地区特色的方向努力。[①]也有学者对中国特色的教育学中“特色”的内涵进行了解读，指出“特色”涵盖了民族化和本土化两层含义：一是基于本民族的传统教育文化的、具有原创性特征的特色；二是外来的理论进行本土化之后形成的特色。也就是说，中国教育学应该具有相对独立的理论品格，促进中国教育的发展，进而能够在世界教育学中获得自身的地位。[②]

21世纪以来，一些学者提出了创建中国教育学学派问题。例如，有学者指出，通过学派建设促进学科发展是新时代的必然要求。“反思中国教育学的百年之路，一个总体的问题是学派成长的缺失，即‘内涵式’、‘开创性’发展不足。教育学研究一直在较低的水平上徘徊，鲜有重大的、整体性、原创性成果的出现。这种情况直接导致了教育学学科发展的危机。事实上，在中国教育学学科危机的背后，隐藏着教育学学派的贫乏。学科危机是表象，学派贫乏是本质。”[③] 也有学者就中国教育学学派创建的条件、创建方式、学派具有的条件与标准等理论问题进行了研究。例如，有学者指出，构成学派至少要具备三个基本条件：其一，人物的代表性和研究的群体性；其二，立场的一致性和发展的脉络性；其三，学说的独立性和发展的对话性。[④] 也有学者提出，衡量当代中国教育学学派的基本标准主要包括三点：其一，立足于研究当代中国教育的基本问题和重大课题，形成了基本的、重要的、符合时代精神和现代人素质发展需要的教育理论、思想和观念；其二，其教育理论、思想、观念是科学的、严密的、体系化的，是连续的和可持续发展的；其三，其理论、思想、观念是长期付诸实践的，并且被实践证明是切实可行的、行之有效的，对实践产生了重大而积极的影响。[⑤]

有关中国教育学学派创建，除了理论研究以外，也有学者对创建中国教育学学派提出了自己的主张，例如，“生命·实践”教育学派。该学派以中

---

① 杨杏芳：《教育学的重构：问题的发现与悖论的揭示》，《教育理论与实践》2004年第5期。

② 刘黔敏：《建设中国特色的教育学：挑战与应答》，《教育理论与实践》2004年第21期。

③ 靖国平：《从“学科立场”到“学派立场”——论中国教育学的学派意识及其实践路向》，《高等教育研究》2006年第1期。

④ 李政涛：《论中国教育学派创生的意义及其基本路径》，《教育研究》2004年第1期。

⑤ 靖国平：《从“学科立场”到“学派立场”——论中国教育学的学派意识及其实践路向》，《高等教育研究》2006年第1期。

国社会转型时期的变革与发展为背景，以“新基础教育”的实践探索与理论研究为基础，以创造和重建适应当代中国教育需要的本土化教育学体系为目标，关注人的生命发展，重视实践在教育研究中的价值，显示出在当代世界教育理论和教育学派风起云涌过程中建设中国教育学的自觉担当。在中国教育学重建过程中，力图实现三个转向：从“引进式加工”转向“原创性发展”、从“哲学性演绎”转向“扎根性研究”、从“依附性寄居”转向“独立性存在”。[①]

三、我国教育学话语体系存在的问题

经过多年的努力，特别是改革开放以来丰富的教育实践成果支撑，我国的教育学话语体系不断得到丰富和发展，在教育学学科发展和话语体系建设中本土立场、中国特色原创精神、教育实践日益受到重视。但是，由于多方面的原因，在教育学话语体系中依然存在诸多问题和困惑。

（一）教育学话语体系脱离本土文化

纵观我国教育学百余年发展历史，毋庸置疑，脱离本土文化导致中国话语缺失是我国教育学话语体系中存在的主要问题。

1. 教育学建立伊始的中国话语缺失

正如前文所述，作为学科的教育学建立伊始，就不是国内自生，而是移植引进，是一个被公认的“移植学科”，其建立与19世纪末20世纪初我国师范教育的创办与发展需要密切相关。新式学堂开办需要大量的师资，培养师资就需要办师范教育，教育学课程是师范教育所必需的。但是，中国古代教育实践和学术研究，并没有产生出系统的、理论形态的教育学，“教育学在我国作为一门学科出现，是由西方传入的，是在清末西学东渐的文化潮流中产生的结果”。[②]

20世纪初，我国教育学的移植引进，处于中国古代学术传统向近代学

① 王枬、王昊宁：《浅析“生命·实践”教育学的中国元素》，《教育学报》2011年第5期。

② 胡德海：《教育学原理》，甘肃教育出版社1998年版，第83页。

科转型的历史阶段，是一种“中断传统”的“全盘引进”。[1] 显然，任何教育理论、教育范式、教育方法、教育话语都具有价值取向和特定的文化立场，不可能“价值无涉”。“一个社会中教育家所关注的问题，构建的理论以及采用的方法都会受到他所处的社会的文化力量的影响。西方学者的教育理念与方法是西方文化的产物，是与西方社会文化和价值体系具有同构性的。”[2] 由于教育学学科建立伊始的“中断传统”，全盘引进移植日本式的赫尔巴特教育学，缺乏对引进移植的西方教育学话语体系背后的文化立场和价值体系的思考与反思，直接导致了教育学在建立伊始中国话语缺失。

显然，我国教育学学科建立伊始的“中断传统”“全盘引进”，究其根源，与当时的“教育救国”“教育强国”的社会背景以及“无传统的学术基础”有关。一方面，教育学在中国的引进与传播与当时改良主义的“维新运动”这一特定的社会政治文化背景密切相关。在维新运动中，教育被视为“第一政事”。兴教育、办新学堂就需要大量师资，师范教育的创办就成为当时的重要任务。因此，“当时中国之言革新者，不论保守党、进步党、急激者，莫不公认教育为当今唯一之问题矣。即就教育而论，不论官立学堂、民立学堂，莫不公认师范为当今唯一之急务矣。”[3] 那么，这个阶段的中国教育学何以仿效日本？其原因大致有三。一则“吾国教育尚在幼年时代，罕有窥斯界之真面者。与其为武断之议论，不如直译外籍，供人采择，尚不致贻误后来。”[4] 二则我国与日本一衣带水，文化接近，交流相对便当。三则当时日本经过明治维新，门户大开，学习西方教育思想与制度，变革自身教育，已见成效，颇有为他国借鉴的价值。所以日本就成为中国派遣留学生，引进教育学和有关教师的首选国家。[5] 这一点，正如张之洞所说：“至游学之国，西洋不如东洋：一、路近费省，可多遣；一、去华近，易考察；一、东文近于中文，易通晓；一、西文甚繁，凡西学不切要者，东人已删节

① 叶澜：《中国教育学发展世纪问题的审视》，《教育研究》2004 年第 7 期。

② 万明钢、王平：《教学改革中的文化冲击与文化适应问题》，《教育研究》2005 年第 10 期。

③ 朱有瓛：《论中国成就师范之难·中国近代学制史料（第 2 辑下册）》，华东师范大学出版社 1988 年版，第 275 页。

④ 陈鸿祥：《王国维年谱》，齐鲁书社 1991 年版，第 65 页。

⑤ 郑金洲、瞿葆奎：《中国教育学百年》，教育科学出版社 2002 年版，第 7 页。

而酌改之。中、东情势，风俗相近，易仿行，事半功倍，无过于此。”[①]

此外，教育学“中断传统”的“全盘引进”也与缺乏内在的学科理论根基有关。毋庸置疑，几千年的中华文明沉积了十分丰富的教育思想和教育理论，如孔子、孟子、朱熹、王夫之等，都对教育有着深入的思考和独到的见解，这些思考和见解对我国的教育实践有着重要的指导意义。但是，包括孔子在内，中国古代教育史中的著名人物，没有一人能够被称为教育学家，也没有一本独立的教育专著。长期处于私塾、个别化教学为主的中国封建社会教育实践，也难以产生出系统化、理论化的教育学。正因为如此，尽管从学术发展角度，“中国教育思想源远流长，天然地粘合渗透在博大的中国思想史中，有着很浓厚的文化传统底蕴，是很‘国粹’的一种思想文化存在；但从学科意义上来说，中国教育学却采取了‘无中生有’的移植方式，是一种被公认的‘移植学科’，对于无法忽视的传统教育思想，开辟了‘中国教育史’学科，而自此以来，它也就很安静地以‘历史’的方式存在着，很少迈出‘中国教育史’的门槛”[②]。

2. 教育学话语体系发展中脱离本土文化

1919 年至 1949 年，是中国教育学发展历史上蔚为壮观的一个时期。美国教育家杜威在 1919 年来中国讲学，推动了西方教育在中国的广泛传播。这一阶段的中国教育学已经一改以前译介日本的做法，而是把引进移植的对象从日本转向了美国，实用主义教育思想逐渐占据统治地位。当时不仅有设计教学、道尔顿制的实验，更为重要的是“‘五四’以后的几个大的教育实验，如陶行知的‘生活教育’、晏阳初的‘平民教育’、黄炎培的‘职业教育’、梁漱溟的‘乡村教育’、陈鹤琴的‘活教育’等等，除梁漱溟的‘乡村教育’外，其余的教育实验大都与实用主义的教育思想有关。”[③] 新中国成立以来，教育学引进对象和内容发生了巨大变化，一改过去“仿美”的面貌，开始全面学习苏联，尤其是学习凯洛夫主编的《教育学》。

改革开放近四十年以来，我国的教育学依然存在着全方位学习、引进西

---

① 张之洞：《劝学篇·游学第二》，载朱有瓛：《中国近代学制史料（第 2 辑上册）》，华东师范大学出版社 1987 年版，第 17 页。

② 叶澜等：《基础教育改革与中国教育学理论重建研究》，经济科学出版社 2009 年版，第 452 页。

③ 黄济：《中国近百年教育思想回眸》，《北京大学教育评论》2003 年第 2 期。

方教育理论的倾向。一批学子进入了英、美等西方各国的大学的教育学院或师范学院学习教育学，国内的学者通过译著和学术交流也能对西方的教育学耳熟能详。几乎每一个时期，都会有一位或若干位别国的教育家和他们的理论成为中国教育理论研究和实践的话语主题。从赞可夫、布鲁纳、巴班斯基、维果斯基、苏霍姆林斯基、皮亚杰、布卢姆、科尔伯格、加涅、奥苏贝尔，到目前十分流行的加德纳的多元智能理论、建构主义和后现代主义等等，这些耳熟能详的人物和理论，伴随着中国教育理论研究和教育改革的过程。我国教育学的百年发展，也逐渐形成了对国外教育学、教育理论翻译、介绍、评述、编撰、自编，并紧跟国外潮流，赋予其“新理念”，并使之指导中国教育实践的一系列消化吸收的引进移植范式。

显然，这种教育学发展过程中的引进、借鉴、学习过度倾向以及由此形成的“媚外”心态导致了极为严重的后果就是：我国的教育学科发展长期以来离“根”离“土”，所用的概念、基本假设、分析框架和研究方法大都来自西方，用于指导教育改革、解决教育问题的理论也多是西方教育理论，甚至我们讨论的话题也是由西方人提出的。殊不知，“由于不同的教育学形成和发展于不同的文化传统之中，带有不同的文化指令，所以，当一种教育学进入另一种文化传统的时候，两种文化观念就会发生程度不同的冲突，必须进行整合。在这个问题上没有很好地解决以前，它是不能在另一种文化中生存发展的，更不用说成为教育实践的指导性理论”[①]。因此，毫无反思和批判地接受西方的教育学理念或理论框架，不仅解决不了中国教育问题，而且会误导中国教育问题的解决。此外，“如果只是‘单向度’地把引进西方理论、向西方学习作为国际化，这只是能把中国教育学置于西方教育学的依附状态、边缘状态，这种‘学徒’心态，无疑强化了西方理论的中心地位和话语霸权。”[②]

（二）教育学话语体系脱离教育实践

“历史和逻辑应当统一。无论何种学科体系，它都必须有独特的价值，

---

① 石中英：《教育学的文化性格》，山西教育出版社 1999 年版，第 303 页。

② 冯建军：《构建教育学的中国话语体系》，《教育科学文摘》2015 年第 6 期。

能够通过本学科的发展来推进实践，这样才有存在的合理性”①。教育学也是如此。从根本上说，作为一门应用性或实践性的学科，教育学需要在教育实践中定位自身价值，教育实践是具有中国特色的教育学话语体系建设的生命源泉。

但事实上，教育理论与教育实践脱离问题是一个教育理论界与实践界公认存在的老问题。诸多学者对这一问题进行了批判与反思。例如，有学者指出：“在教育学研究中，教育理论既不能给我们以精神的依托，也不能使我们具有足够的实践性力量。在教育学发展过程中，教育理论越来越远离教育实践，教育理论研究者习惯于在封闭的学术理论领域中苦心钻研，一心想用‘自己’的理论去框定实践，让实践去适应所谓的理论，他们遗忘了教育实践这片沃土，忘记了只有根植于实践之上的理论之花才能开得更加长久”②。也有学者指出，理论和实践的“脱离”依旧是教育学发展、教育研究进行和教育实践变革的困厄，中国教育学的理论构成中缺少浸入实践的研究和生成于实践的理论。那种纸上谈兵式的“实践”，更多时候是虚构的和抽象的“实践”，是思辨中的“实践概念”，和活生生的、真实的实践生活也隔着需要“再联系”的遥远距离。③ 甚至有学者认为教育理论与教育实践目前处于这样一种状态：“研究成果越来越多，但对教育实践的描述、解释、说明、预测却越来越少，教育理论研究群体自身似乎逐渐步入一个自我欣赏、自我师承循环的怪圈之中。”④

总的来看，教育理论脱离教育实践体现在两个方面：第一，这种“脱离”体现在教育理论来源和形成方式上，即教育理论未能观照我国现实的教育实践及其教育实践问题，没有从我国教育实践中汲取构建的资源。第二，这种“脱离”体现在教育理论不能对教育实践做出合理的解释与说明，不能对教育实践的发展做出预测与评判，用超乎教育现象的理想化认识来指导实践，用简单化了的推理来认识、界定复杂的教育实践。尽管导致教育理

---

① 刘旭东：《“现代性”教育学的批判与反思》，《西北师范大学学报（社会科学版）》2007 年第 4 期。

② 卢红：《教育学发展中的继承与创新》，《教育研究》2007 年第 7 期。

③ 吴黛舒：《中国教育学学科危机探析》，《教育研究》2006 年第 6 期。

④ 郑金洲：《期待聚焦实践的教育理论研究》，《上海教育科研》2004 年第 1 期。

论脱离教育实践的原因是多方面的，但是，教育研究者埋头书斋、脱离实践无疑是导致理论脱离实践的重要根源。尽管如今从事教育研究的队伍庞大，但躬身教育实践、做到理论与实践“联姻”的研究人员并不多，相当多的教育研究者是从书本到课堂，从课堂到论文、著作，头脑中有的只是有大量概念、原则、理论构成的教育，却始终不肯从“高阁深院”中走出，投身于真实的、鲜活的、有血有肉的教育实践。由此，所形成的教育理论及其话语体系在追求普遍性的过程中，忽略了教育实践本身的多样性、情境性、不确定性、生成性等内在特征，漠视了教育实践者在实施教育理论过程中的主体性以及教育实践者个人经验或知识的支撑价值，最终导致教育理论难以诠释并指导教育实践。

（三）教育学话语体系原创性缺失

在人文社会科学的学科群中，教育学是晚熟的，而且是以“无中生有”的“舶来”方式产生。“晚熟曾让我们产生过学科自卑，并且习惯了向哲学、心理学、社会学这些先成熟的学科讨生活；‘舶来’则使我们产生过挥之难去的‘引进情结’，也习惯了以国外的研究尤其是发达国家的研究替代自己的研究。”[①] 面对其他学科研究成果和国外教育研究提供的充沛资源，作为晚熟的“舶来品”，教育学话语体系的建设需要借鉴和学习，这是一门学科生存和发展所必需的。但是，从我国教育学百余年发展的历史来看，教育学和教育研究几乎始终停留在“引进、消化和吸收”层面，而未达到“创新、重构、输出”的高度，教育学自身的独立思考、批判意识和学科的独立性正在逐渐丧失，教育学原创性不足成为学界对我国教育学的一个基本判断。

1. 教育学话语体系原创性缺失的表现

总的来看，教育学话语体系缺乏独立思考和批判的品格主要表现在以下两个方面：第一，教育学在与哲学、心理学、社会学、政治学等其他学科的关系上，由于过度依附于其他学科，缺乏独立思考和自主意识，所研究和探

① 杨小微：《中国教育学：在与相关学科的对话中成长》，载郭文安、王坤庆主编：《教育学研究与反思》，华中师范大学出版社 2011 年版，第 64 页。

讨的问题可以被还原为哲学问题、心理学问题或社会学问题，教育研究中所使用的概念、范畴、命题、方法甚至解释的框架，都是从其他学科体系中借鉴而来，导致自身独特的对象域、问题域被遮蔽，各个学科理论都在教育学中占有一席之地，将教育学分割、支解，教育学丧失自己的独立性，表现出“学科失语”。对此，有学者指出：“教育理论是一门缺乏原驱动力的理论……教育研究基本上是一种基础外推型研究，即在基本原理与方法论上取自于其它学科。”[①] 也就是说，教育学之所以缺乏原驱动力，究其根源在于移植了其他学科的理论与逻辑。

第二，在与西方教育理论的关系上，由于未能批判性地引进西方教育学话语体系，我国教育学引进有余而创新、重构与输出严重不足，这不仅加剧西方理论的中心地位和话语霸权，而且导致我国教育学话语体系存在严重的“接着说”问题，缺乏创新性。在描述教育学发展历程时，无论是先抄日本（日本式的赫尔巴特学派教育学）、再仿美国、后学苏联，总是避免不了“抄”“仿”“搬”等字眼。进入 20 世纪 80 年代教育学学科恢复与发展以来，特别是进入全球化时代，教育理论研究和教育实践依然停留在引进、借鉴、消化吸收国外特别是西方发达国家教育理论层面，诸如建构主义、多元智能、后现代主义、效率、产品、经营、问责、委托、管理等国人耳熟能详的理论和术语，几乎都是西方“舶来品”。针对这一局面，有学者认为我国教育科学研究中出现了一种“从属理论”的现象：从研究内容上，主要是翻译、介绍、诠释国外科学研究成果；从研究形式上，主要采用比较研究的方法，但比较研究只是一个空壳，基本上复制别人的思想、理论、定理、观点、结论和假说；从研究成果上，基本没有原创性的发现和理论，更为重要的是没有开创性的研究领域和问题，只是亦步亦趋地跟随、模仿、验证等重复劳动；从研究话语体系上，是一种比较艰涩、痕迹明显的翻译语言。[②] 总之，“教育学在中国的历程中，形成了对国外教育学翻译、介绍到述评、编纂、自编等一系列吸收消化的‘中国范式’，并随着吸收对象的更替而多次循环，还视这种循环为‘发展’……中国教育学科的发展离‘根’离

① 周浩波：《元教育理论研究纲略——“教育”意义的探索》，《华东师范大学学报（教育科学版）》1995 年第 1 期。

② 吴岩：《从属理论现象与教育理论研究创新》，《教育科学研究》2003 年第 7 期。

‘土’，未构筑起自己的‘家园’，长期保留着‘舶来品’这一从降生之日就带有的‘胎记’”[①]。

2. 教育学话语体系原创性缺失的原因

总的来说，教育学话语体系原创性不足的原因是复杂的，既有研究者自身的原因，也有教育学科自身的原因；既有主观原因，也有客观原因。

一方面，教育学话语体系原创性缺失与研究者自身的因素有关。教育研究者或者终日迷恋书斋而不关注教育现实，或者心性浮躁、急功近利而丧失学术求真之精神，或者不加批判反思地接受、引进、传播舶来的教育学话语体系，这些都必然直接导致教育研究的原创性不足。

另一方面，教育学话语体系原创性缺失与制度和环境因素有关，现有的制度与环境不利于原创性研究的涌现。具体来说，第一，我国教育科研基础比较薄弱，尚处于主要消化国外先进教育理论乃至发展中国传统教育模式的继发性研究阶段；第二，我国尚未形成支持和滋养原创性教育研究的文化、社会和教育制度方面的环境和条件；第三，教育研究原创性的复杂性与艰巨性与我国教育科研力量总体水平不高的矛盾十分突出；第四，我国教育科研的管理体制和科研项目资助体制不能适应原创性研究的需要。[②]

此外，教育学话语体系原创性不足也与教育学科自身有关。教育学科是一门晚熟的学科，晚熟不仅意味着学科发展基础薄弱，学科积累不足，需要向其他学科和国外教育理论借鉴学习，同时也意味着教育学科的研究对象比其他学科更为复杂。这种复杂性根植于教育活动是培养人的活动。人的复杂性以及育人活动的动态生成性，使教育学成为一门更具复杂性的学科，也增加了教育研究原创性的困难程度。

四、构建具有特色的中国教育学话语体系的路径与策略

思想是变革的先声，理论是实践的指南。中国教育改革与发展、中国教

① 叶澜：《中国教育学发展世纪问题的审视》，《教育研究》2004 年第 7 期。

② 傅维利：《教育研究原创性探析》，《教育研究》2003 年第 7 期。

育学科发展需要具有中国特色的、系统而专业的教育学话语体系作为基础，需要充分体现着中国特色、中国风格、中国气派的教育学话语体系作为依托。要构建具有中国特色的教育学话语体系，必须以马克思主义为指导，坚持本土立场、实践立场和原创立场。

（一）坚持本土立场

构建具有中国特色的教育学话语体系，首先应该坚持本土立场。“教育作为一个实践的领域，其真正的本质在于地方性或民族性。教育毕竟是由它所服务的具体国家的文化和历史传统形成的。”[①] 坚持本土立场，意味着教育学话语也不可能游离于教育生活。中国教育学话语来源和表达的根基只能是中国教育实践，中国教育学也只能从自己的土壤中生发出独特的话语体系。

1. 从中国优秀传统文化中汲取营养

习近平总书记明确指出：“博大精深的中华优秀传统文化是我们在世界文化激荡中站稳脚跟的根基。中华文化源远流长，积淀着中华民族最深层的精神追求，代表着中华民族独特的精神标识，为中华民族生生不息、发展壮大提供了丰厚滋养。”[②] 中华民族有着深厚文化传统，形成了富有特色的思想体系，尤其在教育方面。无论是在人生哲学、道德教育、师生关系还是教学，都有精辟的论述和典型范例。这些优秀的文化遗产，是构建具有中国特色的教育学话语体系的源头活水。

第一，任何话语体系都反映着不同的民族文化和时代精神，有着不同的民族传承、历史和文化特征。中华民族具有悠久的文化教育传统，教育思想源远流长，这种文化教育传统已经构成我们每一个中国人独特的文化遗传基因，不管人们是否意识到、是否愿意，每一种外来文化都不可避免要经过这种文化遗传基因的过滤和筛选。“我们的教育管理人员，我们的教师，我们的学生，都必然因受到中国文化熏陶而形成他们具有中国特色的教育行为。如在我国教育中对道德品质培养的重视，在个体与集体的关系中强调集体的

---

① 胡森：《教育研究的国际背景》，载瞿葆奎主编：《教育学文集·教育研究方法》，人民教育出版社 1988 年版，第 56 页。

② 《习近平谈治国理政》，外文出版社 2014 年版，第 164 页。

取向等。”[①] 因此，如果不能自觉认识本民族文化，吸吮着中华民族漫长奋斗积累的文化养分，而只是简单把其他国家、民族的经验和教育研究成果移植过来，不仅难以解释种种带有中国特色的教育行为，更难以解决中国教育问题。

第二，认识和掌握中国优秀文化教育遗产，是增强民族自信心、文化自信和学术自主的必然要求。中华民族具有无比深厚的历史底蕴，几千年的中华文明沉积了十分丰富的教育思想和教育理论，如孔子、孟子、朱熹、王夫之等都对教育有着深入的思考和独到的见解，这些丰富而宝贵的文化教育遗产我们没有理由不继承并发展之。特别是在当今这样一个全球化时代，中国的教育学要跻身世界学术之林，中国的教育研究成果要获得国际学术界的公认，破解西方教育理论的中心地位和话语霸权，更需要扎根本土，吸收本土文化的精髓。

需要关注的问题是，任何的历史文化遗产，都是在一定社会条件下和在一定思想指导下的产物，因而不可避免地带有一定的历史局限性以至阶级局限性，精华与糟粕并存。为此，在加强对中华优秀传统文化的挖掘和阐发的同时，要有所选择，必须结合实际创造性地运用，只有这样才能做到“古为今用”。

2. 以开放、批判的态度寻求与西方教育理论的对话

世界各国、各民族学术文化发展的历史证明：“一种学术、文化的生命力是由其源泉和自身内容的丰富性、与外界交往的机会与频率，对外界学术文化吸收力的强弱、学术文化所依存的社会活力及活动范围等因素所决定的。学术、文化的传播与交流，可以使得各种文化学术形态增殖出许多不被原地理环境所约束的、超越这种地理环境的因子。”[②] 因此，坚持本土立场，并不意味着封闭和排外，相反，构建具有中国特色的教育学话语体系，需要以一种开放、批判的态度，寻求与西方教育理论的平等对话。

一方面，“开放”意味着坚持本土立场并不是要排斥其他国家的学术研究成果，关门闭户做彻头彻尾的本土特色，所研究的中国经验也不过是某种

① 鲁洁：《试论中国教育学的本土化》，《高等教育研究》1993 年第 1 期。
② 鲁洁：《试论中国教育学的本土化》，《高等教育研究》1993 年第 1 期。

“单极思维”，即“基于对本土经验的研究，提出纯粹的本土理论概念、范畴和构架，形成所谓‘原汁原味’的中国社会学理论”。[①]“开放”的态度意味着在构建具有中国特色的教育学话语体系中，我们应该主动自觉地学习和借鉴一切有益的理论观点和学术成果，在与不同国家、不同民族、不同文明的交流与对话中加深理解，扩大共识，增进友谊，推进合作，用恰当的教育学话语和形式表达中国观点、中国立场，为教育学的发展做出世界性的新贡献。

另一方面，“批判”的态度意味着绝不能盲目照搬西方教育理论中所谓流行的概念、分析框架、理论体系，而必须坚持马克思主义的立场、观点、方法，从实际出发，批判地吸收借鉴，而不是简单地移植、消化和吸收。习近平总书记指出：“一些理论观点和学术成果可以用来说明一些国家和民族的发展历程，在一定地域和历史文化中具有合理性，但如果硬要把它们套在各国各民族头上、用它们来对人类生活进行格式化，并以此为裁判，那就是荒谬了。”[②] 因此，对于西方的教育理论观点与学术成果，必须持一种反思批判态度，把西方教育理论置于中国的文化境域下，判断该理论观点和学术成果是否符合我国的国情和教育发展实践，是否符合人类社会共同价值观和时代精神，是否能够与我国教育传统和民族文化进行有价值的对话，是否能够对我国的教育实践做出合理解释。与此同时，在这种反思批判中，实现与西方教育理论的平等交流和对话，增强中国教育研究者的文化自觉与文化自信，打破西方话语垄断和话语霸权。

（二）坚持实践立场

构建有中国特色的教育学话语体系离不开中国的教育实践，必须坚持实践立场，中国的教育改革与教育实践是中国特色的教育学话语体系产生发展的源头活水。

1. 构建具有中国特色的教育学话语体系必须坚持实践立场

坚持实践立场，是具有中国特色的教育学话语体系的根本属性，也是构

① 郑杭生、杨敏：《中国社会转型与社会制度创新——实践结构论及其运用》，北京师范大学出版社 2008 年版，第 76 页。

② 习近平：《在哲学社会科学工作座谈会上的讲话》，《人民日报》2016 年 5 月 19 日。

建具有中国特色的教育学话语体系的先决条件。具有中国特色的教育学话语体系是以马克思主义为指导的科学体系，坚持一切从实际出发，主观与客观相符合、理论与实践相统一，强调理论源于实践，根植于实践，从实践中来，在实践中发展、到实践中指导、用实践来检验的鲜明的实践特色。因此，具有中国特色的教育学话语体系是基于教育实践的鲜活理论，是随着教育实践的发展而不断发展的开放体系，而不是空洞、僵化的封闭体系。丰富而鲜活的中国教育改革与教育实践，才是具有中国特色教育学话语体系产生与发展的不竭源泉，也是检验具有中国特色的教育学话语体系的唯一标准。

此外，坚持实践立场是具有中国特色的教育学话语体系发展的内源性需求。一般来说，一门学科的发展有两种类型，即内源式发展和外源式发展。内源式发展依靠当下实践的事理观察，以及历史经验的积累与传承。外源式发展大致有三种路向：一是从其上位学科（如哲学）向下推演。应当看到，尽管哲学能为教育提供宏阔的视野和具有穿透力的方法论工具，但哲学的概念、原理不能直接“翻译”为教育学的话语。二是从平行的其他学科进行类比推演。显然，与相关学科平视对话是必要的，但是由于研究旨趣、探究对象及核心问题诸多方面的差异，同样不能简单复制。三是从域外同类学科进行迁移式的构建。但是，这种路径依然难以催生出体现中国原创的本土理论。[①] 由此可见，具有中国特色的教育新概念、新表述、新范畴，既不能从哲学和其他相关人文社会科学中获得，也不能照搬或者复制国外的教育学科研究成果，只能从中国当前的教育改革与发展的实践中以内源式的归纳积累方式获得。

2. 在与实践的相互滋养中构建中国特色的教育学话语体系

坚持实践立场构建具有中国特色的教育学话语体系，不仅意味着教育理论研究者打破业已形成的理论为研究对象的局限，关注实践、参与实践，而且意味着教育实践者自身角色转型并积极参加教育研究，提高双方批判和改造实践的能力，构建“研究—实践共同体”。

第一，教育理论研究者应主动关注并参与教育实践。尽管教育理论研究者有其独有的角色定位、任务和责任，但是，由于教育理论归根结底来自实

---

① 杨小微：《教育学研究的“实践情结”》，《教育研究》2011 年第 2 期。

践，其主要功能是指导教育实践，为教育实践提供处方和建议，所以，教育研究必须面向实践，教育理论研究者的研究对象必须突破现有局限，把研究对象拓展到当前社会改革与教育实践中去，以研究教育实践中的现实问题为己任，坚持以教育现实问题为反思对象，彻底改变过去那种脱离现实、单纯从概念推演中寻求出路的老路子。这种研究对象的拓展和研究模式的变革，其价值不只是验证某一已有的理论，也不仅仅是用某种理论去指导实践，更为重要的是，“为理论提供新的来自生动实践的养料，使实现新的、富有时代气息的结构式的理论更新具有可能……这种研究具有双重价值：促进研究人员观念自我更新和形成新的问题域、发展理论的价值”①。这正是教育实践对理论研究者精神的滋养过程。因此，教育实践不只是教育理论的“试验田”，更是具有中国特色的教育新概念、新表述、新范畴、新思想的“培养基”。

需要关注的问题是，要求教育理论研究者，特别是教育基本理论研究者关注并参与社会改革与教育实践，并不是要求他们必须进入应用研究层面，更不是不区分理论的层级而要求无论什么理论都必须给实践带来操作性的效应和直接应用，否则就是脱离实践。坚持实践立场，意味着必须正确认识不同层次、不同类型的教育理论与实践之间的关系，充分肯定教育基本理论研究存在的重要价值。教育“基本理论研究对实践的作用形式可能是间接的，但它更具有总体性、根本性、动力性、透析性和方向性，它通过对其他成员观念、思想方法带来的冲击性影响，促进他们在自己的实践中作出新的创造来发挥作用”②。

第二，教育实践者应积极参与教育研究。构建具有中国特色的教育学话语体系，不仅仅是教育理论工作者的责任和任务，也是广大教育实践者群体的重要责任和任务，他们是对我国教育改革与发展具有最终影响力的群体，也是蕴含着巨大潜能的群体。但是，目前的问题是，大多数的教育实践者（包括教育行政管理者、教师、校长）常常把自己实践的改变寄托于教育理

① 叶澜：《思维在断裂处穿行——教育理论与教育实践关系的再寻找》，《中国教育学刊》2001 年第 4 期。

② 叶澜：《思维在断裂处穿行——教育理论与教育实践关系的再寻找》，《中国教育学刊》2001 年第 4 期。

论研究者提供的具体的、操作性的指导，尚未认识到自己的头脑中所存在的“缄默知识”对自身行为、自己实践所起到的作用，也就难以成为教育改革的主动自觉的创造者。因此，要解决这一问题，就必须重视教育实践者自身的角色转变，使他们认识到，自己不仅是教育管理、教育教学的实践者，也是教育管理、教育教学的研究者。

当然，教育实践者的研究与教育理论研究者的研究有所不同，他们的研究通常是在教育实践中、以自身的教育实践为对象的研究，是深入教育实践并与教育实践相联系的研究。通过计划、行动和反思，教育实践者研究自己的行为，解决自己在教育教学实践中遇到的问题，使自己的行为从日常的教育教学活动中向研究性的实践活动转化，并对自己的实践活动进行批判性反思，进而提高自己的理论素养和实践能力。

第三，构建“研究—实践共同体”。教育理论研究者以“强介入”的方式，即“研究者怀抱改进实践的意向，直接介入到教育实践过程中，与教育实践者共同创造一种新的实践形态”[①]，就生成了一个特殊的“研究—实践共同体”。

在这种共同体中，“理论从中获得创生，而创生中的理论不断汇入到生成中的实践；实践在理论的渗入中又不断调整。在理论的参与中，实践的动力性因素处在不间断地累积与调适中，这些动力因素有的作为促进力量汇入到了实践之‘流’中，并转化进实践的作品中，有的则反作用于实践主体，引起主体理论的增强和意识的敏感化，还有的则返归于研究者，对理论的创生产生新的挑战或需求，于是，又促进了理论的不断丰富与更新，而后再返回实践……由此，展现出教育理论与实践之间持续不断地循环互动、相互构建、互动生成的关系图景”[②]。

（三）坚持原创立场

习近平总书记在哲学社会科学工作座谈会上的讲话中指出：“我们的哲学社会科学有没有中国特色，归根到底要看有没有主体性、原创性。跟在别

① 叶澜等：《基础教育改革与中国教育学理论重建研究》，经济科学出版社 2009 年版，第 369 页。
② 叶澜等：《基础教育改革与中国教育学理论重建研究》，经济科学出版社 2009 年版，第 369 页。

人后面亦步亦趋，不仅难以形成中国特色哲学社会科学，而且解决不了我国的实际问题。”[①] 因此，构建有中国特色的教育学话语体系，必须坚持原创立场，开展原创性研究。

尽管不同学者在对原创或原创性的界定上有所差异，但总的来看，教育理论的原创性主要体现在三个方面：第一，从学科自身发展角度，教育理论的原创性意味着研究问题的原发性、研究素材的原始性以及对后继研究的引导性。其中，“原创”中“原”的内涵指“以自己特有的研究对象、视角、思维方式、命题的言说方式等”构成了一个“论述框架与范式”。这个“论述框架与范式”成为同类研究的起点并为同类研究预设一个“问题域”，使其紧随其后的研究，都不得不从这个起点出发或不得不在“原创者”所设定的“问题域”内发问。“原创”中的“创”意味着“发现了新的研究对象，或者拓展了原有研究对象的范围，并为此提供了新的研究基础；提出了新的研究问题的视角和思维方式；形成了新的独立的别人无法替代的言说方式与表达方式；以上述三者为基础，提出了新的问题、概念、范畴、命题和观点”[②]。

第二，从中外关系的维度来看，教育理论的原创性意味着本体性是其应有之义。立足原创立场构建中国特色的教育学话语体系，就是要立足中国教育实践，摆脱我国教育学一贯对国外教育理论的依附状态和自卑心态，提高民族自信心。因此，教育理论的原创性指“以本国教育发展需要和问题为研究的本源，通过各种不同手段获取原始性素材，或作原始性（相对于‘验证性’）的研究，进而得出在国内或国际范围内富有独特性和创新性的理论（或其它形态的研究成果）”[③]。

第三，从研究结果的影响来看，教育理论的原创性意味着研究结果对实践具有较大影响力。这包括：教育研究成果能够运用到教育教学中；能够激发教育实践者变革的意识和欲望，帮助教育实践者改变并形成新的思维方式和行为方式，促进教育发展和社会进步。

---

① 习近平：《在哲学社会科学工作座谈会上的讲话》，《人民日报》2016年5月19日。

② 李政涛：《教育研究的原创性探询》，《教育评论》2000年第1期。

③ 叶澜：《世纪初中国教育理论发展的断想》，《华东师范大学学报（教育科学版）》2001年第1期。

毋庸置疑，理论的生命力在于创新。社会转型时期的中国教育改革与发展需要原创性教育研究，我国教育研究自身的进步和社会发展转型也为教育研究的原创提供了可能。笔者以为，在进一步推进教育学的原创性研究，构建具有中国特色的教育学话语体系过程中，作为原创性研究主体的教育研究者的作用至关重要，特别是研究者的问题意识、学术批判能力和求真的科学精神。如前所述，我国教育学话语体系原创性不足的关键在于研究者问题意识薄弱、学术批判能力不强、急功近利功利化严重。因此，坚持原创立场，推进教育学的原创性研究，就必须考虑从以下三个方面做出努力。

一是提高教育研究者的问题意识。从事任何学术研究，都要有问题意识，理论创新只能从问题开始。有问题才有研究动因，才能形成研究的课题。因此，必须增强教育研究的问题意识，使其能够形成推进和改进教育实践的使命感，在理论研究中不断观照教育实践，并在这种观照中发现教育的真问题。这种真问题必须满足四个标准：（1）是教育实践的“疑问”“怀疑”，而不是知识的累积、堆砌；（2）是“教育”的问题，而非教育的边缘问题；（3）是本土的问题，是本土教育理论和实践发展中迫切需要解决的问题，而不是一个外国的问题、虚无的问题；（4）是研究者体验到的问题，充满研究冲动的问题。[①]

此外，问题意识并非凭空产生，它不仅源自于研究者对研究对象深入的思考以及对所有研究成果的充分把握，更源自于生活的实际，而不是学科体系中。因此，教育研究者要提高自身的问题意识，就必须深入到中国教育的实际，把握时代脉搏，在立足中国教育现实处境中谋求教育学话语的生成，形成富有个性的言说方式，产生真正的创新性成果。

二是增强研究者的学术批判能力。批判是理论思维的特质，是理论创新的必然要求。鉴于我国教育学引进、借鉴有余而创新、重构与输出严重不足这一问题，必须不断提高教育研究者的学术批判能力，对于国外或者其他学科的各种理论、概念、话语、方法，要有分析、有鉴别、有批判，而不是不加批判地接受、引进、传播、使用。从批判性质来看，学术批判有两类：

① 冯建军：《教育理论的“失语”与原创性诉求》，《南京师范大学学报（社会科学版）》2003 年第 5 期。

（1）思维层面的先验批判。主要针对教育研究主体的知识生产能力及其有效性，论证的是教育研究者精神生产观念本身的合法性，是关于思维方式的批判，它直接规定着教育研究本体论上的可能性。（2）“存在”领域的经验批判。它针对的是教育知识生产中的各种具体产品，是对各种客观材料的批判，尤其是对各种“常识”“权威看法”的再审查。①

三是重塑教育研究者求真务实的科学精神。坚持原创立场，推进中国教育学的原创性研究，要求中国的教育研究者必须克服功利化和浮躁心态，以一种求真务实的科学精神，走出“书斋”，投身于中国教育改革实践中，不断增强自身的责任感和民族自尊心，超越功利、甘于寂寞，在对学术文化的不断追问中重新寻找学术生命的意义和价值。

---

① 郑金洲：《中国教育学 60 年——1949—2009》，华东师范大学出版社 2009 年版，第 240—241 页。

结　语

努力提升国际学术话语权

沈壮海

不论从学术发展本身而言，还是就提升国家文化软实力、维护国家文化安全等角度而言，努力提升中国学术的国际话语权，都是一个极为重要而紧迫的课题。近年来，我国的国际学术话语权不断提升，但仍然相对薄弱。进一步提升我国的国际学术话语权，需要将学术话语体系与话语权的探讨和建设置入更加宏阔与深层的背景中来认识，将之深深植根于以内涵与质量为主题的扎实的当代中国学术建设进程；此外，还需要立足中国、面向世界积极构建开放包容、客观公正的学术发表与评价体制，处理好研究中国与研究世界、研究中国与表述中国、增进学术自主性与扩大学术开放等一系列重要关系。

随着国家硬实力的不断提升，随着人们文化自觉自信的不断增强，切实提升中国学术在国际范围的话语权，扩大中国学术的国际影响力，也越来越成为中国思想文化理论界的重要期盼，成为社会普遍关注的理论热点。有效推动中国学术国际话语权的提升，需要我们深刻认识当今时代提升国际学术话语权的重要性和紧迫性，基于我们学术发展的实际，积极探寻提升国际学术话语权的有效路径。

一、国际学术话语权及其意义

概括而言，学术话语权，即相应的学术主体，在一定的时空范围内、学术领域中所具有的主导性、支配性的学术影响力。这种学术影响力，表现在引领学术发展的趋向、决定学术议题的设置、左右学术评判的尺度、主导学术交流的势态等诸多方面。对于一个国家而言，其在国际范围内所拥有的学术话语权的大小，反映着其学术发展的整体高度，是衡量其综合国力和文化软实力强弱的重要标尺，也折射着其维护自身文化安全与意识形态安全能力的高下。不论从学术发展本身而言，还是就提升国家文化软实力、维护国家文化安全等角度而言，努力提升中国学术的国际话语权，都是一个极为重要而紧迫的课题。

提升国际学术话语权，是繁荣学术之需。近年来，推动哲学社会科学的繁荣发展，越来越成为当代中国兴国之略中的重要内容。2004 年，中共中央颁发《关于进一步繁荣发展哲学社会科学的意见》，对新的社会历史条件下哲学社会科学的繁荣发展问题作出了全面的规划和部署。党的十七大从推动科研方法、学术观点、学科体系创新的角度提出了繁荣发展哲学社会科学的战略要求；党的十八大进一步从建设社会主义文化强国的高度作出了建设哲学社会科学创新体系的战略部署；党的十九大再次强调，要加快构建中国特色哲学社会科学。判断一个国家哲学社会科学繁荣发展的客观进程与实际成效，既需要看学术的发展在认识世界、传承文明方面所发挥的积极作用，考量学术建设在推动国家经济社会发展和民众素质提升中产生的现实成效，同时也需要以开阔的国际视野分析其在世界学术格局中的贡献、分量与影响力。提升国际学术话语权，既是繁荣学术的重要目标，也是学术繁荣的重要标志。国际学术话语权逐步提升的过程，即学术渐趋繁荣的过程；国际学术话语权的大小，是衡量学术繁荣程度的重要尺度。

提升国际学术话语权，是提升国家文化软实力之重。国家文化软实力，即一个国家在国际舞台上所具有的文化吸引力。这种吸引力，形成多因，体现多样。提升国际学术话语权，事关国家文化软实力赖以生成的最深层根源，也直接影响国家文化软实力借以发挥作用的关键群体，是提升国家文化软实力的重要路径。一方面，价值观是文化之髓，也是一种文化能够产生强大吸引力即软实力的最深层根源。哲学社会科学领域的学术话语体系，大都体现着相应的价值立场、强化甚或重塑着相应的价值观念。与此相应，在国际范围内，谁拥有学术话语权，谁就拥有将自己的价值观贯穿、传播到相关学术领域及学术活动内外的主导权，谁就拥有潜移默化地引导相应价值观念发展变化的影响力。就此而言，一个国家学术话语体系的建设和国际学术话语权的提升，始终与其主导性价值体系的建设紧密地联系在一起，与其国家文化软实力的提升深深地涵融为一体。另一方面，作为一种吸引力，文化软实力既可以体现在大众层面，也可以体现在文化精英层面。实现文化在这两个层面影响力的不断增强与扩大，均为提升国家文化软实力应当关注的基本方面，两者之间也相互转化相互影响。但客观而论，一种文化在文化精英层面的影响力，则更直接地确证着这种文化软实力的强弱。学术话语权便是一种文化在文化精英层面影响力的直接体现。一个国家如若没有国际学术话语权，就会缺乏在国际范围内影响他国文化精英的能力。从当今世界学术概念、范畴、理论、方法的原创、生产与传播、消费格局，从一个国家为当今世界学术版图所作贡献的大小，人们是可判断这个国家文化软实力的大小。总之，不论从文化软实力生成、发展的资源角度，还是从文化软实力影响对象与层面的角度，我们都不难看到学术话语权与文化软实力之间的这种密切关联。约瑟夫·奈曾言："我们可以创造能够在全世界进行传播的词汇和理念，这样的'实力'就可以称作'软实力'"[①]，在信息时代，"话语成为软实力的货币"[②]。这些论述，揭示的其实也正是包括学术话语权在内的"话语权"在提升国家文化软实力中的重要意义。因此，我们当下提升国家文化软实力的努力中，不能只靠传统演艺，不能只靠"舌尖上的中国"，不能只靠文化产业的振兴，不能只靠艺术家、企业家、美食家在世界舞台上的出场，而是要在做出这些努力的同时，推动中国学术的崛起，推动中国学者在世界舞台上的出场。

提升国际学术话语权，是维护国家意识形态安全之要。当今世界，不同

① ［法］弗雷德里克·马特尔：《主流：谁将打赢全球文化战争》，刘成富等译，商务印书馆2012年版，序言，第3页。

② ［美］约瑟夫·奈：《权力大未来》，王吉美译，中信出版社2012年版，第147页。

价值体系的竞争、意识形态的较量不仅没有停止，而且以更加复杂的形态存在与展开。其中一个重要特点，便是意识形态理论与学术理论、意识形态交锋与学术交流之间的相互浸融、深层胶着。众多为人们所熟知的西方理论家，实际上都客观地充任着西方意识形态大师的重要角色。全球化、现代化、文明的冲突、软实力等诸多理论学说，都无一例外地具有鲜明的意识形态指向。美国学者雷迅马便曾这样评论“现代化理论”：“我要指出的是，现代化理论决不仅仅是一种纯粹学术性的学说。到20世纪60年代时，现代化理论已经成为一种关于进步的幻象，它预言世界的未来发展方向是自由主义、资本主义和非革命化的。作为一种有吸引力的学说，现代化理论似乎也成为一篇‘非共产党宣言’，一种美国可以用来加速全球发展的手段，而美国主导下的发展模式将消减激进主义的吸引力和必要性。”[①] 无独有偶，法国社会学家布迪厄也曾如此评论美国的“现代化”学说：“美国社会科学界曾长期使用的‘现代化’一词，作为一种婉转说法，来强加一种进化论的、天真的种族中心论模式。这种模式是根据各社会与经济上最先进的社会即美国社会的距离，来排列它们的地位，把美国社会认定为人类历史的终极目标。”[②] 约瑟夫·奈的软实力理论最初便是他为美国在新的世界格局中能够“注定领导”的政治献策，具有强烈的意识形态色彩。有美国学者曾谓软实力不过是“一副包藏铁手的丝绒手套而已”[③]。丝绒手套即文化映象，即意识形态妆扮，即抚慰人心之具。这个形象的概括其实也点出了软实力理论的意识形态色彩、意识形态功用。学术与意识形态的这种相互浸融、深层胶着，使得意识形态的交锋、碰撞伴随着学术交流的日益频繁而更加复杂多样，也在某种程度上使得具有较强学术话语权的意识形态理论的对外传播更加畅行无阻、润物无声。俄罗斯学者谢·卡拉—穆尔扎便曾着力探讨过西方的有关理论学说在苏联意识形态演变过程中的影响。他指出：“（西方的）操纵家们炮制了洪涛巨流般的、含义令人捉摸不定的谬误理念和模棱两可的

① ［美］雷迅马：《作为意识形态的现代化》，牛可译，中央编译出版社2003年版，中文版序。

② 参见河清：《全球化与国家意识的衰微》所附之布迪厄《遏止野火》译文，中国人民大学出版社2003年版，第162页。

③ 哈佛大学教授尼阿尔·弗格森（Niall Ferguson）语。转引自朱世达：《当代美国文化》，社会科学文献出版社2011年版，第78页。

语词”，“委婉动听而又新颖别致的名词术语”，“并把它们向公众倾泻”①。作者感慨：“在俄国，大众意识中已被灌输进去一连串的幽灵语言，要将这套东西逐出我们的家园谈何容易。”② 走出学术领域简单被动地接受“倾泻”之地，最根本的是要提升自己在世界文化格局、学术格局中的势位。而学术势位得以提升的根本路径或者说显著标志，即国际学术话语权的有效提升。

二、当前我国国际学术话语权的估量及其成因

与当代中国的发展进步、中国学术的日渐繁荣相关联，国际学术界正在形成越来越多、越来越强的中国关注。换言之，当代中国的国际学术话语权正处于不断提升的进程之中。然而，我们更应当看到的是，与中国硬实力的奇迹般崛起形成鲜明对比的，仍是我们软实力的相对轻柔、文化影响力的相对不足、国际学术话语权的相对薄弱。

我国国际学术话语权的相对薄弱表现在诸多方面，最集中的表现之一，即在于我们虽然推出了日趋繁富的学术成果，但是学术成果的日趋繁富并未产生或转化为广泛而持久的国际学术影响力。学术成果的日趋繁富，是当前我国学术发展呈现出的重要阶段性特征。据统计，我国日报发行量、图书出版品种和总印数世界第一，电子出版物总量、印刷业整体规模世界第二，已成为名副其实的出版大国③。2014 年，全国共出版图书 44.8 万种，较 2013 年增加 0.4 万种，增长 0.9%；其中，新版图书 25.6 万种，重印、重版图书 19.3 万种④。我们虽然一时还无法从中提取出学术著作的准确数字，但从出版物数量的如此之巨，亦足可窥见学术著作的数量之丰。与此形成较为鲜明对比的，则是我们在版权贸易方面长久以来的赤字。据统计，在全国版权输出品种保持基本不变的情况下，2014 年我国输出出版物版权 8733 种，较

① ［俄］谢·卡拉—穆尔扎：《论意识操纵》（下），徐昌翰等译，社会科学文献出版社 2004 年版，第 499 页。

② ［俄］谢·卡拉—穆尔扎：《论意识操纵》（下），徐昌翰等译，社会科学文献出版社 2004 年版，第 512 页。

③ 《我国日报发行量、图书出版社品种和总印数世界第一》，《新闻记者》2015 年第 12 期。

④ 《中高速增长彰显可持续发展力——2014 年新闻出版产业分析报告》，《中国报业》2015 年第 15 期。

2013年增加289种，增长3.4%；全国版权输出品种与引进品种比例由2013年的1∶1.7提高至1∶1.6。[①] 输出与引进品种比例的不断提高，是近年来我国国际版权贸易的一个重要特点，折射了中华文化、中国学术影响力不断提升的良好态势。但是仔细分析版权贸易的具体区域分布，不难发现我们版权输出的对象仍主要为中华文化圈，与西方发达国家间的逆差仍然较大。2014年，我国从美、英、法、德输入版权数量为9913项，向四国输出版权数量仅为2502项，输入与输出的数量之比约为4.0∶1。另有统计表明，2010年，我国SSCI文献占世界份额仅为1.09%，而美国则为36.33%，英国为9.46%，德国为5.69%。[②] 从这些数据中，我们足可品味当今世界文化格局中的强弱，品味中国学术国际影响力的大小。

我国国际学术话语权相对薄弱的另一集中表现，是当今中国学界诸多学术领域中占主导地位的概念范畴、关键议题、基本理论以及理论研究的参照尺度等等，多为“舶来品”。繁富的学术成果中，“洋话”相对较多而“中国话”相对较少。学术的深度交流是学术发展进步的基本条件，学术上的相互采借既是学术活动中的普遍现象，也是学术前行的重要路径。当代中国的学术发展，无疑应当打开眼界面对精彩的世界。但是，如果一个国家的学术在总体上主要扮演着他人原创性学术成果消费者的角色，那么，这种主要处于跟踪、描摹状态的学术研究自然不可能拥有较强的国际话语权。综观当代中国的哲学社会科学领域，向西洋看，随西风走，显然是一个不容否认的客观存在。对此，近年来海内外多有评议。郑永年曾撰文尖锐指出：“无论从内部世界还是从外部世界来看，中国缺失自己知识体系的现状令人担忧。……中国的知识界没有努力建设自己的知识体系，或说自己的社会科学，而是拼命地使用外在的知识体系解释中国，结果往往是曲解”，“他们不是努力发展自己的知识体系，而是继续使用西方的概念和理论。在中国土地上生存着无数的西方经济学家、西方社会学家、西方政治学家，但却没有自己的经济学家、社会学家和政治学家。结果呢？大家越说越糊涂，越解释

① 《中高速增长彰显可持续发展力——2014年新闻出版产业分析报告》，《中国报业》2015年第15期。

② 余莉：《SSCI收录我国社会科学文献的基本状况研究》，吉林大学博士学位论文，2013年，第60页。

越不清楚”，“很多人像是被西方的知识体系洗脑了一般，非常满足于思维、思想被殖民的状态，掌握了几个西方概念，就觉得掌握了真理。真理在手，就高人一等。用西方概念训斥人，是很多中国知识分子的高尚职业”，“现代中国的大转型，并没有造就中国自己的知识体系，这应是中国知识界的羞耻”①。这些评论中对某些问题之存在程度的判断、对当代中国知识界有关主观意愿的判断与描述等，的确还存在许多值得讨论的地方，但西方学术话语体系在中国学界的广泛影响，确实毋庸讳言。这种状况的存在，既直接影响到中国学术认识、解决中国问题的能力与成效，也直接影响到中国学术向世界解释和说明中国的能力与成效，成为中国国家软实力提升的重要制约。“没有知识体系的严重结果，就是中国没有自己的国际话语权。中国努力借用外在世界尤其是西方的知识体系认识自己，解释自己。借用他人的话语权向他人推广自己，是中国知识界面临的困境”，“显然，在能够确立自己的知识体系之前，中国没有可能成为真正的大国”。②

当前我国国际学术话语权不强的现实状况，是延绵至今的西强我弱文化格局、国际知识权力结构的一个具体反映。西强我弱，是人们对当今世界文化格局的基本判断。这一文化格局的渐趋形成，是伴随着近代史的开篇而开始的。虽然到 18 世纪的时候，欧洲的不少政要和学者仍然盛赞中华文化的魅力，但实际上，他们关注的多为中华先民留下的文化遗产而非当时中国人的文化创造，其中也包含着他们基于自己社会的现实需要而对中国这个异邦的美丽想象。随着资产阶级在西方国家的崛起，随着资产阶级向世界市场的挺进，西方文化也随之奔走于世界各地。正如马克思恩格斯在《共产党宣言》中所描述的那样：“资产阶级，由于开拓了世界市场，使一切国家的生产和消费都成为世界性的了”，“资产阶级，由于一切生产工具的迅速改进，由于交通的极其便利，把一切民族甚至最野蛮的民族都卷到文明中来了”，“正像它使农村从属于城市一样，它使未开化和半开化的国家从属于文明的

① 郑永年：《中国研究和中国的知识体系》，见中外文化交流中心编著：《2014“汉学与当代中国”座谈会文集》，中国青年出版社 2015 年版，第 387—390 页。

② 郑永年：《中国研究和中国的知识体系》，见中外文化交流中心编著：《2014“汉学与当代中国”座谈会文集》，中国青年出版社 2015 年版，第 388、390 页。

国家，使农民的民族从属于资产阶级的民族，使东方从属于西方"[①]。"使东方从属于西方"，不仅是一种经济、政治支配的格局，也是一种与之相应的文化格局，其中也包含着世界知识权力体系的格局。构始于18世纪中叶的现代意义上的社会科学体系，也正是伴随着这一进程不断向全球扩张，并于20世纪"在国际体系中形成明确的知识权力结构"。与其时国际体系中政治和经济上的核心区与边缘区结构相应，这一国际体系中的知识权力结构也呈现明显的核心与边缘的结构特征。"所谓知识领域的核心区，主要是指那些创造概念和范畴的地区，而边缘区自然是指那些消费核心区创造出来的概念和范畴的国家和地区。核心区在政治学、经济学、社会学以及历史学的创造性表现在：一是立足核心区的社会现实经验进行概念和范畴的原创；二是对边缘区的社会现实经验或进行概念、范畴的原创，或进行案例实证，并借助英语这种'国际化'语言进行推广。边缘区在政治学、经济学、社会学以及历史学的消费性表现在：一是在核心区创造出来的概念和范畴的框架下对自己所处的地区进行实证分析，以寻求二者的差异性和关联性；二是直接消费和借用核心区学术界关于本地区的知识。"[②] 这一国际体系中的知识权力结构虽然长期以来经常受到逆抗与挑战，但时至今日，仍然是我们不能不承认的一种客观存在，以至于"我们所关心的话语（discourse），深深根植于西方发达国家的文化，我们无从逃遁"[③]。

我国现代意义上的社会科学体系，最初也是站在这种知识权力结构的边缘而萌生的。换言之，现代意义上的社会科学是作为西学的一部分而渐浸中土的。至19世纪与20世纪之交，西方的社会科学开始为国人相对自觉而主动地引介，并逐渐随着中国现代大学的建立与发展等而在中国得以制度化地成长。在社会科学引入中国的进程中，中国学人很早便有了比较明确的自主性追求，甚或可言，自主性追求自人们从西方引入社会科学的自觉行为开始之时便已伴之而行。这种自主性，即按照中国的特点建设具有自己主体性的社会科学的意识与追求。1918年，蔡元培先生在其所撰的《〈北京大学月刊〉发刊词》中强调大学是"共同研究学术之机关"的同时，便明确声言：

① 《马克思恩格斯选集》第一卷，人民出版社2012年版，第404—405页。

② 王正毅：《世界知识权力结构与中国社会科学知识谱系的构建》，《国际观察》2005年第1期。

③ ［英］汤林森：《文化帝国主义》，冯建三译，上海人民出版社1999年版，第3—4页。

“研究也者，非徒输入欧化，而必于欧化之中为更进之发明”。[①] 20世纪30年代，学界关于现代化问题的讨论、关于中国本位文化建设的讨论等，也都包含着这种自主性的意识与追求。1938年，毛泽东在《论新阶段》中提出“马克思主义的中国化”这一命题之后，学界也随之掀起“学术中国化”的运动。1939年2月，张申府发文《论中国化》，提倡社会科学化、科学社会化、中国科学化、科学中国化。“科学中国化”，即“要使中国在科学上有其特殊的贡献，使科学染上中国的特色”。[②] 1940年2月，嵇文甫撰写《漫谈学术中国化问题》一文称：“当中华民族正拼死苦斗，从血泊中打开出路，以自决其前途命运的时候，‘中国化’的口号被提出于学术界，这是富有历史意义的。中国需要现代化，需要把世界上进步的学术文化尽量吸收，使自己迅速壮大起来。然而我们有自己的社会机构，有自己的民族传统，有自己的历史发展阶段；不是可以随便安上美国的头，英国的脚，要方就方，要圆就圆的。世界上任何好东西，总须经过我们的咀嚼消化，融合到我们的血肉机体中，然后对于我们方为有用。我们不能像填鸭似的，把外边的东西尽管往自己肚里硬填；不能像小儿学舌似的，专去背诵旁人的言语，我们要‘中国化’，要适应着自己的需要，把世界上许多好东西都融化成自己的。”[③] 在这一运动中，潘菽、柳湜、潘梓年、侯外庐等均发表论作探讨学术的中国化问题。新中国成立及改革开放之后的发展进程中，我们的哲学社会科学体系更是在曲折前行中不断增进自己的主体性，以中国自有的特点迅速发展，成为变革当代世界既有知识权力结构的一股重要力量。但客观而言，在整体上，国际体系中的既有知识权力结构仍未明显扭转或改变。有效提升国际学术话语权，推动构建新的国际知识权力结构，成长为世界知识领域的核心区，仍然是当前中国学术发展面临的一个艰巨任务。

---

① 蔡元培：《〈北京大学月刊〉发刊词》，见蔡尚思主编：《中国现代思想史资料简编》第一卷，浙江人民出版社1982年版，第427页。

② 张申府：《论中国化》，见罗荣渠主编：《从“西化”到现代化：五四以来有关中国的文化趋向和发展道路论争文选》，北京大学出版社1990年版，第579—580页。

③ 嵇文甫：《漫谈学术中国化问题》，见罗荣渠主编：《从“西化”到现代化：五四以来有关中国的文化趋向和发展道路论争文选》，北京大学出版社1990年版，第627页。

三、国际学术话语权提升的中国之路

基于对创新型国家建设、国家文化软实力建设等的战略关注，基于对当前中国学术发展阶段性特征与历史使命等的深刻认识，近年来，学术话语体系的建设、国际学术话语权的提升，日益成为当代中国学术发展进程中的一项战略性要求，并于党的十八大之后受到党和国家以及学界的进一步关注。2013 年 8 月 19 日，习近平同志在全国宣传思想工作会议上强调指出："要精心做好对外宣传工作，创新对外宣传方式，着力打造融通中外的新概念新范畴新表述，讲好中国故事，传播好中国声音。"① 同年 11 月 12 日，中国共产党第十八届中央委员会第三次会议通过的《中共中央关于全面深化改革若干重大问题的决定》也明确提出要加强国际传播能力和对外话语体系建设，推动中华文化走向世界。是年底，在主持中央政治局第十二次集体学习时，习近平同志再次从提高国家文化软实力的角度阐述了提高国际话语权的意义与要求。也是在 2013 年 12 月，中国社科院、中央党校、教育部、国家行政学院、中央文献研究室、中央党史研究室、中央编译局、中国外文局等作为成员单位的全国哲学社会科学话语体系建设协调会议机制正式宣告成立。在 2016 年 5 月 17 日召开的哲学社会科学工作座谈会上，习近平同志再次强调："发挥我国哲学社会科学作用，要注意加强话语体系建设。在解读中国实践、构建中国理论上，我们应该最有发言权，但实际上我国哲学社会科学在国际上的声音还比较小，还处于有理说不出、说了传不开的境地。要善于提炼标识性概念，打造易于为国际社会所理解和接受的新概念、新范畴、新表述，引导国际学术界展开研究和讨论。"对外话语体系建设、国际话语权建设、哲学社会科学话语体系建设等具有不同的内涵与指向，但也具有紧密的关联性，共同构成当代中国国际话语权建设的战略综合体。在这一战略综合体中，提高当代中国的国际学术话语权，无疑是极为重要的方面。

围绕提高国际学术话语权这一重大议题，学界近年来也展开了热烈的探讨，推出了富有卓识的大量成果。在笔者看来，当前，持续推进我国国际学

① 《习近平谈治国理政》，外文出版社 2014 年版，第 156 页。

术话语权的建设，有四个方面需要引起我们的关注：

一是要将学术话语体系和话语权的探讨与建设放入更宏阔、深层的背景中来认识。这一更宏阔、深层的背景，概括而言，即对当代中国学术发展的整体省思、对新起点上中国学术新发展的再发动。对学术发展进程、现状与前路的整体性省思，是学术繁荣发展及学术管理创新的重要条件。曾有学者回顾中国社会科学的百年历史，认为百年间先后有三次大规模的对学术、思想、文化的“重新估定”，即对于在学术、思想、文化领域内占据绝对支配地位的传统经学乃至传统儒学的重新估定；对于中国人曾经热切憧憬过的17、18世纪以来西方学术、思想、文化及西方主要国家发展模式的重新估定；围绕如何以科学的态度对待指导中国革命走向胜利并成为国家指导思想理论基础的马克思主义、列宁主义，以及作为马克思主义与中国革命实际相结合产物的毛泽东思想而进行的重新估定。“一百年来三次重新估定，每一次都为中国构建起一个新的知识系统，一个新的范畴、概念、词语乃至范式体系，给中国的救亡图存，给中华文明的转型，给中华民族的复兴，给中国革命和现代化建设的发展，提供新的理论依据和行动方案。中国社会科学也由此走向社会，走向民众，渗透到人们的整个精神生活和物质生活之中，渗透到社会制度的全面变迁之中。”① 站在新的发展起点上，要实现中国哲学社会科学发展理念与质量等的新提升，以助益于当代中国的复兴伟业，我们需要针对中国哲学社会科学的新的“重新估定”，在这一“重新估定”中，总结成绩，积淀传统，聚焦问题，探索新路。当前围绕学术话语体系与学术话语权问题展开的如火如荼的探讨，正可以成为新的时代条件下对中国学术重新审视、省思的重要切入点、重要契机。我们应当在这一意义上认识并深化关于学术话语体系、话语权的探讨，赋予这场探讨更强的生命力及其在中国现代学术史上更为深远的历史意义。真正置于这一宏阔的背景中，当下关于学术话语体系、话语权的探讨才会有更广阔的观照空间、参照体系，有更深沉而持久的内生动力，突破浮于表面的概念、理念之议，浸入学术发展的内里与深层。

二是要将学术话语体系与话语权建设深深植根于以内涵与质量为主题的

① 姜义华：《中国社会科学百年论纲》，《学术月刊》2005年第8期。

扎实的当代中国学术建设进程。国际学术话语权受多种因素的影响，但根基在学术的内涵与质量，在扎实的学术建设。学术话语体系、话语权建设，绝非“造词”运动，不是提出几个概念摆在那里便可坐收其效。提出新概念新范畴是学术话语体系及话语权建设的重要任务，但有生命力的新概念新范畴无不基于深入系统的学术探索结晶而成，无不是丰富展开的原理、观点、方法等的凝练。“话语的背后是思想、是‘道’。”[①] 如果高度凝练、影响广泛的学术话语是树之花或果，则与之相应的思想、理论、观点、方法等即是树之根、干。学术话语体系与话语权的建设，不能图乞花果而不植根干。有助于增进学术话语权的学术建设，需要的是平心静气、久久为功，需要的是扎根实践，对真问题不懈而彻底的求解。我们对当代中国的发展形成的具有解释力说服力的研究成果越多，对中国发展问题提出的彻底的理论分析与有效的政策建言越多，对人类社会面对的时代性课题作出的积极回应越多，我们的学术赢得的尊重与之相应才会越多，才会形成在学术界激荡久远的“中国声音”。有效推动这一建设进程，也需要学风的整肃与建设，将那些满足于游走在文字、文本之间的“学术”转换为扎根实践、理论联系实际的学术，弘扬真诚、虔敬、责任等学术精神。有效推动这一建设进程，还需要学术自信的涵育，其中包括在提升中国学术研究质量的同时，增进中国学界对本土优秀研究成果的关注与敬重，不徒西慕。20 世纪 30 年代，张申府先生曾批评过中国学界的一种现象：“中国近年有些人有一种只读外来东西不读本国东西，或不重视本国东西的风气。不但不读或不重视本国古来的东西，更不读或不重视本国今人的东西。这种情形就在现在也不免，所以才翻译的文字比自己人写的更流行。总好象觉着远来的和尚才会念经。这实在是一种要不得的毛病，应该革除的心习，不自信而奴化的表征。”[②] 有价值的学术研究，确当广泛吸收他域文明成果，但无视、轻视本土的理论构建与知识创造，显然也当为戒。自家都不关注、不自珍的东西，一味想求得邻家的激赏，谈何容易！在当前的学术研究中，张申府先生数十年前批评的现象仍然是一种客观存在。有研究曾调查中国学人心目中的“百年学术精品”，发

---

① 《习近平总书记重要讲话文章选编》，中央文献出版社、党建读物出版社 2016 年版，第 433 页。

② 张申府：《论中国化》，见罗荣渠主编：《从“西化”到现代化：五四以来有关中国的文化趋向和发展道路论争文选》，北京大学出版社 1990 年版，第 580 页。

现其中西方的特别是美国的著作居多，中国部分的精品书目中绝大多数属于晚清以降至新中国成立前出版的[①]。另有学者通过对1978年至2007年中国人文社会科学研究成果引证情况的研究发现，“中国人文社会科学三十年，是中国心智走向开放的三十年，是中国学术全面‘对外开放’的三十年。三十年来塑造中国心智的人文社会科学成就，主要不是对传统典籍的传承和研习，也并非立足本国的当代研究，而是表现为西学译介，表现为对西方学术名著经久不息的翻译、学习、研究和传授。……没有哪个文明大国会像中国学界这样，开放到三十年间对国外作品的重视始终远远超过本国。可以说，改革开放三十年来形成的‘中国心智’的基本特点，突出表现为‘外向型心智’”[②]。当代中国的学术发展，不能自闭，但应当进一步增进自信与自性，这是提升中国学术国际话语权的重要基点。

三是要立足中国、面向世界积极构建开放包容、客观公正的学术发表与评价体制。时至今日，有关重要的国际学术组织、学术期刊、学术评价数据库等等，体现的仍然是西方世界的主导性。这些学术组织、期刊、数据库等等构成的学术发展与评价体制，客观地扮演着西方学术话语权极其有力的制度支撑的角色。在学术界具有广泛影响的SSCI、A&HCI等数据库的收录情况，便是一个极为鲜明的例证。据笔者2016年2月统计，SSCI收录的3216种期刊中，美国1364种，占42.41%；英国979种，占30.44%；中国大陆11种，仅占0.34%。3216种收录的期刊中，语种为英语的期刊2883种，占89.65%；没有一种以汉语为办刊语种的期刊。A&HCI收录的1898种期刊中，美国的为629种，占33.14%；英国的为438种，占23.08%；中国大陆的为5种，占0.26%；以英语为办刊语言的1266种，占66.70%；以汉语为办刊语言的3种，仅占0.16%。在这一背景下，要提高当代中国国际学术话语权，我们应当立足中国、面向世界积极构建开放包容、客观公正的学术发表与评价体制，在其中给外域学术足够的空间、充分的尊重，也给中国学术足够的空间、充分的尊重，为中国学术与西方世界的平等交流对话、为中国学术更好地进行国际传播、走向世界构筑平台、创造条件，其中包括功能先

① 刘大椿等：《学术精品论衡：基于一次精品调研的思考》，《中国人民大学学报》2005年第2期。

② 凌斌：《中国人文社会科学三十年（1978—2007）：一个引证研究》，《清华大学学报（哲学社会科学版）》2009年第1期。

进、集研究支撑、学术评价等作用为一体的大型学术数据库等学术战略资源的建设等。从宏观上立足中国、面向世界构建开放包容、客观公正的学术发表与评价体制，要求推动学术发表与评价方面微观基础的深化改革。在当前众多科研单位的具体学术评价中，以洋为上、挟洋自重的现象比较普遍。期刊分等、成果评级、业绩奖励等等之中，带“洋”字号的往往会被“高看一眼”；不少科研单位热衷于在国际刊文的比较中一论学术实力、影响力的高下。学术评价中的这些做法，功过得失，值得反思。英国学者汤林森曾以学术出版为例分析过国际学术界“谁在说话”的问题。他指出，对这一问题产生影响的，“至少在西方世界是以私人资本家企业为主的各种出版公司，它们的主要营运目标是学术书籍、期刊等等市场。因此，究竟哪些书得以出版（也就是‘谁在说话’的问题），主要也在于商业标准，亦即市场需求。经此运作的结果，乃是某些书籍与期刊得以在最具有权势、最富裕的国家当中流通，而这些流通的著作通常也就被举作代表了某项特定问题的‘全球性辩论’。然而，不管从哪一个层次来说，这些文本的流通，都是由西方那些（相对来说）较为富裕的学术机构所决定的，而这些机构代表的又都是资本主义的利益，提供了（通常是多国籍的）学术出版公司所需要的市场。再怎么看，这等情势绝对不能等同于‘全球性辩论’，如果我们当真指的是‘全球’”①。在具体的学术评价中，我们不能简单将在西方出版或发表等同于学术成果的实际价值或影响力，而是要从外在形式评价进入内容本身的评价，根据研究成果的内容作出相应的学术判断。具体学术评价中这些方面的改革，是我们从宏观上立足中国、面向世界有效推进开放包容、客观公正学术发表与评价体制建设的重要基础。

四是要处理好学术话语体系与话语权建设中的一系列关系。例如，研究中国与研究世界的关系。提出构建具有中国特色学术话语体系的重要动因，是复杂的中国实践需要植根中国大地的智慧予以引导与支撑，空凭从西方借来的体系、方案解释不清中国现象、解决不了中国问题。因此，构建中国特色的学术话语体系，离不开植根中国的研究、面向中国的研究。但与此同时，中国学界也应一如既往地关注世界、研究世界，努力对当今时代人类社

① ［英］汤林森：《文化帝国主义》，冯建三译，上海人民出版社 1999 年版，第 28 页。

会面对的重大现实问题提出中国方案。对于提高中国学术国际话语权而言，研究中国与研究世界都具有重要意义。再如，研究中国与表述中国的关系。当前诸多关于提高中国国际话语权及国际学术话语权的研究，关注的重点在于如何向世界说明中国、传播中国，关注此间我们的言说方式与言说艺术。其实，提高国际学术话语权，既有一个“如何说”的问题，更有一个“说什么”的问题。透彻地研究中国是精确表述中国、巧妙传播中国的前提，两者都是当代中国国际学术话语权建设不可偏废的基本内容。又如，增进学术自主性与扩大学术开放的关系。封闭不等于自主性，从一定意义上讲，在封闭的条件下也无真正意义上的自主性可言。当代中国的学术话语体系与国际学术话语权建设，不应当也不可能在“自说自话”中开展。国际学术话语权确立于国际学术交流互动的过程之中。20 世纪 30 年代，刘絜敖先生曾就中国文化发展提出过“不同化”“不独化”的观点：“我们不同化，这是说我们应该尊重我们独立自尊的文化与民族，不可在与欧美文化接触之时，便为欧美文化所同化。……我们吸收欧美文化，只为补我们固有文化之不足，所以我们虽可大量吸收欧美文化，但吸收过来，我们即须使其立刻中国化！我们不愿生吞！我们不可活剥！我们不愿在我们的腹内，有一个可以致命的顽梗不化的怪东西！”“我们不独化，这是说我们应该了解世界生活和世界文化的相关性，不可闭关自守地企求复古。”[①] 在全球化、信息化等成为重要时代特征的今天，讨论中国特色学术话语体系、国际学术话语权的建设问题，“不同化、不独化”仍然是我们应当秉持的一个基本原则。

---

① 刘絜敖：《中国本位意识与中国本位文化》，见罗荣渠主编：《从“西化”到现代化：五四以来有关中国的文化趋向和发展道路论争文选》，北京大学出版社 1990 年版，第 537—538 页。

参 考 文 献

1.《马克思恩格斯选集》第1—4卷，人民出版社2012年版。

2.《毛泽东选集》第一、二、三、四卷，人民出版社1991年版。

3.《邓小平文选》第一、二、三卷，人民出版社1994、1993年版。

4.《江泽民文选》第一、二、三卷，人民出版社2006年版。

5.《胡锦涛文选》第一、二、三卷，人民出版社2016年版。

6.《习近平谈治国理政》第一卷，外文出版社2018年版。

7.《习近平谈治国理政》第二卷，外文出版社2017年版。

8.《习近平总书记系列重要讲话读本（2016年版）》，学习出版社、人民出版社2016年版。

9.《习近平总书记重要讲话文章选编》，中央文献出版社、党建读物出版社2016年版。

10.《陈鹤琴教育文集》下卷，北京出版社1983年版。

11.《陈寅恪集》，生活·读书·新知三联书店2001年版。

12.《黄海学术研究集粹》，山东人民出版社2004年版。

13.《瞿秋白文集》第二卷，人民出版社1988年版。

14.《唐长孺文集》，中华书局2011年版。

15.《陶行知全集》第二卷，湖南教育出版社1985年版。

16.《王力文集》第12卷，山东教育出版社1990年版。

17.《王士元语言学论文集》，商务印书馆2002年版。

18.《吴于廑学术论著自选集》，首都师范大学出版社1995年版。

19.《求索者：徐通锵先生纪念文集》，商务印书馆2008年版。

20.《晏阳初全集》第一卷，湖南教育出版社1989年版。

21.《宗白华全集》第一卷，安徽教育出版社1994年版。

22.《宗白华全集》第三卷，安徽教育出版社1994年版。

23.《中国大百科全书·外国历史》第1卷，中国大百科全书出版社1990年版。

24.《中国大百科全书·政治学》，中国大百科全书出版社1992年版。

25.《中国通史》编委会主编：《中国通史最新整理》第6卷，中国书店出版社2011年版。

26.《中国语言学家》编写组编：《中国现代语言学家》第一分册，河北人民出版社1981年版。

27.陈保亚：《20世纪中国语言学方法论研究》，商务印书馆2015年版。

28.陈昌来主编：《应用语言学导论》，商务印书馆2007年版。

29.陈国符：《道藏源流考》，中华书局1963年版。

30.陈怀宇：《在西方发现陈寅恪》，北京师范大学出版社2013年版。

31.陈苏镇：《汉代政治与〈春秋〉学》，中国广播电视出版社2001年版。

32.陈长琦：《官品的起源》，商务印书馆2016年版。

33.崔宜明、陈泽环主编：《东方哲学（第8辑）》，上海书店出版社2015年版。

34.冻国栋：《唐代人口问题研究》，武汉大学出版社1993年版。

35.费孝通：《乡土重建》，商务印书馆2011年版。

36.冯天瑜等：《近代汉字术语的生成演变与中西日文化互动研究》，经济科学出版社2016年版。

37.冯志峰：《政治学方法论：理论、模型与实践》，中国社会科学出版社2015年版。

38.冯志伟：《应用语言学综论》，广东教育出版社1999年版。

39.符淮青主编：《汉语词汇学史》，外语教学与研究出版社2012年版。

40.甫艳编著：《中国文化知识读本：新文化运动》，吉林文史出版社2012年版。

41．高奇琦：《比较政治学：学科、议题与方法》，上海人民出版社2015年版。

42．龚千炎：《中国语法学史稿》，语文出版社1987年版。

43．郭文安、王坤庆：《教育学研究与反思》，华中师范大学出版社2011年版。

44．郭正林、肖滨：《规范与实证的政治学方法》，广东人民出版社2003年版。

45．韩国磐：《魏晋南北朝史纲》，人民出版社1983年版。

46．韩庆祥等：《中国特色社会主义基本原理》，高等教育出版社2015年版。

47．何九盈：《中国现代语言学史》，广东教育出版社1995年版。

48．何萍：《20世纪马克思主义哲学：东方与西方》，人民出版社2012年版。

49．何兹全：《读史集》，上海人民出版社1982年版。

50．何兹全：《魏晋南北朝史略》，上海人民出版社1957年版。

51．侯旭东：《朝廷、州县与乡里——北朝村民的生活世界》，商务印书馆2005年版。

52．侯旭东：《关于近年中国大陆魏晋南北朝史研究的观察与思考》，载《中国中古史研究：中国中古史青年学者联谊会会刊》第一卷，中华书局2011年版。

53．侯旭东：《近观中古史》，中西书局2015年版。

54．胡阿祥：《东晋南朝侨州郡县与侨流人口研究》，江苏教育出版社2008年版。

55．胡宝国：《虚实之间》，社会科学文献出版社2011年版。

56．胡德海：《教育学原理》，甘肃教育出版社1998年版。

57．胡明扬：《胡明扬语言学论文集增订本》，商务印书馆2011年版。

58．黄科安：《延安文学研究——构建新的意识形态与话语体系》，文化艺术出版社2009年版。

59．黄曼君主编：《毛泽东文艺思想与中国文艺实践》，华中师范大学出版社2002年版。

60．黄宗智主编：《中国研究的范式问题讨论》，社会科学文献出版社2003年版。

61．金立鑫编著：《语言研究方法导论》，上海外语教育出版社2007年版。

62．黎运汉、盛永生主编：《汉语修辞学》，广东教育出版社2006年版。

63．李建中、高文强主编：《文化关键词研究》第二辑，武汉大学出版社2016年版。

64．李剑鸣：《历史学家的修养和技艺》，上海三联书店2007年版。

65．李景源主编：《21世纪的马克思主义哲学创新：马克思主义哲学中国化与中国化马克思主义哲学》，江苏人民出版社2011年版。

66．李慎明主编：《马克思主义国际问题基本原理》上卷，社会科学文献出版社2008年版。

67．李宇明：《当代中国语言学研究1949—2015》，中国社会科学出版社2016年版。

68．李宇明：《语法研究录》，商务印书馆2002年版。

69．李泽厚：《美的历程》，文物出版社1981年版。

70．力量等编著：《现代汉语语法研究》，南京大学出版社2013年版。

71．梁启超：《清代学术概论》，上海古籍出版社1998年版。

72．林华东：《渗透与交融：语言研究的新视野》，电子科技大学出版社1999年版。

73．林焘主编：《中国语音学史》，语文出版社2010年版。

74．林玉山：《中国语法思想史》，语文出版社2012年版。

75．刘禾：《跨语际实践：文学，民族文化与被译介的现代性（中国：1900—1937）》，宋伟杰等译，生活·读书·新知三联书店2014年版。

76．刘伟：《普通人话语中的政治：转型中国的农民政治心理透视》，北京大学出版社2015年版。

77．刘伟：《政治学学术规范与方法论研究》，南京大学出版社2017年版。

78．刘忠：《〈在延安文艺座谈会上的讲话〉研究》，人民文学出版社2009年版。

79．楼劲：《北魏开国史探》，中国社会科学出版社 2017 年版。

80．楼劲：《魏晋南北朝隋唐立法与法律体系：敕例、法典与唐法系源流》，中国社会科学出版社 2014 年版。

81．鲁迅：《且介亭杂文》，人民文学出版社 1973 年版。

82．罗荣渠：《现代化新论——世界与中国的现代化进程》，北京大学出版社 1993 年版。

83．罗荣渠：《现代化新论续编——东亚与中国的现代化进程》，北京大学出版社 1997 年版。

84．罗新：《中古北族名号研究》，北京大学出版社 2009 年版。

85．马克垚主编：《世界文明史》，北京大学出版社 2004 年版。

86．马长寿：《碑铭所见前秦至隋初的关中部族》，广西师范大学出版社 2006 年版。

87．马长寿：《北狄与匈奴》，广西师范大学出版社 2006 年版。

88．蒙默编：《蒙文通学记》，生活·读书·新知三联书店 2006 年版。

89．蒙文通：《经史抉原》，巴蜀书社 1995 年版。

90．孟晓妍：《赵元任文存》，江苏人民出版社 2015 年版。

91．缪钺：《读史存稿》，生活·读书·新知三联书店 1963 年版。

92．牟发松：《汉唐历史变迁中的社会与国家》，上海人民出版社 2011 年版。

93．聂振斌：《中国近代美学思想史》，中国社会科学出版社 1991 年版。

94．牛月明：《中国文论话语体系试探》，中国书籍出版社 2017 年版。

95．欧阳哲生：《五四运动的历史诠释》，北京大学出版社 2012 年版。

96．潘文国：《字本位与汉语研究》，华东师范大学出版社 2002 年版。

97．潘悟云、邵敬敏主编：《二十世纪中国社会科学：语言学卷》，上海人民出版社 2005 年版。

98．蒲蕊编著：《教育学原理》，武汉大学出版社 2010 年版。

99．钱乘旦、陈意新：《走向现代国家之路》，四川人民出版社 1987 年版。

100．钱乘旦等：《世界现代化进程》，南京大学出版社 1997 年版。

101．钱乘旦总主编：《世界现代化历程》，江苏人民出版社 2012 年版。

102. 瞿葆奎主编：《教育学文集·教育与教育学》，人民教育出版社1993年版。

103. 全国哲学社会科学话语体系建设协调会议办公室编：《中国学术与话语体系构建：总论·人文科学卷》，社会科学文献出版社2015年版。

104. 任平主编：《当代中国马克思主义哲学研究（2014）》，中央编译出版社2014年版。

105. 任平主编：《当代中国马克思主义哲学研究（2012）》，中央编译出版社2012年版。

106. 桑兵：《学术江湖：晚清民国的学人与学风》，广西师范大学出版社2017年版。

107. 邵敬敏：《新时期汉语语法学史1978—2008》，商务印书馆2011年版。

108. 沈阳编：《走向当代前沿科学的现代汉语语法研究》，商务印书馆2013年版。

109. 沈壮海等：《文化强国建设的中国逻辑》，人民出版社2017年版。

110. 沈壮海：《文化软实力及其价值之轴》，中华书局2013年版。

111. 盛林等：《二十世纪中国的语言学》，党建读物出版社2005年版。

112. 石中英：《教育学的文化性格》，山西教育出版社1999年版。

113. 田余庆：《东晋门阀政治》，北京大学出版社1989年版。

114. 田余庆：《秦汉魏晋史探微（重订本）》，中华书局2004年版。

115. 田余庆：《拓跋史探》，生活·读书·新知三联书店2003年版。

116. 汪荣祖：《史家陈寅恪传》，北京大学出版社2005年版。

117. 王邦佐、潘世伟：《二十世纪中国社会科学：政治学卷》，上海人民出版社2005年版。

118. 王国维：《静庵文集》，辽宁教育出版社1997年版。

119. 王国维：《宋元戏曲史》，东方出版社1996年版。

120. 王国维：《王国维文学论著三种》，商务印书馆2001年版。

121. 王仲荦：《魏晋南北朝史》，上海人民出版社1979年版。

122. 吴于廑、齐世荣主编：《世界史》，高等教育出版社1994年版。

123. 夏丽君：《当代中国文艺思潮研究》，武汉大学出版社2014年版。

124．夏东元编：《郑观应集》上册，上海人民出版社 1982 年版。

125．徐国琦：《一战中的华工》，潘星、强舸译，上海人民出版社 2014 年版。

126．徐国琦：《中国与大战：寻求新的国家认同与国际化》，马建标译，上海三联书店 2008 年版。

127．徐通锵：《汉语结构的基本原理字本位和语言研究》，中国海洋大学出版社 2005 年版。

128．许冠三：《新史学九十年》，岳麓书社 2003 年版。

129．许嘉璐等主编：《中国语言学现状与展望》，外语教学与研究出版社 1996 年版。

130．严耕望：《治史三书》，辽宁教育出版社 1998 年版。

131．严家炎主编：《二十世纪中国文学史·上册》，高等教育出版社 2010 年版。

132．阎步克：《从爵本位到官本位：秦汉官僚品位结构研究》，生活·读书·新知三联书店 2009 年版。

133．阎步克：《品位与职位：秦汉魏晋南北朝官阶制度研究》，中华书局 2002 年版。

134．燕继荣：《政治学十五讲》，北京大学出版社 2004 年版。

135．杨剑桥：《汉语现代音韵学》，复旦大学出版社 2012 年版。

136．杨联陞：《国史探微》，辽宁教育出版社 1998 年版。

137．杨生茂：《探径集》，中华书局 2002 年版。

138．杨自俭主编：《字本位理论与应用研究》，山东教育出版社 2008 年版。

139．姚小平主编：《〈马氏文通〉与中国语言学史（首届中国语言学史研讨会文集）》，外语教学与研究出版社 2003 年版。

140．叶嘉莹：《迦陵文集二·王国维及其文学批评》，河北教育出版社 2000 年版。

141．叶娟丽：《行为主义政治学方法论研究》，武汉大学出版社 2005 年版。

142．叶澜等：《基础教育改革与中国教育学理论重建研究》，经济科学出版社 2009 年版。

143. 叶朗:《更高的精神追求——中国文化与中国美学的传承》，中国文联出版社 2016 年版。

144. 叶朗:《美学原理》，北京大学出版社 2009 年版。

145. 叶朗:《胸中之竹——走向现代之中国美学》，安徽教育出版社 1998 年版。

146. 叶朗:《中国美学史大纲》，上海人民出版社 1985 年版。

147. 易中天:《汉武的帝国》，浙江文艺出版社 2016 年版。

148. 于根元主编:《中国现代应用语言学史纲》，中国经济出版社 2005 年版。

149. 袁晖、宗廷虎主编:《汉语修辞学史》，山西人民出版社 1995 年版。

150. 袁晖:《二十世纪的汉语修辞学》，书海出版社 2000 年版。

151. 袁毓林主编:《中国现代语言学的开拓和发展——赵元任语言学论文选》，清华大学出版社 1992 年版。

152. 臧雷振:《政治学研究方法:议题前沿与发展前瞻》，中国社会科学出版社 2016 年版。

153. 张凤阳等:《政治哲学关键词》，江苏人民出版社 2006 年版。

154. 张光直:《中国青铜时代》，生活·读书·新知三联书店 1999 年版。

155. 张铭、严强:《政治学方法论》，苏州大学出版社 2000 年版。

156. 张器友:《抗拒不了的传统——以延安文学为中心的历史性阅读》，群众出版社 2014 年版。

157. 张宜:《历史的旁白——中国当代语言学家口述访谈实录》，高等教育出版社 2012 年版。

158. 章启群:《百年中国美学史略》，北京大学出版社 2005 年版。

159. 郑金洲:《中国教育学 60 年——1949—2009》，华东师范大学出版社 2009 年版。

160. 郑金洲等:《中国教育学百年》，教育科学出版社 2002 年版。

161. 中国社会科学院语言研究所词典编辑室:《现代汉语词典》（修订

本），商务印书馆 1996 年版。

162．中国修辞学会华东分会编：《修辞学研究（第 2 辑）》，华东师范大学出版社 1983 年版。

163．中央教育科学研究所：《中国现代教育大事记》，教育科学出版社 1988 年版。

164．周荐、杨世铁：《汉语词汇研究百年史》，外语教学与研究出版社 2006 年版。

165．周一良、吴于廑主编：《世界通史》，人民出版社 1962 年版。

166．周一良：《毕竟是书生》，北京十月文艺出版社 1998 年版。

167．周一良：《魏晋南北朝史论集》，北京大学出版社 1997 年版。

168．周一良：《魏晋南北朝史论集》，中华书局 1961 年版。

169．庄泽宣：《如何使新教育中国化》，民智书局 1929 年版。

170．宗白华：《美学散步》，上海人民出版社 1981 年版。

171．［法］布尔迪厄、［美］华康德：《反思社会学导引》，李猛、李康译，商务印书馆 2015 年版。

172．［韩］李炳官等：《中国语言学史》，雷汉卿、胡翠月译，巴蜀书社 2014 年版。

173．［美］S.肯德里克等编：《解释过去，了解现在——历史社会学》，王幸慧等译，上海人民出版社 1999 年版。

174．［美］W.菲利普斯·夏夫利：《政治科学研究方法》，新知译，上海人民出版社 2006 年版。

175．［美］艾森斯塔得：《帝国的政治体系》，阎步克译，贵州人民出版社 1992 年版。

176．［美］费正清主编：《中国的思想与制度》，郭晓兵等译，世界知识出版社 2008 年版。

177．［美］格林斯坦、波尔斯比：《政治学手册精选》上卷，竺乾威等译，商务印书馆 1996 年版。

178．［美］格林斯坦、波尔斯比：《政治学手册精选》下卷，储复耘译，商务印书馆 1996 年版。

179．［美］加里·金等：《社会科学中的研究设计》，陈硕译，格致出版社、上海人民出版社 2014 年版。

180．［美］罗伯特・E.戈定：《牛津比较政治学手册》，唐士其等译，人民出版社 2016 年版。

181．［美］罗伯特・古丁、［美］汉斯—迪特尔・克林格曼主编：《政治科学新手册》，钟开斌等译，生活・读书・新知三联书店 2006 年版。

182．［美］罗斯托：《经济增长的阶段：非共产党宣言》，郭熙保、王松茂译，中国社会科学出版社 2001 年版。

183．［美］托马斯・库恩：《科学革命的结构》，金吾伦、胡新和译，北京大学出版社 2003 年版。

184．［美］伊曼纽尔・沃勒斯坦：《否思社会科学——19 世纪范式的局限》，刘琦岩、叶萌芽译，生活・读书・新知三联书店 2008 年版。

185．［美］伊曼纽尔・沃勒斯坦：《沃勒斯坦精粹》，黄光耀等译，南京大学出版社 2003 年版。

186．［美］周策纵：《五四运动：现代中国的思想革命》，江苏人民出版社 2005 年版。

187．［挪威］斯坦因・U.拉尔森主编：《政治学理论与方法》，任晓等译，上海人民出版社 2006 年版。

188．［日］阿部谨也：《中世纪星空下》，李玉满、陈娴若译，生活・读书・新知三联书店 2011 年版。

189．［日］坂本太郎：《日本史概说》，汪向荣等译，商务印书馆 1992 年版。

190．［日］池田温：《中国古代籍帐研究》，龚泽铣译，中华书局 2007 年版。

191．［日］川田稔：《柳田国男描绘的日本——民俗学与社会构想》，郭连友等译，外语教学与研究出版社 2008 年版。

192．［日］福田亚细男：《日本民俗学方法序说——柳田国男与民俗学》，於芳等译，学苑出版社 2010 年版。

193．［日］宫崎市定：《宫崎市定亚洲史论考》，张学锋、马云超等译，上海古籍出版社 2017 年版。

194．［日］谷川道雄主编：《魏晋南北朝隋唐史学的基本问题》，李凭等译，中华书局 2010 年版。

195．［日］内藤湖南：《东洋文化史研究》，林晓光译，复旦大学出版社 2016 年版。

196．［日］内藤湖南研究会编著：《内藤湖南的世界》，马彪等译，三秦出版社 2005 年版。

197．［日］永原庆二：《20 世纪日本历史学》，王新生等译，北京大学出版社 2014 年版。

198．［日］中村哲：《奴隶制与农奴制的理论——马克思恩格斯历史理论的重构》，冻国栋等译，武汉大学出版社 1994 年版。

199．［意］贝奈戴托・克罗齐：《历史学的理论和实际》，傅任敢译，商务印书馆 1982 年版。

200．［意］马西尼：《现代汉语词汇的形成——十九世纪汉语外来词研究》，黄河清译，汉语大词典出版社 1997 年版。

201．［英］埃德蒙・R.利奇：《缅甸高地诸政治体系——对克钦社会结构的一项研究》，杨春宇、周韶红译，商务印书馆 2010 年版。

202．［英］安德鲁・海伍德：《政治学核心概念》，吴勇译，天津人民出版社 2008 年版。

203．［英］彼得・伯克：《法国史学革命：年鉴学派，1929—1989》，刘永华译，北京大学出版社 2006 年版。

204．［英］彼得・伯克：《历史学与社会理论》，姚朋、周玉鹏等译，刘北城校，上海人民出版社 2001 年版。

205．［英］大卫・马什、格里・斯托克编：《政治科学的理论与方法（第三版）》，景跃进等译，中国人民大学出版社 2013 年版。

206．［英］戴维・米勒、韦农・波格丹诺编：《布莱克维尔政治学百科全书》，邓正来等译，中国政法大学出版社 1992 年版。

207．［英］杰弗里・巴勒克拉夫：《当代史学主要趋势》，杨豫译，北京大学出版社 2006 年版。

208．Amitav Acharya，*Constructing A Security Community in Southeast Asia*，London：Routledge，2014.

209．Gerald Chan，*Chinese Perspectives on International Relations*，New

York: St.Martin's Press, 1999.

210 . Guoqi Xu, *China and the Great War: China's Pursuit of New National Identity and Internationalization*, Cambridge: Cambridge University Press, 2005.

211 . Guoqi Xu, *Strangers on the Western Front: Chines Workers in the Great War*, Cambridge: Harvard University Press, 2011.

212 . Leften Stavros Stavrianos, *The World since* 1500: *A Global History*, Englewood Cliffs, N.J.: Prentice-Hall, 1966.

213 . Leften Stavros Stavrianos, *The World to* 1500: *A Global History*, Englewood Cliffs, N.J.: Prentice-Hall, 1970.

214 . Robinson & Shambaugh (eds.), *Chinese Foreign Policy: Theory and Practice*, New York: The Oxford University Press, 1994.

215 . Samuel P. Huntington, *the Clash of Civilizations and the Breaking of World Order*, New York: Rockerfeller Center, 1996.

216 . ShipingTang, *a General Theory of Institutional Change*, New York: Routledge, 2011.

217 . VictoriaHui, History and Thought in China's Traditions, *Journal of Chinese Political Science*, Vol.17 Issue 2 (June 2012), p.125.

218 . William H. McNeill, *A World History*, Oxford: Oxford University Press, 1967.

219 . Xuetong Yan, *Ancient Chinese Thought, Modern Chinese Power*, N.J.: Princeton University Press, 2011.

220 . [日] 佐川英治:《中国古代都城の設計と思想——円丘祭祀の歴史的展開》,東京:勉誠出版2016年版。

责任编辑:刘　伟
封面设计:王欢欢
版式设计:鲍春琴
责任校对:吕　飞

图书在版编目(CIP)数据

学术话语体系建设的理与路:一项分科的研究/沈壮海等 著. —北京:
　人民出版社,2019.1
ISBN 978-7-01-019700-5

Ⅰ.①学…　Ⅱ.①沈…　Ⅲ.①科学名词-名词术语-研究　Ⅳ.①H03

中国版本图书馆 CIP 数据核字(2018)第 192770 号

学术话语体系建设的理与路
——一项分科的研究
XUESHU HUAYU TIXI JIANSHE DE LI YU LU

沈壮海 等　著

人民出版社 出版发行
(100706　北京市东城区隆福寺街 99 号)

中煤(北京)印务有限公司印刷　新华书店经销

2019 年 1 月第 1 版　2019 年 1 月北京第 1 次印刷
开本:710 毫米×1000 毫米 1/16　印张:25
字数:420 千字

ISBN 978-7-01-019700-5　定价:98.00 元

邮购地址 100706　北京市东城区隆福寺街 99 号
人民东方图书销售中心　电话 (010)65250042　65289539